Gérer
la croissance
de sa
PME

DISTRIBUTEURS EXCLUSIFS:

* Pour le Canada et les États-Unis:
  LES MESSAGERIES ADP*
  955, rue Amherst, Montréal H2L 3K4
  Tél.: (514) 523-1182
  Télécopieur: (514) 939-0406
  * Filiale de Sogides Ltée

* Pour la Belgique et le Luxembourg:
  PRESSES DE BELGIQUE S.A.
  Boulevard de l'Europe 117
  B-1301 Wavre
  Tél.: (10) 41-59-66
      (10) 41-78-50
  Télécopieur: (10) 41-20-24

* Pour la Suisse:
  TRANSAT S.A.
  Route des Jeunes, 4 Ter
  C.P. 125
  1211 Genève 26
  Tél.: (41-22) 342-77-40
  Télécopieur: (41-22) 343-46-46

* Pour la France et les autres pays:
  INTER FORUM
  Immeuble ORSUD, 3-5, avenue Galliéni, 94251 Gentilly Cédex
  Tél.: (1) 47.40.66.07
  Télécopieur: (1) 47.40.63.66
  Commandes: Tél.: (16) 38.32.71.00
                   Télécopieur: (16) 38.32.71.28
                   Télex: 780372

YVON GASSE   CAMILLE CARRIER

Gérer la croissance de sa PME

Les éditions de l'entrepreneur

Données de catalogage avant publication (Canada)

Gasse, Yvon

    Gérer la croissance d'une PME

    Comprend des réf. bibliogr.

    ISBN 2-921136-02-3

    1. Petites et moyennes entreprises – Gestion.   2. Entreprises nouvelles – Gestion.   3. Petites et moyennes entreprises – Québec (Province).   4. Petites et moyennes entreprises – Innovations. I. Carrier, Camille. II. Titre.

HD62.7.G37   1992   658.02'2   C92-097237-3

Les éditions de l'entrepreneur
CP 149147, 7275 rue Sherbrooke Est
MONTRÉAL, QC H1N 1H0.

Dépôt légal: 4ᵉ trimestre 1992
Bibliothèque nationale du Québec
Bibliothèque nationale du Canada

ISBN 2-921136-02-03

TABLE DES MATIÈRES

AVANT-PROPOS

Un volume comme celui-ci n'est pas le fait d'une ou deux personnes seulement. L'envergure de la tâche, la complexité et la diversité du sujet et le temps requis font intervenir plusieurs collaborateurs et collaboratrices à divers stades de la démarche de recherche et de la rédaction du manuscrit. L'idée de rédiger cet ouvrage vient de l'expérience des auteurs dans l'enseignement de notions de gestion adaptées aux PME et dans la recherche dans ce domaine. Le point de départ a été donné en 1986 lorsque les auteurs ont élaboré un cours intitulé «Comment développer votre entreprise» pour le compte de la Banque fédérale de développement. Au cours des cinq années qu'a duré le travail de ce volume, plusieurs personnes y ont pris part : collègues, professionnels, assistants, secrétaires, réviseurs et autres; nous voulons tous les remercier et souligner tout particulièrement les contributions de certaines personnes.

Nos premiers remerciements vont tout d'abord à nos professionnelles de recherche, mesdames Lyne Dubois et Estelle Neff qui ont contribué à la réalisation, à différents stades, de nombreuses versions de ce volume. Leur motivation, leur expertise et leur habileté de recherche ont grandement amélioré la qualité du contenu et de la forme du texte. Leur travail a aussi été secondé par la contribution de mesdames Claudette Boisclair et Monique Dubuc.

Mesdames Céline Pouliot, Élyse Boisvert et Marthe Lefebvre nous ont fait profiter de leurs nombreux talents dans la saisie du texte, sa mise en page ainsi que la présentation générale. Quant à madame Rachèle Berthelot, son savoir-faire littéraire dans la révision du manuscrit a été grandement apprécié.

Enfin, nous voulons souligner la collaboration tout à fait spéciale de notre collègue Louis-Jacques Filion, éditeur de ce volume, qui, par ses nombreux conseils, nous a permis de livrer un ouvrage de meilleure qualité, à une clientèle encore mieux ciblée. Espérons que ce volume rencontre toutes ses attentes.

CHAPITRE 1

L'ÉVOLUTION DE L'ENTREPRISE

Avant d'aborder la problématique de la croissance d'une entreprise, il est important de situer cette phase spécifique dans un processus plus global de développement d'entreprise. On peut facilement comparer le processus d'évolution d'une entreprise à celui d'un individu. À l'image de ce dernier, l'entreprise naît, puis se développe. En fonction des énergies dont elle dispose et de sa santé, on observe que sa croissance se fait plus ou moins rapidement. Cette dernière peut même être entravée ou compromise définitivement si des problèmes internes ou externes viennent contrecarrer le processus entrepris. Tout comme celui de l'individu, le développement de l'entreprise est souvent menacé par des difficultés et des embûches dans son évolution vers la maturité. Enfin, toujours à l'image de la croissance de l'individu, le développement des premières années d'une entreprise est généralement plus rapide en terme de taux d'accroissement et plus fortement perturbé.

L'entreprise est un organisme en métamorphose dont les cycles de vie dépendent en grande partie de l'énergie et de l'esprit que lui insufflent ses propriétaires et ses dirigeants. Si on poursuit notre comparaison, on constate que le développement de l'individu est généralement très influencé par ses parents. Ces derniers jouent un rôle extrêmement important tout au long du processus pour atteindre la maturité.

Plusieurs études ont été menées sur l'importance du rôle des parents dans le développement de préférences liées à une carrière entrepreneuriale (Scherer *et. al.*, 1989). On s'est aperçu que les individus ayant comme modèle un parent entrepreneur étaient plus performants que ceux qui n'en n'avaient pas. En effet, l'observation d'un parent entrepreneur influence les attentes , la formation et les aspirations de l'enfant ainsi que sa propre efficacité lors du choix d'une carrière entrepreneuriale.

À ce sujet, Kets de Vries dit qu'il semble qu'en dépit des difficultés expérimentées par le père, le fils aura souvent tendance à suivre les pas de son géniteur parce que, paradoxalement, la familiarité avec le fait qu'il faille dépasser des obstacles lui assure une qualité dans l'action. De plus, le fait d'être très tôt exposé au risque augmente la tolérance à son égard (dans Carroll et Mosakowski, 1987). Ainsi, même dans le cas d'enfants observant des parents moins chanceux, ils peuvent apprendre ce qu'il ne faut pas faire et ils croient ainsi pouvoir profiter du modèle parental pour éviter des erreurs.

Bien que le choix de devenir entrepreneur soit fortement lié à l'expérience antérieure de l'individu, le modèle de la famille reste un facteur non négligeable. D'après Young (1971), les enfants d'un entrepreneur sont plus enclins à travailler dans l'entreprise familiale dès leur plus jeune âge. Par conséquent, ils comprennent rapidement ce que sous-entend la fonction de «travailleur indépendant» et l'envisagent comme une possibilité réaliste par rapport aux emplois plus conventionnels (dans Carroll et Mosakowski, 1987).

Dans le cas d'une entreprise, cette dernière est normalement mise au monde par un ou des entrepreneurs. Les caractéristiques de son développement sont fortement influencées par les particularités, les objectifs et le dynamisme de ses agents générateurs.

Avant d'examiner de façon systématique les différentes approches décrivant le processus de développement d'une entreprise, il nous apparaît important de revoir quelques notions descriptives de l'entrepreneur, ce dernier étant à l'origine de la création d'une entreprise.

1.1 ATTRIBUTS DE L'ENTREPRENEUR[1]

L'homme qui apprivoise les montagnes.

«*Marc Blondeau, propriétaire des Entreprises Sotneham inc. a hérité de sa famille le goût d'être entrepreneur. Ses classes, il les a faites au sein*

---

1. Adaptation libre d'un article de Gasse (1982).

de l'entreprise familiale, Les Bottes Blondeau, dont il fut propriétaire pendant plusieurs années. Cette entreprise manufacturière était reconnue pour l'excellence de ses produits, et ce, internationalement.

En 1979, le propriétaire des Bottes Blondeau entre dans l'industrie du ski alpin en faisant l'acquisition des Entreprises Stoneham qui, jusque là, étaient la propriété d'une trentaine d'actionnaires depuis leur création en 1962.

Mais lorsqu'on parle des atouts de Stoneham, il ne faut surtout pas oublier son propriétaire, Marc Blondeau, adepte invétéré du ski qui, depuis le début, se distingue comme innovateur dans le secteur du ski. Il fut, entre autres, le premier au Canada à faire l'acquisition d'une arbalète rapide (Jet T-Bar), le premier au Canada à doter sa station d'un télésiège quadruple et le premier du nord-est américain, en 1982, à se doter d'un système d'enneigement artificiel d'envergure. Ceci permit à Stoneham, certains jours de janvier 1982, d'être la seule station en activité dans tout le nord-est américain.

«Nous avons à notre emploi cinq personnes qui, partout au Québec, en Ontario, dans les Maritimes et aux États-Unis, font la promotion de la station auprès des organisateurs de groupes. Malheureusement, un billet d'avion entre Toronto et Québec coûte plus cher qu'un billet entre Toronto et l'Ouest canadien. C'est aberrant, mais c'est le genre de situations auxquelles nous devons faire face pour amener les visiteurs chez nous», s'exclame monsieur Blondeau.

Âgé de 51 ans, Marc Blondeau a su s'entourer d'une équipe d'administrateurs compétents. Toute cette équipe supervise en haute saison plus de 450 employés.

Marc Blondeau, un créateur, un innovateur et un fonceur, n'est-ce pas les qualités requises pour «apprivoiser» les montagnes?»

(Journal Économique de Québec, février 1992).

Sans vouloir entrer dans le débat déjà largement documenté, qui consiste à définir le plus justement possible la différence entre l'entrepreneur et le propriétaire dirigeant[2], nous nous en tiendrons à quelques considérations globales, afin de situer nos propos. Comme l'objet du livre est la croissance dans l'entreprise, nous allons simplement nous mettre d'accord sur ce que nous entendons par les termes «entrepreneur et propriétaire dirigeant», «entreprise» et «petite et moyenne entreprise» (PME).

Dans un article s'intéressant à la culture d'une entreprise, Gibb (1988) définit l'entrepreneur et l'entreprise par rapport à une série d'**attributs personnels.** D'après cet auteur, certains attributs sont innés et expliquent le fait que certaines personnes sont intrinsèquement plus entreprenantes que d'autres, alors que d'autres attributs acquis, tels que

---

2. Voir à ce sujet le texte de d'Amboise et Muldowney (1988).

la formation et l'expérience, encouragent ou découragent la croissance de l'entreprise.

Quant à la PME et son propriétaire, l'auteur les décrit par rapport à une **série de tâches**. Ainsi, quand on parle d'entrepreneurship, on fait référence à la notion de dépendance ou d'indépendance dans l'action. Dans le cas d'un dirigeant de PME, on dira que ce dernier n'est pas indépendant, mais lié à une variété de dépendances comme le client, les fournisseurs, le personnel, etc.

Si on s'attarde aux attributs particuliers de l'entrepreneur, on s'aperçoit qu'il est impossible de prétendre que les personnes qui décident de créer ou d'acquérir une entreprise ont un profil sociologique et psychologique uniforme (d'Amboise et Muldowney, 1988). Il ne s'agit donc pas de présenter une liste exhaustive des caractéristiques inhérentes à l'entrepreneur typique, mais de considérer plutôt certains attributs qui se retrouvent fréquemment chez l'entrepreneur. Comme il n'y a aucune constante dans le nombre ou la manifestation de ces attributs, leur dosage idéal est difficilement identifiable. Chaque entrepreneur a un profil qui lui est propre mais les recherches établissent clairement que les entrepreneurs possèdent en général plusieurs des caractéristiques suivantes.

Motivation et énergie

On s'entend généralement pour reconnaître que les entrepreneurs possèdent beaucoup d'initiative, de motivation et de constance dans leurs efforts. Ils sont capables de maintenir un rythme accéléré de travail pendant des périodes relativement longues et lésinent rarement sur les heures de travail nécessaires pour atteindre leurs objectifs d'affaires. Facilement tendus lorsqu'ils sont en situation d'oisiveté, ils ont tendance à vouloir annihiler cette tension en entreprenant de nouvelles activités. Ils abandonnent rarement la partie même si leurs actions sont parfois sporadiques.

Confiance en soi et en son pouvoir sur l'environnement

Pour l'entrepreneur typique, les événements de la vie quotidienne sont en grande partie déterminés et fortement conditionnés par l'action des individus eux-mêmes. Il transpose cette philosophie dans son contexte de chef d'entreprise et se montre persuadé que les succès de son entreprise sont étroitement reliés aux décisions qu'il prend et aux gestes qu'il pose. L'entrepreneur fixe les objectifs qu'il désire atteindre et il pense que ses actions auront un impact direct sur le contrôle d'un environnement propice à leur atteinte. Bref, il se sent capable d'influencer

directement le développement de son entreprise et de tout son environnement en général.

Mitton (1989), reprend cette caractéristique en disant que la
vision globale des entrepreneurs est telle qu'ils y voient un environnement rempli d'occasions et de choix plutôt que de restrictions. Ainsi, ils
sont capables d'envisager le but ultime d'un projet et de le convertir en
une réalité, en travaillant sur tous les fronts et tous les problèmes. Leur
façon d'agir, leur prédisposition psychologique (*gestalt*), tout comme
leur confiance, leur enthousiasme, leur persévérance et leur habileté,
leur assureraient le succès de leurs projets. Il semble que la capacité
d'avoir une vision d'ensemble soit fortement recherchée par les investisseurs puisque l'action qui lui est reliée est à la base même de l'entrepreneurship.

Engagement à long terme

L'entrepreneur a un sens très fort de la mission. Il s'attaque à ses projets
avec un zèle implacable. Il persiste avec un sentiment d'urgence (Mitton, 1989). C'est par l'ampleur de son engagement que l'on distingue le
vrai entrepreneur (c'est-à-dire le créateur, le bâtisseur) du simple promoteur ou du spéculateur. Les entrepreneurs qui mettent sur pied des
entreprises à fort potentiel s'engagent dans un processus qui exige leur
participation entière et totale. De plus, et c'est là une autre dimension
fondamentale et exigeante, l'entrepreneur doit démontrer sa capacité à
reporter à plus tard des bénéfices monétaires dont il pourrait normalement disposer immédiatement. La patience et la tolérance, vertus inhérentes au processus d'entrepreneurship, doivent côtoyer une confiance
inébranlable dans le projet et un optimisme constant vis-à-vis des
objectifs poursuivis.

Constance dans la résolution de problèmes

L'entrepreneur qui crée une entreprise et en assume la gestion quotidienne rencontre de multiples problèmes. Dans les efforts déployés pour
les résoudre, il manifeste un niveau de détermination élevé en même
temps qu'il conserve une constance à toute épreuve. D'abord préoccupé
par l'atteinte des objectifs qu'il s'est fixé, la complexité des situations,
loin de l'effrayer, stimule son désir de trouver des solutions qui le mèneront vers le succès. Concrètement, la confiance et l'optimisme manifestés par l'entrepreneur semblent suggérer qu'il y a toujours moyen de
contourner ou de vaincre les obstacles à condition d'y investir de l'énergie et du temps.

L'entrepreneur qui réussit n'est pas un rêveur. Bien au contraire, il se montre en général très réaliste par rapport à ses possibilités de réussite et il sait où et comment obtenir de l'aide pour effectuer une tâche difficile mais indispensable à la bonne marche de ses affaires. D'ailleurs, on verra souvent un entrepreneur s'associer avec une personne qui complétera ses propres forces au lieu de s'allier simplement avec un ami.

Souci de l'efficacité et prise de risque

Comme nous l'avons déjà mentionné, l'entrepreneur conçoit de façon très précise les résultats qu'il désire atteindre. Il a la faculté d'envisager de nouvelles façons de combiner les ressources et l'information dont il dispose. Il ne voit pas seulement le système tel qu'il est, mais plutôt **tel qu'il devrait être**. Même si la marche à suivre et les moyens choisis s'avèrent souvent de source intuitive, l'orientation n'en demeure pas moins claire. Sa conception de l'efficacité l'amène à manifester une préoccupation soutenue pour l'utilisation rationnelle de la ressource «temps» dont il dispose. Cette préoccupation se veut souvent proche de l'obsession car l'entrepreneur, en plus d'abhorrer les pertes de temps, manque souvent de temps.

Les résultats, fixés par l'entrepreneur, se traduisent sous forme d'objectifs d'affaires. Lorsqu'il fixe ces derniers, l'entrepreneur est conscient qu'ils comportent une zone de risque. Contrairement à la croyance populaire qui veut que les entrepreneurs aient tendance à prendre des risques très élevés, on constate qu'ils n'acceptent les risques que dans la mesure où ils ont le sentiment que leurs chances de réussite sont relativement élevées.

En fait, l'entrepreneur typique préfère les risques modérés et calculés, pour lesquels les chances de succès ne sont ni trop grandes ni trop minces. Enfin, l'entrepreneur est conscient qu'en créant un risque, il devra en assumer les conséquences, y compris les possibilités d'échec. Mais l'échec ne démolit pas l'entrepreneur car ce dernier apprend beaucoup par ses erreurs. Les stratégies itératives avec leur lot d'échecs et de déceptions font partie intégrante de l'évolution de l'entrepreneur à succès.

Attention centrée sur les résultats

Fortement motivé et orienté vers l'action, l'entrepreneur a constamment besoin de connaître son rendement et surtout son degré de réussite. Sans une connaissance rapide et suffisante des résultats, l'entrepreneur peut difficilement instaurer, s'il y a lieu, des mesures correctives et réajuster ses approches. L'évaluation des résultats se fait surtout sur une base monétaire. Les profits, les gains de capitaux et les biens ne sont pas recherchés, en général, à des fins de thésaurisation ou d'accumulation de richesse personnelle, mais plutôt comme mesure de succès et d'avancement.

L'entrepreneur qui réussit ne s'attarde pas inutilement aux problèmes, mais se tourne plutôt vers les possibilités. Par conséquent, il consacre les ressources de son entreprise aux produits ou services qui présentent un haut potentiel de succès plutôt que de perdre du temps à essayer d'améliorer les produits qui lui causent des problèmes. Il est plus important pour lui de faire les **bonnes** choses plutôt que de bien faire toutes les choses. Cette vision peut être rapprochée de ce que Mitton (1989) appelle une «vision utilitariste», selon laquelle l'entrepreneur aura tendance à privilégier les actions qui serviront ses fins. Il fera ce qui est nécessaire pour atteindre ses objectifs et cela, sans adhésion expresse à la morale conventionnelle. Toujours selon Mitton (1989), l'entrepreneur voit donc la légitimité de ses actes dans une dimension utilitariste plutôt que morale (mais en se maintenant toujours dans des limites légales!).

Initiative et créativité

Les formes d'initiative privilégiées par l'entrepreneur typique sont en général celles qui concernent plus spécifiquement l'innovation et la créativité. Contrairement à bien d'autres personnes, l'entrepreneur n'attend pas que les occasions se présentent ou que le moment soit le plus approprié pour prendre une décision. Il vit plutôt dans une recherche constante des possibilités latentes ou existantes et a tendance à mettre en place tous les moyens pour pouvoir les exploiter avec profit. Cette façon de faire exige évidemment la capacité de composer avec le changement et l'entrepreneur en est bien nanti. L'initiative qu'il prend n'a pas de valeur en elle-même si elle n'a pas pour effet de l'aider à progresser. Cette caractéristique est fortement reliée à la confiance de l'entrepreneur en son pouvoir sur les événements, déjà explicitée antérieurement.

Tolérance face à l'ambiguïté

Dans un article s'intéressant aux caractéristiques psychologiques des entrepreneurs en fonction du taux de réussite de leur entreprise, Begley et Boyd (1987) définissent l'ambiguïté comme *«un manque d'indices pour appréhender une situation»*. L'entrepreneurship, par son caractère innovateur, sous-tend une part d'incertitude et d'ambiguïté. L'entrepreneur qui réussit est *«capable de tolérer allègrement le stress parfois élevé engendré par les situations inévitablement ambigües, incertaines et risquées»* (Gasse, 1982). L'environnement incertain agit alors comme un *«stimuli excitant plutôt qu'une menace sévère»* (Gasse, 1982).

L'entrepreneur est capable de faire face à l'incertain, au nouveau, il est capable d'anticiper et de projeter ce qui pourra être réalisé avec succès. Selon Mitton (1989), les entrepreneurs recherchent et gèrent l'incertitude. Ils acceptent le risque, mais perçoivent clairement qu'il est possible de l'engendrer sans toutefois y prendre part et le subir. Ils peuvent habilement le faire supporter par d'autres à chaque fois que cela est possible. Ils ne prennent pas autant de risques que la légende le laisse entendre, mais cherchent plutôt à les éviter. Il est facile de s'imaginer les incertitudes et les ambiguïtés qui caractérisent un tel contexte. On devine également tout le stress que peut engendrer une telle situation. L'entrepreneur risque d'être souvent confronté à des situations qui l'amèneront à prendre des décisions importantes sans avoir nécessairement en mains toute l'information souhaitable, faute de supports ou de moyens. Il semble toutefois très tolérant face au stress qu'entraînent de telles conditions. Le besoin de sécurité est d'ailleurs rarement prédominant chez l'entrepreneur. Plusieurs recherches à ce sujet ont clairement établi le peu d'intérêt de l'entrepreneur en ce qui concerne sa sécurité d'emploi, la permanence dans le type de fonction qu'il occupe et les différentes formes d'avantages généralement associées à la carrière.

Compétition avec soi-même

L'entrepreneur se sent personnellement responsable des résultats obtenus, tant en ce qui concerne ses échecs que ses réussites. Sa performance doit constamment être évaluée, mesurée, testée, mise à l'épreuve, et ses résultats, dépassés. Il se comporte à la manière de plusieurs sportifs et athlètes qui ne visent pas nécessairement à battre tous leurs pairs, mais plutôt à s'améliorer par rapport à leurs propres résultats (McClelland, 1961)[3]. Il est important de noter que ce type de compétition vient d'une motivation qui est propre à l'entrepreneur et qui n'est pas reliée à des sources externes de stimulation. Enfin, soulignons que cette caractéristique n'entraîne aucunement une attitude d'individualisme outré ou de suffisance. Bien au contraire, l'entrepreneur est conscient de ses limites et peut faire appel à des sources d'aide extérieures lorsque le besoin s'en fait sentir.

Cette brève description des attributs psychologiques de l'entrepreneur nous aide effectivement à mieux comprendre ce qui supporte et

---

3. McLelland (1961) a été le pionnier dans l'étude de cette caractéristique.

anime les individus créateurs d'entreprises dans la mise sur
gestion de leurs projets. Ces attributs sont extrêmement imp
puisqu'ils influencent la dynamique de l'entreprise, plus particulièrement durant son stade de lancement et au cours de ses premières années
d'existence. Comme nous le verrons plus loin, il est très difficile, à la
naissance d'une petite entreprise, de dissocier son profil de celui de l'entrepreneur, puisque ce dernier s'identifie à son entreprise. Pour l'entrepreneur, son entreprise, c'est lui. Les succès de cette dernière sont les
siens, mais il ne faut pas perdre de vue qu'il en va de même pour les
échecs. Il n'est donc pas surprenant de constater la force du lien émotif
qui lie l'entrepreneur à son entreprise aussi longtemps qu'il en demeure
le principal moteur et artisan. À ce sujet, Kets de Vries (1985) explique
que la même énergie créative qui habite l'entrepreneur prend parfois sa
source dans des besoins internes destructifs (par exemple, le besoin de
contrôle, la méfiance envers autrui, le besoin de reconnaissance) qui
peuvent ruiner une carrière ou une entreprise, si celui-ci n'y prend
garde. À ce moment-ci, le désir de combler le besoin en question
devient plus fort que celui de voir l'entreprise progresser.

L'importance des attributs psychologiques de l'entrepreneur est
donc indéniable. Évidemment, cette variable est loin d'être la seule
ayant un impact direct sur la dynamique de l'entreprise. La progression
et le type de croissance d'une entreprise dépendent également de plusieurs autres facteurs. Entre autres, comme nous le verrons plus loin, les
attitudes, les comportements et les compétences managériales de l'entrepreneur deviennent de plus en plus importants à mesure que son
entreprise prend de l'expansion. Les forces qui ont permis à l'entrepreneur de créer son entreprise sont loin d'être suffisantes lorsqu'il s'agit
d'en gérer la croissance. Ces forces peuvent même devenir les principales entraves à l'essor de l'entreprise si elles ne sont pas éventuellement
supportées par des influences supplémentaires et complémentaires.
Flamholtz (1986) explique la situation de la façon suivante:

> «Il vient un temps où les mêmes traits de personnalité qui ont
> contribué au succès de l'entrepreneur-fondateur au tout début, peuvent
> amener la fin de l'entreprise. La plupart des entrepreneurs possèdent
> une expertise de vente ou technique, ou encore, ils connaissent à fond
> un secteur industriel donné; typiquement, les entrepreneurs font à leur
> tête. Ils peuvent être plus intelligents ou démontrer plus d'intuition que
> leurs employés, qui eux, en viennent à se fier beaucoup sur la toute-
> puissance de leur patron.
> En général, les entrepreneurs préfèrent l'action à la gestion et ne
> possèdent pas de formation spécialisée dans les affaires même s'ils peu-
> vent être au courant de la littérature populaire sur le sujet. Ils préfèrent
> éviter les contraintes administratives et organisationnelles et ils considè-

23

rent les réunions, les plans écrits, l'organisation détaillée du temps et même les budgets comme des pièges de la bureaucratie. Insidieusement, ils ont tendance à penser de la façon suivante : «Nous avons réussi jusqu'ici sans tout ça, pourquoi en aurions-nous besoin maintenant?»

Tous ces éléments nous aident à mieux cerner l'importance des caractéristiques psychologiques des entrepreneurs en regard du développement de leur entreprise, importance qui varie en fonction des stades d'évolution.

D'ailleurs, Gartner (1988) soutient que l'approche comportementale de l'entrepreneur permet de mieux comprendre les différences d'attitudes de celui-ci selon les stades d'évolution de l'entreprise. L'auteur fait une disctinction entre l'entrepreneur et le dirigeant dans la mesure où le premier crée une nouvelle organisation alors que le second n'en crée pas, mais gère une entreprise, poursuivant des buts personnels. De ce point de vue, l'individu qui crée l'organisation prend un autre rôle à chaque stade : innovateur, gestionnaire, dirigeant, vice-président, etc. Ainsi, l'entrepreneur est identifié par une série d'attitudes et de comportements reliés aux types d'organisations et à leurs phases de développement.

À la lumière de ce qui précède, il apparaît clairement que la création d'une organisation est un processus complexe, influencé par beaucoup de facteurs qui peuvent agir l'un sur l'autre et être interprétés ou perçus de différentes façons. L'entrepreneur n'a donc pas de statut fixe mais son rôle varie parallèlement à la croissance de l'entreprise qu'il a créée.

1.2 LES STADES DE DÉVELOPPEMENT

Tel que nous l'avons mentionné au début, les stades de développement d'une entreprise peuvent être comparés à ceux du développement d'un individu. Les recherches qui se sont intéressées à cet aspect font ressortir un ensemble de caractéristiques particulières pour chacun des stades traversés, de l'enfance à l'adolescence d'une entreprise, jusqu'à son état adulte ou sa maturité administrative. Nous verrons que, tout comme dans le cas du développement d'un individu, les bouleversements et les changements sont beaucoup plus importants et remarquables au cours des premiers stades de développement de l'entreprise. On sait que le fait d'imposer trop rapidement à un adolescent des exigences qui relèvent des adultes peut avoir pour conséquence le retard ou le ralentissement de son développement plutôt que sa progression. On peut affirmer qu'il en va de même pour l'entreprise qui en est encore aux stades infantiles de son évolution puisque les conditions nécessaires à l'efficacité des opérations d'une entreprise mature peuvent, en fait, constituer des obstacles majeurs pour la survie d'une jeune firme en évolution constante. Par ailleurs, les conditions qui permettent à une entreprise de performer à son stade de maturité peuvent être tout à fait paralysantes et insuffisantes pour une entreprise en processus d'émergence ou de croissance. Nous nous attarderons donc à examiner quelques modèles de développement des entreprises proposés par différents auteurs.

Le modèle de Greiner (1972)

Selon Greiner (1972), l'entreprise, petite au départ (en termes de ventes et de personnel) tend à se transformer au cours des années en une grande société mûre et performante. Le processus de développement de l'entreprise suit cinq phases, chacune étant caractérisée par des crises différentes affectant l'évolution de l'entreprise. Ce qui ressort de ce modèle, c'est que chacune des phases est apparentée à une fonction managériale spécifique. Les cinq phases du stade de développement décrites par Greiner sont les suivantes :

FIGURE 1

Le Modèle de Greiner (1972)

Jeune, petite	Phase 1	Développement par créativité
	Phase 2	Développement par direction
	Phase 3	Développement par délégation
	Phase 4	Développement par coordination
Mûre, grande	Phase 5	Développement par collaboration

Chaque phase d'évolution exige un style de gestion particulier.

Le modèle de Steinmetz (1969)

Steinmetz (1969) prétend que les entreprises envisagent le maintien et l'essor de leurs activités à travers un processus qui comprend quatre stades bien distincts. Il met l'emphase sur les phases critiques de transition entre les stades établis. Chacune des phases doit être franchie et très bien assimilée avant de pouvoir passer à la phase subséquente.

Les stades identifiés par Steinmetz se caractérisent par un mode particulier de management :

FIGURE 2

Le Modèle de Steinmetz (1969)

Jeune, petite
Stade I
Supervision directe

Il s'agit du stade le plus simple au cours duquel l'entrepreneur doit apprendre à déléguer ses pouvoirs.

Stade II
Supervision indirecte

L'entrepreneur doit concentrer tous ses efforts et ses énergies vers l'expansion de son entreprise. En même temps qu'il gère un système plus complexe et plus important, ses frais généraux augmentent et il doit améliorer ses compétences managériales.

Stade III
Contrôle indirect

À ce stade, l'entrepreneur doit déléguer de plus en plus de fonctions importantes à des personnes clés dans l'entreprise. Le personnel de direction augmente considérablement au cours de cette phase.

Mûre, grande
Stade IV
Organisation divisionnelle

L'entreprise est parvenue à atteindre un certain niveau de stabilité et de rentabilité. On suppose qu'elle dispose à ce moment d'une structure organisationnelle et de ressources suffisantes pour assurer la poursuite de sa viabilité.

Le modèle de Churchill et Lewis (1983)

Churchill et Lewis (1983) décrivent le processus d'évolution d'une entreprise en tenant compte de facteurs tels sa taille, sa composition, son mode de gestion et ses objectifs. Selon eux, les entreprises doivent résoudre des problèmes communs lorsqu'elles arrivent à des stades analogues de développement. C'est à partir de l'analyse de ces problèmes que Churchill et Lewis ont élaboré leur modèle. Ce modèle met en évidence cinq stades de développement. Chacun d'entre eux est caractérisé par un indice de taille, de diversité et de complexité, et comprend cinq facteurs concernant la gestion: mode de gestion, structure organisationnelle, importance des systèmes formels, objectifs stratégiques majeurs et participation de l'entrepreneur à la société. La figure 3 présente les caractéristiques d'une petite entreprise à chaque stade de développement.

FIGURE 3

**Caractéristiques d'une petite entreprise
à chaque stade de développement
(*Churchill et Lewis*, 1983)**

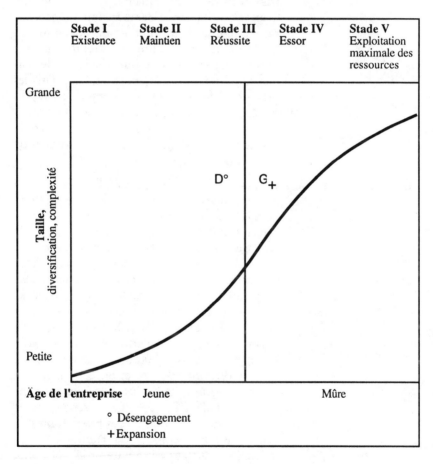

Décrivons brièvement la problématique majeure pour chacun des stades de développement identifiés :

Stade 1 :   Existence   Au premier stade, l'organisation est extrêmement simple. L'entrepreneur travaille beaucoup et exerce une supervision directe sur ses employés. Il n'existe aucun système formel de gestion et le problème majeur est de rester en vie. Comme le démontre la figure 3, l'entreprise fait partie intégrante de l'entrepreneur.

Stade 2 :   Maintien   Lorsqu'elle parvient au deuxième stade, l'entreprise a démontré qu'elle peut être viable. Cependant, la survie demeure une préoccupation importante et l'importance de systèmes formels demeure minime. L'entrepreneur joue encore un rôle fondamental et le contrôle officiel ne s'exerce pratiquement qu'au plan des prévisions financières. Le rapport entre les revenus et les dépenses devient extrêmement important puisqu'il détermine la tendance de l'entreprise à stagner ou à croître en termes de taille et de revenus.

Stade 3 :   Réussite   Comme l'illustre la figure 3, l'entreprise qui parvient au stade de réussite doit prendre une décision importante puisqu'elle a acquis une certaine taille et s'est dotée d'un système de management plus formel qu'aux stades précédents. Il devient donc primordial d'effectuer un choix entre les deux possibilités suivantes. La première consiste à vouloir poursuivre l'expansion de l'entreprise en élargissant ses activités. C'est celle présentée en termes de réussite/expansion et identifiée stade III - D°. La seconde consiste plutôt à tenter de maintenir une certaine stabilité et un certain rendement. Il s'agit du stade réussite/désengagement identifié stade III - G+. Ce désengagement peut être dû au désir du ou des propriétaires de l'entreprise de se consacrer à d'autres activités tout en se souciant de maintenir le statu quo. Dans la mesure où les conditions de l'environ-

28

nement et de la gestion le permettent, l'entreprise peut se maintenir très longtemps à ce stade.

Stade 4 :   Essor

Au quatrième stade, l'entreprise est à un tournant important. Elle a atteint une certaine stabilité, elle est rentable et dispose d'une structure de gestion plus formelle. Même si la gestion est toujours dominée par le chef d'entreprise ou l'entrepreneur, ce dernier et son entreprise deviennent de plus en plus des entités distinctes. C'est vraiment à ce stade qu'une petite société prend le virage nécessaire pour devenir une grosse entreprise. L'entreprise doit devenir plus efficace et doit trouver des moyens de mieux s'adapter aux exigences d'un environnement commercial de plus en plus large et complexe. La planification opérationnelle et stratégique devient donc très importante. L'entreprise qui échoue à ce stade peut restreindre ses activités et retourner au stade 3. Elle peut même reculer jusqu'au deuxième stade ou échouer de façon radicale si les problèmes sont trop grands.

Stade 5 :   Exploitation maximale des ressources

Les défis importants de ce stade sont la poursuite de la consolidation des atouts financiers provenant de la croissance et la maintenance d'une plus grande stabilité. Il s'agit là de défis de taille. En effet l'entreprise a grossi, elle s'est dotée de systèmes formels plus larges et plus complexes et son style de gestion est devenu hiérarchique. L'entreprise se distingue davantage de son ou ses propriétaires. Cependant, elle doit se préoccuper de conserver le dynamisme et la flexibilité qui font partie des avantages des entreprises plus petites. L'entreprise est arrivée à maturité et possède des atouts majeurs: sa taille, ses ressources financières et la compétence de son équipe de direction. Elle peut alors acquérir une force importante sur le marché ou, au contraire, se scléroser, ce qui la voue presque inévitablement à un recul, si ce n'est un échec.

Bref, ce modèle permet de déterminer, pour chacun des stades de développement d'une entreprise, les facteurs de direction qui doivent être pris en considération.

Le modèle de Filley et House (1969)

Une attention particulière est accordée au modèle de Filley et House (1969) puisque c'est celui dont nous nous inspirerons pour énoncer les théories qui suivront. Ce modèle servira d'ailleurs de base pour le reste du volume. Cette approche, qui fait partie de celles dites de métamorphose, se propose de décrire le parallèle qui existe entre l'évolution de l'entreprise et celle de ses fonctions managériales. Comme plusieurs autres modèles du processus évolutif d'une entreprise, ce modèle de croissance d'une petite entreprise typique se schématise en une courbe ayant la forme d'un S. Filley et House ont développé une typologie basée sur trois différents stades de l'organisation face à son évolution: le stade artisanal, le stade de la croissance dynamique et celui de la rationnalité administrative (voir figure 4).

Chacun de ces stades présente des caractéristiques qui lui sont particulières. Examinons celles qui semblent les plus importantes.

Le stade artisanal

Le premier stade de développement de l'entreprise, selon Filley et House, est appelé stade artisanal, phase de démarrage ou encore stade d'existence. Il constitue vraiment l'étape initiale dans l'évolution de l'entreprise. Cette étape est d'abord caractérisée par l'absence de formalisation des objectifs, des politiques et de la structure. Le propriétaire dirigeant de l'entreprise est l'administrateur et le superviseur principal des activités de l'entreprise. Les buts de l'entreprise n'existent pas sur un plan formel puisqu'ils rejoignent ceux du propriétaire. Ce sont la survie de l'organisation et le bien-être de ceux qui participent à cette survie. Les plans et stratégies du propriétaire de l'entreprise demeurent très souvent inconnus de ses collaborateurs et de ses employés puisque ces aspects ne sont discutés qu'avec le comptable et le banquier. À ce stade, le succès passe par l'existence de l'organisation et se mesure en termes de profits.

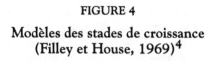

FIGURE 4

**Modèles des stades de croissance
(Filley et House, 1969)[4]**

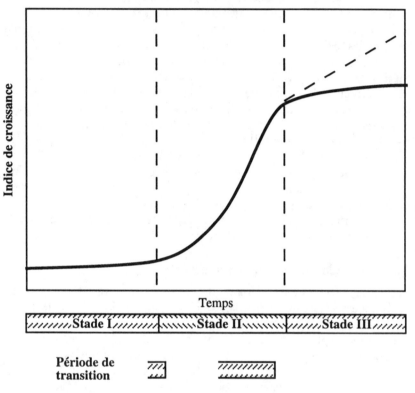

La plupart du temps, les propriétaires d'entreprises artisanales travaillent beaucoup plus au niveau technique (par exemple, les ventes ou les opérations quotidiennes) qu'à un niveau de gestion plus global. Cela explique le fait que les activités de l'entreprise qui se trouve au stade artisanal ont tendance à être centrées et basées sur les spécialités de son propriétaire. Comme nous l'avons vu précédemment, l'entrepreneur préfère faire les choses lui-même plutôt que de les faire exécuter par les autres. Souvent, l'organisation de l'entreprise est plus informelle que formelle. Elle s'articule autour de certains niveaux de pouvoir plutôt qu'autour de liens hiérarchiques et impersonnels. Au sommet de la petite pyramide, on retrouve généralement les amis et les proches du

---

4. On retrouve un même type de classification dans Olson (1987).

31

propriétaire tandis qu'aux paliers inférieurs, les emplois sont occupés par des employés loyaux qui fournissent leur contribution au succès de l'entreprise. Même si les employés semblent considérer leur travail stable et sécuritaire, les possibilités de promotion sont assez limitées. Le nombre d'employés demeure généralement assez réduit à ce stade et le style de gestion du personnel qui s'applique se rapproche de celui de la gestion des tâches à effectuer dans une famille.

Enfin, on constate que l'innovation et l'adoption de nouvelles méthodes de travail sont très peu fréquentes à ce premier stade. On a plutôt tendance à se servir de technologies traditionnelles bien connues du propriétaire de l'entreprise. Il est possible évidemment qu'une forte croissance vienne perturber de façon soudaine la bonne marche de l'entreprise au stade artisanal. Il est cependant extrêmement rare que cette croissance ait été planifiée ou même anticipée. Elle est plutôt le fruit d'un environnement ou de conditions favorables.

Le stade artisanal est caractérisé par un souci permanent de créer et de développer les produits, les services ou les procédures. L'identification d'occasions d'affaires et le haut degré de tolérance face à l'ambiguïté sont aussi caractéristiques à cette période.

Le stade de la croissance dynamique

Au stade de croissance dynamique, l'entreprise connaît un taux de croissance accéléré qui se transforme, se stabilise, puis se met à décroître progressivement. Dans bien des cas, l'entreprise en phase de croissance dynamique exploite une innovation, c'est-à-dire un nouveau produit, un nouveau service, un nouveau marché, un nouveau réseau de distribution ou une nouvelle source ou utilisation de matières premières.

Selon Olson (1987), les objectifs poursuivis à cette étape sont l'augmentation de l'écart entre les coûts et les revenus et l'ajustement des objectifs du dirigeant d'entreprise. Ce dernier devra pondérer ses attentes (parfois incompatibles), d'une part, en acceptant un niveau satisfaisant plutôt qu'optimal dans ses performances, et d'autre part, en accordant une attention particulière à différents buts, mais en un temps limité. Ce stade de croissance dynamique semble pouvoir se subdiviser en deux périodes dans le temps. Au départ, le propriétaire dirigeant continue de prendre lui-même l'ensemble des décisions majeures susceptibles d'affecter les performances de l'entreprise. À la différence de l'artisan, qui a tendance à ne partager ses vues avec personne si ce n'est son banquier ou son comptable, il entretient des contacts plus étroits avec plusieurs membres de son entreprise. Si le besoin s'en fait sentir, il n'hésite nullement à consulter des experts, des spécialistes et ses propres adjoints. La structure organisationnelle demeure toujours peu formelle, mais il existe un minimum de règles, de politiques et de procédures. Le propriétaire dirigeant, qui est le leader de l'entreprise, est très souvent considéré comme un héros par les employés. On mentionne d'ailleurs qu'il exerce un certain charisme sur ses employés. La nouvelle croissance de l'entreprise s'accompagne généralement d'un accroissement appréciable du rendement de l'entreprise au nombre d'employés. Durant cette première phase, les profits sont à la hausse dans la plupart des cas, car l'entreprise commence à profiter d'économies d'échelles et de taille. Parfois l'entrepreneur, comme nous venons de le voir, peut agir en tant que «créateur» dans la première phase et en tant qu'«administrateur» dans la seconde. Mais il est difficile de s'occuper à la fois du marketing, du management, de la finance et des autres domaines fonctionnels. Par conséquent, il doit former une «équipe de gestion» et déléguer son autorité.

Ainsi dans un deuxième temps, une fois le processus de croissance amorcé, l'entreprise passe d'un stade où elle était dirigée presque exclusivement par l'entrepreneur, à une gestion plus rationnelle par un management professionnel. Le propriétaire dirigeant est forcé de déléguer et de partager ses responsabilités à cause de l'envergure que prend l'exploitation de l'entreprise. Celle-ci, qui était très peu structurée au départ sur le plan administratif, doit se donner des règles plus formelles. Différents systèmes de contrôle sont alors mis sur pied. Il faut prévoir une structure plus décentralisée, un mode de développement fonctionnel, des objectifs clairs et des politiques écrites cohérentes, bref mettre sur pied une organisation plus rationnelle. Enfin le propriétaire dirigeant doit absolument s'entourer d'une bonne équipe de gestion dont le principal mandat sera de le soutenir dans la gestion de la croissance de son entreprise. Il semble toutefois que même sans l'introduction de tous ces changements, l'entreprise continue de croître à moins que des crises ou une inefficacité interne ne viennent renverser ce courant expansionniste[5].

En terminant, précisons qu'à ce stade de la croissance dynamique, Lippitt et Schmidt (1967) prévoient la nécessité pour l'organisation de se stabiliser par l'élaboration de plans, la mise sur pied d'un département de recherche, la délégation et la formation du personnel, et aussi, de se bâtir une bonne réputation par la qualité de ses produits, de sa structure financière et de ses relations avec les clients.

---

5. À ce sujet, on peut consulter Olson (1987) qui donne un tableau fort intéressant sur les différentes caractéristiques d'un entrepreneur en phase de démarrage et de croissance.

Le stade de la rationalité administrative

Au stade de la rationalité administrative, l'entreprise est devenue une institution dans la mesure où elle existe par elle-même et en dehors des individus qui la composent. Elle est une entité collective qui ne dépend plus d'une seule personne comme c'est le cas aux deux premiers stades. Le leadership n'est plus assumé par un entrepreneur ou un petit groupe de personnes ayant des contacts étroits et une influence directe sur leurs subordonnés. Au contraire, il est partagé par une équipe de managers professionnels qui retirent une satisfaction de leur fonction. Les plans nécessaires à la bonne marche de l'organisation sont établis d'avance et s'appuient sur des documents d'analyse ou des rapports soigneusement conçus. Le style de gestion adopté à cette étape d'évolution de l'entreprise permet de corriger ou d'ajuster une situation si cela s'avère nécessaire ou souhaitable. Les objectifs poursuivis concernent l'adaptation des efforts de l'entreprise aux besoins du marché et sont indépendants des besoins des participants. Contrairement au stade artisanal, où l'entrepreneur s'assimile à l'entreprise, le stade de rationalité administrative confère à l'entreprise une existence qui lui est propre.

L'organisation rationnelle est caractérisée par l'existence de politiques et de procédures écrites. La structure organisationnelle est bien définie et hiérarchisée à partir de fonctions ou d'unités précises. Dans ce type d'organisation structurelle, la planification et le contrôle, qui sont des fonctions conseil importantes, aident à réduire le risque dans la prise de décision. Toutefois, à ce stade, on a tendance à adopter une attitude plus conservatrice qu'aux autres stades face aux possibilités de développement de l'entreprise. Ce conservatisme s'explique très facilement car l'entreprise a beaucoup plus à perdre à ce stade qu'aux précédents.

Comme elle doit assumer des coûts fixes pour les équipements, les opérations courantes et l'expérience technique, l'entreprise considère plus sécuritaire de tenter d'améliorer les produits ou services actuels, plutôt que de développer des innovations radicales avec toutes les incertitudes et les risques qu'elles impliquent. Quand l'entreprise décide d'introduire de nouveaux produits sur le marché, une planification détaillée est élaborée et l'existence de besoins concrets pour le produit est vérifiée. D'ailleurs, l'entreprise opte souvent pour la fabrication de produits qui ont prouvé leur potentiel.

Enfin, soulignons que la croissance est plutôt linéaire à l'étape de la rationalité administrative. En général, le taux de croissance a tendance à refléter les conditions générales de l'industrie dans le secteur concerné.

En guise de conclusion, rappelons qu'il est évident que toutes les entreprises ne passent pas nécessairement par ces trois étapes et dans l'ordre défini. Il arrive que des entreprises demeurent toujours au stade artisanal parce que l'entrepreneur le désire. Dans certains cas, on peut observer une croissance dynamique très accélérée dès le départ. Dans d'autres cas, des facteurs permettent d'identifier très tôt un certain seuil de rationalité administrative. Cependant, on remarque que les entreprises au stade de croissance dynamique restent rarement à ce point. Elles reculent ou bien formalisent leurs opérations. Enfin, même si les différentes études recensées peuvent nous aider à classifier et à comparer les organisations, il peut être parfois très difficile de décrire le processus de développement d'une entreprise de façon linéaire et surtout de situer cette dernière très exactement en un point sur la courbe des étapes de croissance, puisque l'évolution d'une entreprise se fait de façon itérative et implique de nombreux facteurs externes qui peuvent intervenir à des moments différents. À titre d'illustration de ce qui précède, nous présentons le cas de l'entreprise Paychex et les principales étapes qui ont jalonné son évolution.

Gérer après le démarrage

Paychex inc. est une entreprise fondée en 1971 qui offre un service de préparation de la paie à des entreprises de petite taille. En 1988, 17 ans après son lancement, elle récoltait plus de 79 millions en revenus. Chacune des cinq années précédentes avait été marquée par une croissance de 25% à la fois en ce qui concerne ses revenus et ses profits. Son propriétaire, Thomas Golisano, ne s'était pas attendu à une croissance aussi rapide. Il décrit l'évolution de son entreprise en six étapes différentes.

Étape 1 - Le démarrage
Au lancement de l'entreprise, le principal but du propriétaire était d'obtenir environ 300 clients sur une période de quatre ou cinq ans. Connaissant à fond son produit, il désirait rester près de ses clients et de ses employés.

À cette étape, il n'était pas rare que les salaires de ces derniers soient couverts par Mastercard, ce que M. Golisano appelait du «financement créatif». Il arrivait aussi souvent que ce dernier passe ses nuits dans sa salle informatique. C'est le «moyen de survie créatif» qu'il avait trouvé.

Étape 2 - L'expansion
La proposition d'un ancien associé de M. Golisano, intéressé à conclure une entente avec lui, le met sur la voie de la diversification des marchés qui le conduit éventuellement à s'impliquer dans une dizaine de joint ventures et à concéder des franchises.

Étape 3 - La consolidation

En 1978, la croissance que l'entreprise avait connu jusque là s'exprimait plus en termes de nouvelles succursales et de nouveaux bureaux qu'en termes d'augmentation des profits. À cette période, l'entreprise comptait 200 employés parmi ses rangs et 22 bureaux desservant 5 700 clients. On décide alors d'adopter une nouvelle stratégie devant s'étaler sur cinq ans pour consolider la position de l'entreprise.

Au cours des trois premières années, on se donne comme mandat de privilégier l'organisation de la force de vente et le service à la clientèle et les deux autres années sont consacrées à la gestion de la croissance. Cette période sert aussi de moment de réflexion pour prendre la décision de rendre l'entreprise publique ou non.

Étape 4 - L'entreprise publique

En août 1983, Paychex devient une compagnie publique bénéficiant de capital supplémentaire et d'une plus grande visibilité.

Un changement majeur s'opère dans la philosophie de l'entreprise puisque les dirigeants doivent s'habituer au fait qu'ils ne détiennent plus 100% des actions. Ils doivent aussi apprendre à transiger avec la presse.

C'est à cette étape que la taille de l'entreprise rend nécessaire l'embauche d'un spécialiste chevronné de la finance.

Étape 5 - Un mélange d'entrepreneurship et de dynamisme

Comme le style de gestion d'une compagnie publique n'est pas le lot de tout le monde, certains investisseurs qui veulent retrouver l'esprit d'entreprise d'une petite organisation, se retirent. Ils sont remplacés par des individus qui possèdent des qualités équivalentes, mais en plus, qui font preuve d'un sens profond de l'éthique et qui ont de meilleures aptitudes en communication.

Cette étape est caractérisée par une préoccupation pour la formation des employés et un souci d'uniformisation des produits/services, des procédures et de l'image de l'entreprise.

Étape 6 - Le futur

Existe-t-il un point de saturation à la croissance, de nouvelles avenues à exploiter?

Arrivée à ce point de son évolution, Paychex se donne comme objectif d'augmenter son taux de pénétration, de rationaliser l'utilisation de ses équipements pour devenir plus profitable, d'offrir à ses clients d'autres services et des économies supplémentaires, etc.

(Management Accounting, février 1989)

1.3 LE POSITIONNEMENT DE L'ENTREPRISE: POURQUOI?

Lorsqu'il s'agit de planifier et de gérer la croissance d'une entreprise, il est très important de bien définir les buts et les objectifs à atteindre. En effet, cet exercice permet une évaluation des résultats obtenus par rapport aux attentes du dirigeant et une prise de conscience des changements à apporter s'il y a lieu. Mais s'il est fondamental pour l'entreprise de savoir où elle s'en va, connaître son point de départ ne l'est pas moins. Malheureusement, dans bien des cas, le propriétaire d'une petite et moyenne entreprise dispose rarement du temps nécessaire pour analyser systématiquement la situation de son entreprise en termes de forces, de faiblesses et d'occasions d'affaires. Pris dans le feu de l'action, il oublie souvent d'examiner la dynamique de son environnement et les améliorations souhaitables dans le style de gestion, donc une première étape essentielle avant d'élaborer des stratégies de croissance.

La connaissance des caractéristiques propres à chacun des stades de développement d'une entreprise permet déjà au propriétaire dirigeant d'envisager les transformations qui sont nécessaires lorsque l'entreprise passe d'un stade à un autre. Aucune méthode systématique ne semble avoir été élaborée dans le but précis de procéder au positionnement d'une entreprise. Cependant, Aldag et Filley (1980) ont présenté une étude portant sur les relations entre les types d'organisations et les modèles de leadership, de structures et les modes d'adaptation à l'environnement qui caractérisent chacun des types. Si elle ne peut être utilisée comme outil de positionnement, cette étude peut quand même servir de base à tout le questionnement entourant le processus de classification des entreprises.

1.4 QUELQUES ASPECTS À CONSIDÉRER DANS LE POSITIONNEMENT DE L'ENTREPRISE

Comme nous l'avons spécifié auparavant, situer l'entreprise sur la courbe des phases de croissance est loin d'être une tâche facile en raison des nombreux facteurs qui interviennent dans son processus de développement. Certains aspects, utiles dans l'identification des stades de développement, seront donc analysés dans les prochains paragraphes.

La perception de l'entrepreneur

L'influence de la perception de l'entrepreneur sur le développement de son entreprise peut être appréhendée sous deux angles différents. En premier lieu, il s'agit de la perception que l'entrepreneur ou le propriétaire a de lui-même et de son rôle à l'intérieur de l'entreprise. Il est possible qu'il se voie comme un spécialiste de la technique ou du produit, un spécialiste de l'innovation ou comme un as de la production. Il est également possible qu'il se considère plutôt comme un administrateur.

En deuxième lieu, il peut être utile de considérer les facteurs auxquels il attribue le succès de son entreprise. L'examen des facteurs identifiés permet de voir dans quelle mesure le propriétaire dirigeant se perçoit comme étant lui-même un ingrédient favorisant le succès. Il est fort possible qu'il attribue plutôt le succès à la qualité ou la spécificité de son produit ou aux compétences managériales de ses collaborateurs.

L'analyse du taux de profitabilité et l'utilisation des capitaux de l'entreprise

Comme nous l'avons vu, au stade artisanal, la part des profits est assez grande pour permettre au propriétaire dirigeant d'atteindre le niveau de vie qu'il désire. Plus l'entreprise se dirige vers la croissance, plus il devient nécessaire, au contraire, que cette part augmente et permette plus que le simple maintien d'un niveau de base. Il est donc extrêmement important de considérer le taux de rendement visé par l'entreprise et l'utilisation qu'elle fait de ses fonds. À ce titre, il convient d'examiner quelle est la part de profit qui est réinvestie de façon régulière dans l'entreprise.

Le personnel et la gestion

La taille de l'entreprise en termes de nombre de personnes qu'elle emploie fournit un indice important de son stade de développement. En effet, le taux de croissance du personnel de l'entreprise constitue un facteur à prendre en considération car il fait référence à la «turbulence» présente dans la dynamique de l'entreprise. Évidemment, lorsque l'on étudie l'évolution de la taille de l'entreprise, il est important de tenir compte des périodes de temps significatives et de la durée de ces périodes à travers le fonctionnement de l'entreprise.

Le type de relations entretenues avec le personnel est un autre élément important de l'analyse. À ce sujet, il est important d'identifier les personnes avec qui le propriétaire dirigeant entretient des relations et de quelle façon il le fait. Souvent, interviennent des règles plus ou moins formelles qui caractérisent les relations entre les employés et la direction et ce, à tous les paliers de l'entreprise.

Le degré de formalisation dans la structure et le processus de gestion

L'existence de structures administratives formelles constitue un élément fondamental dans le positionnement de l'entreprise. À ce sujet, les questions suivantes peuvent fournir des éléments d'analyse pour évaluer le degré de formalisation dans la structure et dans les processus de gestion de l'entreprise.

38

- Y a-t-il des structures formelles, claires et bien établies qui définissent les rôles et responsabilités de chacun dans l'entreprise?

- Qui prend les décisions ayant un impact majeur sur l'avenir de l'entreprise et de quelle façon ces décisions sont-elles prises?

- Quel est le niveau de délégation observable dans l'entreprise?

- À quel niveau se situe le processus de planification en vigueur dans l'entreprise? Quel type de planification pratique-t-on? Une planification «réactive» ou «propensive»?

- Quels sont les objectifs de l'entreprise et dans quelle mesure peut-on les dissocier de ceux de son ou de ses propriétaires?

- L'entreprise dispose-t-elle de systèmes, de procédures, de politiques écrites à titre de guides de gestion?

- Existe-t-il des systèmes de contrôle officiels ou se contente-t-on de contrôler «par exception»?

La prise de risque et l'innovation

Plus l'entreprise prend de l'expansion et atteint un certain niveau de succès, plus elle risque de perdre beaucoup si les innovations auxquelles elle s'attaque ne lui apportent pas les résultats escomptés. Au contraire, l'entreprise qui amorce une expansion accélérée doit généralement assumer un taux de risque élevé. Il est donc intéressant de considérer le degré de conservatisme, d'opportunisme ou d'innovation dans la culture d'une entreprise. Par exemple, certaines entreprises préfèrent un niveau de revenu stable mais moindre que celui qu'elles pourraient atteindre en s'exposant à plus de risques. Par conséquent, l'attitude face au risque est presque indissociable de celle adoptée face à l'innovation.

À la lumière de ce qui précède, il apparaît que dresser une liste des principaux aspects à considérer pour positionner l'entreprise n'est pas une tâche facile. En effet, chaque entreprise a des caractéristiques et une dynamique qui lui sont propres et on peut rarement la classer de façon catégorique en l'identifiant à un type particulier. Pour faciliter la tâche des personnes qui occupent des fonctions conseil auprès des PME ou simplement pour aider le propriétaire dirigeant soucieux de situer son entreprise, nous proposons une série de questions pour établir le diagnostic de positionnement d'une entreprise. Cet outil se veut beaucoup plus un instrument de réflexion, un guide particulièrement utile pour mieux cerner l'ensemble des aspects discutés dans ce chapitre, qu'une liste exhaustive de tous les aspects à retenir dans le positionnement d'une entreprise

Diagnostic de positionnement de l'entreprise

Chacun des énoncés suivants décrit des situations possibles pour l'entrepreneur ou l'entreprise en rapport avec différents aspects. Pour chacun de ces aspects, cocher celui qui décrit le mieux ce qui se passe dans l'entreprise à positionner.

- **Qui prend les décisions?**

( ) 1) Le propriétaire dirigeant prend seul (ou presque), l'ensemble des décisions majeures.

(✓) 2) Les décisions sont prises par le propriétaire dirigeant de concert avec de très proches collaborateurs.

( ) 3) Le propriétaire dirigeant ne s'intéresse qu'aux décisions concernant l'évolution générale de son entreprise.

- **Avec qui le propriétaire dirigeant entretient-il des contacts étroits?**

( ) 1) L'ensemble des employés.

( ) 2) Ses collaborateurs, ses associés, son comptable et/ou son banquier.

(✓) 3) Son équipe de gestionnaires.

- **Comment peut-on décrire le taux de croissance du personnel?**

( ) 1) Peu élevé et demeurant le même depuis une assez longue période.

(✓) 2) En évolution si rapide qu'il devient difficile d'assumer une gestion cohérente.

( ) 3) Relativement élevé mais présentant un rythme lent d'évolution en raison du conservatisme affiché dans l'embauche.

- **Comment évolue la production de biens et de services?**

(✓) 1) Le volume demeure réduit et a peu varié au cours des dernières années.

( ) 2) La quantité produite est devenue nettement insuffisante pour répondre à l'ensemble de la demande.

( ) 3) La production est élevée et l'entreprise se contente de la faire fluctuer selon un taux de croissance soigneusement planifié.

- **Comment le dirigeant se perçoit-il au sein de son entreprise?**

( ) 1) Il se définit comme un spécialiste du technique.

( ) 2) Il se voit comme un innovateur, un stimulateur ou un promoteur.

(✓ 3) Il se perçoit comme un gestionnaire, un preneur de décisions.

- **Quelle est l'importance de la présence du propriétaire dirigeant en ce qui concerne les opérations quotidiennes?**

( ) 1) Sans sa présence, la bonne marche des activités est entravée. Il lui est très difficile de s'absenter.

(✓ 2) Il arrive à s'absenter en confiant quelques responsabilités à de proches collaborateurs ou à ses associés. Il demeure toutefois inquiet des conséquences probables.

( ) 3) Appuyé par une solide équipe de gestion, il lui est possible de s'absenter pour des périodes plus ou moins longues sans que le fonctionnement de l'entreprise en soit affecté.

- **Comment peut-on décrire le mode de planification?**

( ) 1) La planification est absente ou à peu près nulle. On se contente de réagir au jour le jour et en fonction de la demande.

(✓ 2) Il y a très peu de planification mais le propriétaire dirigeant se rend compte qu'elle est devenue nécessaire en fonction d'un accroissement accéléré de la demande.

( ) 3) La planification est systématiquement présente. Les activités de l'entreprise sont déjà établies pour une année ou plus à l'avance.

- **Quelle est la relation entre les objectifs de l'entreprise et ceux du propriétaire?**

( ) 1) Les objectifs de l'entreprise se confondent étroitement avec ceux du ou des propriétaires.

(✓ 2) Ils sont parfois dissociables de ceux de l'entrepreneur et peuvent commencer à se différencier sensiblement de ce dernier en ter-mes d'exigences.

( ) 3) Les objectifs de l'entreprise ont leur raison d'être en dehors des buts personnels du/des propriétaires de l'entreprise.

- **Quel est le degré de formalisation du processus de gestion?**

( ) 1) Les objectifs de l'entreprise ne sont pas écrits. Il n'y a ni politi-ques, ni méthodes, ni systèmes de contrôle formels.

(✓ 2) Les objectifs, politiques et systèmes de contrôle existent, mais de façon plus ou moins claire. L'entreprise ressent le besoin de les formaliser davantage pour mieux gérer la croissance de ses acti-vités.

( ) 3) L'entreprise dispose d'un système de gestion formel dans lequel on retrouve des politiques, méthodes et systèmes de contrôle écrits et assez bien connus de l'ensemble du personnel.

- **Comment peut-on décrire l'évolution de l'entreprise?**

( ) 1) L'entreprise est de petite taille et le propriétaire dirigeant souhaite qu'elle le demeure car il craint un niveau plus élevé de problèmes à résoudre.

(✓) 2) La croissance est actuellement si rapide que son ou ses propriétaires ne savent plus où donner de la tête.

( ) 3) Depuis quelques années, l'entreprise s'est stabilisée à une taille assez grande et la croissance à venir est soigneusement planifiée et anticipée.

- **Quelle importance accorde-t-on à l'innovation dans l'entreprise?**

( ) 1) Elle est à peu près nulle. On se contente de perpétuer les activités qui fonctionnent bien et on fait les choses de façon traditionnelle.

(✓) 2) L'innovation constante est devenue une exigence de survie. Elle concerne autant les produits que les nouveaux procédés de fabrication ou les nouveaux modes de distribution.

( ) 3) L'innovation se situe surtout au niveau de la gestion. En ce qui concerne les produits ou services, on cherche plutôt à améliorer ce qui existe déjà.

Pondération des réponses données

- Une majorité d'énoncés «1» signifie probablement que l'entreprise est au stade artisanal.

- Une plus forte concentration d'énoncés «2» caractérise probablement l'entreprise dans une phase de croissance dynamique.

- Une sélection d'un nombre plus élevé d'énoncés «3» indique une entreprise parvenue au stade de la rationalité administrative.

CONCLUSION

Dans ce chapitre, nous avons discuté des attributs psychologiques de l'entrepreneur et des stades de développement d'une entreprise. Nous avons fait ressortir, depuis le début, une description évolutive de l'entreprise que nous avons pu comparer de façon significative au processus de développement des individus. Nous avons souligné à cet égard l'influence importante de l'entrepreneur sur la croissance de son entreprise, influence beaucoup plus marquée aux tout premiers stades. On ne pouvait donc parler de l'évolution d'une entreprise sans se préoccuper de ce qui affectait sa naissance et, par la suite, sa croissance. Ce qu'il est important de retenir, c'est l'étroite relation qui existe entre le développement de l'entrepreneur et celui de son entreprise. L'évolution de l'un étant fortement dépendante de l'autre, les prochains chapitres feront mieux ressortir de quelle façon le profil de l'entrepreneur devra se transformer au fur et à mesure que de nouvelles exigences se présentent et que des efforts supplémentaires doivent être fournis pour faire évoluer l'entreprise d'un stade à un autre.

QUESTIONS

1. Quel parallèle seriez-vous capable d'établir entre la croissance d'une entreprise et celle d'un individu?

2. Comment se traduit dans les faits, cette tendance souvent rencontrée chez les entrepreneurs à tenter de s'approprier un certain pouvoir sur l'environnement?

3. Êtes-vous d'accord avec la croyance populaire qui présente l'entrepreneur comme un individu qui est prêt à prendre des risques, peu importe leur grandeur? Expliquez votre réponse.

4. Par rapport aux concepts d'efficience et d'efficacité, comment situeriez-vous le comportement et les préoccupations les plus courantes de l'entrepreneur typique?

5. Quel motif majeur invoqueriez-vous si vous aviez à soutenir le fait qu'un entrepreneur performant a normalement besoin d'un très bon niveau de tolérance face à l'ambiguïté?

6. Avec qui dit-on souvent que l'entrepreneur typique est en compétition?

7. Êtes-vous d'accord avec l'énoncé suivant: «l'entrepreneur qui réussit à bien gérer la mise sur pied d'une entreprise a franchi le cap le plus difficile et le succès lui est assuré». Étayez votre réponse.

8. Quelle est l'importance des compétences techniques de l'entrepreneur en ce qui concerne les produits ou services offerts par son entreprise?

9. D'après Greiner (1972), l'entreprise tend à se transformer à travers un processus de développement qui intègre cinq phases, chacune de ces phases étant apparentée à une fonction managériale spécifique.

Décrivez ce processus selon chacune des cinq phases de développement.

10. Quels sont les stades de développement identifiés par Steinmetz (1969) et leurs caractéristiques?

11. Dans leur modèle de croissance des entreprises, Churchill et Lewis (1983), tiennent compte de quatre facteurs majeurs pour décrire le processus d'évolution. Identifiez ces facteurs.

12. Pour chacune des étapes de croissance identifiée par Churchill et Lewis, décrivez les aspects de la gestion sur lesquels on doit pouvoir compter.

13. Quels sont les trois principaux stades de croissance identifiés par Filley et House (1969)? Expliquez brièvement chacun de ces stades.

14. Parmi les trois stages identifiés précédemment, lequel semble le plus crucial en regard des changements managériaux qu'il impose?

15. Pourquoi diriez-vous qu'il est important de bien positionner une entreprise en regard de l'analyse de son processus de croissance?

16. Si vous aviez vous-même à positionner une entreprise avant d'élaborer une stratégie de croissance, quels éléments analyseriez-vous d'abord par rapport à la réalité de l'entreprise?

BIBLIOGRAPHIE

Begley, T.M. et D. Boyd, «Psychological Characteristics Associated with Performance in Entrepreneurial Firms and Smaller Businesses», *Journal of Business Venturing*, vol. 2, no. 1, hiver 1987, pp. 79-93.

Carroll, G.R. et É. Mosakowski, «The Career Dynamics of Self-Employment», *Administrative Science Quarterly*, vol. 32, no. 4, 1987, pp. 570-589.

Churchill, N.C. et V.L. Lewis, «Les cinq stades de l'évolution d'une PME», *Harvard-L'Expansion*, no. 30, automne 1983, pp. 51-63.

d'Amboise, G. et M. Muldowney, «Management Theory for Small Business : Attemps and Requirements», *Academy of Management Review*, vol. 13, no. 2, 1988, pp. 226-240.

Filley, A.C. et R.J Aldag, «Organizational Growth and Types : Lessons from Small Institutions», *Research in Organizational Behavior*, Greenwich, Connecticut, Jai Press, vol. 2, 1980, pp. 279-320.

Filley, A.C. et R.J. House, *Managerial Process and Organizational Behavior*, Glenview, Illinois, Scott Foresman, 1969.

Flamholtz, E.G., *How to Make the Transition from an Entrepreneurship to a Professionally Managed Firm*, San Francisco, Jossey-Bass Publishers, 1986.

Gartner, W.B., «Who is an Entrepreneur? is the Wrong Question», *American Journal of Small Business*, vol. 12, no. 1, printemps 1988, pp. 11-28.

Gasse, Y., «L'entrepreneur moderne : attributs et fonctions», *Revue internationale de gestion*, vol. 7, no. 4, novembre 1982, pp. 3-10.

Gibb, A., «The Entreprise Culture: Threat or Opportunity», *Management Decisions*, vol. 26, no. 4, 1988, pp. 5-12.

Golisano, B.T. et R.J. Warth, «Managing After Startup», *Management Accounting*, vol. LXX, no. 8, février 1989, pp. 27-30.

Greiner, L.E., «Evolution and Revolution as Organizations Grow», *Harvard Business Review*, vol. 50, no. 4, juillet-août 1972, pp. 37-46.

Hertzberg, F., «Une fois de plus : comment motiver vos employés?», *Harvard Business Review*, vol. 50, no. 4, janvier-février 1968, pp. 53-62.

Hertzberg, F., *Le travail et la nature de l'homme*, Paris, Entreprise moderne d'édition, 1975.

Kets de Vries, M.F.R., «The Dark Side of Entrepreneurship», *Harvard Business Review*, vol. 85, no. 6, novembre-décembre 1985, pp.160-167.

Lippitt, G.L. et W.H. Schmidt, «Crisis in Developing Organization», *Harvard Business Review*, vol. 45, no. 6, novembre-décembre 1967, pp. 102-112.

McClelland , D. C., *The Achieving Society*, Princetown, New Jersey, D. Van Nostrand Company, 1961.

Mitton, D.G., «The Compleat Entrepreneur», *Entrepreneurship Theory and Practice*, vol. 13, no. 3, printemps 1989, pp. 9-19.

Olson, P.D., «Entrepreneurship and Management», *Journal of Small Business Management*, vol. 25, no. 3, juillet 1987, pp. 7-13.

Porter, L.W. et E.E. Lawler, *Managerial Attitudes and Performance*, Illinois, Irwin Dorsey, 1968.

Scherer, R.F., J.S. Adams, S.S. Carley et F.A. Wiebe, «Role Model Performance Effects on Development of Entrepreneurial Career Preference», *Entrepreneurship Theory and Practice*, vol. 13, no. 3, printemps 1989, pp. 53-67.

Steinmetz, L.L., «Critical Stages of Small Business Growth», *Business Horizons*, vol. 12, no. 1, février 1969, pp. 29-36.

— «L'homme qui apprivoise les montagnes», *Le journal économique de Québec*, Cahier spécial sous la direction du rédacteur en chef Jean Baillargeon, vol. 1, no. 5, février 1992, pp. A1-A8.

CHAPITRE 2

LES RYTHMES DE PASSAGE

Les stades de développement énoncés dans le chapitre précédent permettent de décrire et de prédire les différentes étapes qui doivent être franchies par l'entreprise entre le moment de sa naissance et celui de sa maturité. L'analogie entamée entre le développement de l'individu et celui d'une entreprise peut être poursuivie dans ce chapitre. Sheehy (1983) présente une carte de développement de l'individu à travers laquelle sont décrites les étapes qu'il doit franchir. Un accent particulier est mis sur les crises qui affectent ou accentuent généralement le passage d'une étape à une autre. Concernant ce processus de développement de l'individu, l'auteure écrit:

> «Nous ne différons guère d'un crustacé particulièrement robuste: le homard. Au cours de sa croissance, le homard se constitue des carapaces protectrices successives qu'il rejette les unes après les autres - chaque étape de croissance interne provoquant la chute de la carapace externe. Après chaque mue, le homard reste vulnérable jusqu'à ce que, le temps aidant, une carapace neuve se forme, qui remplacera l'ancienne.
>
> Notre développement suppose lui aussi, à chaque passage d'une étape à l'autre, la perte d'une enveloppe protectrice; cette mue nous laisse vulnérables, mais aussi pleins de forces en germes qui sont la promesse de prolongements dans des voies encore inconnues de nous.

Chaque individu aborde les étapes de son évolution avec un style qui le caractérise; certains ne vont jamais jusqu'au bout de toutes les étapes; les préoccupations au centre d'une période donnée ne sont jamais définitivement réglées. Mais lorsqu'elles ont perdu de leur prépondérance, et que le mode de vie adopté pour les servir a rempli sa fonction, nous sommes prêts à passer à la période suivante.» (Sheehy, 1983).

Tout au long de sa description du processus de développement d'un individu, Sheehy ne se limite pas à situer les différentes étapes mais s'intéresse plus particulièrement au processus qui génère, conditionne et affecte le passage d'une étape à l'autre. À ce titre, elle fait état des crises possibles dans le cheminement des individus ainsi que des événements extérieurs qui ont souvent pour effet de venir d'abord les perturber pour ensuite les pousser vers une nouvelle étape. Cette façon de considérer les accidents de parcours et les crises comme des agents générateurs de changements et de transformations demeure tout aussi appropriée quant il s'agit des facteurs qui conditionnent et affectent le processus de développement d'une entreprise. Tout comme dans le développement d'un individu, l'entreprise doit traverser différentes crises qui peuvent être perçues de façon négative. Cependant, on constate que si l'entreprise est capable de se questionner et de se remettre en cause, les leçons tirées peuvent être mises à profit. Ainsi, une crise peut permettre un départ sur de nouvelles bases. Par conséquent, les crises vécues par les entreprises sont souvent des facteurs de croissance, à condition qu'elles soient perçues comme des indices importants annonçant que des changements majeurs s'imposent et qu'elles n'aient pas pour effet de freiner l'entreprise. Ce deuxième chapitre vise donc à proposer une description sommaire des crises qui peuvent affecter le processus de développement d'une entreprise.

Greiner (1972) met l'accent sur **l'importance des crises de transition** entre deux phases de développement. Selon son modèle (voir figure 1), chaque «crise» qui marque le début d'une période de croissance et la fin d'une autre est un facteur perturbateur pour l'entreprise. Les problèmes de changement occasionnés peuvent être minimisés si le gestionnaire adopte une attitude proactive plutôt que réactive. Il est donc essentiel que le gestionnaire connaisse le processus de croissance de son entreprise, d'autant plus qu'il est personnellement impliqué dans cette évolution (dans Scott et Bruce, 1987).

En effet, selon Scott et Bruce (1987), les crises sont extrêmement importantes pour l'entrepreneur, en termes de changements organisationnels et **personnels.**

FIGURE 1

Le Modèle de Greiner (1972) (dans Scott et Bruce, 1987)

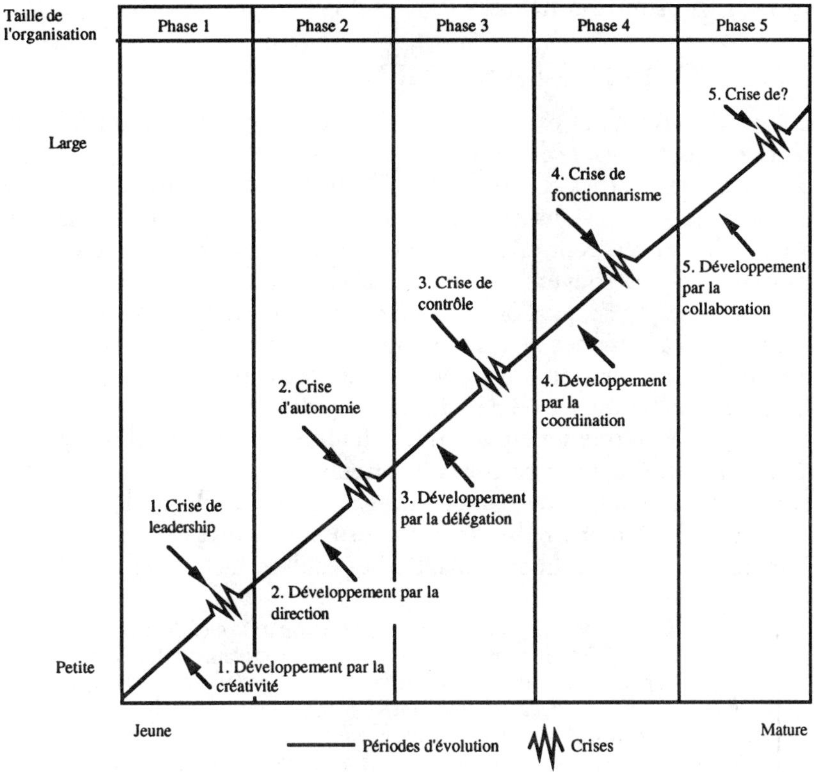

Taille de l'organisation	Phase 1	Phase 2	Phase 3	Phase 4	Phase 5

D'autres auteurs ont présenté des modèles d'analyse des crises traversées par une entreprise lors de son évolution. Par exemple, Buchele (1967) identifie sept crises et propose certains moyens, certaines mesures ou précautions pour tenter de les surmonter, les contourner ou, du moins, pour essayer d'en atténuer les effets. Son modèle présente un intérêt particulier dans la mesure où il aborde plus spécifiquement la problématique de la croissance des entreprises de plus petite taille. En effet, plusieurs recherches démontrent que les problèmes de gestion de ces entreprises se démarquent nettement de ceux vécus dans les grandes entreprises. Des travaux de Welsh et White (1981) s'intéressent d'ailleurs à ce sujet.

La typologie des crises administratives a été largement reprise au Québec par Robidoux (1980) qui a voulu l'adapter aux caractéristiques

49

et particularités des entreprises québécoises. La présentation qui suit s'inspire d'ailleurs des théories de Buchele et de Robidoux.

Les crises administratives

2.1. LA CRISE DE LANCEMENT

L'étape de lancement est cruciale puisque c'est celle où l'on installe les bases de l'entreprise, celle où les ressources sont mobilisées. Selon les décisions prises et les efforts fournis, l'entreprise aura plus ou moins de chances de succès. Chaque année, des milliers de petites entreprises font faillite et meurent. Ce dénouement arrive généralement à la suite d'erreurs le plus souvent commises au cours du stade de démarrage. Contrairement à ce que l'on pourrait croire, ces erreurs ne sont pas toujours reliées à l'absence de compétences techniques concernant la fabrication et la distribution des produits ou encore la prestation de services. En effet, une bonne partie des créateurs ou des propriétaires d'entreprises opèrent dans une sphère d'activités à l'intérieur de laquelle ils possèdent une excellente expertise. Les erreurs commises semblent plutôt concerner le manque de compétences en gestion tel que le confirme une étude de Dun & Bradstreet portant sur les faillites commerciales au Canada en 1975. Par ailleurs, d'après Perreault et Dell'Aniello (1981) :

> «Les plus jeunes entreprises tendent à disparaître en premier. De toutes les nouvelles entreprises lancées, approximativement 1/3 fermeront leurs portes au cours de la première année de leur vie; environ 50% abandonneront en deçà de deux ans et approximativement les 2/3 en deçà de cinq ans. Après cinq années, le taux de mortalité des entreprises diminue rapidement. Ainsi, les chances de succès augmentent avec la durée de la vie de l'entreprise. La plus grande cause des échecs en affaires est la mauvaise gestion. Année après année, le manque d'expérience et d'aptitude à la gestion a causé environ 90% de tous les échecs».

Les problèmes de gestion, à l'origine de la majorité des faillites d'entreprises, sont donc au coeur de la crise de lancement. Comme il en a déjà été question, il s'agit d'une crise extrêmement grave puisqu'elle s'avère fatale dans la plupart des cas. Toutefois, les échecs des entreprises ne sont pas toujours reliés aux problèmes de gestion. Ils peuvent être attribuables à un désintéressement des propriétaires en ce qui concerne les affaires ou, dans certains cas, à un manque flagrant d'expertise dans le secteur, mais il s'agit d'un pourcentage réduit de cas d'échecs d'entreprises.

50

Les autres crises peuvent également être très menaçantes pour l'entreprise, mais étant donné qu'elles surviennent généralement après une certaine période d'existence, les chances de les contrer augmentent. En effet, l'entreprise dispose de plus de moyens et de ressources pour tenter de corriger la situation, alors qu'à l'étape de lancement toutes les ressources sont déjà utilisées de façon maximale. Bref, lorsque survient la crise de lancement, l'entreprise n'a généralement pas de moyens pour lutter.

Buchele (1967) identifie trois catégories d'erreurs de gestion rencontrées lors de la crise de lancement. Voici une description sommaire de ces trois principales sources de problèmes.

Le manque d'expérience des personnes clés de l'entreprise dans l'ensemble des fonctions de gestion

Lorsqu'une personne se lance en affaires, elle doit normalement assumer seule ou presque l'ensemble de toutes les fonctions de gestion de son entreprise. Charbonneau (1985) écrit d'ailleurs à ce sujet :

> «Une PME et son chef, surtout au début, ne font qu'un. Mais étant donné la charge de travail qui, dès le lancement de l'entreprise, repose sur ses épaules, il doit faire certains choix fondés sur une vue claire de la situation. Le plus souvent, le patron de la PME est responsable de l'administration générale courante et il conserve celle du service qu'il connaît le mieux. Tous les cas particuliers quelque peu importants lui passent par les mains, qu'il s'agisse de retenir les services d'un avocat, de signer un bail, d'assurer les biens de l'entreprise ou d'en organiser le déménagement. De plus, le patron est le seul qui puisse régler les problèmes entre les divers services de son entreprise puisque, selon notre définition de la PME, il est le seul qui puisse commander à tous. Enfin, comme il est le seul à avoir une vue générale des opérations, c'est à lui qu'il revient de vérifier si l'entreprise atteint ses objectifs d'ensemble. Et, si les résultats ne sont pas à la hauteur de ses attentes, c'est à lui d'en trouver les causes et de réviser les objectifs ou de modifier les moyens utilisés pour les atteindre».

Cette description de la tâche du propriétaire dirigeant justifie parfaitement le titre d'«homme-orchestre» qu'on a souvent associé à celui d'entrepreneur. On en déduit très facilement que le propriétaire dirigeant doit alors démontrer des compétences à la fois dans les fonctions de vente, de production, de gestion interne, de comptabilité et de finance. Il est, en effet, peu probable qu'il puisse s'adjoindre de nombreux spécialistes étant donné la petite taille de l'entreprise et ses ressources réduites. Il ne faut pas non plus perdre de vue l'importance relative de chacune des fonctions clés dans la bonne marche d'une entreprise.

Même dans les cas où le propriétaire dirigeant possède une solide expertise dans plusieurs de ces fonctions, une seule déficience dans l'un ou l'autre des secteurs de gestion peut compromettre les résultats de l'ensemble des autres fonctions. Par conséquent, l'étape de lancement exige que le propriétaire d'entreprise soit capable de démontrer des compétences de spécialiste pour chacune des fonctions et des compétences en tant que généraliste pour bien comprendre les subtilités et les interrelations entre ces différentes fonctions. Il s'agit là d'une bien lourde tâche pour une seule personne et dans bien des cas, cette exigence n'est pas évaluée justement par le futur propriétaire d'entreprise. Il arrive malheureusement qu'il ne s'en aperçoive qu'au moment où surgissent des problèmes sérieux et que l'entreprise ait déjà amorcé une phase de décadence.

Plusieurs exemples d'échecs de ce genre peuvent être puisés de cas courants dans notre environnement. Un des cas les plus classiques est sûrement celui du spécialiste croyant fermement que sa compétence technique est au coeur même des probabilités de succès de son entreprise. Combien de fois a-t-on vu un «vendeur à succès» décider de lancer sa propre entreprise sous le prétexte que c'est lui qui rapporte le plus à la compagnie qui l'emploie? Il considère que les administrateurs n'assurent qu'une mince part dans le succès de l'entreprise et que leur réussite dépend surtout de ses «bons talents de vendeur». Dans la plupart des cas, l'échec est rapide car aucune précaution n'est prise pour s'assurer la collaboration de spécialistes dans d'autres fonctions managériales, mise à part, dans certains cas, celle d'un spécialiste de la production, mais il est rare que ce soit suffisant.

Cette croyance indue, à l'effet que la compétence technique est synonyme de facteur de succès pour une entreprise, est particulièrement présente dans le secteur de la haute technologie. Les fondateurs de telles entreprises, qu'ils soient ingénieurs ou autres spécialistes, estiment généralement que les fonctions de gestion sont secondaires et sont souvent persuadés qu'ils peuvent acquérir eux-mêmes très rapidement l'ensemble des compétences en gestion nécessaires à la bonne marche de l'entreprise. Selon Sweeney (1982), dans ces entreprises,

> «on met trop l'accent sur la production, et pas assez sur le marketing, la R et D, la trésorerie et l'administration interne. Une étude italienne sur les nouvelles entreprises du secteur de l'électronique a bien montré la nécessité de l'équilibre des connaissances et des moyens d'information entre les différents domaines: marketing, finance, R et D et administration. Même dans une branche aussi fortement dépendante de la R et D, exagérer cet aspect peut conduire à l'échec. C'est donc, et de loin, les questions de gestion qui sont les plus difficiles pour les nouvelles

*entreprises. La compétence du créateur est généralement étroite et pure-
ment technique. Il manque d'expérience et de savoir-faire en gestion et
c'est souvent pour cela qu'il échoue».*

Ces exemples illustrent la nécessité de disposer d'une expérience équilibrée en gestion pour réussir la mise sur pied d'une entreprise.

L'inadéquation du système comptable

Le second facteur qui peut diriger une entreprise vers la faillite est l'absence de registres comptables adéquats et adaptés aux besoins de l'entreprise. Cette situation se présente, entre autres, lorsque le propriétaire
d'une petite entreprise estime qu'il est trop onéreux et tout à fait hors
de ses moyens de s'adjoindre les services d'un spécialiste en matière de
comptabilité. Il pense qu'il s'agit d'un luxe qu'il ne pourra se permettre
que lorsque son entreprise aura pris de l'expansion et aura franchi un
certain seuil de rentabilité. Il peut arriver également que l'absence de
connaissances en gestion du propriétaire dirigeant l'empêche de voir la
nécessité d'avoir des informations comptables précises et écrites concernant l'évolution financière de son entreprise.

Pourtant, le propriétaire dirigeant d'une petite entreprise est souvent le seul à prendre les décisions importantes concernant l'entreprise.
Cette fonction n'est bien remplie que lorsqu'elle s'appuie sur une solide
base d'informations. Des registres comptables adéquats font nécessairement partie de cette base essentielle à la prise de décision. Tout d'abord,
ils président à l'établissement des coûts d'opération et de production.
Contrairement à ce que l'on peut croire, plusieurs propriétaires de petites entreprises ignorent totalement les frais qu'ils encourent pour produire ou distribuer leur produit. Ils fixent leurs prix de façon aléatoire,
soit en s'ajustant en fonction des prix du marché ou de ceux de leurs
plus proches compétiteurs, ou encore en se fiant à leur flair. Le piège
dans lequel ils risquent de tomber en agissant de cette façon est que les
ressources des compétiteurs risquent de s'avérer fort différentes des leurs
et il est loin d'être certain qu'à ce compte-là ils réaliseront des profits.

Enfin, l'entreprise qui ne connaît pas ses coûts d'opération peut
difficilement déterminer son seuil de rentabilité et encore moins sa
marge brute de profits. On comprend facilement qu'un nombre important d'entrepreneurs découvrent malheureusement trop tard qu'ils opèrent depuis longtemps à perte alors qu'ils avaient pour objectif de
réaliser des profits en se lançant en affaires.

Le problème de la sous-capitalisation initiale

La sous-capitalisation initiale constitue la troisième erreur classique des entreprises qui ont à faire face à de graves problèmes dans la période qui suit leur lancement. Malheureusement, il arrive trop fréquemment que l'optimisme des nouveaux propriétaires les amène à lancer leur entreprise sans disposer d'un capital suffisant.

Le lancement d'une entreprise s'accompagne généralement d'une zone de risques élevés et l'entrepreneur, pris dans le feu de l'action, oublie souvent d'anticiper les embûches ou les problèmes qui peuvent entraver les opérations prévues. Même dans les cas où l'entrepreneur se penche sur les difficultés éventuelles, la confiance du départ réussit à diminuer l'appréhension des risques. Il est courant que les investissements nécessaires pour fabriquer un nouveau produit ou mettre sur pied une chaîne d'opérations aient été grandement sous-estimés. Dans le même ordre d'idées, le délai nécessaire pour faire connaître et accepter un produit par le consommateur peut s'avérer beaucoup plus long que prévu, ceci ayant pour effet de retarder considérablement les rentrées de fonds dans l'entreprise. Enfin, des difficultés imprévues risquent de contrecarrer sérieusement les échéanciers établis au départ, surtout si l'entreprise doit faire face à des complications techniques ou technologiques qu'elle n'a pas prévues. On peut comprendre facilement qu'à ce rythme les capitaux s'épuisent rapidement. Les fonds de départ proviennent généralement des économies de l'entrepreneur et des montants prêtés par ses proches (*love money*). Ces sources sont rapidement épuisées et il devient donc de plus en plus difficile de dénicher des fonds supplémentaires. Bon nombre d'entreprises font faillite après des mois et des mois de travail acharné faute de fonds nécessaires pour poursuivre le travail sur une très courte période de temps.

2.2 LA CRISE DE LIQUIDITÉ

Souvent, les problèmes de sous-capitalisation initiale sont reliés aux problèmes de liquidité rencontrés par une entreprise. Toutefois, il arrive également que la crise de liquidité survienne dans des entreprises très bien financées au départ, mais présentant une surcapitalisation dans les actifs à long terme ou une situation de crédit mal gérée ou incontrôlée. Une crise de liquidité peut aussi être la résultante d'une poursuite effrénée des profits par l'entreprise risquant de générer une croissance exagérée et mal planifiée (le chapitre 10 fait ressortir les impératifs de la croissance sur le plan financier). À mesure que l'entreprise grossit, les investissements nécessaires augmentent et ces derniers doivent être supportés par une liquidité suffisante et une plus grande marge de crédit.

Pour illustrer comment se manifeste concrètement la crise de liquidité, nous présentons deux exemples. Le premier se produit très souvent dans une jeune entreprise sur le point d'atteindre le succès.

– Trois ingénieurs décident d'unir leurs économies et leurs efforts et de se lancer en affaires. Durant les premiers mois, ils travaillent de 10 à 12 heures par jour pour développer un nouveau produit qu'ils comptent mettre sur le marché en deçà de six mois. Ils ne retirent aucun salaire remettant à plus tard la récompense de leurs efforts. Plusieurs clients potentiels ont montré un intérêt marqué pour leur produit et deux d'entre eux ont même manifesté l'intention de l'acquérir. Le développement du produit se poursuit selon les délais prévus, et à l'échéance, il est prêt à mettre en marché. Malheureusement, les deux clients sur lesquels comptaient les ingénieurs pour démarrer leurs activités ne sont pas prêts à acheter le produit. L'un d'eux a changé d'idée et n'a plus besoin du produit, tandis que l'autre avise qu'il ne passera sa commande que six mois plus tard.

Pendant trois mois, les propriétaires de l'entreprise se lancent à fond de train dans la promotion de leur produit et dans la prospection de clients potentiels. Cependant, ces trois mois additionnels ont sérieusement entamé le budget disponible et la mince marge de crédit consentie a été épuisée. Même s'ils détiennent alors deux commandes importantes, les propriétaires de l'entreprise ne disposent plus des fonds nécessaires pour amorcer la production, payer les employés et acheter l'ensemble des matières premières requises. Ils rencontrent différentes institutions bancaires pour obtenir du financement, persuadés que les commandes en main faciliteront l'obtention de capital. Malheureusement, la réponse est négative, car l'entreprise n'a aucun antécédent de rentabilité et rien ne prouve que des difficultés de production ne viendront pas entraver la livraison du produit aux échéances prévues. Bien que l'entreprise soit presque parvenue au succès, elle risque de voir tous les efforts déployés se perdre, faute d'avoir préservé une liquidité suffisante pour faire face aux imprévus.

Le deuxième exemple illustre la crise de liquidité engendrée par une surcapitalisation dans les actifs à long terme (terrains, bâtisses, équipements, et différents avoirs de l'entreprise). Ainsi, le capital n'est pas disponible et l'entreprise ne peut disposer d'un fonds de roulement qui pourrait s'avérer plus utile que ne le sont les sommes investies dans les immobilisations.

– Avec un capital initial de 40 000 $, deux frères décident de fonder une entreprise se spécialisant dans la fabrication d'armoires de cuisine. Le capital sert surtout à l'acquisition d'une usine désaffectée, à sa rénovation, et à l'achat des équipements courants ainsi que des matières premières. La qualité des produits offerts assure à l'entreprise de nombreuses commandes dès le départ et les ventes atteignent près de 200 000 $ après 18 mois d'opération. Deux ans plus tard, le rendement sur l'investissement est de l'ordre de 30 % et pendant toute cette période, le fonds de roulement est assuré par la banque.

Forts de leurs succès, les propriétaires de l'entreprise décident de réinvestir l'ensemble des profits réalisés dans l'achat d'un équipement beaucoup plus sophistiqué, ce dernier leur permettant à la fois d'augmenter le volume de production et d'usiner de nouveaux modèles. Durant les deux années d'opérations suivantes, les ventes grimpent à plus de 350 000 $ et dépassent largement les résultats prévus. Cependant, certains problèmes de bris d'équipement forcent l'entreprise à réinvestir d'importantes sommes et la banque refuse depuis près d'un an d'augmenter le fonds de roulement. En effet, elle a constaté que les marges de crédit offertes aux clients étaient beaucoup trop élevées et que l'entreprise ne s'était pas préoccupée de se doter d'un système adéquat en matière de perception des comptes à recevoir. Tout cela affecte sérieusement la liquidité de l'entreprise qui commence à ne plus disposer des sommes nécessaires à l'achat du matériel de production. Les retards s'accumulent et on constate une forte baisse du taux de rentabilité même si les ventes ont considérablement augmenté. Si des mesures ne sont pas prises rapidement, l'entreprise se retrouvera avec des actifs fort considérables et elle se verra dans l'obligation d'en céder une certaine partie à perte pour améliorer sa liquidité.

La crise de liquidité, à l'instar de la crise de lancement, touche plus particulièrement les entreprises relativement jeunes. Elle a tendance à se situer au cours de périodes de forte croissance non planifiées ou mal gérées par l'entreprise, ou à provenir de situations pour lesquelles les ressources financières suffisantes n'ont pas été prévues.

2.3 LA CRISE DE DÉLÉGATION

À mesure que l'entreprise croît et prend de l'expansion, il devient de plus en plus difficile pour le propriétaire dirigeant d'assumer seul l'ensemble des responsabilités et des décisions. Au départ, ce dernier a tendance à retarder le plus loin possible le moment où il devra effectivement décider de s'associer avec des gestionnaires compétents pour partager ses préoccupations, ses responsabilités et ses décisions. Plusieurs chercheurs ont décrit le propriétaire dirigeant comme un individualiste, spécialiste du *one-man show* qui dit pouvoir prendre des décisions rapides et n'aime pas se sentir redevable envers les autres. Il est facile de comprendre de telles attitudes puisque les mises de fonds proviennent généralement du propriétaire de l'entreprise qu'il considère d'ailleurs comme son fief.

On comprend facilement que le propriétaire dirigeant d'une petite entreprise est généralement bien mal disposé psychologiquement à affronter la nécessité de la délégation. Pourtant, il arrive un moment où l'entreprise atteint une étape décisive dans son évolution : sa croissance et son développement sont tels qu'il devient impossible qu'elle demeure gérée par une seule personne. Selon Buchele (1967) cette étape peut survenir lorsque l'entreprise emploie entre 35 et 50 personnes à temps plein. Toutefois, ce chiffre peut être beaucoup plus élevé en raison de la simplicité du processus de fabrication, d'une très grande concentration des ventes à l'intérieur d'un territoire géographique, ou parce que le nombre de clients est très limité. D'autre part, il est fort possible que des activités extrêmement complexes justifient la nécessité de déléguer à partir du moment où le nombre d'employés s'élève au-dessus de 25.

Un phénomène qui se présente également à la crise de délégation est que le propriétaire dirigeant adopte une attitude méfiante et semble manifester une certaine incompétence. Newman et Summers (1961) identifient cinq principales causes de cette incompétence :

1° l'attitude du «je peux tout faire moi-même»;

2° le manque d'habileté à diriger;

3° le manque de confiance dans les subordonnés;

4° l'absence ou l'ignorance de moyens de contrôle;

5° une aversion psychologique à «prendre une chance».

La crise de délégation peut avoir un impact très grave sur les performances d'une entreprise. Toute tentative de résistance risque d'entraîner l'entreprise à sa perte à plus ou moins long terme. Il est en général assez facile d'identifier la présence de cette crise à partir des manifestations suivantes: les problèmes se multiplient dans l'entreprise, des choses importantes sont oubliées, les échéances ne sont plus respectées et les retards s'accumulent. Le propriétaire dirigeant, dépassé par la situation, commet des écarts et des erreurs flagrantes de comportement avec son personnel, ses clients et ses proches. Plusieurs études démontrent que l'incompétence des dirigeants d'entreprise, lorsqu'il s'agit de déléguer, constitue une des causes d'échec les plus fréquentes. Aussi étonnant que cela puisse paraître, cette cause d'échec est beaucoup plus élevée que d'autres telles la méconnaissance du secteur d'activités ou le manque de compétence technique.

Il peut arriver, dans certains cas, que des entreprises très prospères puissent poursuivre assez longtemps leurs activités malgré l'absence totale de délégation. Cependant, les erreurs et les bévues s'accumulent et le processus de détérioration s'amorce. Il est donc inévitable qu'à plus long terme l'insatisfaction croissante des clients et/ou du personnel ne puisse que mener l'entreprise vers un déclin. Le résultat est le même mais sur une période de temps plus longue.

2.4 LA CRISE DE LEADERSHIP

Fondamentalement, la situation qui génère la crise de leadership s'apparente à celle qui soulève la crise de délégation puisque, dans les deux cas, une équipe de gestion, si elle n'existe pas encore, doit être constituée, et si elle existe, elle doit être élargie. En effet, la crise de leadership apparaît au moment où l'entreprise a tellement pris d'expansion qu'elle ne peut plus être gérée uniquement par quelques individus. La situation est telle qu'il faut former une équipe de gestionnaires beaucoup plus complète. Buchele (1967) souligne que la crise de leadership a tendance à se produire dans des entreprises employant entre 150 et 200 personnes et que les changements que doit opérer le propriétaire dirigeant dans son style de direction sont beaucoup plus importants à cette étape que lorsque l'entreprise passe de 200 à 2 000 employés.

La crise de leadership constitue un moment extrêmement crucial dans la vie de l'entreprise. Déjà, lorsque la nécessité de déléguer un peu plus apparaît, le propriétaire dirigeant se voit dans l'obligation de modifier ses attitudes et ses comportements de gestion. Évidemment ce n'est pas une chose facile, mais la situation demeure relativement sécurisante pour le dirigeant. En effet, même s'il délègue quelques responsabilités à de proches collaborateurs, il reste, dans la plupart des cas, le maître d'oeuvre et conserve un droit de regard sur tout ce qui peut affecter les activités de l'entreprise. D'ailleurs, il continue souvent de se mêler des tâches quotidiennes. Sa force et ses qualités d'entrepreneur sont encore les principaux moteurs de l'entreprise et expliquent bien de ses succès.

La situation change lorsque la crise de leadership survient et qu'une équipe complète de gestionnaires doit être intégrée. C'est toute la dynamique de l'entreprise qui est touchée en même temps que le rôle du propriétaire dirigeant est transformé. À première vue, la tâche qui consiste à recruter et à instaurer une équipe de gestion efficace peut apparaître extrêmement simple, surtout si on a la perception qu'il suffit de recruter et de former des gestionnaires et que les bons candidats ne manquent pas. Malheureusement, le problème qui se présente est beaucoup plus complexe car pour en arriver là, le propriétaire dirigeant de l'entreprise doit développer des nouvelles attitudes face à la gestion. En même temps, il doit commencer à intégrer de nouvelles règles de comportement en matière de gestion. Ses tâches et ses fonctions s'en trouvent considérablement modifiées : le rôle de l'homme-orchestre n'a plus sa raison d'être et pourtant le propriétaire dirigeant risque de s'y accrocher dangereusement, puisque c'est dans celui-là qu'il a connu des succès.

Plusieurs dirigeants d'entreprise sont complètement bouleversés par la situation et se montrent tout à fait incapables d'adopter de nouvelles attitudes et de nouveaux comportements. C'est ce qui explique que tant d'entreprises se détériorent ou échouent lorsque survient cette étape décisive.

Cette incapacité de l'entrepreneur à s'adapter aux nouveaux événements peut s'expliquer assez facilement dans la majorité des cas. En effet, le nouveau rôle qu'il doit jouer, soit celui de gestionnaire, est si différent de son rôle habituel, qu'il lui devient impossible de s'appuyer sur son expérience précédente pour tenter d'anticiper les réussites de son entreprise. Cette nouvelle situation comporte de nombreuses inquiétudes et incertitudes. Combien de fois a-t-on vu des experts de la vente échouer dans des tâches de gestion? Les événements démontrent bien qu'il s'agit souvent d'une erreur de penser qu'une personne affichant une performance particulière dans une activité réussira aussi bien lorsqu'il s'agit pour elle de faire exécuter cette tâche par d'autres personnes. La crise de délégation exige justement ce passage du «bien faire les choses» à celui de «bien les faire faire par d'autres». Et les qualités de départ qui font la force du propriétaire dirigeant à titre d'entrepreneur sont loin d'être les mêmes lorsqu'il s'agit de le transformer en gestionnaire (Newman et Summers, 1961).

Concrètement, au moment où survient la crise de leadership, le propriétaire dirigeant doit être prêt à déléguer une bonne part d'autorité en confiant des responsabilités à au moins quatre ou cinq gestionnaires. Ces derniers doivent superviser l'ensemble des fonctions clés de l'entreprise, soit le management, le marketing, la production, la finance et la comptabilité. Le processus de délégation doit donc être plus accentué que dans les phases précédentes. En deuxième lieu, le dirigeant doit faire face à la nécessité de devenir un leader qui guide, anime, soutient, oriente, et abandonne les tâches d'exécution. Des aptitudes en communication lui sont fondamentales lors de ce tournant, car il passe d'un mode de relation directe avec les employés à un mode de relation indirecte où des intermédiaires seront impliqués. Enfin, il doit se doter de moyens de contrôle efficaces et formels tels que des rapports écrits spécifiques. Évidemment, tout cela fait bien des changements à opérer dans un laps de temps généralement assez court.

Il est facile de constater qu'au moment où la crise de leadership survient, l'entreprise risque d'être en plein stade de croissance et que son cheminement vers une plus grande rationnalité administrative est déjà amorcé.

2.5 LA CRISE FINANCIÈRE

La crise financière est typique des entreprises qui connaissent une forte expansion. Au moment où elles démarrent, et tant qu'elles restent au stade artisanal, le financement à court terme est assuré par la mise de fonds du propriétaire, le réinvestissement des bénéfices, la marge de crédit auprès de la banque et l'ensemble des conditions de crédit négociées avec les fournisseurs. Cependant, à partir du moment où l'expansion s'amorce, ces mêmes sources de financement peuvent devenir insuffisantes pour défrayer tous les coûts encourus et investissements projetés. L'entreprise doit alors envisager un financement à moyen et à long terme. Malheureusement, bon nombre d'entreprises ne s'attaquent à cette tâche que lorsque l'expansion est déjà entamée, et sans avoir pris soin de bien prévoir leurs assises financières. C'est à ce moment que survient la crise financière.

Une entreprise soucieuse de planifier efficacement son expansion doit rechercher le plus tôt possible des sources de financement importantes. La première décision à prendre consiste à déterminer si elle devra faire appel à du financement à moyen terme ou à long terme. En période de grande expansion, les administrateurs sont forcés de choisir entre l'exclusivité ou la non-exclusivité du contrôle qu'ils ont sur l'entreprise. Si leur intention est de conserver un contrôle absolu, la solution du financement à long terme s'impose. Par contre, s'ils se sentent prêts à partager dans une certaine mesure le contrôle de leur entreprise, il existe alors plusieurs possibilités. Les principales sont les placements privés, les sociétés de capital de risque et le marché boursier. L'ensemble des éléments associés à ce type de décision en contexte de croissance est plus largement explicité et élaboré dans le chapitre 10 portant sur les **défis de l'équilibre financier.**

2.6 LA CRISE DE PROSPÉRITÉ

La crise de prospérité peut avoir deux origines fort différentes. La première est la complaisance susceptible de s'installer chez les administrateurs d'une entreprise qui jouit d'une bonne stabilité financière depuis quelques années et a toujours réussi à conserver un seuil de rentabilité satisfaisant. Dans la plupart des cas, des efforts et des énergies importants ont dû être investis au départ par les dirigeants de l'entreprise pour la mettre sur pied et la mener vers cette stabilité. Il est fort possible que ces mêmes dirigeants soient tentés, à un moment donné, de souffler un peu et de se reposer. Sous prétexte que l'entreprise a du succès et que son fonctionnement est bien rodé, ils peuvent penser que les stratégies utilisées jusque-là continueront d'être efficaces. Il prennent également pour acquis que les subordonnés savent maintenant très bien ce qu'il faut faire et comment il faut le faire. Il n'est donc pas rare qu'à ce moment les administrateurs délaissent quelque peu l'entreprise, persuadés qu'il est devenu moins nécessaire de suivre tout de très près.

Cette complaisance peut devenir un piège dans la mesure où, dans un contexte d'affaires où la compétition est de plus en plus féroce, l'entreprise qui ne se remet pas continuellement en question risque d'être rapidement surpassée par ses concurrents. En effet, avec les développements technologiques de plus en plus rapides, les produits deviennent vite désuets et les services moins adaptés aux besoins du marché. L'entreprise doit toujours être à l'affût des nouveautés et essayer d'anticiper les changements dans son secteur d'activités, sous peine de prendre du recul par rapport à ses concurrents. Les entreprises innovatrices et performantes, loin de s'asseoir sur leurs lauriers, doivent constamment avoir le souci de s'améliorer et rechercher de nouvelles occasions d'affaires. Au cours de la crise de complaisance, les dirigeants sont plus enclins à abandonner la fonction importante d'écoute active de l'environnement. Lorsqu'ils réalisent que les consommateurs ne sont plus satisfaits de leur produit, il est souvent trop tard pour tenter de redresser la situation.

Cette complaisance s'avère tout aussi dangereuse lorsqu'elle entraîne une attitude de «laisser-faire» avec les employés, sous prétexte que ces derniers n'ont plus besoin d'être supervisés et stimulés. Il est possible que les employés aient changé et que la routine les ait amenés à négliger leurs tâches. Ils ne sont certainement pas à l'abri de l'attitude d'inertie manifestée par leurs dirigeants. Ces problèmes de complaisance ne sont pas non plus typiques d'un secteur en particulier. Cependant, l'observation démontre qu'on les retrouve plus fréquemment dans des entreprises familiales ayant déjà connu de nombreuses années de stabilité et même de prospérité.

La deuxième origine de la crise de complaisance se situe tout à fait à l'inverse de la première puisqu'elle naît d'une poursuite effrénée et trop rapide de la croissance. Les entreprises les plus susceptibles de se trouver dans cette situation sont celles qui ont déjà connu plusieurs années de succès. Ainsi, les dirigeants peuvent avoir tendance à surévaluer le développement potentiel de leur entreprise en étant trop optimistes quant aux possibilités et aux capacités de l'équipe de gestion. Cet optimisme à outrance entretenu par les succès et les propos flatteurs accumulés au cours des expériences passées, laisse croire au dirigeant que son entreprise est capable de supporter une expansion extrêmement importante et ce, dans un délai très court. C'est encore une situation extrêmement dangereuse puisque la croissance passe par la planification, la gestion et le contrôle si l'on veut éviter de mauvaises surprises. Les exigences de la croissance constituent d'ailleurs l'essentiel des chapitres qui suivent.

2.7 LA CRISE DE CONTINUITÉ

La crise de continuité est susceptible de survenir à tous les stades de développement d'une entreprise puisqu'elle provient des problèmes qui se présentent lorsque le ou les propriétaires décèdent ou sont soudainement atteints d'une incapacité totale et imprévue. Ces problèmes concernent trois préoccupations principales. La première est celle de la continuité qui se trouve sérieusement compromise si aucune personne ne possède la compétence voulue pour assurer la gestion de l'entreprise. Cette situation peut être dangereuse et, à la limite, fatale pour l'entreprise qui n'a pas prévu de relève. La deuxième préoccupation concerne le contrôle de l'entreprise. Bien souvent, les actions de l'entreprise peuvent avoir été léguées à des personnes absolument ignorantes de ses activités et des exigences du secteur. Dans ces conditions, le contrôle du vote peut compromettre les efforts de gestion du successeur, même si ce dernier est un administrateur chevronné et connaît bien tous les rouages de l'entreprise. Le troisième problème possible concerne les exigences dues à l'impôt successoral. Lorsqu'il y a décès du propriétaire de l'entreprise, des sommes énormes risquent d'être imputées au paiement des impôts exigibles par les héritiers. Dans les cas où la liquidité des entreprises s'avère peu élevée, cette situation peut devenir extrêmement menaçante.

Même si les entrepreneurs sont généralement décrits comme des personnes réalistes, orientées vers l'action et les résultats, il semble que ces derniers ont beaucoup de difficulté à aborder le problème de la continuité sous un angle parfaitement rationnel. Le propriétaire dirigeant, centré sur les activités courantes de son entreprise, se montre réticent à prévoir la situation à moins que certaines conditions ne l'y obligent. Il sait pourtant que l'absence de relève peut compromettre sérieusement la survie de son entreprise, et par le fait même, priver les siens de revenus substantiels.

Les sept crises décrites dans les paragraphes précédents correspondent à des étapes décisives au cours desquelles les entreprises risquent un retard dans leur évolution et, à la limite, la faillite. Heureusement, toutes les entreprises ne sont pas forcées de passer par chacune des crises énoncées. Il est d'ailleurs extrêmement rare qu'une entreprise ait à affronter toutes ces crises de façon successive et dans l'ordre donné. De plus, certaines crises sont évitables. Par contre, il est possible qu'une entreprise doive en affronter plus d'une à la fois. Tout comme dans la vie des individus, les crises administratives sont des moments cruciaux qui perturbent l'équilibre et déplacent les forces à l'intérieur de l'entreprise. Si on reprend l'analogie avec le développement des individus, on constate que les changements ne sont pas toujours souhaités, ni planifiés mais plutôt générés par des circonstances extérieures ou intérieures imprévues qui viennent bouleverser l'ordre établi. Le passage d'un stade à un autre devient alors un impératif pour que l'individu ou l'entreprise puisse poursuivre sa croissance. L'exemple suivant illustre de façon concrète comment une crise engendrée par des circonstances imprévues peut devenir une question de survie ou de disparition pour une entreprise.

Les redresseurs de tares

Depuis 1980, Lyne Tremblay travaille pour ABC (nom fictif), une entreprise familiale de produits alimentaires de la grande région métropolitaine. En 1988, ses patrons ayant décidé de vendre leur petite fabrique, Lyne Tremblay achète ABC pour la somme de 450 000 dollars.

L'investissement ne tarde guère à porter fruit. Dès la première année, l'entreprise réalise des profits avant impôt de 226 700 dollars sur un chiffre d'affaires de 2,1 millions. Encouragée par ces résultats, Lyne Tremblay décide d'acheter l'usine DEF, spécialisée dans une autre gamme de produits alimentaires, pour une faire une nouvelle division d'ABC. Mais il y a un hic : pour financer l'achat, Lyne Tremblay doit utiliser toutes ses liquidités, soit 125 000 dollars, plus une dette sur l'équipement du même montant.

Trois mois après la transaction, une inspection de routine révèle que les locaux de la nouvelle usine ne correspondent pas aux normes d'hygiène et de sécurité en vigueur dans l'industrie. Qu'à cela ne tienne,

63

on déménage l'équipement chez ABC. Or, à l'usage, une vérité fait surface : non seulement la distribution des deux produits est-elle incompatible — l'un des produits étant beaucoup plus périssable que l'autre — mais les deux productions le sont également : l'une contamine l'autre! Résultat : un mois plus tard, Lyne Tremblay met fin à la diversification. L'aventure se solde par des pertes importantes, qui apparaissent aux résultats du 30 avril 1990. Absorbée par ses problèmes financiers, Lyne Tremblay néglige sa clientèle première. Le service diminue et les ventes chutent.

Elle contacte alors Robert Robitaille qui s'était déjà montré intéressé par ABC et lui demande s'il est toujours prêt à investir. Fort d'une expérience de 20 ans dans le domaine, Robert Robitaille injecte 91 000 dollars dans l'entreprise en octobre 1990. Au début de 1991, il manque encore 100 000 dollars pour combler le trou créé par l'achat de l'usine. Finalement, ce sont 300 000 dollars qui auront été engloutis : le prix d'achat de 125 000 dollars, plus la dette sur l'équipement, les frais du déménagement et les locaux inoccupés qui n'ont pu être sous-loués. La marge de crédit est utilisée à son maximum, ce qui empêche d'augmenter la production.

La banque se fait de plus en plus pressante. À court de ressources (au sens propre et figuré), Robert Robitaille frappe à la porte de Grou LaSalle et Associés, comptables et consultants en gestion. Comment redresser la situation?

(Commerce, octobre 1991).

Évidemment, la description des crises administratives telle que présentée ne permet nullement d'anticiper à quel moment et avec quelle intensité elles se produisent au cours de l'évolution de l'entreprise. En ce qui concerne les moments prévisibles, on peut observer que certaines crises surgissent plus souvent à des stades particuliers tandis que d'autres peuvent survenir durant n'importe lequel de ces stades. La figure 2 tente d'ailleurs de faire ressortir les stades au cours desquels certaines crises peuvent se produire.

Une autre constatation importante implique la probabilité qu'une entreprise ait à faire face à plus d'une crise à la fois. Prenons l'exemple de l'entreprise qui, depuis quelques années, a connu une certaine stabilité (en termes de taille, de chiffres d'affaires, de nombre d'employés et de style de gestion) et qui, tout à coup, connaît un succès et une expansion tout à fait imprévus. Il y a alors de fortes chances pour que cette entreprise ait à affronter en même temps des problèmes de délégation et des problèmes de financement. On peut facilement comprendre la difficulté de la situation dans laquelle l'entreprise se trouve. Si elle veut se sortir de cette situation, elle doit opérer de nombreux changements radicaux en même temps.

FIGURE 2

Les stades et les crises administratives

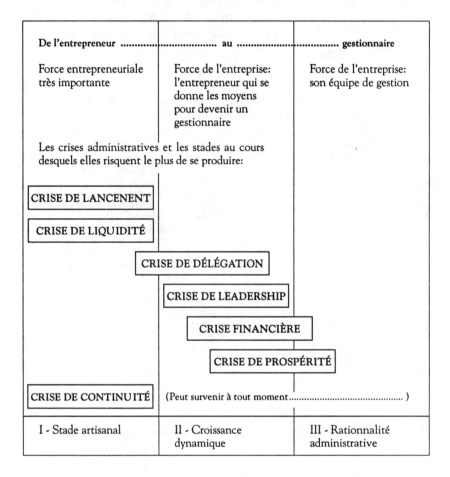

Dans d'autres cas, la présence d'une crise peut en amener une autre. Ainsi la crise de complaisance qui mène l'entreprise vers une phase de déclin peut avoir pour effet de diminuer les revenus. Il n'est pas rare dans ce type de situation que le financement cause de sérieux problèmes puisque les investisseurs risquent d'être informés de la situation et, par conséquent, de se montrer moins enclins à faire confiance à l'entreprise. Enfin, le fait qu'une entreprise ait réussi à surmonter une crise particulière ne signifie nullement que celle-ci ne puisse pas se répéter à une étape ultérieure de son cheminement. À cet effet, nous

présentons à la figure 3 une liste de moyens qui peuvent aider un entrepreneur à éviter une crise éventuelle, ou du moins, à être mieux préparé
à l'affronter. Gérer une entreprise constitue un défi à chaque étape puisque rien ne peut être définitivement considéré pour acquis. L'entreprise
doit être capable de s'adapter constamment à toutes les contingences
qui l'affectent.

FIGURE 3

**Les crises administratives : quelques suggestions
de moyens pour les éviter**

CRISES	MOYENS POUR ÉVITER UNE CRISE	
CRISE DE LANCEMENT	Avant le début des activités	– Attendre d'avoir acquis une expérience suffisante des affaires; – améliorer ses connaissances par les programmes d'initiation aux affaires offerts par différents organismes; – élaborer un plan d'affaires et s'accorder une période de réflexion; – soumettre ce plan à des experts; – prévoir, en plus d'un budget suffisant, un «fonds de secours».
	Lorsque les activités sont amorcées	– S'associer à des personnes complémentaires; – installer, dès le départ, un bon système comptable; – réussir à intéresser des investisseurs professionnels.
CRISE DE LIQUIDITÉ	– Effectuer régulièrement une prévision de l'encaisse pour les mois à venir; – contrôler de façon soutenue les écarts enregistrés entre les projections et la réalité; – s'interroger sur la cause de ces écarts; – se doter d'un système pouvant quantifier régulièrement les profits réalisés et la valeur tangible des actifs; – faire appel à des ressources spécialisées (comptable, banquier); – avoir une saine gestion du fonds de roulement.	
CRISE DE DÉLÉGATION	– S'associer à un nouveau partenaire; – planifier une fusion avec une autre entreprise; – se former à la délégation.	
CRISE DE LEADERSHIP	– Se perfectionner et étudier les techniques managériales en général; – s'attaquer à l'intégration et à l'apprentissage de son propre leadership; – réévaluer ses activités pour concentrer les efforts sur les choses importantes et les priorités; – faire appel à de l'aide extérieure; – développer et mettre en place une bonne équipe de gestionnaires.	

FIGURE 3

**Les crises administratives : quelques suggestions
de moyens pour les éviter**

CRISES	MOYENS POUR ÉVITER UNE CRISE
CRISE FINANCIÈRE	– Préparer d'avance la croissance en se préoccupant très tôt d'obtenir les fonds nécessaires; – faire appel à des spécialistes pour mieux cerner les besoins financiers de l'entreprise; – faire preuve de ténacité dans les négociations avec les institutions ou les organismes prêteurs; – prendre soin de consulter la documentation disponible publiée par différents organismes.
CRISE DE PROSPÉRITÉ	– Rester à l'écoute de l'environnement; – remettre régulièrement en question la pertinence des procédés utilisés par l'entreprise; – améliorer continuellement le niveau de compétitivité du produit ou du service; – diversifier les activités pour diminuer la vulnérabilité de l'entreprise; – acquérir de petits concurrents de façon à rationnaliser et diminuer les coûts de production ou de distribution; – se doter de bons systèmes de contrôle.
CRISE DE CONTINUITÉ	– Planifier tôt la succession; – prévoir la formation et l'entraînement d'un ou plusieurs successeurs possibles; – se doter d'une équipe de gestionnaires compétents; – avoir recours à de l'aide extérieure (conseillers légaux et fiscaux); – rédiger des dispositions successorales claires.

L'acuité des crises, leur degré d'intensité dépend en grande partie des ressources dont dispose l'entreprise pour les affronter ainsi que du style de gestion ou du modèle de croissance en vigueur dans l'entreprise. Ces modèles de croissance sont d'ailleurs présentés de façon détaillée dans le chapitre qui suit.

CONCLUSION

Dans ce chapitre, il a été question des stades de développement d'une entreprise et des crises administratives qui risquent de s'y présenter. Il ressort de cette étude que chaque stade a des caractéristiques, des exigences et des défis qui lui sont propres. Ainsi, on constate, entre autres, qu'au stade artisanal, l'entrepreneur joue un rôle très important puisqu'il est non seulement à l'origine même de l'existence de l'entreprise, mais il est également le pilier de nombreuses fonctions de l'entreprise, s'intéressant tout autant à la réalisation des activités, qu'aux décisions qui affectent la gestion.

Dès que le stade de croissance dynamique prend naissance, le rôle de l'entrepreneur se transforme. Il ne peut plus tout faire lui-même et, par conséquent, il doit entamer le processus de délégation. Cependant, la délégation ne se fait pas sans contrainte et doit être supportée par des politiques et des guides d'action plus formels. Une plus grande rationnalisation dans les activités et les tâches s'impose. C'est d'ailleurs généralement à cette étape qu'une équipe de gestionnaires compétents est formée. Le rôle de l'entrepreneur s'en trouve bouleversé, car il doit cesser d'être le gérant et l'animateur pour prendre plutôt le rôle d'un gestionnaire et assurer la planification, l'organisation, la direction et le contrôle des activités de son entreprise. La phase de la croissance est donc extrêmement cruciale car elle réclame des changements fondamentaux dans les attitudes et le comportement de l'entrepreneur.

Les chapitres qui suivent traiteront plus spécifiquement de chacune de ces zones de changement nécessaires à la fois chez l'entrepreneur et au sein de l'entreprise. Quant au stade de rationnalité administrative, il sera plus ou moins élaboré puisqu'on considère qu'à cette étape, la croissance accélérée n'a plus sa raison d'être et qu'il est possible de croire que l'ensemble des changements concernant la gestion ont été effectués avec succès.

QUESTIONS

1. Décrivez en quelques mots comment s'inscrivent les crises administratives dans le processus évolutif des entreprises en prenant bien soin d'identifier les rôles qu'elles y jouent.

2. Croyez-vous que les crises administratives soient, dans la plupart des cas, fatales pour l'entreprise? Expliquez.

3. Identifiez trois sources de problèmes à l'origine de la crise de lancement.

4. Quels conseils donneriez-vous à une personne souhaitant se lancer en affaires afin qu'elle puisse éviter la crise de lancement?

5. Quelle importance attribuez-vous à un manque de compétence technique comme facteur de défaillance des entreprises nouvellement créées?

6. Quelles sont les précautions à prendre pour une entreprise souhaitant éviter la crise de liquidité?

7. Comment pouvez-vous expliquer la principale cause du problème de délégation dans l'entreprise?

8. On dit souvent que l'entrepreneur manifeste peu d'intérêt et d'habilités en matière de délégation. Énumérez quelques causes de cette inaptitude qui semble fréquente.

9. Croyez-vous qu'il soit possible, pour une entreprise, de survivre à une crise de délégation qui se poursuit sur une assez longue période? Pourquoi?

10. Quels liens peut-on établir entre la crise de délégation et la crise de leadership?

11. Lorsque la crise de leadership survient, le propriétaire dirigeant se voit dans l'obligation de mettre sur pied une solide équipe de gestionnaires. Il semble que ce soit une décision très difficile à prendre. Comment expliquez-vous cette difficulté?

12. Décrivez en quelques mots la crise financière et son processus d'évolution dans l'entreprise en prenant soin d'en identifier les causes.

13. À quel stade de développement de l'entreprise risque-t-on le plus souvent de rencontrer la crise financière?

14. Si vous aviez à intervenir pour aider une entreprise qui est susceptible de rencontrer une crise financière à moyen terme, quels moyens pourriez-vous suggérer pour tenter de l'éviter?

15. Faites une brève description de la crise de prospérité en prenant soin d'en citer une des causes majeures.

16. Dans quel type d'entreprise particulier retrouve-t-on un nombre élevé de cas de crises de prospérité? Citez un exemple puisé dans votre environnement.

17. En quoi consiste la crise de continuité?

18. Peut-on associer la crise de continuité à un stade particulier du développement d'une entreprise? Pourquoi?

19. Est-il possible, et si oui dans quelle mesure, de prédire assez exactement à quel moment de la vie d'une entreprise les différentes crises surviendront et quelle en sera l'acuité?

20. Décrivez les changements nécessaires dans le rôle du propriétaire dirigeant dont l'entreprise est en pleine phase de croissance dynamique.

Exercice

Une équipe formée de deux ou trois personnes se donne comme mandat de scruter son environnement d'affaires et d'y découvrir une entreprise de petite taille ayant eu à affronter l'une des crises suivantes : délégation, leadership, financement ou prospérité. Évidemment, l'entreprise doit avoir non seulement survécu à la crise, mais elle doit l'avoir surmontée en augmentant son potentiel de réussite. Chaque équipe doit rencontrer le ou les propriétaires ou dirigeants de l'entreprise dans le but de procéder à la description et à l'analyse des éléments en cause et du processus suivi dans la situation problématique. La présentation des faits, des éléments d'analyse et des conclusions doit faire état des points qui suivent :

1° description de l'entreprise avant que ne survienne la crise (style de gestion, conditions de l'environnement, degré de formalisation des activités, mode d'organisation, potentiel de réussite, etc.);

2° description de l'attitude des dirigeants de l'entreprise face à la crise en cause (anticipation, ignorance, évitement, etc.);

3° description des facteurs perçus par le ou les dirigeants comme étant à la source même de la crise de l'entreprise (facteur principal et facteurs secondaires);

4° description du processus et de l'évolution dans le temps de la crise dans l'entreprise et explication des effets négatifs concrets entraînés par cette crise;

5° énoncé des problèmes majeurs et des difficultés rencontrées par le ou les dirigeants;

6° description des moyens et des solutions qui ont été envisagés et tentés pour redresser la situation. Cette partie doit inclure l'identification des personnes qui ont participé à la résolution du problème (il peut s'agir de personnes qui sont à l'extérieur de l'entreprise) et la précision des délais requis pour chacune des étapes;

7° énoncé de recommandations pour tenter d'éviter une telle situation dans l'avenir.

BIBLIOGRAPHIE

Buchele, R.B., *Business Policy in Growing Firms*, Scranton, Penns., Chandler Publishing Company, 1967.

Charbonneau, R., *Les tâches du patron dans la PME*, in Choquette, C. et J. Brunelle, *Le management de la PME*, Canada, Éditions Bo-Pré, 1985, pp. 20-21.

Dell'Aniello, P., M. Coupal, B. Marois, G. Giard, M. Therrien et M. Roy, *Problèmes de continuité dans la PME québécoise*, Montréal, Chaire Macdonald Stewart, novembre 1977.

Morazain, J.,« Les redresseurs de tares», *Revue Commerce*, vol. 93, no. 10, octobre 1991, pp. 32-34.

Newman, W.H. et C.E. Summers, *The Process of Management*, Englewood Cliffs, New Jersey, Prentice Hall Inc., 1961.

Perreault, Y. G. et P. Dell'Aniello, *Lancement et gestion de votre entreprise*, Ottawa, Programme de formation de l'homme d'affaires PME Inc., 1981, p. 9.

Robidoux, J., *Les crises administratives dans les PME en croissance*, Chicoutimi, Gaëtan Morin Éditeur, 1980.

Scott, M. et R. Bruce, «Five Stages of Growth in Small Business», *Long Range Planning*, vol. 20, no. 103, juin 1987, pp. 45-52.

Sheehy, G., *Passages*, Montréal, Éditions de Mortagne, 1983.

Sweeney, G.P., *Les nouveaux entrepreneurs*, Paris, Les Éditions d'organisation, 1982.

Welch, J.A. et J.A. White, «A Small Business is not a Little Big Business», *Harvard Business Review*, vol. 59, no. 4, juillet-août 1981, pp. 18-32.

— *Étude sur les faillites au Canada*, Toronto, Dun & Bradstreet Canada Limited, 1975.

LA CROISSANCE DYNAMIQUE

Ce troisième chapitre se propose d'examiner plus à fond les différentes composantes de la croissance dynamique et des facteurs qui l'entourent, leur rôle et leur importance. De nombreux auteurs se sont intéressés au processus de croissance des organisations au sens large. En ce qui nous concerne, nous nous attarderons plus spécifiquement aux théories et modèles concernant la problématique de la croissance dans les entreprises de plus petite taille. En effet, le processus de croissance est très différent en termes de ressources engagées et de problèmes rencontrés selon la taille de l'entreprise. L'entreprise de plus petite taille risque d'avoir beaucoup moins de ressources et d'acquis que la plus grande entreprise lorsqu'il s'agit d'affronter des bouleversements majeurs dans son évolution. Comme nous l'avons fait dans les deux chapitres précédents, on peut expliquer cet état de fait en s'inspirant du développement d'un individu, dans la mesure où des changements cruciaux, importants et bouleversants affectent moins des individus pouvant s'appuyer sur une expérience plus solide et bénéficiant de ressources plus importantes que d'autres individus encore immatures et dont l'équilibre est loin d'être atteint.

On peut poursuivre l'analogie en comparant l'entreprise de grande envergure à un adulte et l'entreprise récente de plus petite taille à un adolescent. Dans le cas de l'adulte et de la plus grande entreprise, ils ont déjà toute une histoire derrière eux, ils connaissent leurs réalisations passées et actuelles et sont plus en mesure de cerner leurs limites et d'anticiper leurs chances de réussite dans des projets nouveaux. L'adolescent et la petite entreprise, pour leur part, ont une histoire beaucoup plus courte, sont souvent en plein processus d'exploration de leur propre potentiel et, par conséquent, estiment moins facilement leur potentiel de réussite dans des activités nouvelles et différentes de celles qu'ils ont déjà expérimentées. Bref, plus l'équilibre est fragile, plus l'organisme ou l'organisation secoué par un changement est profondément affecté.

Drucker (1974) avance une analogie du même type. Selon lui, la croissance d'un organisme social, en l'occurrence celle de l'entreprise, comporte autant de zones de tension que la croissance d'un organisme biologique. Lorsqu'une zone de tension se présente, l'entreprise change, se modifie. Elle vit alors une crise d'identité qu'on peut facilement comparer à celle que les psychologues décrivent lors du passage de l'adolescent vers l'âge adulte. Comme pour les humains, les entreprises les plus significantes et les plus motivées, celles qui présentent le plus de potentiel, semblent subir les pires crises d'identité.

3.1 LA CROISSANCE: UN IMPÉRATIF OU UN CHOIX POSSIBLE?

Depuis plusieurs années, la croissance est présentée aux petites entreprises comme un but à poursuivre à n'importe quel prix. Elle a d'abord été vue comme un impératif économique et on a prétendu que toute entreprise qui n'accusait pas de façon régulière un taux de croissance minimal était forcément en déclin. On a également présenté la croissance en la décrivant comme l'indicateur de performance par excellence de l'entreprise. Aujourd'hui, les revues et mensuels d'affaires s'intéressant à l'économie valorisent surtout les succès des entreprises performantes. Ils présentent des modèles d'entrepreneurs, des modèles de succès, des exemples d'entreprises de très petite taille qui ont réussi, par une croissance exceptionnelle, à rejoindre les rangs d'entreprises beaucoup plus grosses.

Derrière tous ces récits, on retrouve un message qui semble dire que la croissance est nécessairement désirable. D'ailleurs, le concept d'excellence popularisé par Peters et Waterman (1983) tourne autour de l'idée de croissance, de celle du «toujours plus et plus loin». Enfin, l'ensemble de la littérature concernant les affaires incite les entrepreneurs à percevoir la croissance comme une nécessité pour assurer la viabilité à plus long terme de leur entreprise. La petite entreprise évolue souvent dans l'ombre d'entreprises de plus grande taille qu'elle peut avoir tendance à prendre comme modèles et à imiter. Dans ce contexte, il n'est donc pas surprenant de voir bon nombre de propriétaires de petites entreprises considérer la notion de croissance comme l'indice majeur de la mesure de leur performance.

Le fait que la croissance soit présentée comme un but ultime à atteindre peut expliquer en partie que bon nombre d'entrepreneurs se lancent tête baissée dans des projets d'expansion sans avoir pris soin d'analyser toute la situation. D'ailleurs, Davids (1987) insiste sur les risques inhérents à la croissance. Selon l'auteure, la croissance n'est pas nécessairement souhaitable. Elle implique une surcharge de travail et de tension et peut aboutir à l'amplification des problèmes de l'entreprise. La croissance implique également une redéfinition des politiques de l'entreprise et un réaménagement de la gestion. Il est donc nécessaire que le dirigeant, avant de prendre une décision concernant le développement de son entreprise, évalue les ressources dont il dispose (personnel, équipement, capital, etc.).

Or, selon McKenna et Oritt (1979), le contexte de la petite entreprise en est un où l'on se préoccupe surtout de voir les choses se réaliser. La direction de l'entreprise met alors l'accent sur les actions qui permettent la livraison d'un produit ou la prestation d'un service et, par le fait même, assurent la survie de l'entreprise. Dans plusieurs cas, les circonstances qui précèdent l'action ne sont pas considérées objectivement jusqu'à ce que l'action soit en cours et qu'une réflexion ou une évaluation semble appropriée. Ces observations suggèrent que le processus de décision du propriétaire dirigeant peut souvent n'être considéré qu'après l'action et a, au mieux, une place de seconde importance. Cette constatation est particulièrement fréquente quand il s'agit de la décision de croître.

Bon nombre de recherches ont largement fait état des graves problèmes découlant d'une croissance mal gérée et incontrôlée dans les entreprises. À ce titre, Kuchn (1973) souligne, dans une étude portant sur les principales embûches dans la gestion des petites entreprises, que l'expansion non planifiée est l'une des neuf plus grandes difficultés ou pièges auxquels risquent d'avoir à faire face ces entreprises. Tout ceci démontre l'importance pour le propriétaire dirigeant de bien comprendre les implications et les difficultés possibles reliées à la croissance de son entreprise.

La question qui consiste à appréhender la croissance comme un choix possible plutôt qu'un impératif sera reprise à la fin de ce chapitre. Dans les prochains paragraphes, nous nous attarderons à quelques difficultés rencontrées lorsqu'il s'agit de définir la croissance et de la mesurer.

3.2 QUELQUES CONSIDÉRATIONS AUTOUR DE LA CROISSANCE

Comme nous l'avons déjà mentionné, la croissance organisationnelle est un des aspects importants de la performance et de l'efficacité d'une organisation. Plus le degré d'atteinte des objectifs d'une entreprise est élevé, plus cette entreprise est dite efficace. D'un autre côté, son efficience et son rendement sont mesurés par la quantité de ressources utilisées pour produire une de ses unités. L'efficience augmente donc à mesure que les ressources utilisées diminuent (lorsque les ressources diminuent, les coûts suivent la même tendance). Une organisation efficiente génère plus de profits, s'assure de sa survie et, à plus long terme, de sa croissance. On peut facilement conclure que l'entreprise qui se préoccupe d'augmenter son efficience améliore, par la même occasion, son efficacité en tant que système viable. Néanmoins, ce critère de l'efficience demeure insuffisant lorsqu'on désire procéder à une analyse organisationnelle complète. En effet, c'est seulement une des dimensions de la performance organisationnelle. À ce sujet, Katz et Kahn (1966) font ressortir le fait que la profitabilité d'une entreprise et les perspectives de survie de toutes les organisations humaines ne sont pas seulement fournies par des considérations d'efficience dans leur système interne, mais elles sont aussi déterminées par la qualité des transactions de l'organisation avec son environnement.

Le processus d'évaluation de l'efficacité organisationnelle est donc très difficile. La mesure de l'efficacité et de l'efficience soulève en effet plusieurs problèmes. Quand l'organisation a un but concret, défini et bien délimité dans le temps, il est alors facile d'en mesurer l'efficacité. Toutefois, si le but de l'organisation est continu ou s'échelonne sur une période assez longue, la mesure de son efficacité devient déjà plus difficile. Finalement, quand les buts sont vagues et assez mal définis (comme c'est souvent le cas dans les petites entreprises), les conclusions par rapport à son degré d'efficacité sont extrêmement compliquées à établir et à valider. Les mêmes problèmes sont rencontrés lorsqu'on tente de mesurer d'autres concepts qui sont reliés à celui de l'efficacité, tels le rendement, la productivité, les coûts et la croissance. En effet, non seulement ces critères sont-ils difficiles à cerner, mais la santé d'une organisation et sa rentabilité globale sont très différentes selon le stade du cycle de vie dans lequel l'entreprise se trouve.

Dans la théorie sur les stades de développement, chaque stade a été défini en termes de changement dans le taux de croissance des ventes et des profits dans le temps et en termes d'évolution dans les pratiques de gestion. Chaque niveau atteint présente un ensemble de problèmes nouveaux dont la complexité requiert, dans bien des cas, des changements importants et très difficiles à intégrer dans le comportement du dirigeant ou de l'entrepreneur. Lorsque l'entreprise passe du stade entrepreneurial aux stades de croissance dynamique et de rationalité administrative, l'entrepreneur se voit confronté à de nouveaux défis et il doit être capable de dépasser son profil entrepreneurial pour acquérir des compétences de gestionnaire.

Une analyse complète et approfondie de la croissance des petites entreprises doit donc prendre en considération les particularités et caractéristiques propres à chaque stade de développement. Le changement est la caractéristique prédominante de la croissance. Les nouvelles exigences managériales qui accompagnent ce changement sont beaucoup plus facilement visibles, cruciales et marquées lorsqu'on considère les opérations des entreprises de plus petite taille. En somme, il semble utile d'essayer d'anticiper ce qu'une entreprise doit faire pour que sa structure, son système de contrôle et son climat organisationnel soient à la hauteur de sa croissance en termes de production et de services.

3.3 ÉCONOMIES DE CROISSANCE ET ÉCONOMIES D'ÉCHELLE

Dans sa théorie de la croissance organisationnelle, Penrose (1959) a proposé l'idée que la taille d'une entreprise pouvait créer des sources d'économies durables qui étaient en fait très différentes des bénéfices accrus provenant du processus de croissance lui-même. Ces derniers sont accentués quand la croissance survient mais ont tendance à disparaître lorsque le processus atteint un point de saturation. Cette distinction suggère que les entreprises de petite taille, mais en période de croissance, sont fort capables de compétitionner avec les entreprises de grande taille déjà bien établies, tandis que les petites entreprises présentant un profil beaucoup plus stable ne peuvent pas compétitionner avec les plus grosses. En effet, il n'y a pas de taille optimale ou susceptible d'être plus profitable, mais plutôt un niveau approprié de croissance pour une entreprise particulière, et ce, dépendant d'un ensemble de circonstances données et correspondant à un moment particulier dans le temps. En effet, la question de la taille de l'entreprise est tout à fait arbitraire. Ce qui précipite le changement, ce n'est pas une simple mesure (montant des ventes, des actifs, nombre d'employés, etc.), mais bien plutôt une **combinaison** de toutes ces données, associée à des facteurs externes (la concurrence, par exemple) (Scott et Bruce, 1987).

Si on se réfère aux modèles des stades de croissance déjà développés, on peut dire que les entreprises se situant au premier et au troisième stades sont profitables en autant que des économies de taille et des économies de croissance occasionnelles sont possibles à l'échelle relative d'une entreprise en particulier. Les firmes se situant dans le deuxième stade, soit celui de la croissance dynamique, profitent pour leur part à la fois d'économies de croissance et d'économies de taille.

Les économies de taille sont présentes lorsqu'une entreprise, en raison de sa taille plus grande, est non seulement capable de produire et de vendre des biens et services de façon plus efficace que les plus petites entreprises, mais également d'introduire des nouveaux produits sur le marché ou encore des quantités plus grandes de façon efficiente. Les économies de taille incluent forcément des économies en ce qui concerne les efforts de gestion, les ressources financières, technologiques et énergétiques. Quand la taille permet l'utilisation d'équipements automatisés et d'installations perfectionnées, il semble alors qu'on puisse commencer à réduire les coûts moyens de production. Quant aux efforts de gestion, ils peuvent être réduits lorsque la taille de l'entreprise nécessite un niveau élevé de spécialisation fonctionnelle à la fois dans les fonctions *line* et dans les fonctions *staff*. Si par contre, la taille de l'entreprise lui assure un monopole, soit sur le plan des achats ou des ventes, il en résulte une économie de pouvoir et d'énergie. Finalement, les économies financières de l'entreprise dépendent de sa capacité à obtenir du support financier sur la base de ses actifs à long terme.

Contrairement aux économies de taille, les économies de croissance ne sont possibles que si la croissance se maintient et disparaissent aussitôt qu'elle cesse. Elles reposent principalement sur une certaine quantité de services productifs inutilisés, ces derniers pouvant provenir de surplus dans les ressources financières, humaines ou matérielles de l'entreprise. Quelque chose ou quelqu'un est considéré comme une ressource excédentaire dans la mesure où cette chose ou cette personne n'est pas liée aux opérations courantes ou régulières et, par conséquent, peut donc être utilisée à d'autres fins. Le phénomène résulte du fait que certaines ressources peuvent être ajoutées seulement en termes d'augmentation très discrète (par exemple, un gérant de district, un membre additionnel à l'équipe de production, une pièce d'équipement ayant une certaine capacité) même si les exigences ou les besoins sont inférieurs aux résultats anticipés. Des services productifs inutilisés sont continuellement créés à l'intérieur de l'entreprise. Plus une entreprise exploite au maximum ses ressources inutilisées, plus les économies réalisées augmentent.

Une entreprise peut réaliser des économies de croissance quelle que soit sa taille. Ces économies se produisent lorsque l'entreprise s'engage dans une expansion, ou encore aborde une période d'augmentation de son rendement en produisant à plus grande échelle. Une des caractéristiques significatives des économies de croissance est justement leur dépendance étroite avec l'utilisation de l'ensemble des ressources productives de la firme. L'exploitation maximale des ressources n'est donc pas reliée avec la taille de l'entreprise.

Les économies de taille fournissent pourtant des occasions d'économies de croissance à condition, bien entendu, que l'entreprise sache en tirer avantage. Dans le même ordre d'idées, les économies de taille n'engendrent aucune économie de croissance dans le cas des entreprises qui se révèlent incapables de prendre suffisamment d'expansion pour les obtenir.

3.4 FACTEURS DE CROISSANCE DANS LES ORGANISATIONS

Les études sur la croissance dans les organisations concernent à la fois la croissance interne et la croissance externe. La croissance interne se produit à partir du moment où une entreprise décide d'exploiter les occasions d'expansion pour un simple produit de base, ou décide de créer et d'utiliser des produits nouveaux en développant les ressources à l'intérieur de l'organisation. Les facteurs de croissance interne sont les ressources productives non utilisées ou sous-utilisées, les aptitudes en gestion du personnel, les possibilités d'utilisation de la technologie, les ressources matérielles et financières disponibles, etc. En ce qui concerne les facteurs de croissance externe, on mentionne l'augmentation de la demande (quantité ou variété des produits), les changements technologiques et les occasions de raffermir et d'élargir la position de l'entreprise dans son marché.

Goronzy et Gray (1974) ont présenté une typologie un peu différente des facteurs majeurs de croissance en distinguant ceux qui proviennent de l'extérieur des limites de l'entreprise de ceux qui proviennent de l'intérieur de ces dernières. Ainsi, ils ont identifié comme facteurs externes de croissance, les secteurs sociaux, économiques, politiques et technologiques de l'environnement de l'entreprise. Quant aux facteurs internes, Goronzy et Gray en ont fait ressortir deux types, soit les coûts en relation avec la taille, et les motivations ou les aspirations de l'équipe managériale.

Le premier type de facteurs internes implique que l'entreprise a une taille optimale au-dessus de laquelle la croissance est désirable et au-delà de laquelle la croissance cesse d'être profitable. En ce qui concerne les motivations des dirigeants, les auteurs font surtout référence à l'idée que la maximisation des profits peut fort bien ne pas être le seul motif ni même être le motif dominant pour expliquer le désir de la croissance et que des motifs personnels peuvent intervenir. Les auteurs mentionnent que la croissance des ventes est fréquemment perçue par les dirigeants comme la garantie d'un plus grand prestige, une compensation, un certain pouvoir et l'assurance d'un emploi. Il y a alors une tendance de la part des dirigeants à favoriser la croissance pour tout ce qui semble l'entourer plutôt que pour des motifs plus rationnels tel la maximisation des profits.

Tous les facteurs identifiés par Goronzy et Gray (1974) représentent un potentiel de croissance pour l'entreprise. Toutefois, la façon d'actualiser ce potentiel et le taux de croissance qui sera atteint dépendent de la perception qu'a l'entrepreneur de l'incertitude et des risques associés à la situation de la même façon qu'ils sont fortement conditionnés par l'énergie et l'initiative dont il fait preuve à l'intérieur de son entreprise.

En fait, Penrose (1959) mentionne que le dirigeant de l'entreprise, avec tous les talents et les possibilités qu'il représente, est un des facteurs les plus importants qui contribuent à la croissance d'une firme. Toujours selon cette auteure, les habilités entrepreneuriales et managériales qui ne sont pas pleinement exploitées constituent une pression interne, une sorte de stimulant qui pousse la firme à utiliser les ressources productives disponibles. En effet, l'interaction qui existe entre les ressources matérielles et les facteurs humains est décisive dans le développement d'une organisation. Étant donné l'importance du rôle du dirigeant sur la croissance de son entreprise, nous consacrerons les prochains paragraphes à mettre un peu plus en lumière la façon dont les caractéristiques propres à l'entrepreneur peuvent intervenir dans la décision de croître.

3.5 L'INFLUENCE DE L'ENTREPRENEUR SUR LA CROISSANCE DE L'ENTREPRISE

L'esprit d'entreprise peut être défini comme une prédisposition psychologique d'un individu à engager concrètement des efforts et des ressources dans la poursuite d'une activité spéculative dans l'espoir d'en retirer un gain. Selon Penrose (1959), la décision de se mettre à la recherche des opportunités est une décision entreprenante requérant de l'imagination entrepreneuriale et de l'intuition et doit précéder la décision économique d'aller plus loin dans l'examen des occasions d'expansion.[1]

Si l'entrepreneur est guidé par la volonté de mettre ses idées à profit, il serait faux de prétendre que chaque entrepreneur ou homme d'affaires consacre toutes ses énergies à l'objectif unique de faire de l'argent. D'ailleurs, plusieurs hommes d'affaires n'essaient pas toujours d'accroître leurs profits parce qu'ils considèrent que cela entraînerait des efforts, des risques ou des investissements beaucoup plus grands. Dans d'autres cas, c'est le refus de réduire le contrôle sur leur propre entreprise qui fait que des entrepreneurs ne visent pas la croissance. Toujours selon Penrose, un bon homme d'affaires n'a pas besoin d'être particulièrement ambitieux. Aussi longtemps qu'une entreprise est dirigée par des personnes qui n'ont pas la volonté de réaliser plus de profits, il est peu probable que l'entreprise croîtra jusqu'à atteindre une très grande taille. Ce type d'attitude produit les mêmes restrictions sur le développement de l'entreprise que l'inhabilité de l'entrepreneur à percevoir les occasions d'affaires et à agir au bon moment.

Parmi les autres caractéristiques propres aux entrepreneurs qui agissent sur la croissance d'une entreprise, Penrose met l'accent sur la capacité d'adaptation, l'ingéniosité, l'ambition et le jugement. La capacité d'adaptation d'un entrepreneur est une question d'imagination et de vision. L'effort imaginatif, l'aptitude à saisir le bon moment et la reconnaissance instinctive de ce qui attirera le succès ou le concrétisera deviennent alors d'une importance fondamentale lorsqu'il s'agit de développer de nouveaux marchés ou de se diriger dans de nouvelles lignes de production.

Enfin, l'aptitude de l'entrepreneur à obtenir du capital et à le faire fructifier constitue une autre caractéristique individuelle qui favorise la croissance. L'initiative et l'agressivité sont nécessaires pour soutenir la croissance d'une organisation. Elles peuvent s'exprimer à travers l'ambition de l'entrepreneur.

Deux types d'ambition entrepreneuriale ont été distingués par Penrose (1959). Certains entrepreneurs sont principalement intéressés par le profit et la croissance de leur entreprise en tant qu'organisation spécifiquement orientée vers la production ou la distribution de biens et services. Cette conception est similaire à celle de l'orientation entrepreneuriale intuitive. D'autres entrepreneurs sont tout à fait différents et on pourrait presque les qualifier de «constructeurs d'empire». Ces derniers sont fortement motivés par des visions de création d'un empire industriel puissant et s'étendant sur un très vaste territoire.

---

1. Traduction libre.

Dans une plus large mesure, le problème du jugement entrepreneurial implique beaucoup plus qu'une simple combinaison d'imagination, de bon sens, de confiance en soi et d'autres qualités personnelles. Il est relié de très près à l'organisation du système de cueillette d'informations et de consultation et du système d'analyse des risques et incertitudes. Les attentes de l'entrepreneur en ce qui concerne la productivité de sa firme forment une partie intégrante de l'analyse du processus de croissance. En somme, dans la plupart des cas, les attentes et les éléments subjectifs constituent les déterminants premiers du comportement de la firme face à la croissance, quoiqu'il puisse y avoir une relation entre les attentes et les faits. En même temps que l'opportunité productive objective d'une entreprise est limitée par ce que l'entreprise est capable d'accomplir, l'opportunité productive subjective est, pour sa part, reliée à la vision de l'entrepreneur quant à ce qu'il peut et veut réaliser.

3.6 LES DIFFÉRENTS MODÈLES DE CROISSANCE

La croissance constitue une étape de transformation en regard de la taille et/ou des activités d'une entreprise qui peut être abordée à partir de plusieurs modèles. Starbuck (1965), dans une revue des modèles portant sur la croissance des organisations, propose une approche descriptive de ces modèles à travers laquelle il identifie quatre grands types de croissance. Ces modèles sont les suivants:

- modèles du type «division cellulaire»;
- modèles du type «toujours plus»;
- modèles du type «processus de décision»;
- modèles du type «métarmorphose».

Dans l'approche du type «cellulaire», l'entreprise est comparée à un organisme vivant et la croissance perçue comme le résultat de la division des cellules. D'ailleurs, Haire (1959) développe une analogie de la croissance de l'entreprise avec la biologie et définit la croissance en termes de pourcentage de changement dans la taille d'une entreprise. S'il s'agit d'une approche qui peut être intéressante à certains points de vue, elle est moins utile aux fins de notre étude. En effet, ce type de modèle se contente de constater les faits et de les analyser et ignore totalement les causes ou les facteurs de croissance comme tels. L'accent est mis sur les possibilités de prédiction de la taille d'une entreprise dans le temps sans se soucier des processus d'adaptation et de changements internes.

82

Les modèles du type «toujours plus» explorent un processus qui met en relief les motivations et les causes qui poussent les dirigeants d'une entreprise à vouloir en augmenter la taille. Dans ces modèles, les relations causales avec la croissance sont essentiellement reliées à la poursuite d'occasions d'affaires et à l'exploitation d'un avantage ou d'une ressource de l'entreprise. La croissance prend fin aussitôt que l'expansion projetée est réalisée.

Dans les modèles du type «processus de décision», on essaie de reproduire en détail les caractéristiques du processus de décision dans l'organisation. Ces modèles peuvent être très efficaces pour une entreprise, mais il faut préciser qu'ils sont très coûteux à la fois en termes d'argent et de temps. Selon Cyert et March (1963), les entreprises fonctionnant selon ce modèle se préoccupent d'obtenir des données sur leurs compétiteurs, leurs coûts, la demande dans leur secteur et les relient à leurs propres objectifs. Ils analysent la situation et prennent alors des décisions éclairées et appuyées sur des faits. Dans cette approche, la recherche de données est tout aussi importante que les choix. On constate que les objectifs peuvent se modifier ou se transformer à travers le temps suivant les situations vécues et les circonstances. Les buts ne sont jamais définitivement pris pour acquis ou fixés après coup. Le modèle de prise de décision permet de réajuster le tir de l'entreprise et chaque changement fait alors l'étude d'un ensemble de données factuelles. On peut d'ores et déjà deviner que cette approche est loin d'être la plus utilisée dans le contexte des entreprises de petite taille qui ont rarement les moyens d'aller chercher autant d'informations et de les traiter pour prendre les décisions reliées à leur croissance.

Les modèles de type «métamorphose» sont ceux qui nous apparaissent les plus appropriés en regard de notre cadre d'analyse. En effet, ces modèles ne considèrent pas la croissance comme un processus uniforme et continu dans le temps. Ils la voient plutôt comme une démarche marquée par des changements importants et radicaux qui ont pour implication de modifier les conditions organisationnelles et les structures de survie d'une entreprise dans une situation donnée. Il y a lieu de considérer plus longuement ce type de modèle, car ce dernier peut s'avérer très utile pour effectuer une analyse de la croissance des entreprises selon les différents stades de développement déjà explicités au premier chapitre.

Selon Sofer (1961),

> *«Les politiques et les procédures organisationnelles peuvent être appropriées à un stade donné dans l'évolution d'une entreprise mais*

devenir dangereusement inappropriées lorsque l'entreprise passe à un autre stade. Et de la même façon que les procédures utiles changent suivant les différentes phases de développement, des personnes différentes sont également nécessaires dans les mêmes conditions. Quand on utilise ici le terme «personnes» on réfère de façon évidente aux gestionnaires de haut niveau dans l'entreprise. Et même si plusieurs chercheurs ont élaboré des thèses comportant des nombres de stades ou phases à franchir différents, cette préoccupation des changements radicaux qui se produisent dans le rôle et les habiletés nécessaires chez les gestionnaires de l'entreprise est omniprésente et fondamentale dans l'ensemble des théories traitant des modèles de métamorphose».

Le modèle élaboré par Moore (1959) est typique de cet accent mis sur les modifications managériales suivant les stades. Selon cet auteur, l'évolution des stratégies dans une entreprise se déroule à travers des stades plus ou moins définis. Le premier stade est la création de l'entreprise. Un individu seul ou un petit groupe rassemble et organise des ressources pour assurer la mise sur pied d'une entreprise initiale. La stratégie de création d'une entreprise est souvent mal développée et non balancée. Elle a tendance à mettre l'accent sur les intérêts particuliers, les talents, les avoirs, le comportement et les orientations générales du ou des fondateurs. Si l'entreprise doit survivre dans un contexte compétitif, la stratégie originale doit être consolidée. Si ce premier stade requiert un promoteur ou un générateur d'activités, le deuxième requiert plutôt un homme d'affaires ou un consolidateur. C'est, en effet, le stade où l'entreprise commence à développer certaines pratiques d'affaires. À mesure que l'entreprise croît et que les problèmes de coordination augmentent, un nouveau stade est atteint; c'est celui de l'organisation. L'organisation en tant que rationnalisation des moyens pour atteindre les buts devient une condition stratégique dans l'environnement économique de l'entreprise. C'est le stade du gestionnaire ou de l'administrateur.

Les modèles de «métamorphose» considèrent l'organisation ou l'entreprise comme un système adaptatif, capable de se modifier ou de se transformer pour être en mesure de composer avec des problèmes différents générés par de nouveaux contextes. Ils font ressortir clairement qu'à mesure que l'entreprise grossit et prend de l'expansion, l'équilibre passe d'un point à un autre, et son maintien exige des ressources, un contexte, des conditions et surtout des comportements managériaux et des structures organisationnelles différents.

Scott et Bruce (1987) distinguent cinq phases de croissance et, pour chacune, ils établissent les objectifs à atteindre, le style de management à adopter, la structure organisationnelle privilégiée, etc.

Cette synthèse présentée à la figure 1 peut être très utile pour l'entrepreneur en phase de mutation; elle peut lui servir d'outil de diagnostic pour analyser la situation de son entreprise. Elle peut aussi servir d'indicateur dans le choix d'une stratégie adaptée aux différentes phases de croissance de son organisation.

3.7 LES MANIFESTIONS CONCRÈTES DE LA CROISSANCE

Les choix qui s'offrent à l'entreprise souhaitant prendre de l'expansion sont multiples. En effet, la croissance de l'organisation peut prendre plusieurs formes. L'entreprise peut décider de consolider, de diversifier ou d'améliorer un produit ou un service avec lequel elle est déjà familière. À l'opposé, elle peut se donner comme défi de se lancer dans la fabrication ou la distribution de nouveaux produits ou encore d'aborder de nouveaux secteurs, de nouveaux marchés ou des façons différentes de faire les choses. Il n'y a pas de forme de croissance à privilégier. Le mode de croissance choisi par l'entreprise dépend de ses ressources, des conditions de son environnement, des occasions d'affaires, de ses contraintes et de ses objectifs. Dans les prochains paragraphes, nous présentons les différentes formes de croissance que peut choisir une entreprise. Leur séquence d'apparition n'est pas reliée à une préférence ou à une importance particulière.

1. **La vente ou la fabrication d'un produit complémentaire.** Il s'agit d'une forme de croissance typique des entreprises déjà bien établies et ayant atteint un certain niveau de performance avec un certain type de produit. L'entreprise peut alors décider de diversifier ses activités en fabriquant ou en distribuant un nouveau produit connexe ou complémentaire au produit actuel. On peut facilement observer plusieurs exemples concrets de ce type de croissance dans l'environnement. L'entreprise de vente de meubles qui décide d'ajouter des articles décoratifs, le manufacturier de mobilier pour enfants qui entreprend la fabrication de jouets de bois, le distributeur de matériel sportif qui, en plus, vend des vêtements, sont autant de manifestations concrètes d'entreprises qui misent sur les installations, l'équipement, les ressources et le personnel dont elles disposent déjà pour amorcer une expansion qui demeure dans les limites de leur expertise. De plus, le manufacturier ou le distributeur trouvent en général plusieurs avantages à cette façon d'accroître leurs activités, dont le plus important est certainement la maximisation des ressources déjà en place. En effet, ils peuvent profiter d'un étalage ou d'un atelier déjà installé pour simplement y ajouter des produits. Dans

Figure 1
Modèle de croissance d'une PME

	Stade 1. Démarrage	Stade 2. Survie	Stade 3. Croissance	Stade 4. Expansion	Stade 5. Maturité/Déclin
Marché	Émergent, parcellaire	Émergent, parcellaire	Croissance, quelques gros compétiteurs, nouveaux débouchés	Croissance	Croissance/Maturité/Déclin
Priorités	Développement de la clientèle, production économique	Revenus et dépenses	Gestion de la croissance et des ressources	Financement de la croissance, maintien du contrôle	Contrôle des dépenses, nouveaux créneaux de marché si l'industrie est en déclin
Rôle de la direction	Supervision directe	Supervision supervisée	Délégation, coordination	Décentralisation	Décentralisation
Style de gestion	Entrepreneurial, individualise	Entrepreneurial, administratif	Entrepreneurial, coordonné	Professionnel, administratif	Rôle du «chien de garde»
Structure organisation-nelle	Non-structuré	Structure simple	Fonctionnelle, centralisée	Fonctionnelle, décentralisée	Décentralisée, fonctionnelle/produit
Recherche et développement	Aucune	Un peu	Développement de quelques produits	Nouveaux produits, innovation, prospection de marché	Production d'innovations
Systèmes de contrôle	Simple tenue de livre, contrôle à vue	Simple tenue de livre, contrôle personnel	Systèmes de comptabilité, rapports de contrôle simples	Systèmes de budgétisa-tion, rapports de ventes et de production mensuels, délégation de contrôle	Systèmes de contrôle formels, management par objectifs
Sources principales de financement	Propriétaires, amis, connaissances, fournisseurs	Propriétaires, fournisseurs, banques	Banques, nouveaux partenaires, placements	Placements, nouveaux partenaires, dette à long terme	Placements, dette à long terme
Revenus	Négatifs	Négatifs/nuls	Positifs mais réinvestis	Positifs avec faibles dividendes	Générateurs de fonds avec dividendes élevés
Principaux investissements	Usine et équipement	Capital travail	Capital travail et prolonge-ment de l'usine	Nouvelles unités d'opération	Entretien de l'usine et positionnement de marché
Produits/Marchés	Simple ligne de produits et canaux de distribution limités	Simple ligne de produits mais augmentation des canaux de distribution	Ligne de produits élargie mais limitée, marché unique, mais nombreux canaux de distribution	Gamme de produits élargie, marchés et canaux de distribution multiples	Plusieurs lignes de produits, marchés et canaux de distribution multiples

certains cas, il peut y avoir des occasions de récupérer une partie de la matière première autrement inutilisable ou d'utiliser, sur une plus longue période, des équipements ou de l'outillage. Dans le cas des entreprises de distribution, la croissance peut s'exprimer par une utilisation plus efficiente de l'équipe de vente déjà en place. Entrent également dans cette catégorie, les entreprises de services qui décident d'offrir à une clientèle déjà acquise une gamme plus étendue de services.

2. **La multiplication des unités ou des succursales.** Dans ce cas, l'entreprise envisage l'expansion en ajoutant de nouvelles succursales à celles qu'elle possède déjà. Les produits et les secteurs d'expertise restent les mêmes et l'élargissement du marché s'opère uniquement sur le plan de la diversification géographique. Il existe une multitude d'exemples d'entreprises ayant exploité cette forme de croissance. Des chaînes de restaurants, des boutiques diverses disséminées dans plusieurs centres commerciaux, les entreprises spécialisées opérant sous la même raison sociale dans plusieurs localités illustrent cette façon de croître. Il peut s'agir d'un mode de croissance extrêmement avantageux pour l'entreprise ayant acquis une solide crédibilité dans son secteur et qui décide d'exploiter cette dernière pour élargir ses activités. Évidemment, un volume de ventes plus élevé peut entraîner des prix plus bas auprès des fournisseurs et un chiffre d'affaires plus élevé. Mais en même temps, c'est une forme d'expansion qui risque d'amener beaucoup plus de changements dans le rôle du propriétaire dirigeant que la forme précédente. Dans bien des cas, celui-ci joue en réalité un rôle d'excellent gérant dans l'exploitation du commerce initial. Mais à mesure que les unités se multiplient, il doit considérablement modifier son rôle pour coordonner la bonne marche des succursales, planifier et superviser les opérations de façon à assurer une qualité et un service uniforme.

Jocus entre sur le marché anglophone canadien et lorgne le nord-est américain

«Expansion géographique et diversification de la gamme de produits sont à l'ordre du jour de Jocus, la vedette québécoise de la vente à domicile de jouets et articles pour enfants.

Selon la direction de Jocus, l'expansion vers l'Ontario et les Maritimes devrait coûter 600 000 $ en divers frais de promotion et organisation. Une somme égale est prévue pour soutenir la percée en Nouvelle-Angleterre par la suite.

Selon le président Serge Robillard, Jocus est prête à «sacrifier un peu de rentabilité à court terme» pour soutenir son expansion géographi-

---

que. La direction de Jocus vise néanmoins une marge bénéficiaire nette après impôt de 8,5 % sur les ventes.

Toutefois, «ça prendra des capitaux si on atteint 25 % de croissance par an, ajoute M. Robillard.

«On est ouvert à toute forme d'apports, mais on tient à notre liberté d'action». (...)

Si Jocus a su s'implanter dans un créneau précis du marché des jouets, elle n'a pu cependant s'affranchir de ses cycles saisonniers prononcés. L'entreprise réalise encore 70 % de ses 5 M $ de revenus annuels au cours des trois mois précédant Noël.

«Une telle situation pose tout un problème de gestion du fonds de roulement, souligne le président de Jocus. On pourrait pratiquement fermer le 31 décembre et rouvrir en juillet. On augmenterait ainsi nos profits, mais on couperait notre croissance. On ne veut pas ça!»

C'est en diversifiant sa gamme de produits que Jocus a entrepris de mieux répartir ses revenus sur une base annuelle. Le catalogue de Jocus inclut depuis peu une gamme de vêtements conçus et fabriqués en exclusivité. Elle lorgne par ailleurs l'ajout d'une gamme d'articles de décoration et du mobilier pour enfants.»

(Les Affaires, novembre 1988).

3. **Modification technologique.** Il peut s'agir ici d'entreprises de fabrication qui décident de passer d'un mode de production artisanal à un mode de production en série. Pour d'autres entreprises, déjà bien installées sur le plan de l'équipement ou de l'outillage, le besoin peut se faire sentir d'acquérir d'autres équipements plus sophistiqués. On devine que ce type de croissance est presque exclusivement exploité par les entreprises manufacturières et que les choix qui se font dans ce cas sont souvent inévitables. En effet, pour rester compétitives, les entreprises manufacturières doivent être capables de répondre à la demande en maintenant des prix comparables à leurs concurrents. Même si l'achat d'équipements spécialisés requiert généralement des investissements financiers importants, les possibilités d'augmenter le volume et la rapidité d'exécution dans la production peuvent compenser largement les coûts, surtout s'il est possible de maintenir une stabilité dans le volume de la main-d'oeuvre initiale. Cette forme de croissance peut réclamer une expertise technique accrue et camoufler de multiples embûches si le changement a été mal planifié en termes d'exigences et d'impacts. Cette question fera d'ailleurs l'objet d'une explication plus détaillée lorsque sera abordée l'importance de bien planifier et préparer les changements technologiques dans l'entreprise.

En trois ans, Imprimerie Gagné de Louiseville aura consacré plus de 8M$ à son expansion

«Déjà loin des principaux imprimeurs de livres au Québec, Imprimerie Gagné est engagée dans un programme d'expansion qui devrait totaliser un peu plus de 8 M $ en trois ans, au début de 1991.

L'entreprise installe ces semaines-ci une troisième presse rotative dans son usine de Louiseville, au coût de 2 M $. Cette presse accroîtra de 50% la capacité de production tout en augmentant la productivité de l'entreprise. Selon son président, Jean-Pierre Gagné, une telle presse permettra d'ajouter à moyen terme pour quelque 10 M $ par an de revenus au chiffre d'affaires, qui atteint les 20 M $.»

(Les Affaires, juin 1989).

---

4. **Pénétration d'un nouveau marché ou extension du marché actuel.**
    Dans ce type d'expansion, aucun changement n'est apporté dans la nature du produit ou du service offert. L'entreprise demeure dans son secteur d'expertise mais est à la recherche d'une nouvelle clientèle pour son produit ou de moyens pour augmenter sensiblement le segment de marché déjà rejoint. On peut trouver de multiples exemples de ce type d'expansion. Le cas du distributeur d'équipement de matériel sportif qui décide de ne plus viser uniquement les magasins d'articles de sport, mais de s'adresser aux associations sportives, aux arénas ou tout autre organisation du même genre, en est un. Les objectifs visés dans ce type d'expansion sont plus facilement atteints lorsque l'entreprise intensifie ses activités de marketing.

Les boutiques San Francisco se préparent à envahir le marché ontarien

«Les Boutiques San Francisco s'attaqueront dès 1988 au marché ontarien, plus spécifiquement au marché de Toronto. La compagnie de Paul Roberge, qui exploite des magasins de vêtements sous différentes bannières telles San Francisco, Bo Jeans, San Francisco Maillots et l'Officiel, envisage d'ouvrir 10 magasins dans la région de Toronto.

Au total, l'entreprise comptera à la fin de 1988 quelque 25 boutiques de plus à son actif. Actuellement, San Francisco exploite 66 magasins au Québec dont 40 boutiques San Francisco Maillots et 11 boutiques l'Officiel.

Le concept de San Francisco Maillots, lancé en 1987, semble trouver preneur auprès de la clientèle féminine. «Nous sommes satisfaits de la performance de ces magasins. Nous poursuivons l'expansion de cette chaîne.»

> *L'entreprise tâtera également le marché des vêtements pour enfants de quatre à 14 ans en ouvrant deux boutiques Frisco.*
>
> *(Les Affaires, juin 1989).*

5. **Modification du secteur d'expertise ou du secteur d'activités.** L'entreprise recherche de nouvelles compétences car elle modifie de façon importante la nature de ses activités actuelles. Par exemple, certaines entreprises se lancent dans la réparation et le service d'un certain type d'équipements dont elles n'avaient jusque-là que réalisé la fabrication; dans d'autres cas, des grossistes ou des entreprises de distribution trouvent des avantages à amorcer la fabrication de certains produits, alors qu'à l'inverse, des entreprises manufacturières mettent en place des points de vente pour réaliser elles-mêmes la mise en marché et la vente de leurs produits.

Doyon et Frères révolutionne le marché de la boulangerie

«D'importateurs de fours américains pour la boulangerie intégrée (bake-off), l'entreprise beauceronne Équipement Doyon et frères, de St-Côme, vient de renverser la vapeur, en l'espace de 15 mois, en commençant ce mois-ci l'exportation de ses propres fours sur le marché américain. Ce revirement a été rendu possible grâce à la conception d'un four tout à fait révolutionnaire, qui permettra à la compagnie de doubler son chiffre d'affaires en une année.

Cette année, la compagnie s'attend de réaliser 10% de son chiffre d'affaires aux États-Unis, soit 1 M $. C'est le double par rapport au total de l'an dernier et la moitié par rapport aux prévisions de l'an prochain!»

(Les Affaires, octobre 1984).

---

6. **Nouveau produit, nouveau service, nouvelle technologie.** Le type de croissance caractérisé par l'innovation provient en effet de la perception d'une occasion d'affaires, d'un besoin qui n'est pas comblé dans l'environnement. L'entreprise décide alors de profiter des ressources dont elle dispose déjà pour l'exploiter. Ce n'est pas la voie d'expansion la plus facile, mais si elle est semée d'embûches, elle n'en reste pas moins riche en termes de possiblités et de renouvellement. Tout comme pour l'innovation technologique, cet aspect sera traité plus à fond dans un chapitre ultérieur qui abordera l'apport

important de l'innovation comme facteur potentiel de compétitivité.

Son génie inventif a poussé PPD au rang des experts modiaux dans les plastiques

«Grâce à la mise au point de deux procédés exclusifs, les Industries PPD, de Sherbrooke, connaissent actuellement une expansion sans précédent dans le monde de l'usinage du plastique. Son association avec la multinationale américaine Hercules en février 1985 a fait passer cette PME familiale au rang des experts de la transformation des plastiques plymères dans le monde.»

(Les Affaires, janvier 1986).

---

7. **Acquisitions d'entreprises concurrentes ou fusions.** Ce type d'expansion comporte des exigences juridiques et fiscales fondamentales pour la petite entreprise et réclame, dans presque tous les cas, une participation active de conseillers extérieurs à l'entreprise. Il s'agit essentiellement d'un mode de croissance externe puisqu'il se réalise par l'ajout d'entreprises possédant déjà une identité et une structure organisationnelle bien définies.

Consulab complète deux acquisitions et agrandit son réseau de distribution

«La firme Consulab de Beauport, en banlieue de Québec, vient de compléter deux acquisitions qui lui permettent à la fois de fusionner une technologie concurrente et d'intégrer davantage ses activités.

Consulab a acquis d'une part l'actif de la division métal de Télésystème National. Cette entreprise du parc industriel Colbert à Ste-Foy est spécialisée dans la fabrication de boitiers en métal pour appareils électriques ainsi que l'usinage de pièces métalliques légères.

Par ailleurs, Consulab complétait récemment l'acquisition d'une technologie concurrente de gestion d'énergie de Contrôles PSC, une filiale de la société Nouveler à laquelle est associée Hydro-Québec.

La transaction comprend l'acquisition du processus technologique et les droits de propriété intellectuelle des équipements et systèmes de gestion d'énergie de Contrôles PSC.»

(Les Affaires, octobre 1988).

Cette illustration des divers moyens d'expansion utilisés par les entreprises n'est pas un inventaire exhaustif de toutes les possiblités existantes à cet égard. Elle permet cependant d'effectuer des liens importants entre la croissance telle que la recherche la définit et la croissance telle qu'elle se vit sur le terrain. En effet, ces modèles concrets font ressortir différentes façons d'aborder la croissance en misant sur les facteurs identifiés précédemment dans la littérature. Dans certains cas, il y a une recherche évidente d'économie d'échelle, tandis que dans d'autres, c'est l'exploitation de ressources existantes mais sous-exploitées ou mal équilibrées qui est recherchée. On constate également que certains types de croissance sont linéaires tandis que d'autres s'approchent beaucoup plus des modèles cellulaires ou mieux encore des modèles de métamorphose.

3.8 DE LA THÉORIE À LA PRATIQUE

De quelle façon peut-on intégrer l'ensemble des considérations qui précèdent pour mieux venir en aide aux entreprises qui envisagent une expansion éventuelle ou qui doivent faire face à une période d'expansion non anticipée? Revenons d'abord aux concepts les plus importants.

Si on considère, dans un premier temps, les facteurs susceptibles de jouer un rôle important dans la croissance d'une entreprise, on constate immédiatement le rôle prépondérant que joue l'entrepreneur dans ce processus. Peu importe le modèle de croissance suivi et ses manifestations, l'entrepreneur demeure l'instigateur du projet de développement. C'est dire que l'étude du profil de l'entrepreneur peut nous apporter beaucoup d'éclairage en ce qui concerne les mécanismes de croissance adoptés. Il faut d'abord identifier les objectifs personnels de l'entrepreneur car ce que sera son entreprise d'ici cinq ou dix ans est très fortement conditionné par ce qu'il souhaite lui-même rester, devenir ou réaliser au cours de ces années. En fonction de ses ambitions, il peut tout simplement souhaiter poursuivre ses activités actuelles en répondant de façon satisfaisante à ses besoins de réalisation et d'aisance financière. Dans ce cas, la croissance apparaît peu souhaitable. D'autre part, il est fort possible qu'il soit animé par la volonté de dépasser son seuil actuel de performance en termes de réalisations ou encore d'étendre son pouvoir en élargissant son champ d'activités. Il se peut également que les circonstances l'amènent à initier lui-même une croissance dont il n'a pas prévu tous les changements et les conditions. Dans ces circonstances, il est important que l'entrepreneur ait déjà en tête une idée au sujet des orientations futures de son entreprise.

Les objectifs de l'entrepreneur ne sont pas les seuls éléments à retenir dans l'étude de son profil. Ses compétences en gestion, ses aptitudes à déléguer, ses talents en communication ainsi que son leadership et sa motivation constituent des aspects tout aussi fondamentaux. Plus encore, son attitude face aux changements et aux transformations qu'il devra opérer dans la gestion de son entreprise a un impact majeur en situation de croissance. En effet, l'approche dite de «métamorphose» fait clairement ressortir l'évolution des facteurs managériaux lorsqu'on passe d'un stade à un autre. Sans explorer de façon plus détaillée cette transformation qui sera longuement élaborée au cours des chapitres qui suivent, il importe au moins de se rappeler que l'entrepreneur doit passer du stade de «faire les choses» au stade de «faire faire les choses». La figure 2 présente à cet égard une vue simplifiée des fonctions clés associées aux deux premiers stades de l'évolution des entreprises et l'accent qui doit être mis sur chacune.

FIGURE 2

Emphases générales mises sur les fonctions clés (Thain, 1969)

FONCTION-CLÉ	STADE I	STADE II
ACCENT	Orientation centrée sur les opérations par opposition à l'accent mis sur l'aspect fonctionnel.	Orientation fonctionnelle.
MARKETING	Le problème majeur est celui de générer les ventes et implique habituellement seulement une personne ou un très petit nombre d'employés.	Une spécialisation plus poussée devient nécessaire en termes de publicité, promotion des ventes, recherche, marketing, etc.
PRODUCTION	Généralement, une façon simple et efficace pour produire le plus possible à partir d'un investissement minimum.	Les opérations deviennent plus spécialisées, le personnel de gestion doit être accrû.
MESURE CONTRÔLE	Un système comptable simple habituellement supervisé par un comptable externe.	Le système comptable devient plus complexe avec une emphase sur les coûts et quelques statistiques simples. Le système de contrôle doit être adapté aux décisions fonctionnelles et aux problèmes.
FINANCE	Fonction à peu près inexistante si ce n'est le travail à faire avec le banquier si nécessaire.	Établissement de prévisions plus sophistiquées et utilisation de techniques de gestion des liquidités de façon à planifier et réduire les coûts de capitaux.

FIGURE 2

Emphases générales mises sur les fonctions clés (Thain, 1969)

FONCTION-CLÉ	STADE I	STADE II
PERSONNEL	Gestion personnalisée, effectuée par le propriétaire dirigeant lui-même.	Spécialisation fonctionnelle additionnelle et évolution vers des politiques formelles pour la sélection, l'embauche, l'entraînement et la promotion des employés.

En plus du profil de l'entrepreneur, les ressources dont dispose l'entreprise et les occasions d'affaires liées à l'environnement constituent d'importants facteurs de croissance. Elles s'avèrent en fait les outils et les armes disponibles pour amorcer les virages prévus. Leur analyse est tout aussi cruciale si une croissance éventuelle est envisagée. Il importe de faire l'analyse des forces et des faiblesses des éléments suivants:

• les ressources humaines considérées en termes de disponibilité et aussi de relève dans certains secteurs;

• les ressources financières en regard du capital de risque investi par l'entreprise elle-même;

• les ressources physiques et matérielles en ce qui concerne leur disponibilité, le taux d'utilisation et d'adaptation à d'autres usages;

• les systèmes organisationnels;

• le secteur d'activités, ses perspectives de croissance;

• les caractéristiques du marché en termes de part de marché déjà acquise, de prévisions et de perspectives dans la demande future.

Cette analyse du profil de l'entrepreneur, des ressources de l'entreprise et des conditions liées à l'environnement doit être complétée par une vision prospective des impacts que risque d'engendrer la croissance sur chacun des éléments déjà considérés.

CONCLUSION

La croissance comporte des zones importantes de risques pour une entreprise. Aussi importe-t-il de la considérer sous tous ses angles et de bien voir si effectivement elle s'avère une solution souhaitable en regard des objectifs de l'entreprise. Ainsi, malgré la tendance à présenter la croissance comme un objectif à atteindre, une étape incontournable dans le développement de l'entreprise et nécessaire à sa survie, il semble qu'elle ne soit pas un impératif qu'il faille accepter de façon inconditionnelle. La croissance est loin d'être le seul indicateur de performance pour une entreprise. C'est un élément parmi d'autres qui seront présentés dans les chapitres suivants. Elle n'est pas toujours souhaitable et il appert que l'entreprise peut survivre en poursuivant d'autres objectifs.

QUESTIONS

1. Quelle est l'idéologie généralement transmise à l'entreprise par l'environnement social et économique en regard de la croissance?

2. À quel stade de développement d'une entreprise les changements les plus bouleversants apparaissent-ils? Expliquez.

3. Définissez le concept d'économie de taille.

4. Définissez le concept d'économie de croissance.

5. Expliquez en quelques mots la différence fondamentale entre les deux concepts d'économies (de taille et de croissance).

6. En quels termes la recherche définit-elle les facteurs de croissance internes pour une organisation?

7. De quoi dépendent majoritairement les facteurs de croissance d'une entreprise et l'actualisation qui en sera faite?

8. Décrivez brièvement les modèles de croissance du type «processus de décision» et précisez leurs limites en ce qui concerne leur utilisation dans les entreprises de plus petite taille.

9. Élaborez une description plus détaillée des modèles de croissance de type «métamorphose» en ayant soin d'établir les liens qu'ils présentent avec la théorie des stades de développement.

10. Parmi les façons concrètes d'envisager la croissance, laquelle ou lesquelles vous apparaissent comporter les plus grandes zones de complexité, et pourquoi?

11. Quels sont les éléments qui constituent le potentiel de croissance d'une entreprise?

12. Si vous aviez à conseiller un propriétaire dirigeant d'entreprise qui envisage la croissance, qu'est-ce que vous examineriez en premier lieu?

13. Si vous aviez à procéder à une analyse des ressources et des occasions d'affaires d'une entreprise en regard de sa croissance, quels aspects plus spécifiques considéreriez-vous?

14. La croissance est-elle toujours souhaitable pour une entreprise? Justifiez votre réponse.

Cas

LES QUINCAILLERIES PROVENCHER INC.

Après avoir travaillé pendant plus d'une quinzaine d'années à titre d'employé puis de gérant, Gilles Provencher décide à l'automne 1982 de fonder sa propre entreprise. Aidé de son épouse Diane qui possède de bonnes connaissances en marketing et de ses deux fils Martin et Louis, il ouvre sa propre quincaillerie dans un nouveau secteur de la ville. Dès le départ, le commerce a beaucoup de succès. Lui-même connaît très bien les produits offerts, son épouse s'occupe des ventes et de la promotion tandis que Louis est responsable des finances de l'entreprise. Martin, pour sa part, est dégagé des tâches courantes puisqu'on lui a donné le mandat de planifier la mise sur pied d'une nouvelle succursale dans la banlieue où il habite.

En 1983, les quincailleries Provencher opèrent à leur maximum et réalisent un excellent chiffre d'affaires malgré la vive concurrence de quelques grandes chaînes. Dans le but de pouvoir acheter en plus grandes quantités et, par conséquent, de pouvoir vendre à des meilleurs prix, l'entreprise décide de procéder à une expansion massive. Au cours des cinq années qui suivent, monsieur Provencher et sa famille ouvrent huit autres succursales réparties dans des banlieues environnantes. L'exercice budgétaire moyen des dix magasins atteint 900 000 $ et la compagnie emploie au total 84 personnes, incluant les propriétaires de l'entreprise.

La décision de croître rapidement semblait permettre d'excellents résultats pour l'entreprise. D'ailleurs, le chiffre d'affaires de l'entreprise a progressé de façon constante au cours des ans. Pourtant, à l'issue des cinq années de croissance, l'entreprise rencontre de sérieuses difficultés. Tout d'abord, le propriétaire a décidé depuis deux ans que son fils Louis serait supporté dans ses tâches par les services d'une firme comptable reconnue. Le fils de M. Provencher n'a jamais tout à fait accepté cette intrusion de la part d'étrangers dans la gestion de l'entreprise familiale. Il est jeune, plein d'ambition et est persuadé qu'il pourrait continuer à gérer seul le dossier des finances de l'entreprise. Depuis six mois, il a de sérieux conflits avec son père qui se montre très inquiet parce qu'un spécialiste de la firme comptable a démontré dernièrement que les bénéfices par rapport aux ventes avaient diminué de 15 à 20% au cours des deux dernières années. M. Provencher songeait à ouvrir deux nouvelles succursales dans une autre ville, selon des projets soumis par son fils Louis. Mais depuis le rapport de la firme comptable et malgré une importante croissance des ventes, il remet sérieusement en cause ses projets.

Une réunion d'urgence a d'ailleurs été tenue la semaine dernière avec tous les gérants des succursales à qui on a toujours laissé une grande marge de manoeuvre dans la gestion de leur magasin sur le plan des opérations entourant l'achat des marchandises et la vente. La discussion a été houleuse car le service offert et les politiques de fixation des prix sont loin d'être uniformes dans tous les magasins. La rotation des stocks a beaucoup baissé dans certaines succursales et la rentabilité s'avère très inégale selon les pratiques de gestion en usage dans les différents centres.

Jeudi prochain, M. Provencher compte réunir tous les membres de la famille et la firme comptable qui supporte l'entreprise pour discuter de l'avenir de cette dernière. Il est très fatigué. Il a toujours continué lui-même de gérer la première succursale en plus de l'ensemble des opérations du début. Il se disait qu'après quelques années, il pourrait se retirer progressivement des opérations courantes pour disposer enfin d'un peu plus de temps libre. Mais il est plus occupé et préoccupé que jamais. La croissance du volume des ventes ne permet pas les économies d'échelles anticipées puisque le bénéfice est en baisse malgré l'augmentation des ventes.

Il sait que son épouse le supporte dans sa réflexion qui l'amène jusqu'à envisager la vente en bloc de l'entreprise. En même temps, il anticipe avec inquiétude la réaction de ses deux fils qui ne semblent pas inquiets de la situation. Ces derniers, au contraire attribuent les piètres résultats des deux dernières années à une conjoncture défavorable et à la venue d'un nouveau concurrent dans la région. Selon eux, il est normal qu'une entreprise qui croît aussi vite connaisse certaines difficultés d'adaptation dans sa gestion. En cas de difficultés comme celles qui se présentent actuellement, ils demeurent persuadés que la seule stratégie à prendre est de poursuivre la croissance amorcée.

Gilles Provencher aura de la difficulté à leur faire part du fait qu'il envisage même un abandon des affaires. Ses fils ne possèdent que 20% des actions de l'entreprise mais il n'en demeure pas moins que l'harmonie familiale risque d'être sérieusement compromise par les conflits qui s'annoncent. Même s'ils sont très impliqués dans la gestion de l'entreprise, les fils de M. Provencher ne peuvent songer à se porter acquéreurs de la totalité de l'entreprise.

Au cours des dernières semaines, M. Provencher a fait appel aux services d'un consultant en gestion pour examiner les différentes solutions qui s'offraient à lui. S'il décide de conserver l'entreprise, il est bien conscient que, de toute façon, de nombreux changements devront être introduits dans la gestion de l'entreprise. M. Provencher ne peut plus lui-même continuer à gérer une succursale tout en se préoccupant de la gestion globale de la compagnie. Il réalise que beaucoup de décisions se prennent quotidiennement sans qu'il en soit même informé et qu'il se place à la merci de ses gérants s'il ne parvient pas à les encadrer et à les superviser avec plus de rigueur.

QUESTIONS

1. À partir de l'information donnée, quel est le modèle ou le processus de croissance suivi dans le cas présent?

2. Pourriez-vous identifier quels objectifs sont poursuivis par les partisans de la croissance effrénée?

3. En analysant la situation telle qu'elle vous est présentée, énoncez les différents problèmes rencontrés par l'entreprise en étayant vos conclusions de faits pertinents.

4. Vous êtes un consultant externe et vous devez aider M. Provencher à préparer la rencontre qu'il aura prochainement avec ses trois associés et la firme comptable. Que lui conseillez-vous à cette étape-ci du processus?

5. Quelles perspectives de solutions possibles envisageriez-vous pour diminuer l'impact de problèmes rencontrés en ayant à l'esprit les intérêts de l'entreprise et ceux de ses propriétaires?

BIBLIOGRAPHIE

Barnes, L.B. et S.A. Hershon, «Transferring Power in the Family Business», *Harvard Business Review*, vol. 54, no. 4, juillet-août 1976, pp. 105-114.

Bruce, R., *The Entrepreneurs : Strategies, Motivations, Successes and Failures*, Paris, Bedford Libertarian Books, 1978.

Channon, J.I., *Business Strategy and Policy*, New York, Harcout Brace, 1968.

Chiasson, C., «Les Boutiques San Francisco se préparent à envahir le marché ontarien», *Les Affaires*, 16 janvier 1988, p. 29.

Churchill, N.C. et V.L. Lewis, «Les cinq stades de l'évolution d'une PME», *Harvard-L'Expansion*, no. 30, automne 1983, pp. 51-63.

Côté, L.-P., «Doyon et frères révolutionne le marché de la boulangerie intégrée», *Les Affaires*, 13 octobre 1984, p. 13.

Côté, L.-P., «Équipement Doyon de St-Côme exporte sa technologie de boulangerie», *Les Affaires*, 10 octobre 1987, p. 13.

Cyert, R.M. et J.G. March, *A Behavioral Theory of the Firm*, Englewood Cliffs, New Jersey, Prentice Hall, 1963.

Davids, M., «Workshop, How to Ensure Your Firm's Future», *Public Relations Journal*, vol. 43, no. 6, août 1987, pp. 29-30.

Drucker, P.F., *Management : Tasks, Responsibilities and Practices*, New York, Harper & Raw Publishers, 1974.

Froment, D., «Intalite s'est hissée au rang d'entreprise internationale grâce à ses exportations», *Les Affaires*, 3 novembre 1984, p. 17.

Goronzy, F. et E. Gray, «Factors in Corporate Growth», *Management International Review*, vol. 14, no. 4-5, 1974, pp. 75-85.

Greiner, L., «Evolution and Revolution as Organization Grow», *Harvard Business Review*, vol. 50, no. 4, juillet-août 1972, pp. 37-46.

Haire, M., *Biological Models and Empirical Histories of the Growth of Organizations*, in Haire, M. (ed.), *Modern Organization Theory*, New York, Wiley, 1959, pp. 272-306.

Katz, P. et R.L. Kahn, *The Social Psychology of Organizations*, New York, Wiley, 1966.

Kuchn, W.H., *The Pitfalls of Managing a Small Business*, New York, Dunn and Bradstreet, 1973.

Lippitt, G.L. et W.H. Schmidt, «Crisis in Developing Organization», *Harvard Business Review*, vol. 45, no. 6, novembre-décembre 1967, pp. 102-112.

Mahar, J.P. et D.C. Coddington, *Small Business Management*, Cincinnati, South Western, 1966.

McKenna, J.F. et P.L. Oritt, *Small Business : Growth or no Growth?* Atlanta, Summer Meeting of the National Academy of Management, août 1979.

Moore, D.L., *Managerial Strategies*, in Warner, W.L. et N.H. Martin (ed.), *Industrial Management*, New York, Harper, 1959, pp. 220-222.

Pelloille, G., «Son génie inventif a poussé PPD au rand des experts mondiaux dans les plastiques», *Les Affaires*, 4 janvier 1986, p. 9.

Penrose, E., *The Theory of the Growth of the Firm*, New York, Wiley, 1959.

Peters, T et R. Waterman, *In search of excellence*, New York, Warner Books, 1983.

Porter, M.E., *Competitive Strategies : Techniques for Analyzing Industries and Competitors*, New York, The Free Press, 1980.

Salter, M.S., «Stages of Corporate Development», *Journal of Business Policy*, vol.1, no. 1, automne 1970, pp. 23-37.

Scott, M. et R. Bruce, «Five Stages of Growth in Small Business», *Long Range Planning*, vol. 20, no. 103, juin 1987, pp. 45-52.

Sofer, C., *The Organization from Within*, London, Tavistock, 1961.

Starbuck, W. H., «Organizational Growth and Development», in March, J. G., *Handbook of Organizations*, Chicago, Rand McNally, 1965, pp. 451-533.

Steinmetz, L.L., «Critical Stages of Small Business Growth», *Business Horizons*, vol. 12, no. 1, février 1969, pp. 29-36.

Thain, D. H., «Stages of Corporate Development», *Business Quarterly*, hiver 1969, pp. 33-45.

Vallières, M., «Consulab complète deux acquisitions et agrandit son réseau de distribution», *Les Affaires*, 15 octobre 1988, p. 20.

Vallières, M., «En trois ans, Imprimerie Gagné de Louiseville aura consacré plus de 8 M $ à son expansion», *Les Affaires*, juin 1989, p. 22.

Vallières, M., «Jocus entre sur le marché anglophone canadien et lorgne le nord-est américain», *Les Affaires*, 5 novembre 1988, p. 19.

CHAPITRE 4

LE DIRIGEANT ET SON ÉQUIPE

L'ensemble des éléments concernant la croissance, discutés jusqu'ici, permet d'entrevoir l'ampleur des défis qui se présentent au propriétaire dirigeant qui envisage des voies d'expansion pour son entreprise ou qui se trouve obligé de composer avec une croissance imprévue et non planifiée. En examinant le style de direction que l'on retrouve dans bon nombre d'entreprises de petite taille, on constate rapidement que, dans bien des cas, les relations qui existent entre le dirigeant et ses employés s'apparentent de très près à celles qui existent entre les membres d'une famille. Les contacts sont fréquents, personnalisés et le dirigeant de l'entreprise est au courant de tout ce qui se passe. C'est lui qui détient le pouvoir et qui a la responsabilité de toutes les décisions relatives à la résolution des problèmes courants rencontrés dans l'entreprise. Plongé quotidiennement dans le cours des opérations, le propriétaire dirigeant compose au fur et à mesure avec les événements dans l'ordre où ils se présentent.

Évidemment, dans un contexte où le nombre d'employés demeure restreint, il est fort possible qu'un tel style de direction plutôt informel et paternaliste soit tout à fait adapté. Cependant, la croissance de l'entreprise suscite généralement l'augmentation du nombre d'employés. De plus, il arrive fréquemment que cet accroissement doive se réaliser à l'intérieur d'une période de temps relativement courte et dans des conditions qui ne permettent pas toujours l'établissement de processus de sélection et d'embauche spécifiquement adaptés aux conditions particulières de l'entreprise. Et au fur et à mesure que le nombre d'employés s'accroît et que les opérations de l'entreprise prennent de l'envergure, il devient de plus en plus difficile pour le propriétaire dirigeant de continuer à tout superviser et à tout contrôler lui-même.

Par conséquent, ce quatrième chapitre concerne l'étude des facteurs relatifs à tout ce qui entoure le fonctionnement et la **performance des ressources humaines** dans une organisation. Cette préoccupation est fondamentale pour le gestionnaire d'une entreprise en expansion qui doit apprendre à composer avec de nouvelles dimensions organisationnelles s'il veut passer d'une rôle entrepreneurial à un rôle managérial. Les ressources humaines constituent un facteur déterminant dans la réussite des entreprises qui performent. Selon Archier et Sérieyx (1984), le nouveau credo des entreprises les plus performantes du Japon et des États-Unis s'énonce comme suit:

> «Il faut mobiliser chaque jour, les femmes et les hommes de l'entreprise, leur intelligence, leur imagination, leur coeur, leur esprit critique, leur goût du jeu, du rêve et de la qualité, leur talent de création, de communication, d'observation, bref leur richesse et leur diversité; cette mobilisation peut seule permettre la victoire dans un combat industriel dorénavant de plus en plus âpre».

Le propriétaire dirigeant souhaitant engager son entreprise dans une croissance intégrée et réussie, réalise rapidement qu'il doit se préoccuper le plus tôt possible d'entraîner ses ressources humaines, d'intégrer des collaborateurs dont les forces viendront compléter les siennes et, par dessus tout, d'essayer de créer un climat dans lequel les gens se sentent impliqués et motivés.

4.1 LA MOTIVATION COMME CONCEPT GÉNÉRAL

Avant d'examiner les différentes théories concernant le concept de motivation, il apparaît primordial de bien saisir toute son importance et ses impacts.

La performance d'un individu au travail est en partie déterminée par ses caractéristiques personnelles et par des facteurs provenant de l'entreprise et de son environnement. Parmi les facteurs propres au travailleur, on peut identifier ses connaissances, ses compétences et sa motivation comme éléments les plus déterminants de sa performance. Si les deux premiers (savoir, savoir-faire) sont essentiels pour qu'un travailleur exécute efficacement les tâches qui lui sont confiées, le dernier élément n'est pas moins fondamental puisqu'il ne suffit pas de savoir «comment bien faire une chose», mais il faut aussi «désirer bien l'accomplir». La motivation peut, par conséquent, être considérée comme une variable qui doit précéder les deux autres. Lorsqu'on essaie d'évaluer la performance relative de certains travailleurs, on constate bien souvent que nombre d'individus fort bien nantis en termes de connaissances et de savoir-faire technique ne donnent pas nécessairement le rendement qu'on aurait pu anticiper d'eux. Plusieurs d'entre eux pourraient même admettre qu'effectivement ils seraient fort capables de faire plus et mieux s'ils le voulaient vraiment mais que tel n'est pas le cas. En effet, selon un sondage Gallup réalisé auprès des Canadiens en 1982[1], une majorité (65 %) estimaient que la productivité des travailleurs en général n'était pas suffisante. Cette proportion s'était d'ailleurs accrue au cours des années précédentes puisqu'elle était de 45 % en 1972 et de 59 % en 1977. Même sur le plan individuel, la majorité des Canadiens (61 %) croyaient qu'ils pourraient faire plus s'ils essayaient (48 % en 1972 et 54 % en 1977).

Hersey et Blanchard (1982) font d'ailleurs état du fait que l'accroissement souhaité de la performance des travailleurs est loin d'être une préoccupation nouvelle ou typiquement canadienne. Selon eux, la motivation joue un rôle important dans la détermination du niveau de performance des employés, lequel influence en retour le degré d'atteinte des objectifs de l'entreprise. Selon James (1983) certains employés réussissent à se maintenir en emploi (ce qui signifie tout simplement ne pas être renvoyés) en travaillant approximativement 20 à 30 % de leur capacité par heure de travail. Par contre, d'autres employés parviennent à travailler 80 à 90 % de leur capacité lorsqu'ils sont fortement motivés à le faire (dans Hersey et Blanchard, 1982).

Selon March et Simon (1969), on peut cataloguer les comportements des employés d'une entreprise selon les trois situations suivantes:

1) l'employé peut produire à un degré que la direction et lui-même considèrent comme maximum;

2) l'employé peut produire ce qu'il considère suffisant pour demeurer dans l'entreprise;

3) l'employé peut quitter l'entreprise.

De toute évidence, le comportement le plus souhaitable pour la direction est le premier, mais celui que l'on retrouve le plus fréquemment est probablement le deuxième. En effet, de nombreuses expériences ont

---

1. (*Le Soleil*, 19 septembre 1982).

démontré qu'un bon nombre d'employés utilisent régulièrement toutes sortes de moyens pour faire croire à la direction qu'ils donnent un rendement maximum alors qu'il n'en est rien. Par conséquent, il est fondamental que chaque dirigeant d'entreprise se préoccupe d'utiliser au maximum tous les moyens dont il dispose pour amener le plus grand nombre d'employés possible à manifester le comportement le plus souhaitable pour l'entreprise, c'est-à-dire le rendement maximum.

Les effets et les impacts d'un faible rendement de la part du personnel sont ressentis de façon encore plus marquée à l'intérieur d'une entreprise de petite taille. En effet, les entreprises de plus grande taille sont plus en mesure de supporter et conserver une certaine part de leur personnel dont le rendement est réduit au minimum. Évidemment il ne s'agit pas d'un phénomène souhaitable pour autant, mais les ressources dont les grandes entreprises disposent leur permettent d'absorber ces comportements sans que leur survie soit nécessairement remise en cause. La situation est très différente pour la plupart des petites et moyennes entreprises. Une de leurs principales caractéristiques réside souvent dans le volume et la taille limitée des ressources humaines et financières dont elles disposent. La maximisation de leurs ressources est donc une condition essentielle à leur développement.

Chaque personne a déjà une idée intuitive de ce qu'est la motivation. Lorsqu'on dit d'une personne qu'elle est «motivée», on pense parfois au gestionnaire qui travaille de 8h à 22h. Pour la plupart des gens, être motivé signifie **faire des efforts en vue de réaliser quelque chose d'important**. Ces notions populaires, tout en étant vraies, manquent de précision. Selon Koontz et O'Donnel (1980),

> «*La motivation est le terme général pour désigner l'ensemble des implusions, des désirs, des besoins, des préférences et autres concepts similaires. Lorsqu'on dit qu'un gestionnaire motive ses subalternes, cela signifie qu'il fait des choses que ces derniers perçoivent comme pouvant satisfaire leurs besoins et leurs désirs et qui les inciteront à agir de la façon voulue. La tâche première du dirigeant consiste à faire en sorte que les personnes contribuent à la réalisation de la mission et des buts d'une entreprise ou d'un département quelconque, ou de toute autre unité organisée. De toute évidence, le dirigeant doit, s'il veut orienter les activités de ses subalternes dans la direction voulue, savoir ce qui pousse les gens à faire certaines choses, ce qui les motive.*»

4.2 QUELQUES THÉORIES SUR LA MOTIVATION ET DE LA PERFORMANCE DES EMPLOYÉS

La motivation et la performance des travailleurs dans l'organisation ont été, depuis de nombreuses années, au coeur même de la recherche en comportement organisationnel. Parmi les théories élaborées, certaines ont essayé d'expliquer les facteurs qui affectaient la motivation d'un individu, tandis que d'autres ont tenté de prédire les circonstances, les événements ou les conditions susceptibles d'augmenter la performance d'un individu au travail. Chacune de ces théories présente un intérêt particulier lorsqu'il s'agit d'aborder la gestion des ressources humaines, mais aucune ne peut fournir une solution à l'ensemble des problèmes qui entourent cette fonction. Si ces théories ont leurs limites, elles peuvent toutefois fournir une base commune de langage et d'éléments de résolution des problèmes concernant la motivation et la performance des individus dans une entreprise.

L'objectif de ce chapitre n'est pas de reprendre chacune de ces théories ni de les analyser et de les comparer les unes avec les autres. Il nous semble plus approprié de reprendre celles qui ont été les plus utilisées et de faire ressortir les aspects importants pour le dirigeant d'entreprise soucieux de mieux utiliser le potentiel des gens qui travaillent pour lui. Chacune des théories présentées sera adaptée au cadre de référence des petites et moyennes entreprises.

Les théories basées sur les besoins

Un premier groupe de théories présente la motivation comme un processus essentiellement basé sur la réponse à des besoins de l'individu. Il semble que ce processus se développe suivant le cheminement suivant:

1) un besoin quelconque chez un individu n'est pas satisfait;

2) cette insatisfaction crée une tension;

3) la tension pousse l'individu à agir afin de répondre à ce besoin;

4) le besoin est satisfait;

5) la tension est réduite;

6) un autre besoin apparaît.

D'après Fitzgerald (1979), la façon dont un individu cherche à satisfaire ses besoins dépend non seulement de ses dispositions internes, mais également de l'environnement dans lequel il évolue. Ainsi, la perception qu'il a de cet environnement est elle-même influencée par ses propres expériences passées, c'est-à-dire ses succès et ses échecs dans la recherche de satisfactions.

Une des théories les plus connues du sujet de la motivation est certainement la hiérarchie des besoins de Maslow (1954). Selon ce dernier, les besoins de l'individu se regroupent à l'intérieur de cinq grandes catégories, soit:

- les besoins physiologiques;
- les besoins de sécurité;
- les besoins d'appartenance;
- les besoins d'estime (de soi et des autres);
- les besoins de réalisation.

Selon Maslow, les besoins se font ressentir à la fois dans l'ordre et par niveau. Lorsqu'un certain niveau de besoins est satisfait, l'individu peut passer à un autre niveau. Dans le même ordre d'idées, un besoin satisfait cesse de constituer un facteur de motivation mais engendre presque nécessairement le passage à un nouveau besoin qui devient à son tour une source intense de motivation.

Même si la théorie de Maslow a été à la fois très largement utilisée et diffusée depuis sa publication en 1943, il n'en demeure pas moins qu'elle est loin d'être aussi simple à relier à l'ensemble des événements qui marquent le comportement des individus à l'intérieur d'une organisation. Elle continue d'occuper une place significative dans toutes les réflexions entourant la motivation, mais présente en même temps des limites importantes dont la plus grande est l'impossibilité de l'appliquer à tous les individus, tous les contextes, toutes les situations et toutes les cultures. Voici d'ailleurs les critiques que soulèvent certains spécialistes des sciences du comportement:

> «Si la théorie de Maslow a été reçue avec un tel enthousiasme, c'est uniquement à cause de sa logique apparente et de sa capacité à structurer et à simplifier un domaine extrêmement complexe, celui des besoins de l'être humain. Une étude approfondie des recherches qui ont porté sur cette théorie nous force (malheureusement) à admettre qu'elle n'est que très rarement supportée par les résultats (Hail et Nougaim, 1968; Wahba et Bridwell, 1976). Aucune étude, par exemple, n'a pu confirmer que les besoins de l'être humain se classent vraiment en cinq catégories. En fait les recherches semblent plutôt favorables à une classification en deux catégories (les besoins «inférieurs»: physiologiques, de sécurité et d'appartenance, et les besoins «supérieurs»: estime et actualisation) (Alderfer, 1969). Il n'est pas possible non plus de trouver des recherches qui prouvent que la satisfaction d'un besoin inférieur est suffisante et nécessaire à l'activation d'un besoin supérieur. Notons, cependant, que cette absence de résultats favorables à Maslow ne suffit pas à prouver la non-validité de sa théorie; en fait, il s'agit d'une théorie qui ne peut pratiquement pas être testée, surtout à cause de l'ambiguïté qui entoure ses concepts et ses propositions. Elle demeure malgré tout

un magnifique «édifice» qui présente une vue possible de l'être humain et qui a amené des milliers d'administrateurs à réfléchir sur l'importance des besoins sur la motivation.» (Bergeron et al., 1979).

FIGURE 1

**La théorie de la motivation de Maslow:
la hiérarchie des besoins de l'homme
(dans Glueck, 1977)**

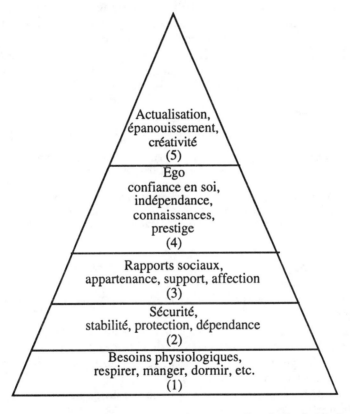

Si l'on tente d'adapter la théorie des besoins individuels de Maslow au contexte de la PME, on peut appuyer notre réflexion sur le fait que le niveau des besoins ressentis par les individus est très relié à la culture et au niveau de vie atteint par un groupe social, démographique ou ethnique. En examinant l'évolution de la situation des travailleurs en Amérique du Nord, il apparaît très clairement que les valeurs ont considérablement changé depuis les dernières années, modifiant par le fait même, le niveau des besoins des individus. Comme l'affirment

Myers et Myers (1980), les valeurs d'un individu conditionnent sa façon de répondre à ses besoins. C'est ainsi que pendant longtemps on a pu motiver les travailleurs en leur assurant la sécurité physique, matérielle et financière. Cependant au cours des ans, les choses ont changé. En effet, les travailleurs d'aujourd'hui sont plus scolarisés et plus au courant des techniques de pointe. Les gens ne travaillent plus seulement pour survivre. Lorsqu'ils parlent du travail, ils le qualifient de plus en plus en termes de qualité de vie, de réalisation de soi, de potentiel, d'actualisation et de développement. Il semble donc que les niveaux inférieurs de besoins soient acquis et qu'une évolution vers des échelons supérieurs de l'échelle des besoins soit entreprise.

Le travailleur d'aujourd'hui réclame la possibilité d'être reconnu, de prendre sa place et de se faire valoir, tant sur le plan personnel que professionnel. Archier et Sérieyx (1984) écrivent d'ailleurs à ce sujet:

> «*Toutes les analyses sociologiques le confirment: les salariés d'aujourd'hui, de plus en plus nombreux, veulent évoluer dans une organisation vivante, ils veulent faire un travail utile dans une entreprise transparente, ils recherchent un environnement convivial et, par-dessus tout, ils ressentent le besoin d'utiliser leurs connaissances et leur imagination pour pouvoir améliorer leur cadre de vie et les résultats de leur activité, grâce notamment, à une marge importante d'initiatives. Ils refusent enfin de plus en plus les idéologies, les systèmes tout faits: ils veulent participer à la construction de leur environnement et à l'arrangement de leur vie*».

Ces changements importants nous amènent, par conséquent, à envisager les avantages que possèdent les petites et moyennes entreprises comme milieux susceptibles de pouvoir répondre à ces nouveaux besoins.

Si l'on considère l'entrepreneur, ses valeurs et ses caractéristiques personnelles, il est certain que le fait de posséder et de diriger sa propre entreprise lui permette, entre autres, de répondre à des besoins fondamentaux dont les plus importants sont le besoin de reconnaissance, le désir d'indépendance et d'autonomie, le besoin de maîtriser les événements ainsi que celui de créer, d'inventer et d'accomplir quelque chose. Selon Macrae, (1976),

> «*les nouveaux entrepreneurs considèrent que c'est un de leurs droits fondamentaux que de pouvoir utiliser leur éducation et leurs talents, non seulement pour améliorer leur style de vie mais aussi pour se créer un style de travail conforme à leurs ambitions dans la vie. Ils éprouvent un vif besoin d'accomplissement à travers la responsabilité de prendre eux-mêmes des décisions, décisions qui peuvent comporter un*

certain risque, mais qui leur permet d'escompter, en cas de réussite, un gain encore plus élevé soit en argent soit autrement.»

Si l'on considère maintenant les employés d'une PME, on peut dire qu'ils bénéficient d'un lieu de travail privilégié qui leur permet de mieux répondre à leurs besoins que ceux d'une entreprise de grande taille. En effet, la division des tâches et la systématisation à outrance des processus de travail que l'on rencontre dans les grandes entreprises, entraînent l'impersonnalisation des travailleurs et risquent d'attaquer leur motivation (Fitzgerald, 1979). Dans le cas d'une PME, la situation est tout autre, car chacun occupe un espace, une place qui lui est propre et perçoit mieux son rôle et son utilité. Les besoins affectifs des travailleurs, soit ceux d'appartenance de participation et les besoins relationnels sont également susceptibles d'être plus facilement comblés dans le contexte de la petite entreprise. Les contacts entre le dirigeant et les employés sont fréquents et plus personnalisés et il en est de même pour les relations entre collaborateurs. D'ailleurs, les employés d'une PME parlent souvent eux-mêmes d'un milieu de travail qui leur offre un fonctionnement un peu analogue à celui d'une grande famille.

De plus, à l'intérieur d'une PME, les différents niveaux d'autorité et de délégation sont établis à une taille plus réduite; l'individu peut plus facilement faire valoir ses idées. L'employé se trouve très près des centres de décision. Dans la majorité des cas, il lui est facile de voir le ou les patrons, d'entrer en contact avec eux et de leur faire part de ses idées ou de ses suggestions.

Atkinson (1964) et plus particulièrement McClelland (1951) proposent une théorie des besoins qui se situe dans une perspective similaire à celle de Maslow. McClelland prétend que certains besoins de bases sont innés tandis que d'autres sont acquis ou conditionnés par l'environnement, le milieu, la culture et l'éducation. Trois grandes catégories de besoins acquis sont ainsi établies: le besoin d'accomplissement, le besoin de pouvoir et le besoin d'affiliation. L'accent est plus particulièrement mis sur le besoin d'accomplissement qui se traduit par une recherche permanente du succès et du dépassement. Les caractéristiques suivantes sont attribuées aux personnes possédant de forts besoins d'accomplissement:

- elles s'impliquent généralement beaucoup plus que les autres dans les activités de leur environnement;

- elles sont beaucoup moins perméables aux pressions sociales ou morales de l'environnement;

- pour s'assurer qu'une tâche soit menée à bien, elles préfèrent la collaboration d'un expert plutôt que celle de leurs amis;

- leur performance est beaucoup plus grande dans les tâches qui présentent de grandes zones de défis que dans celles à faible niveau de difficulté ou encore routinières;

- la délégation des tâches leur est très difficile car elles préfèrent accomplir le travail elles-mêmes;

- elles apprécient connaître la satisfaction des autres par rapport à leur rendement;

- elles préfèrent s'attaquer à une tâche moyennement difficile, plutôt que trop facile ou exagérément difficile. En effet, il faut que le défi demeure à la mesure de leurs capacités;

- plusieurs ont tendance à se diriger dans les affaires soit à titre d'entrepreneur ou de dirigeant puisqu'il s'agit d'une fonction très propice à la satisfaction de leur besoin;

- le succès a de l'importance non pas tant pour les avantages matériels qu'il comporte que pour le sentiment de satisfaction ressenti à travers le fait de réussir à triompher des obstacles et des situations.

La deuxième catégorie de besoins proposée par McClelland, le besoin de pouvoir, se traduit par un désir et une propension à vouloir contrôler et influencer les autres et par une tendance à rechercher une emprise et un impact sur les gens et les événements. Quant au besoin d'affiliation, on le définit comme un désir de développer et surtout de maintenir des relations affectives positives avec d'autres personnes. Ce besoin se traduit par une recherche constante d'amitié, d'amour, d'acceptation et d'admiration des autres. Ainsi, pour McClelland, les gens sont animés soit par le désir de **réaliser** des choses, soit par celui d'établir de bonnes relations avec les autres, soit par le besoin de les dominer ou encore par plus d'un de ces besoins.

C'est le besoin d'accomplissement qui est le plus souvent rencontré chez les entrepreneurs. En effet, ils aiment réaliser des choses, ils ont tendance à l'individualisme, et enfin, ils sont prêts à prendre des risques, mais dans un contexte qui n'outrepasse pas leurs limites et leurs capacités. Ces caractéristiques font d'un entrepreneur une personne qui ne trouve pas toujours le travail avec les autres facile et il n'est donc pas rare de constater que les projets d'affaires ou d'expansion du propriétaire dirigeant sont peu partagés avec les employés. Il s'agit d'une dimension extrêmement importante à soulever surtout dans un contexte d'expansion. En effet, la situation risque d'amener le propriétaire dirigeant à devoir s'allier le support et les efforts de collaborateurs s'il veut que l'entreprise croisse. À cet égard, de nouvelles attitudes de sa part deviennent essentielles soit: accepter de partager ses projets avec d'autres, leur faire confiance, et surtout, réaliser que les personnes impliquées peuvent trouver difficile qu'on leur impose des standards de performance cadrant mal avec leur propre style.

Les théories basées sur le processus

Selon une autre théorie populaire concernant la motivation, «la théorie des deux facteurs» de Herzberg (1975), il existe deux types d'influence reliés à la motivation des individus: les facteurs de conditionnement ou d'hygiène et les facteurs moteurs ou incitatifs.

1° Les facteurs de conditionnement ou d'hygiène

Certaines conditions minimales de base doivent être présentes pour assurer le bon fonctionnement des individus à l'intérieur d'une organisation. Ces conditions ne concernent pas la tâche elle-même, mais plutôt tout ce qui entoure l'exercice de cette tâche. Selon Hertzberg, ces facteurs sont le salaire, les relations interpersonnelles avec les supérieurs et les subordonnées, les conditions physiques entourant le travail, les politiques, procédures et styles de gestion, ainsi que le statut relié à l'emploi et à la sécurité de l'individu. Ce que la théorie fait ressortir à ce sujet, c'est que ces facteurs n'ont généralement pas d'effet direct sur l'augmentation de la motivation au travail. L'absence d'un de ces facteurs aura presque nécessairement pour effet de diminuer la motivation des individus au travail, tandis que l'inverse ne se réalise pas. En effet, le fait que ces facteurs soient présents n'agit pas pour autant comme un stimulant vers une plus grande motivation.

2° Les facteurs moteurs ou incitatifs

Les facteurs moteurs ou incitatifs ont pour effet d'augmenter sensiblement la satisfaction des employés au travail et risquent, par conséquent, de pousser l'individu à fournir un meilleur rendement. Ces facteurs sont directement reliés à la nature et aux caractéristiques du travail lui-même. Ils consistent plus précisément en la possibilité, pour les employés, de retrouver un intérêt assez grand, une certaine considération ou reconnaissance, des possibilités de réalisation et d'avancement, ainsi qu'un niveau de responsabilité stimulant.

La «théorie des deux facteurs» de Herzberg est à l'origine du développement de nombreuses approches opérationnelles visant plus particulièrement l'élargissement et l'enrichissement des tâches de façon à améliorer les conditions de travail des employés. D'une certaine façon, il semble intéressant de rapprocher la théorie de Herzberg de celle de Maslow. On constate alors que les besoins physiologiques et les besoins de sécurité sont normalement comblés grâce aux facteurs de condition-nement, tandis que les besoins d'appartenance, d'estime et d'actualisa-tion le sont à travers la présence de facteurs moteurs ou incitatifs.

Toujours en ce qui concerne la motivation des individus à l'inté-rieur d'une organisation, deux autres théories nous semblent importan-tes à souligner. La première est celle de Porter et Lawler (1968). Selon ces auteurs, la motivation d'un individu se traduit à travers la somme des efforts qu'il fait et ces efforts ne sont significatifs que lorsque la récompense qu'il peut anticiper lui apparait stimulante ou valorisante, ou lorsqu'il lui est possible d'établir une relation précise entre son effort et l'obtention de la récompense en cause.

Les récompenses peuvent être de deux ordres. Il y a d'abord les récompenses intrinsèques qui sont reliées directement à la satisfaction retirée de la performance d'un individu dans la tâche entreprise. On peut associer ces récompenses intrinsèques aux facteurs moteurs décrits par Herzberg. Les récompenses extrinsèques sont, pour leur part, reliées à des éléments extérieurs à l'individu et se rapprochent plutôt des fac-teurs d'hygiène d'Herzberg. La théorie de Porter et Lawler fait égale-ment ressortir un autre point extrêmement important à l'effet que l'effort ne peut être seul responsable de la performance d'un individu. On dit souvent qu'avec des efforts, on peut parvenir à tout réussir, mais il faut bien voir que rien ne garantit que tout se réalisera dans les meilleures conditions et dans les plus courts délais. Le fait d'amener les individus à fournir des efforts est donc rarement suffisant pour assurer une performance et une productivité élevées. Au-delà de son désir d'agir, l'employé doit posséder les caractéristiques, qualités et forces per-sonnelles requises pour le travail exigé. Un employé peu doué pour les tâches exigeant de la précision et de la patience risque de n'atteindre que de piètres performances même s'il est prêt à fournir tous les efforts nécessaires.

Il semble cependant que la possibilité d'obtenir une récompense ne peut à elle seule suffire à satisfaire le travailleur. Adams (1965) con-sidère pour sa part qu'il est essentiel que le travailleur perçoive cette récompense comme équitable. Selon ce dernier, tout individu qui tra-vaille dans une entreprise se construit une idée de la justice ou de l'adé-quation qui existe entre ce qu'il offre à l'entreprise et ce qu'il peut compter en retirer en échange. Pour se construire cette image d'équité ou d'inéquité, le travailleur compare toujours sa propre situation à celle des autres. Il évalue ses contributions et les gains qu'il en retire en les confrontant aux rapports contributions/gains de ses collègues. Lorsqu'il perçoit une situation d'inéquité, l'individu cherche alors à rétablir lui-même l'équilibre en posant des gestes ou en modifiant ses attitudes. Ainsi un travailleur, qui juge son traitement insatisfaisant par rapport aux efforts qu'il fait, peut décider de réduire volontairement ses performances. Au contraire, une personne persuadée que son taux horaire est trop élevé, pourrait alors décider d'augmenter volontairement son rendement de façon à tendre vers une situation plus équitable. Dans un sens ou dans l'autre, les individus recherchent clairement un équilibre entre l'effort et la récompense qui y est associée.

Enfin, on peut terminer cette section en rappelant la théorie des attentes élaborée par Vroom (1964). Selon ce dernier, les divers aspects du travail qui peuvent satisfaire des besoins chez les individus sont les suivants:

1°   le salaire;

2°   la participation dans les décisions;

3°   l'opportunité de faire un travail intéressant;

4°   les chances de promotion;

5°   les différentes façons de commander/les styles de leadership.

Luke (1976) fait état de plusieurs expériences qui analysent les rapports existant entre la structure d'un groupe et le comportement de ses membres. Il ressort des ces études que la productivité varie suivant les styles de direction. Plus le style est autoritaire, plus la créativité et la productivité d'un groupe diminuent. Luke conclut que la qualité et la quantité des attentions que la direction consacre aux besoins et aux intérêts des employés sont des facteurs déterminants de motivation. Les employés sont productifs quand ils ont l'impression qu'on s'intéresse à eux.

En examinant ces aspects on peut penser que l'aspect salaire se démarque nettement des autres aspects dans la mesure où on l'associe plus facilement aux besoins physiologiques et de sécurité, tandis que les autres aspects concernent des besoins plus élevés dans l'échelle de Maslow. Pourtant, il semble bien que le salaire peut satisfaire des besoins d'un ordre plus élevé, comme, par exemple, le besoin de se réaliser en permettant une mesure concrète du rendement ou en venant valider l'apport et l'importance d'un individu dans son organisation et/ou son milieu.

La PME face à ces théories

Comment ces dernières théories peuvent-elles servir au propriétaire dirigeant d'une PME soucieux d'utiliser au maximum ses ressources humaines? Tout d'abord, elles lui fournissent un langage et une grille d'analyse importante pour mieux évaluer le potentiel humain mis à sa disposition, et elles le renseignent sur les conditions à mettre en place pour favoriser une plus grande motivation et une meilleure performance au travail. Ensuite, il faut retenir qu'il ne suffit pas d'accorder à l'employé un salaire et des conditions de travail acceptables pour qu'il soit motivé à faire plus et mieux. D'ailleurs, dans une PME, l'employé jouit rarement d'une sécurité d'emploi et l'on a même vu certains d'entre eux refuser des diminutions de traitement dans des conditions économiques très défavorables.

L'aspect salarial doit aussi faire l'objet d'une attention particulière de la part du propriétaire dirigeant. Comme nous l'avons déjà mentionné, pour obtenir un rendement maximum de la part des employés, il faut que le salaire ait un lien le plus direct possible avec la production. Si on paie l'employé à salaire fixe, on peut facilement imaginer que ce lien ne sera pas très direct. On a donc souvent considéré les salaires à la pièce comme ceux ayant la plus grande capacité de motiver l'employé. Cependant, l'opération d'un système de salaire à la pièce peut créer un conflit entre différents besoins. En effet, ce système a pour effet de créer une compétition entre les employés en permettant aux différences individuelles de se manifester. C'est une situation particulièrement inconfortable pour les moins habiles et qui risque d'ébranler leur besoin de sécurité. Plusieurs entreprises se sont retrouvées dans la situation suivante en imposant un tel système. Certains employés ont nettement ignoré la possibilité de gagner plus en démontrant une meilleure performance parce qu'ils préféraient ne pas se démarquer du groupe. Ils ont alors préféré se conformer aux normes établies explicitement ou implicitement dans le groupe. Ce genre de comportement illustre très bien le fait que toute théorie ne prend une signification qu'au moment où on tente de l'expliquer dans un contexte donné.

Ce que les théories précédentes font bien ressortir, c'est toute l'importance qu'il faut accorder aux facteurs susceptibles de satisfaire le travailleur, de le motiver, ainsi qu'à ceux qui risquent de l'influencer dans le jugement qu'il portera sur les conditions reliées à sa tâche. Même si ces théories ont été élaborées pour expliquer le comportement des travailleurs dans la perspective des grandes organisations, le propriétaire dirigeant d'une entreprise de plus petite taille risque d'y trouver des idées intéressantes pour maximiser l'utilisation de ses ressources humaines. Contrairement à ce que l'on pourrait être porté à croire, le propriétaire dirigeant d'une PME est, d'une certaine façon, dans une position souvent privilégiée pour exploiter les principes proposés par ces théories. Cette situation s'explique surtout par le contexte moins contraignant de la PME qui permet plus de changements et d'ajustements.

En effet, d'après McEvoy (1984), les trois techniques de motivation les plus fréquemment utilisées dans les organisations de plus petite taille sont de l'ordre des facteurs extrinsèques au travail. Il s'agit en l'occurrence des éloges ou des félicitations, du salaire et de la sécurité matérielle. Le domaine des facteurs intrinsèques reste peu exploité, mais si le dirigeant découvre certaines récompenses reliées au travail lui-même, il peut les exploiter dans un contexte moins contraignant que celui de la grande entreprise. En effet, on peut supposer que la flexibilité des structures propres à la PME permet d'opérer des changements beaucoup plus facilement et rapidement.

En ce qui a trait à la théorie des attentes et de l'équité, on peut supposer que le contexte de travail que l'on retrouve dans une entreprise de plus petite taille permet une meilleure explication des principes qu'elle propose. En effet, l'employé d'une PME peut discerner plus rapidement et surtout plus facilement les relations entre les efforts et les résultats. Il lui est plus aisé de constater l'interaction étroite entre son apport individuel et celui des autres. Contrairement à la grande entreprise souvent aux prises avec des règles lui permettant difficilement des changements, la petite entreprise permet à ses dirigeants de confier aux personnes des tâches qui conviennent mieux à leurs forces et à leurs capacités, et surtout de modifier les règles rapidement si les résultats escomptés ne se produisent pas. Il ne s'agit pas simplement d'amener les gens à faire des efforts mais bien plus de faire des efforts qui «rapportent».

4.3 LES STYLES DE GESTION ET LE CONTEXTE DE LA PME

Il est évident que les entreprises se distinguent grandement entre elles dans la qualité des relations humaines qu'elles arrivent à développer. Plusieurs théories ont affirmé jusqu'à maintenant que ces différences sont principalement causées par la vision et la philosophie des gestionnaires de ces entreprises. On dit que chaque administrateur détient sa propre théorie de comportement organisationnel, fondée sur ses propres hypothèses au sujet des individus, qui le conduit à certaines interprétations des événements qu'il rencontre. Cette théorie, basée sur ses valeurs et croyances devient un guide inconscient du comportement de chaque dirigeant d'entreprise et se révèle très clairement à travers son style de gestion. Concrètement, le dirigeant agit comme il pense. McGregor (1960) élabore à ce sujet la «théorie X et Y» qui se veut fon-

115

damentalement un ensemble d'hypothèses que pose un dirigeant concernant les attitudes qu'il prête à ses employés et les attitudes qu'il croit lui-même devoir adopter. La figure qui suit résume cette théorie:

FIGURE 2

Deux conceptions de la nature humaine
La théorie X et Y de McGregor (1960)

Théorie X	Théorie Y
De la façon dont un grand nombre de managers dirigent leur entreprise, on dirait qu'ils supposent que:	Les managers devraient diriger leur personnel en s'appuyant sur les hypothèses suivantes:
1- L'être humain moyen **déteste** le travail et essaie d'en faire le moins possible.	1- Dans des conditions favorables le travail est aussi **naturel à l'homme que le jeu ou le repos.**
2- La plupart des gens sont **peu ambitieux**, ne recherchent pas des responsabilités accrues et préfèrent être dirigés.	2- L'**autocontrôle** est souvent indispensable lorsqu'on veut atteindre les buts poursuivis par l'entreprise.
3- La plupart des gens ont **très peu d'imagination** pour résoudre les problèmes de l'entreprise.	3- La plupart des gens sont ingénieux et possèdent un esprit créateur.
4- La motivation des individus se situe au niveau des besoins **physiologiques** et de sécurité.	4- La motivation se situe tant au niveau des besoins **sociaux, égocentriques** et de **plénitude** qu'au niveau des besoins physiologiques et de sécurité.
5- La plupart des gens doivent être **surveillés de près, contrôlés** et **menacés de privations** si on veut qu'ils atteignent les buts visés.	5- Lorsqu'ils sont motivés convenablement, les gens préfèrent se **diriger eux-mêmes** dans le milieu du travail.

Ce qu'il est important de retenir de cette théorie, ce n'est pas tant la validité totale de l'une ou l'autre des hypothèses posées. Rien n'est jamais tout à fait noir ni tout à fait blanc et il serait impossible d'utiliser les principes énoncés par McGregor pour tenter de classer tous les administrateurs dans l'une ou l'autre de ces théories en particulier. Il s'agit plutôt de voir combien la présence d'une ou de plusieurs de ces hypothèses concernant les employés a de l'impact sur les pratiques de gestion du dirigeant. En effet, le style de direction est un facteur déterminant de l'intégration des individus dans l'organisation. C'est donc au dirigeant de PME que revient le rôle de créer des conditions permettant aux membres de l'organisation d'atteindre leurs objectifs personnels tout en contribuant au succès de l'entreprise. L'intérêt de cette démarche, surtout dans le contexte de la PME, est que les dirigeants peuvent utiliser leur organisation comme champ d'expérience.

Plusieurs auteurs ont élaboré des théories tentant de cerner les différents styles de leadership possibles. La plupart des théories traditionnelles ont tendance à classifier ces styles de leadership à partir de deux grandes orientations, soit une orientation vers la tâche, soit une orientation vers les individus. Les théories plus récentes reprennent sensiblement les mêmes éléments mais ajoutent la dimension «situationnelle» ou «contingentielle». Ces dernières indiquent clairement qu'il n'y a pas de style de leadership idéal mais plutôt une attitude qui puisse se modifier suivant les situations ou les circonstances.

À ce sujet, la «théorie contingente» de Lawrence et Lorsch (1973) est très populaire et largement utilisée aux États-Unis depuis une dizaine d'années. Ses auteurs estiment que, suivant la taille, la technologie et la maturité du secteur, l'organisation et les processus d'information et de décision idéaux varient. Une autre théorie populaire, représentée à la figure suivante, est celle de Blake et Mouton (1964). Selon ces auteurs, le style de leadership du dirigeant varie selon le degré d'intérêt porté à la production et aux employés.

Une des théories les plus récentes sur le leadership est le concept de leadership «transformatif» proposé par Bennis et Nanus (1985). Selon ces derniers, de nos jours,

> «l'entreprise qui manque de leadership n'a guère de chances de survivre. Le leadership est ce qui confère à une organisation sa vision et son aptitude à traduire cette vision en réalité. Sans cette traduction, il n'y a pas de coeur qui bat au sein de l'organisation. Le problème qui se pose dans beaucoup d'organisations, et surtout dans celles qui échouent, c'est qu'elles ont tendance à être surcommandées et sous-dirigées. Gérer consiste à provoquer, à accomplir, à assumer des responsabilités, à commander. Diriger consiste à exercer une influence, à guider, à orienter. La distinction est fondamentale. On peut résumer la différence en opposant des activités de vision et de jugement - l'efficacité - à des activités de maîtrise des travaux courants - l'efficience. Le leader ne passe pas son temps à chercher à savoir «comment il faut faire» mais à savoir «ce qu'il faut faire».

Au-delà des théories proposées, un élément fondamental ressort très nettement. Il n'existe pas en fait de style de gestion ou de leadership idéal. Ce sont les situations, les circonstances, le degré de maturité du groupe ou même le type de décision à prendre qui viennent réclamer un style qui peut être fort différent selon les éléments en cause.

De quelle façon le propriétaire dirigeant de PME peut-il adapter son style de gestion ou de leadership en fonction des résultats qu'il poursuit? Dans un premier temps, il apparaît fondamental qu'il ait une bonne connaissance de son propre style. Selon Cahen, les dirigeants doivent garder la maîtrise des événements et c'est en premier lieu en

FIGURE 3

**Grille managériale
(Blake et Mouton, 1964)**

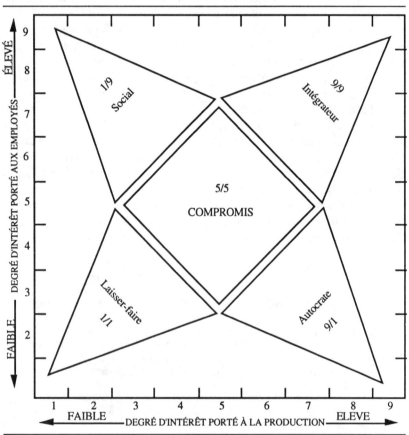

eux-mêmes qu'ils doivent puiser les ressources pour faire face aux défis conjoncturels. Ce n'est plus une question de savoir-faire, c'est une question de savoir-être (dans Fitzgerald, 1979). Ainsi, en regard des éléments traités, il importe plus spécifiquement qu'il puisse décrire ses perceptions concernant ses forces et ses faiblesses, ses croyances et valeurs profondes en rapport avec la vision qu'il a de son entreprise et la représentation qu'il se fait de ses collaborateurs et employés. S'il veut avoir du succès dans la gestion de ses ressources humaines, il est essentiel qu'il se comporte de façon cohérente avec ses convictions, d'où l'importance de bien les identifier au départ.

En deuxième lieu, on remarque généralement trois grands styles de gestion: le style autocratique, le style démocratique et le style laissez-faire. Le propriétaire dirigeant d'entreprise doit tout d'abord prendre en considération le fait qu'aucun de ces styles ne peut être appliqué d'emblée à l'ensemble de toutes les situations vécues dans l'entreprise. Un bon gestionnaire est d'abord celui qui sait s'adapter constamment aux personnes et aux situations. Dans cette situation, le meilleur atout du dirigeant d'entreprise est son aptitude à la communication et à l'écoute de ce qui se passe autour de lui. À ce sujet, Cohn (1984) écrit:

> «*Écoutez vos employés et découvrez ce qui les fait avancer. Demandez-leur qu'est-ce qui améliorerait leur travail. Les trois questions principales sont: où voulez-vous aller, qu'est-ce qu'on peut faire de mieux avec ce que l'on a ici, et comment vous sentez-vous face à votre salaire? Après taisez-vous et écoutez*».

Enfin, un troisième élément important est le fait que chacun des styles de gestion identifiés entraîne des réactions psychologiques et comportementales de la part des individus qui doivent le supporter en même temps qu'ils répondent à des besoins différents. Ainsi, dans certaines circonstances ou avec certaines personnes, un style autocratique ou paternaliste peut être très approprié lorsqu'on s'adresse à des personnes chez qui les besoins de sécurité sont fortement ressentis et il peut devenir une sérieuse entrave lorsqu'on est en présence de personnes en quête d'actualisation et de plénitude. L'autocratisme et le paternalisme risquent d'entraîner la soumission et le conservatisme, tandis que le style démocratique risque de susciter plus facilement la collaboration, la participation et même la créativité et l'innovation.

Ces éléments de réflexion sont cruciaux pour le propriétaire dirigeant d'entreprise qui songe à l'expansion. Puisque, en période d'expansion, il peut de moins en moins tout diriger et tout contrôler seul, il doit se pencher très sérieusement sur les moyens qu'il utilisera pour s'assurer de la collaboration de tous. Il ne peut plus imposer sa vision, mais doit plutôt se préoccuper d'amener le plus grand nombre de personnes possible à la partager.

4.4 LES NOUVELLES THÉORIES ET LE CONCEPT DE PARTICIPATION DES EMPLOYÉS

De plus en plus, les théories centrées sur la gestion des ressources humaines de l'entreprise introduisent l'importance de faire participer les employés et de canaliser leurs énergies autour des valeurs clés de l'entreprise. Ainsi on parle alors de l'importance de développer le sentiment d'appartenance et de celle d'amener les employés de l'organisation à participer aux décisions qui concernent tout autant leur situation que celle de l'entreprise. On utilise les termes de «gestion par objectifs», de «gestion participative» et, de plus en plus, on établit la fondamentalité des concepts de collégialité et de décentralisation. On a vu surgir de nombreux concepts nouveaux autour de ces préoccupations tels que, par exemple, les cercles de qualité.

La PME, en raison de sa taille, de la simplicité de ses structures et du peu de formalisme de ses modèles de gestion, constitue un lieu privilégié et propice à l'intégration de ces nouveaux concepts. Cependant, il importe de voir combien cette nouvelle vision de la gestion réclame souvent des **changements fondamentaux** dans la conception courante qu'ont la majorité des propriétaires dirigeants de PME de leur rôle et de leur statut dans l'organisation de leur entreprise. Souvent homme-orchestre, seul à prendre les décisions et en même temps individualiste et peu consultatif, le propriétaire de PME typique doit accepter de revoir fondamentalement sa philosophie de gestion pour réaliser de tels changements. Finney (1987) rapporte plusieurs témoignages de dirigeants de PME ayant opéré des modifications importantes dans la gestion de leurs ressources humaines.

4.5 LA PARTICIPATION DES EMPLOYÉS AUX PROFITS ET AU CAPITAL EST-ELLE UNE ALTERNATIVE RENTABLE?

L'intéressement des employés au capital de leur entreprise et le partage des profits ont pris une ampleur sans précédent au Québec. Actuellement, presque toutes les émissions d'actions de compagnies québécoises s'accompagnent d'un plan d'intéressement des employés au capital de l'entreprise. De plus, de nombreuses entreprises québécoises ont un plan plus ou moins élaboré de partage de leurs profits avec les employés. Les plans de partenariat peuvent prendre plusieurs formes et se distinguent les uns des autres par plusieurs caractéristiques, dont les plus importantes sont le mode de partage des bénéfices, la répartition quantitative du partage, et le type de bénéficiaires. Le tableau suivant tiré du journal *Les Affaires* (1986) illustre bien ces différences.

Partage de profits dans des entreprises québécoises

Nom de la compagnie	Durée	Mode de partage des bénéfices	Bénéficiaires	Moments du partage	Répartition du partage
Col. Élégance Montréal 40 employés	10 ans	5 % des bén. après amort. et avant impôt	cadres seuls	juin et décembre	selon quatre niveaux hiérarchiques
Denis Cantin Chicoutimi 130 employés	15 ans	15 % des profits nets avant impôt	tous les employés	une fois l'an	ancienneté et salaire
Aliments Pro-Mar, St-Jean 32 employés	un an	10 % de l'excédent d'un rend. de 20 % sur avoir propre	tous les employés	juin et décembre	selon le nombre d'heures travaillées
Brosses Viking Montréal 120 employés	deux ans	% du profit net	tous les employés	avant les vacances annuelles	selon trois niveaux hiérarchiques
Mach. G. Lupien Bon Conseil 8 employés	six ans	10 % du bén. avant impôt	tous les employés	chaque mois	également entre tous
Métall. Frontenac, Thetford 135 employés	quatre ans	dividendes versés sur actions	tous les employés sont actionnaires	une fois l'an	selon les actions détenues
Meubles Laurier Laurier Station 150 employés	un an	10 % de l'excédent de 3 % du bén. net	cadres de l'entreprise	une fois l'an	selon le statut de chacun
Métal Rousseau St-Jean-Port-Joli 150 employés	12 ans	50 % de l'excédent de 5 % du bén. net par rapport aux ventes	tous les employés	août et décembre	également pour les débutants
Sico Longueuil 648 employés	18 ans	% des profits selon le rend. sur avoir propre	tous les employés	une fois l'an	ancienneté et salaire
Tembec Témiscamingue 700 employés	13 ans	10 % des bén. annuels après impôt	tous les employés	avant Noël	également entre les employés

Partage de profits dans des entreprises québécoises

Nom de la compagnie	Durée	Mode de partage des bénéfices	Bénéficiaires	Moments du partage	Répartition du partage
Témisko, Notre-Dame-du-Nord 70 employés	trois ans	10% de l'excédent des premiers 40 000 $ de bén. nets	moitié aux syndiqués et moitié aux non syndiqués	une fois l'an	syndiqués: également; non syndiqués: selon sal. et responsabilités

---

Métallurgie Frontenac

«Depuis la relance de la compagnie en 1982, les employés de Métallurgie Frontenac, de Thetford, détiennent 34% de leur compagnie. Le prix de l'action reflète la valeur au livre de la compagnie. Cette dernière versera son premier dividende en 1986. Les employés ont trois des neuf sièges au conseil d'administration.»

(Les Affaires , septembre 1986).

Témisko

Témisko, un fabricant de semi-remorques de Témiscamingue, a été relancée en 1983 à la suite de son acquisition par sa direction. Les employés ont souscrit 75% d'une émission d'actions privilégiées rachetables en 1988. Les employés ont également droit à une part des profits nets excédant 40 000 $. 10% de cet excédent est partagé à 50-50 entre les syndiqués et les non syndiqués. Les syndiqués partagent leur part également. Ils ont reçu chacun 1 111 $ en 1985.
La part des non syndiqués a varié l'an dernier entre 1 050 $ et 4 300 $; la part de chacun est déterminée par une formule tenant compte du salaire de l'employé, de ses responsabilités, de son statut et de sa performance.»

(Les Affaires , septembre 1986).

En septembre 1986, le Groupement québécois d'entreprises organisait, conjointement avec la Banque de Commerce Canadienne Impériale, un colloque sous le thème: «Partager ses profits avec ses employés, est-ce rentable?». Plusieurs des meilleures entreprises québécoises ayant mis sur pied des expériences de partage des profits ont effectué une présentation de leur programme lors de cette journée. Ils ont répondu alors à plusieurs questions entourant la mise sur pied, le fonctionnement et les résultats de leur programme. Il est particulièrement intéressant d'exami-

122

ner les questions concernant les motifs et résultats espérés qui ont donné naissance au programme ainsi que celles faisant état des effets ou résultats obtenus.

Les informations qui suivent sont tirées des actes de ce colloque (Groupement québécois d'entreprises, 1986). Il s'agit de quelques-unes des réponses fournies par les chefs d'entreprises à deux questions sélectionnées en fonction des objectifs de ce chapitre.

Q1 *Pourquoi avez-vous décidé d'instaurer un système de partage des bénéfices?*

– Afin de stimuler l'intérêt des employés et de développer un sentiment d'appartenance.

– Pour motiver les cadres et les sensibiliser à l'influence de leurs décisions sur les profits de l'entreprise.

– Pour accroître la réussite de la compagnie.

– Pour atteindre une meilleure productivité des employés.

– Pour augmenter la motivation et une plus grande participation aux décisions et aux orientations de la compagnie.

– Pour que les employés acquièrent la même motivation que la nôtre, soit celle de faire du profit.

– Pour créer un climat de fraternité, d'enthousiasme et de motivation.

– Pour impliquer les employés dans la relance et améliorer la productivité de l'usine.

– Pour créer plus d'esprit d'initiative, pour améliorer l'efficacité.

– Pour faciliter le rapprochement et les échanges entre la direction et le personnel.

– Pour augmenter le sentiment d'appartenance, la motivation en général et la productivité.

Q2 *Quels changements avez-vous pu observer au sein de l'entreprise à la suite de cette initiative?*

– Les cadres se sont sentis vraiment impliqués dans les résultats de l'entreprise.

– L'attention accordée aux employés a fait qu'ils se considéraient plus heureux de travailler pour l'entreprise.

- Les résultats obtenus se sont manifestés en termes d'une augmentation de la productivité et des profits, d'une diminution dans le roulement du personnel et de l'élimination des problèmes d'absentéisme.

- Le rendement des employés s'est amélioré.

- Le niveau de confiance entre le personnel et la direction a augmenté. Le gaspillage a diminué. La communication s'est améliorée et les absences ont été éliminées.

- Une plus grande conscientisation à la qualité et à son importance a été constatée ainsi qu'une plus grande responsabilité au niveau des dépenses.

- Un plus grand souci du détail s'est développé chez les employés. On a également noté une très bonne ambiance au travail. Les paresseux ont été rapidement identifiés par les employés eux-mêmes.

- La rentabilité de l'entreprise s'est améliorée.

- Les employés sont apparus plus curieux dans leur fonction et ont effectué moins de travail à l'aveuglette. Il semble que ce régime a favorisé l'innovation, surtout au plan structurel.

- La productivité a augmenté.

- Une diminution du besoin de supervision des employés a été notée. Le pourcentage de rebut, de vol d'outillage a également diminué. Le climat général s'améliore, l'esprit d'équipe entre les différents départements s'est développé, et plus de suggestions pour améliorer et rentabiliser les opérations ont été fournies.

Les éléments de réponses fournis par des entreprises qui ont instauré un système de partage des bénéfices sont très significatifs. On semble considérer, dans la majorité des cas, qu'il s'agit d'une formule gagnante à condition qu'elle soit soigneusement planifiée et efficacement gérée. Il ne faudrait pas pour autant conclure qu'il s'agit d'un remède à tous les problèmes de productivité et de motivation des entreprises. Comme le souligne Levasseur (1987),

> «l'ouverture de l'entreprise à une participation des employés tant aux profits qu'au capital relève d'abord et avant tout d'une philosophie du ou des dirigeants d'entreprises. Il s'agit en fait d'une philosophie du dirigeant axée sur la conscience qu'il ne connaîtra le succès que s'il s'entoure des ressources adéquates, à quelque niveau que ce soit, pour faire

progresser l'entreprise. C'est aussi une philosophie empreinte d'une notion d'équité qui découle de ce premier constat: il doit y avoir un moyen de récompenser les personnes qui ont permis à l'entreprise et à ses dirigeants de remporter des succès intéressants, que ces succès soient du domaine de la reconnaissance publique ou de celui de la rentabilité même de l'entreprise.»

Le message est clair: il faut changer la façon de penser avant de changer la façon d'agir.

CONCLUSION

Les éléments de réflexion présentés dans ce chapitre pouvant guider le propriétaire dirigeant en ce qui concerne la motivation de son personnel et l'importance de son style de gestion ne peuvent à eux seuls répondre à toutes les questions que soulève cette problématique. Au contraire, la réflexion entamée dans ce chapitre nous a amené à relever d'autres questions toutes aussi fondamentales que celle de l'importance de la délégation, de la formation et de l'entraînement du personnel. Le contexte d'expansion requiert en effet bien plus que des gens motivés et une bonne gestion et exige du propriétaire dirigeant qu'il exploite au maximum l'ensemble des forces qui caractérisent son personnel. Cette réflexion doit donc se poursuivre dans le prochain chapitre.

QUESTIONS

1- Quel est le défi majeur auquel doit faire face le propriétaire dirigeant qui songe à l'expansion en regard de son style de gestion?

2- Les valeurs des travailleurs ont-elles évolué? Si oui, décrivez en quel sens.

3- Commentez l'affirmation suivante: «la compétence d'un travailleur n'est pas un gage de sa performance».

4- En quoi l'improductivité du personnel a-t-elle un impact différent dans une grande entreprise et dans une entreprise de plus petite taille?

5- En quoi les besoins des individus risquent-ils d'affecter leur motivation au travail?

6- Établissez un parallèle entre la hiérarchie des besoins de Maslow (1970) et la «théorie des deux facteurs» de Herzberg (1968).

7- Comment décrivez-vous les besoins auxquels semble répondre la fonction d'entrepreneur pour plusieurs individus?

8- Décrivez le besoin d'accomplissement énoncé par McClelland (1951) et faites ressortir le lien possible avec les caractéristiques des entrepreneurs telles que décrites dans la littérature.

9- Expliquez en quelques mots la théorie de la motivation énoncée par Porter et Lawler (1968)?

10- À partir de la théorie de l'équité d'Adams (1965), identifiez qui, du dirigeant ou de l'employé, juge de l'équité d'une récompense, et à partir de quels critères il le fait.

11- Comment pourriez-vous expliquer le fait que malgré un système de salaire au «bonus pour rendement», un groupe d'employés décide de ne pas modifier son rendement à la hausse?

12- À partir de quoi un propriétaire dirigeant peut-il établir un style de gestion qui lui est personnel?

13- Comment décrivez-vous les trois grandes catégories de styles de gestion?

14- Y a-t-il un style de gestion plus adapté que les autres en regard des spécificités rattachées au contexte d'une PME? Expliquez.

15- Comment décrivez-vous les éléments de rentabilité possibles provenant d'un système de participation des employés aux profits et au capital d'une entreprise?

Cas

LES STORES VERBOIS INC.

L'entreprise, qui est en pleine expansion actuellement, a été mise sur pied en 1980 par Denis Vermont et Luc Boissonneau, d'où le nom Verbois attribué à l'entreprise. Depuis le tout début, Denis et Luc assurent conjointement la direction et la gestion de l'entreprise. Associés à parts égales dans la compagnie, ce sont deux entrepreneurs dynamiques qui mettent toutes leurs énergies au service de la croissance de leur entreprise.

Au départ, l'entreprise avait été créée pour se spécialiser uniquement dans la distribution de stores horizontaux et verticaux destinés tout autant à la clientèle domiciliaire qu'à une clientèle commerciale. Très rapidement cependant, de nombreux problèmes avec les fournisseurs sont venus modifier la mission première de l'entreprise. Tout d'abord, les délais de livraison promis par Verbois à ses clients sont souvent impossibles à respecter à cause de retards imprévus des fournisseurs. Et dans ces cas-là, c'est Verbois qui perd de la crédibilité auprès de sa clientèle. En deuxième lieu, Verbois n'a aucun contrôle sur la qualité des produits qui lui sont fournis. Il arrive fréquemment qu'on lui envoie du matériel qui ne satisfait pas ses hauts critères en matière d'excellence du produit. Dès la fin de la première année d'opération, Verbois décide de s'engager dans la production de stores. Elle a déjà une bonne clientèle à travers ses quatre centres de distribution et compte même ouvrir rapidement d'autres succursales.

Cette stratégie a été excellente pour l'entreprise puisque six ans plus tard, on a dû agrandir l'atelier de fabrication à deux reprises et que six nouveaux magasins sont venus s'ajouter aux quatre succursales de départ. N'ayant pas cessé d'améliorer constamment ses procédés de fabrication l'entreprise s'est acquis une réputation enviable sur le plan de la qualité et de la fiabilité du produit.

Les deux actionnaires et principaux gestionnaires de l'entreprise sont très satisfaits des résultats obtenus mais ils rencontrent cependant certains problèmes quant à la gestion des ressources humaines de l'entreprise. Dès les premières années d'existence de l'entreprise, Denis Vermont, spécialisé en marketing, a assumé principalement le volet commercial de l'entreprise, c'est-à-dire, les centres de distribution tandis que Luc Boissonneault s'est plutôt chargé de l'usine de production ayant une formation dans le secteur de l'ingénierie et se sentant plus proche des procédés de fabrication.

L'entreprise n'ayant au départ que huit employés se retrouve sept ans plus tard avec une trentaine d'employés dans les centres de distribution et plus d'une vingtaine à l'usine de production. L'équipe de gestion a dû être élargie puisqu'un gestionnaire des finances de l'entreprise s'est joint aux deux associés principaux et que ces derniers sont également assistés par du personnel d'encadrement de 1er niveau. Denis Vermont est assisté de dix gérants dans les centres de distribution tandis que Luc Boissonneault est supporté par un spécialiste technique et deux centres-maîtres à la production.

Dans le secteur de la distribution, il y a un taux de roulement élévé dans le personnel de vente. Les emplois offerts ont jusqu'ici été limités en majorité à des postes à temps partiel pour éviter d'être trop dépendant d'un petit groupe d'employés permanents et pour bien d'autres motifs qui ne sont pas connus des employés. Verbois se demande si l'aspect «temps partiel» a un impact significatif sur le taux de roulement élévé. Le personnel intéressé à ces emplois aux premiers abords semble avoir tendance à quitter l'entreprise aussitôt que des positions plus stables sont offertes même si dans bien des cas, ils anticipent un taux horaire moindre. Denis Vermont s'étonne grandement du peu d'importance qui semble être attaché au niveau de rémunération offert par les employés du secteur vente. La politique qu'il a adoptée au départ procurait à ces employés un taux horaire de 15 % supérieur à celui offert par le même genre de commerces dans le secteur du détail.

Plusieurs gérants offrent également des performances médiocres. Pourtant, ils ont été choisis par Denis Vermont lui-même qui s'est préoccupé d'identifier les meilleurs vendeurs pour les nommer à des fonctions de gérance et de supervision. En plus de leur offrir un salaire un peu plus élevé, que les employés, ces derniers bénéficient d'une commission mensuelle basée sur le total des ventes de leur succursale. Certes, ils ne sont jamais impliqués dans la gestion globale de l'entreprise ni dans les décisions importantes. Ils sont cependant régulièrement informés par Denis Vermont de ce que l'entreprise attend d'eux.

La situation est également difficile à l'usine de production. Les employés possèdent de façon générale des aptitudes et des compétences de niveaux fort différents et le traitement de base de chacun a été établi individuellement lors de leur entrée en fonction dans l'entreprise. Au delà du salaire de base, ils se voient offrir un système de rémunération à la pièce qui au départ emballait les employés. Depuis deux ans, pourtant, les conflits s'accumulent. Certains employés sont insatisfaits de leur situation lorsqu'ils se comparent à d'autres. Luc Boissonneault a d'ailleurs eu dernièrement une vive discussion avec l'un des contremaîtres, monsieur René Leblanc. Ce dernier s'est plaint du fait que l'état de l'équipement de son atelier qui commence à être désuet défavorise les employés de sa section. Ces derniers ont beau fournir des efforts équivalents à ceux de l'autre section, ils ne parviennent pas à atteindre son niveau de production.

Denis Vermont et Luc Boissonneault s'inquiètent de la situation. Leur entreprise a le vent dans les voiles dans un secteur où ils ont réussi à s'approprier une bonne part du marché. Mais ils sont bien conscients qu'ils ont énormément besoin de toutes les énergies de leurs employés pour poursuivre la croissance amorcée. Ils ont du mal à comprendre ce qui se passe car ils se sentent animés des meilleures intentions. La situation problématique leur parle toutefois de l'urgence d'une sérieuse réflexion concernant la motivation et la productivité de leurs ressources humaines.

QUESTIONS

1. À la lecture du cas, partagez-vous la perception des deux principaux actionnaires de l'entreprise lorsqu'ils se targuent d'être animés de «bonne intentions»?

2. L'entreprise semble implicitement avoir développé sa propre théorie quant aux facteurs de motivation chez les employés. Pouvez-vous identifier quelques-unes des hypothèses de leur théorie à ce sujet?

3. Comment auriez-vous tendance à interpréter et à expliquer les problèmes qui se posent actuellement avec le personnel de l'entreprise?

4. Si vous étiez invités, à titre de consultant, à aider l'entreprise à améliorer la performance et la motivation des employés de Verbois, comment interviendriez-vous et quelles seraient vos recommandations?

BIBLIOGRAPHIE

Adams, J.S., *Inequity in Social Exchange*, in Berkowitz, L. (éd.), *Advances in Experimental Social Psychology*, New York, Academic Press, 1965, pp. 267-300.

Aldelfer, C.P., «An Empirical Test of a New Theory of Human Needs», *Organizational Behavior and Human Performance*, vol. 4, no. 2, mai 1969, pp. 142-175.

Archier, L. et H. Sérieyx, *L'entreprise du 3è type*, Paris, Éditions du Seuil, 1984.

Atkinson, J.W., *An Introduction to Motivation*, New York, American Book, 1964.

Bennis, W. et B. Nanus, *Diriger: Les secrets des meilleurs leaders*, Paris, Interéditions, 1985.

Bergeron, J.L., N. Côté-Léger, N. Jacques et L. Bélanger, *Les aspects humains de l'organisation*, Québec, Gaëtan Morin Éditeur, 1979.

Blake, R.R. et J.S. Mouton, *The Managerial Grid*, Houston, Gulf Publishing Company, 1964.

Cohn, T., *Practical Personnal Policies for Small Business*, New York, Van Nostrand Reinhold, 1984.

Finney, M.I., «HRM in Small Business: No Small Task», *Personnel Administrator*, vol. 32, no. 11, novembre 1987, pp. 36-44.

Fitzgerald, T.H., «Les mystères de la motivation», *Harvard-L'Expansion*, no. 13, été 1979, pp. 33-44.

Gagné, J.-P., «Vogue sans précédent de l'intéressement des employés et du partage des profits au sein des entreprises québécoises», *Les Affaires*, 27 septembre 1986, pp. 2-3.

Glueck, W.F., *Management*, Hinsdale, Illinois, The Dryden Press, 1977.

Groupement québécois d'entreprises, *Partager ses profits avec ses employés, est-ce rentable ?*, Document du participant au colloque annuel, 12 septembre 1986.

Hall, D.T. et K.E. Nougaim, «An Examination of Maslow's Need Hierarchy in an Organizational Setting», *Organizational Behavior and Human Performance*, vol. 3, no. 1, février 1968, pp. 12-35.

Hersey, P. et K. Blanchard, *Management of Organizational Behavior*, Englewood-Cliffs, N.J., Prentice-Hall, 1982.

Herzberg, F., *Le travail et la nature de l'homme*, Paris, Entreprise moderne d'Édition, 1975.

James, W., *The Principles of Psychology*, Cambridge, Mass., Harvard University Press, 1983.

Koontz, H. et C. O'Donnel, *Management: principes et méthodes de gestion*, Montréal, McGraw Hill, 1980.

Lawrence, P.R. et J.W. Lorsch, *Adapter les structures de l'entreprise: intégration ou différenciation*, Paris, Éditions d'Organisation, 1973.

Levasseur, P., *Gérer ses ressources humaines*, Montréal, Éditions de l'homme, 1987.

Luke, R.A., «L'individu face à l'entreprise», *Harvard L'Expansion*, no. 3, hiver 1976-77, pp. 9-16.

Macrae, N., «The Coming Entrepreneurial Revolution: A Survey», *The Economist*, vol. 261, no. 6956, 25 au 31 décembre 1976, pp. 41-65.

March, J.G. et H.A. Simon, *Les organisations*, Paris, Dunod, 1969.

Maslow, A.H., *Motivation and Personality*, New York, Harper & Row, 1954.

McClelland, D. et D. Winter, *Motivating Economic Achievement*, New York, The Free Press, 1969.

McClelland, D., *The Personality*, New York, Dryden Press, 1951.

McEvoy, L.M., «Small Business Personnel Practices», *Journal of Small Business Management*, vol. 22, no. 4, 1984, pp. 1-9.

McGregor, D.M., *The Human Side of Entreprise*, New York, McGraw-Hill, 1960.

Myers, L. E. et M. T. Myers, *Les bases de la communication interpersonnelle: une approche théorique et pratique*, Montréal, McGraw-Hill Éditeurs, 1980.

Vroom, V.H., *Work and Motivation*, New York, Wiley, 1964.

Wahba, M.A. et L.G. Bridwell, «Maslow Reconsidered: A Review of Research on the Need Hierarchy Theory», *Organizational Behavior and Human Performance*, vol. 15, no. 1, février 1976, pp. 12-24.

— «La productivité du travailleur est jugée plus sévèrement qu'il y a 10 ans», *Le Soleil*, 18 septembre 1982.

CHAPITRE 5

LA FORMATION DU DIRIGEANT

Ce chapitre s'intéresse principalement aux conditions à mettre en place pour favoriser un climat et des situations de travail susceptibles d'amener les employés à participer aux projets de croissance de l'entreprise. Comme nous l'avons déjà mentionné, la croissance vient transformer radicalement la dynamique en vigueur dans l'entreprise. Une augmentation plus ou moins brutale du nombre d'employés, du rythme de la production et du volume des ventes ou, mieux encore, de plus d'un de ces facteurs à la fois, fait apparaître un nouveau contexte qui cadre mal avec l'absence de formalité et la gestion très centralisée qui prévalent souvent dans les très petites organisations. Cette situation entraîne généralement plusieurs conséquences que nous avons analysées dans les chapitres précédents, telles que la nécessité pour le propriétaire dirigeant de déléguer, de s'ajuster à d'autres pratiques de gestion ou encore de développer de nouvelles aptitudes et compétences. Cette dernière conséquence est peut-être la plus importante pour l'entreprise. En effet, les aptitudes et les forces du propriétaire dirigeant qui ont toujours assuré le succès de l'entreprise sont souvent fort différentes de celles qu'il doit développer dans un contexte de croissance. Ainsi, le dirigeant doit délaisser son rôle d'acteur performant au sein des activités courantes. Il doit de plus en plus s'en éloigner pour devenir un leader, un entraîneur. Il a toujours été fondamentalement un entrepreneur, mais il se trouve maintenant devant l'impératif majeur de modifier ses pratiques et d'adopter un style plus managérial. À ce titre, il doit se doter du maximum d'outils favorables et se soucier plus activement de son propre perfectionnement. Si le stade artisanal permet généralement une informalisation poussée dans les pratiques de gestion, le stade de croissance dynamique a, pour sa part, d'autres contraintes fort peu susceptibles d'entraîner la réussite si on laisse les événements contrôler le sort de l'entreprise au lieu de les planifier et de les gérer.

5.1 LA NÉCESSITÉ DU PERFECTIONNEMENT POUR LE PROPRIÉTAIRE DIRIGEANT

Bon nombre de petites entreprises créées il y a 10, 20 ou 30 ans, l'ont été par des personnes souvent fort expérimentées dans leur secteur d'expertise, mais sans formation académique très avancée ni connaissances particulières en matière de gestion. Plusieurs d'entre elles ont connu le succès dans ces conditions, et la même situation peut fort bien se perpétuer tant et aussi longtemps que l'entreprise conserve une très petite taille, et peut être facilement gérée par une ou quelques personnes. Mais dans l'environnement d'affaires actuel, la situation est très différente et exige, entre autres, que le propriétaire dirigeant soucieux de la performance de son entreprise, s'occupe de son perfectionnement.

En effet, dans un contexte global concernant surtout la protection de l'environnement, de plus en plus d'organismes sont préoccupés par l'équilibre entre les activités de l'entreprise et la conservation d'un milieu naturel sain et exempt de dangers. Ainsi, par exemple, les entreprises ne peuvent plus s'installer n'importe où, sans se soucier de la préservation de l'environnement. Plusieurs d'ailleurs ont déjà été sévèrement sanctionnées parce qu'elles laissaient dans leur sillage des déchets ou résidus toxiques affectant la pureté de l'air ou des eaux dans leur milieu.

L'ouverture des frontières sur les différents marchés d'affaires constitue un deuxième aspect important du nouvel environnement d'affaires des entreprises. Les entreprises artisanales sont devenues presque les seules à pouvoir se permettre d'opérer à l'intérieur d'un petit marché local, et même dans ce cas, si leurs pratiques ne sont pas adaptées aux besoins changeants des clients, elles risquent de se faire damer le pion par des entreprises qui se soucient de la concurrence extérieure. Dans un contexte où les moyens de communication, de transport et d'information se sont énormément développés, l'entreprise ne peut plus se contenter de bien faire les choses, mais doit se préoccuper de mieux les faire et à des coûts demeurant concurrentiels sur le marché. Dans cette perspective d'internationalisation, le propriétaire dirigeant doit être au courant des développements dans son secteur d'activités et, en particulier, des nouvelles technologies qui affectent ses opérations.

Évidemment, dans ce contexte d'ouverture des marchés, les acteurs socio-économiques se multiplient. L'État et d'autres organismes, en imposant aux entreprises et aux organisations diverses lois et réglementations, ont un impact direct sur la poursuite des activités des PME et les obligent à modifier en quelque sorte leurs procédés ou leurs façons de faire traditionnelles. À titre d'exemple, citons les cas de réglementation de plus en plus nombreux dans différents secteurs d'activités au Canada et, plus particulièrement, au Québec (secteurs de l'automobile, de la construction et de la fabrication d'appareils électroménagers).

Les choses deviennent également beaucoup plus complexes sur le plan administratif. En effet, de nombreuses lois majeures affectent la gestion des entreprises et certaines d'entre elles peuvent même entraîner des frais supplémentaires assez élevés pour les entreprises de petite taille. Sur le plan fiscal et financier, le même phénomène se produit et le nombre de formalités administratives ne cesse de croître. Tous ces changements viennent alourdir la tâche du propriétaire dirigeant déjà si préoccupé par la gestion à court terme de son entreprise.

La gestion du personnel est devenue un autre domaine justifiant la nécessité pour le propriétaire dirigeant de se perfectionner. En effet, les travailleurs d'aujourd'hui sont fort différents de ceux d'il y a 15 ou 20 ans, et ce, sur plusieurs plans. Le changement le plus radical est l'augmentation de la moyenne de scolarité des travailleurs, attribuable en grande partie à l'accessibilité à des études à moindre coût et à un taux de chômage élevé contribuant à garder les jeunes plus longtemps sur les bancs d'école. Plus et mieux formés, les employés d'une PME deviennent plus exigeants en ce qui concerne leur milieu de travail.

Un autre changement important en ce qui concerne les travailleurs d'aujourd'hui est celui qui s'est effectué sur le plan des valeurs et des besoins. Pendant des années au Québec, de nombreux travailleurs attendaient principalement de leur travail qu'il leur assure la sécurité et un certain bien-être matériel. Aujourd'hui, on ne travaille plus seulement pour survivre, bien manger et se loger convenablement. De plus en plus, on parle de qualité de vie au travail, de réalisation de soi, de santé-sécurité et d'actualisation. L'individu recherche au sein de l'entreprise la possibilité de prendre sa place, d'évoluer dans un milieu adapté à ses forces et compétences et de se réaliser tant sur le plan personnel que professionnel. Ces changements de valeurs incitent le propriétaire dirigeant à proposer à un plus grand nombre de personnes des tâches qui tiennent compte de leur potentiel. Plus particulièrement dans l'entreprise en croissance, les meilleures ressources doivent être mises à contribution et supportées dans leurs réalisations. À cet égard, un article du *Business Week* (1985) fait ressortir le fait que les entreprises peu soucieuses de favoriser le développement des individus performants à la mesure de leur potentiel, les voient rapidement se retirer pour aller exercer ailleurs leurs talents. Bref, l'entreprise qui ne permet pas à ses employés d'exploiter leur potentiel créatif ou entrepreneurial risque de voir sortir de ses rangs ses meilleurs éléments.

Enfin, un troisième aspect qui fait que les travailleurs d'aujourd'hui sont différents de ceux d'hier est le fait qu'ils sont beaucoup mieux informés. On ne leur demande plus n'importe quoi et on ne leur offre pas non plus des conditions désavantageuses. Les travailleurs ont maintenant des attentes plus élevées. La plus importante de ces attentes réside probablement dans leur désir d'être dirigés et supervisés par des gestionnaires mieux formés, éclairés et compétents.

En résumé, à la vitesse à laquelle les changements se produisent actuellement sur tous les plans concernant l'environnement de l'entreprise, il est clair que toute entreprise qui ne continue pas d'améliorer ses façons de faire est nécessairement vouée à prendre du recul par rapport à ses compétitrices. La sécurité et la stabilité ne sont plus des caractéristiques de l'environnement d'affaires d'aujourd'hui. Il est loin d'être sûr que les succès futurs de l'entreprise soient basés sur les mêmes facteurs qui ont assuré ses réussites antérieures. Le propriétaire dirigeant soucieux de la performance de son entreprise doit se donner tous les moyens possibles pour tenter de comprendre l'environnement de son entreprise et essayer d'anticiper les changements. Ce n'est qu'à cette condition qu'il devient capable de prédire ses facteurs futurs de succès et de réussite.

5.2 LES BESOINS DE FORMATION TELS QUE PERÇUS PAR LES PROPRIÉTAIRES DIRIGEANTS DE PME

Chaque année, de nombreuses organisations consacrent des sommes assez importantes à la formation et au perfectionnement de leur personnel. En dépit des sommes impliquées dans ces activités, peu de chercheurs se sont intéressés à l'identification et à l'évaluation des besoins de formation en entreprise. Pourtant, cet aspect est d'autant plus important que la suggestion la plus fréquemment citée, visant à diminuer les échecs des PME, est une formation en gestion plus poussée (dans Ibrahim et Goodwin, 1986).

> *Les besoins des entreprises en formation étant plus fondamentaux, M. Pierre Dorais, président de Perform, estime que le marché est beaucoup plus averti qu'il ne l'était il y a quelques années.*
>
> *«Aujourd'hui, dit-il, les dirigeants d'entreprises s'impliquent dans la formation de leurs cadres et on magazine davantage pour dénicher un produit de qualité.»*
>
> *Nous ne sommes plus à l'époque où un séminaire de formation était perçu comme un bon moyen de changer la monotonie du travail d'un cadre. (...)*
>
> *Selon M. Raymond Tremblay, président du Groupe CFC, la tendance actuelle du marché exige des programmes intégrés à la vie de l'entreprise car les besoins des entreprises sont plus spécifiques. La formation des cadres doit s'intégrer aux besoins de l'organisation dans laquelle le cadre oeuvre.*
>
> *Le marché recherche également davantage des programmes de formation équilibrés, poursuit M. Tremblay, c'est-à-dire qu'on ne veut plus une formation strictement axée sur des théories universitaires, non plus que centrée uniquement sur des cas vécus. Les entreprises veulent une formation fondée sur des concepts appliqués et applicables à des situations concrètes.*
>
> *Les Affaires, août 1987).*

Quelques recherches ont été effectuées plus spécifiquement sur les besoins de formation des dirigeants de PME. Strazziéri (1981), Thomas et Sireno (1980) ont présenté une série d'habiletés et de connaissances managériales que le chef d'entreprise doit posséder, sans toutefois les regrouper ou les mettre en relation et sans évaluer jusqu'à quel point une formation portant sur ces habiletés et connaissances serait susceptible de leur être utile.

Pour leur part, Dell'Aniello, Perreault et Raynault (1980) se sont préoccupés d'évaluer la satisfaction des dirigeants d'entreprises inscrits au programme «Formation de l'homme d'affaires PME» en regard des thèmes proposés et se sont en même temps souciés d'amener les répondants à identifier des thèmes non proposés mais souhaités par ces derniers.

Une autre étude réalisée pour le ministère de l'Éducation (1982) a été menée auprès de propriétaires dirigeants inscrits au programme «Gestion des affaires» dans différents collèges de la province. La formation offerte dans ce programme était supportée par du matériel pédagogique entièrement produit par la Banque fédérale de développement. Le modèle d'évaluation proposé subdivisait la formation en trois grands niveaux: les besoins de formation en entrepreneuriat, les besoins de formation de base et les besoins de formation spécialisée.

Pour sa part, Deeks (1976) a proposé un modèle beaucoup plus complexe qui permet d'identifier les besoins de formation des gestionnaires de PME à partir d'une grille comprenant une série de techniques managériales ainsi qu'un ensemble d'habiletés managériales. Ce dernier modèle tient compte de la quantité de temps consacré aux tâches managériales, de leur degré de difficulté et de leur importance stratégique relative.

Enfin, Garnier, Gasse et Cossette (1985) ont réalisé une étude portant sur les besoins de formation des propriétaires dirigeants de PME québécoises. Cette étude, inspirée de l'approche générale de Goldstein et Buxton (1982), avait pour but d'analyser les besoins des entrepreneurs en matière de formation à travers l'examen de trois grandes composantes, soit l'organisation ou l'entreprise, la nature des tâches à accomplir et la personne impliquée. Aux fins de ce chapitre, c'est cette dernière étude qui servira de cadre de référence pour tenter de cerner les attentes et les besoins spécifiques de formation des propriétaires dirigeants de PME. Ce qui suit est, par conséquent, essentiellement tiré des résultats de cette étude.

L'analyse des besoins de formation a été appréhendée par Garnier, Gasse et Cossette (1985) à travers différentes possibilités de thèmes classés à l'intérieur de six grandes fonctions: administration générale, ventes et marketing, comptabilité, finance, production et personnel. Le tableau I présente la liste des dix besoins de formation ou de perfectionnement les plus importants selon les propriétaires dirigeants interrogés dans cette étude.

Comme le fait ressortir ce tableau, c'est à l'intérieur de la fonction administration générale qu'on semble retrouver les besoins les plus importants. En effet, on constate que parmi les dix besoins mentionnés, six en font partie. Ce sont l'amélioration de la gestion par l'informatique, la gestion du stress, la préparation de la succession de l'entreprise, la connaissance de l'anglais comme outil de communication, les techniques de négociation ainsi que la gestion du temps. La fonction personnel recueille, pour sa part, trois besoins les plus importants, soit la pratique d'un meilleur leadership, la motivation des employés et les techniques d'évaluation de leur rendement. Par contre, c'est à l'intérieur de la fonction finance que se retrouve le besoin jugé le plus important par ordre de priorité soit celui de mieux maîtriser les moyens pour payer moins d'impôts.

En ce qui concerne la fonction comptabilité, aucun besoin n'a été mentionné. Cette situation s'explique en partie dans la mesure où la

TABLEAU 1

Les dix besoins les plus importants selon les propriétaires dirigeants (Garnier, Gasse et Cossette, 1985)

Ordre	Besoins	X
1	Comment payer moins d'impôts	3,5
2	Comment améliorer la gestion de son entreprise grâce à l'informatique	3,4
3	Comment gérer son stress	3,3
4	Comment préparer sa succession à la tête de l'entreprise	3,3
5	Comment être un leader efficace	3,2
6	Comment motiver ses employés	3,2
7	Comment communiquer en anglais	3,1
8	Comment négocier efficacement	3,1
9	Comment évaluer le rendement des employés	3,1
10	Comment gérer son temps	3,0

plupart des propriétaires dirigeants s'adjoignent les services d'une personne spécialisée pour l'exercice de cette fonction. Dans ces circonstances, il est tout à fait normal qu'ils ne ressentent pas le besoin d'en apprendre beaucoup plus sur le sujet. D'autre part, il arrive souvent dans ce domaine que les entrepreneurs ignorent les signes d'avertissement d'un problème (ratios comptables) et s'illusionnent sur la santé financière de leur entreprise (Fergusson, 1987).

Pour la fonction production, les besoins de formation perçus ne semblent pas non plus très importants, si ce n'est peut-être celui de la mesure de la productivité de l'entreprise. Enfin, la fonction ventes et marketing semble présenter plus d'intérêt que les deux précédentes. Les besoins évoqués à ce sujet sont «Comment faire la mise en marché d'un produit», «Comment fixer les prix de vente» et «Comment faire une étude de marché».

Le tableau 2, présente la mesure de l'intensité des besoins de formation identifiés par fonction.

Le score global de 2,66 obtenu fait ressortir le fait que les propriétaires dirigeants consultés ressentent des besoins à un niveau modéré-

TABLEAU 2

**Intensité des besoins de formation pour chacune
des fonctions de l'entreprise
(Garnier, Gasse et Cossette, 1985)**

Fonctions	Intensité des besoins (max. 5)
Administration générale	2,85
Finance	2,80
Personnel	2,70
Ventes et Marketing	2,70
Production	2,30
Comptabilité	2,30
Score global	2,66

ment élevé (2,66 sur une possibilité de 5). En ce qui concerne les activités de formation passées et futures, moins de la moitié des propriétaires dirigeants interrogés avaient pris le temps de participer à des activités de formation au cours des trois dernières années, tandis que près du quart d'entre eux avaient l'intention de participer à des activités de formation dans les douze mois suivant l'étude. Cela ne signifie pas cependant que leurs attentes en matière de formation étaient peu élevées puisque près de la moitié (42,8 %) des dirigeants pensaient que ces activités pourraient les aider davantage dans la gestion de leur entreprise.

L'étude précise également quelles étaient les modalités de formation souhaitées en termes de périodicité, d'intensité et de moyens à privilégier, en même temps qu'elle fait état des organismes identifiés par les propriétaires dirigeants comme étant les plus susceptibles de jouer un rôle actif dans leur formation et leur perfectionnement.

Il est certain que les résultats qui viennent d'être présentés ne sont pas nécessairement une représentation complète de tous les besoins de formation des propriétaires dirigeants. Ils permettent toutefois de se faire une idée des grandes tendances observées en cette matière et aident à mieux comprendre la gestion actuelle et les problèmes les plus courants qu'elle engendre.

Dans ce champ si vaste du perfectionnement des propriétaires et dirigeants de PME, beaucoup de choses restent à faire et on en est encore à l'étape où il faut se préoccuper de la nécessité de sensibiliser ces derniers à l'importance d'une meilleure formation pour affronter un environnement d'affaires de plus en plus compétitif.

5.3 UNE APPROCHE INTÉGRÉE D'ANALYSE DES BESOINS DE PERFECTIONNEMENT DU PROPRIÉTAIRE DIRIGEANT

Chaque propriétaire dirigeant a son propre profil social, économique, professionnel et psychologique et, par conséquent, influence de façon différente l'évolution de son entreprise. Dans ces conditions, l'analyse des besoins de perfectionnement d'un propriétaire dirigeant est une opération qui ne peut s'effectuer qu'en ayant soin de tenir compte de ces dimensions et de l'environnement dans lequel l'entrepreneur évolue.

Plus spécifiquement, les besoins de perfectionnement du propriétaire dirigeant doivent être étudiés à travers une analyse interactive de quatre grandes dimensions: les traits personnels de l'entrepreneur, les tâches à accomplir, les caractéristiques de l'entreprise et les facteurs environnementaux.

Les traits personnels de l'entrepreneur ont une grande importance dans l'identification de ses besoins de formation dans la mesure où ils affectent ses attentes, ses motivations, ses perceptions et ses habiletés. Parmi ses caractéristiques personnelles, on retrouve certains facteurs liés à son désir d'entreprendre (intuition, prise de risque, créativité, etc.), ses aptitudes managériales (gestion financière et stratégique, formation antérieure, expertise particulière), ses aptitudes interpersonnelles (relations avec son banquier, ses clients, son personnel) et, enfin, ses faiblesses.

La deuxième dimension à étudier dans l'analyse des besoins de formation du dirigeant concerne les tâches à accomplir dans l'entreprise. Dépendant du type d'entreprise, du secteur et du stade de développement de l'entreprise, ces dernières peuvent varier considérablement mais dans l'analyse des besoins de formation du dirigeant, on retient surtout celles qui touchent les fonctions de gestion puisqu'un contexte d'expansion permet difficilement au dirigeant de persister à travailler activement au niveau des opérations, même s'il l'a fait au cours des premières années d'existence ou aussi longtemps que l'entreprise est restée au stade artisanal.

Évidemment, l'entreprise elle-même doit être analysée en étroite relation avec les deux dimensions précédentes. Au stade artisanal, l'entrepreneur et l'entreprise ne font souvent qu'un mais en phase d'expansion, cette dernière commence vraiment à se différencier de son ou ses propriétaires au sens où elle engendre une dynamique et de nouvelles problématiques qui lui sont propres.

Enfin, l'environnement de l'entreprise peut également avoir un impact important sur le type de perfectionnement à privilégier. Ainsi, par exemple, lorsque l'entreprise évolue dans un secteur sans cesse contrôlé par de multiples lois et règlements, le propriétaire dirigeant peut difficilement opérer sans se tenir très bien informé et préparé face à cet ensemble de facteurs d'influence. Il doit non seulement bien les connaître, mais également se soucier de devenir de plus en plus capable de les anticiper. Parmi ces facteurs, on peut citer la présence des gouvernements, des syndicats, des autres firmes, l'influence des facteurs du marché, les occasions de subventions, etc. Au stade artisanal, les besoins de perfectionnement se situent davantage au niveau de l'acquisition de connaissances techniques reliées à la production ou à la vente du produit concerné ou à la prestation des services offerts. À mesure que l'entreprise grossit et prend de l'expansion, les besoins de formation en gestion se font de plus en plus sentir. Le propriétaire dirigeant se trouve alors confronté à de nouveaux problèmes attribuables à la taille plus grande de l'entreprise et au nombre plus élevé d'employés. La croissance soulève la nécessité de structures plus formelles, l'élaboration de guides d'actions et de politiques simples pour les supporter, en même temps que des approches de gestion du personnel plus raffinées et mieux adaptées. Plus l'entreprise prend de l'expansion, plus l'entrepreneur doit adopter un rôle de gestionnaire. Il s'agit vraiment du passage d'un stade entrepreneurial à un stade managérial en ce qui concerne ses pratiques de chef d'entreprise.

Cependant, ce passage peut être fort différent d'un propriétaire dirigeant ou d'une entreprise à l'autre. Comme le souligne Deeks (1976),

> *« le travail du propriétaire dirigeant doit s'adapter continuellement aux situations. Il s'agit là d'un rôle fluide et fluctuant plutôt qu'un rôle pouvant être adéquatement analysé, défini et spécifié une fois pour toutes. Le travail du propriétaire dirigeant est une partie d'un système adaptatif ouvert devant s'ajuster constamment aux exigences financières techniques et aux demandes du marché. De plus, le propriétaire dirigeant étant émotionnellement et financièrement engagé dans les activités de son entreprise, il a tendance à percevoir le perfectionnement comme un élément spécifique pour répondre à ses besoins à court terme plutôt que de le considérer comme faisant partie d'un processus à plus long terme qui lui servirait pour une tâche ultérieure, non encore définie. Quoi qu'il en soit, ses besoins immédiats et à court terme se modifient constamment et aux différents stades de développement de son entre-*

prise, le propriétaire dirigeant de petite entreprise doit utiliser différents ensembles d'habiletés entrepreneuriales et managériales».[1]

Par conséquent, il ne peut y avoir de perfectionnement type susceptible de convenir à tous les propriétaires dirigeants en situation de gestion de l'expansion de leur entreprise. Il appartient à ces derniers de procéder à une analyse plus spécifique de leur situation et surtout de le faire sur une base de **flexibilité** et d'**adaptation** puisque ce sont là les caractéristiques mêmes de sa position de chef d'entreprise en mutation.

5.4 LA FORMATION DU PROPRIÉTAIRE DIRIGEANT

Dans ce chapitre, nous avons déjà fait ressortir de nombreuses raisons qui justifient les besoins de formation du propriétaire dirigeant. Nous avons identifié les besoins de perfectionnement tels que perçus par les propriétaires dirigeants et nous avons insisté sur le fait que toute formation doit être adaptée aux contingences environnementales, organisationnelles et individuelles. En effet, le rôle du propriétaire dirigeant ne peut être défini de façon statique et unique et doit plutôt être appréhendé à l'intérieur d'un processus d'évolution et d'adaptation.

Ce constat établi, et sachant que l'entrepreneur présente des caractéristiques qui lui sont propres, à savoir, le besoin de réalisation, l'aptitude à établir des objectifs, à les atteindre au prix d'efforts considérables, à résoudre des problèmes, le sentiment d'orienter sa destinée, etc., peut-on définir ou envisager un type de formation particulier, plus susceptible de convenir aux propriétaires dirigeants? En ce qui nous concerne, nous croyons en effet que certaines techniques de formation sont plus indiquées que d'autres dans un contexte d'entrepreneurship. Toutefois, la formation ne peut être entrevue comme une panacée, un remède à tous les malaises de la gestion. Le champ d'apprentissage de l'entrepreneur est donc limité et change à mesure que l'entreprise évolue.

Caractéristiques personnelles des propriétaires dirigeants et modes d'apprentissage

Selon Kolb (dans Ulrich et Cole, 1987), il existe essentiellement quatre modes d'apprentissage, c'est-à-dire quatre façons dont les individus acquièrent et utilisent l'information: le style convergent, le style divergent, l'assimilateur et l'accommodateur.

---

1. Traduction libre.

Le style convergent se caractérise par la capacité d'un individu à trouver des applications pratiques à ses idées, à trouver des solutions spécifiques à un problème. Un tel processus d'apprentissage se retrouve chez de nombreux ingénieurs. À l'opposé, ce qui caractérise le plus le style divergent est l'imagination, la capacité d'envisager des situations concrètes sous des perspectives différentes. Cette approche se retrouve souvent chez des conseillers, des artistes ou des écrivains. La force de l'assimilateur est le raisonnement inductif, la pensée abstraite et l'assimilation d'observations diversifiées dans une explication intégrée (scientifiques, mathématiciens). Enfin, contrairement à l'assimilateur, l'accomodateur se caractérise par sa capacité à implanter des solutions, à tenter de nouvelles expériences et à prendre des risques. L'accomodateur étant orienté vers l'action, on peut s'attendre à ce que les entrepreneurs se retrouvent davantage dans cette catégorie que dans les autres.

Évidemment, quand il s'agit de formation, certaines techniques sont plus ou moins efficaces dépendant des styles d'apprentissage des individus. Par exemple, l'assimilateur apprend mieux par des lectures théoriques, des études de cas, et beaucoup moins par des simulations ou des discussions.

Les méthodes de formation les plus adaptées aux entrepreneurs sont des méthodes plus actives que passives, c'est-à-dire celles qui conviennent le mieux aux styles accomodateur et convergent. Ces méthodes, dont le but est de changer les aptitudes et les attitudes, par opposition aux approches qui visent l'accumulation des connaissances, peuvent se présenter sous la forme de jeux de rôles, de simulations, d'exercices structurés, d'expériences-terrain, etc.

Dans les programmes d'enseignement traditionnels, on favorise surtout les lectures théoriques, les examens, et l'évaluation consiste souvent en une mesure de la capacité de l'étudiant à mémoriser des concepts abstraits. Si on se réfère à Kolb (dans Ulrich et Cole, 1987), on retient qu'il n'existe pas un style d'apprentissage à favoriser au détriment des autres, mais qu'une approche plus raffinée, tenant compte de plus d'un type d'apprentissage, aurait de meilleures chances de succès auprès des propriétaires d'entreprises.

Les limites de la formation

Le profil type de l'administrateur peut être résumé dans le tableau suivant. Comme on peut le voir, l'intérêt de ce tableau réside dans une énumération des qualités et des compétences que devrait posséder un administrateur idéal.

Il est relativement facile de distinguer celles qui relèvent de l'apprentissage ou de l'expérience, de celles qui sont fortement liées aux attributs personnels de l'entrepreneur.

TABLEAU 3

Les compétences requises

Qualités et compétences	Possibilité d'influence ou de modification par la formation
1. Compétences techniques: connaissance du secteur d'activités de l'entreprise.	forte
2. Sens de l'action: rythme de travail soutenu, contrôle de soi, acceptation de l'adversité, sens de la décision.	nulle
3. Compétences sociales: capacité de créer un climat relationnel favorable, d'être à l'écoute, de faire confiance.	faible
4. Compétences conceptuelles: capacité d'analyser, de formuler des objectifs, de coordonner, de traiter l'information.	moyenne ou forte
5. Esprit d'entreprise: capacité d'anticiper les événements, ouverture, flair, volonté de relever les défis.	faible ou nulle

La lecture de ce tableau fait nettement apparaître que la formation peut, a priori, modifier quelques habiletés des propriétaires dirigeants (habiletés conceptuelles et techniques notamment). À l'inverse, l'esprit d'entreprise et le sens de l'action, innés ou hérités d'un contexte familial et social porteur de valeurs, paraissent peu perméables aux arguments méthodologiques et rationnels d'une formation, donc peu sujets à évolution.

En bref, on peut envisager d'améliorer ce qui est de l'ordre des compétences par des apports méthodologiques. On doit, par contre, être plus réservé sur les objectifs de formation qui viseraient à changer certains traits de personnalité ou le système de valeurs des propriétaires dirigeants.

Après cette première étape de réflexion, destinée à montrer les limites de la formation chez les propriétaires dirigeants, c'est-à-dire à proposer une délimitation réaliste du champ de leur apprentissage, il reste à considérer maintenant un problème tout aussi important, celui des étapes de l'entreprise et donc des spécificités des programmes et des pédagogies à concevoir.

Étapes de l'évolution de l'entreprise, connaissances requises et réceptivité des propriétaires dirigeants

La formation peut être considérée comme un processus d'intervention ou d'acquisition associé à la dynamique même de l'entreprise avec laquelle se confond en grande partie le propriétaire dirigeant lui-même. D'ailleurs, Deeks (1976) insiste sur la nécessité de considérer les dynamiques internes et externes de l'entreprise, ainsi que l'interaction entre elles.

Il faut garder à l'esprit que le propriétaire dirigeant s'intéressera à un processus de formation à l'unique condition que celui-ci réponde à ses besoins immédiats. Or, ses besoins à long terme changent constamment, et à chaque stade de développement de son entreprise, il lui faudra acquérir d'autres habiletés entrepreneuriales et administratives. Ainsi, plus l'entreprise prend de l'ampleur, plus le processus de développement a des chances d'entraîner son propriétaire dirigeant dans la transition entre une orientation entrepreneuriale et une orientation administrative.

Ceci explique l'importance de considérer les différents stades de développement de l'entreprise pour une identification des besoins de formation plus juste.

Les phases clés de l'entreprise

Il nous paraît souhaitable de considérer les principales étapes de la vie d'une entreprise et de leur associer les problèmes types à résoudre (nature, niveau) et, compte tenu des connaissances du propriétaire dirigeant, de préciser les besoins éventuels de formation.

Les différents moments qui caractérisent l'évolution de l'entreprise sont très hétérogènes par leur durée et par leur contenu, depuis la gestation jusqu'à la disparition.

Après avoir dressé un tableau de ces différentes étapes et associé les besoins en connaissances des propriétaires dirigeants, il est intéressant d'essayer d'évaluer le degré de réceptivité de ces derniers compte tenu de leur implication à ces différents moments.

146

Parmi les différentes étapes d'entreprise, on peut distinguer:

- la gestation du projet d'entreprise;
- la création et l'installation;
- le démarrage;
- le maintien ou le développement;
- le déclin;
- le désengagement (cession, transmission), donc la reprise par un autre;
- la disparition (faillite, etc.).

Il est possible d'associer à ces étapes les besoins en formation ressentis et les savoir-faire requis. Le tableau suivant en est une illustration.

Évidemment, le degré de réceptivité du propriétaire dirigeant peut changer selon l'étape traversée. Il peut arriver qu'à certaines périodes, le rythme de travail et le niveau d'implication du dirigeant soient peu compatibles avec des stages de formation qui exigent du recul et du temps d'assimilation.

Il est possible de proposer une intervention en formation à certains moments, compte tenu du niveau de réceptivité probable face à une pédagogie de forme traditionnelle. On peut aussi réfléchir à l'adaptation éventuelle d'autres formes pédagogiques mieux adaptées au court terme, au terrain et à la personnalité particulière du propriétaire dirigeant.

Il faut aussi tenir compte du fait qu'il existe un décalage entre l'opinion des formateurs sur les besoins en formation des propriétaires dirigeants et les besoins effectivement ressentis par ces derniers.

De plus, l'urgence du travail diminue la disponibilité d'esprit des propriétaires dirigeants à la formation.

La diversité des besoins en formation, selon les étapes d'évolution de l'entreprise, combinée au degré de réceptivité variable des propriétaires dirigeants, ajoutée à la spécificité des contenus techniques à maîtriser selon les types de problèmes, montre que les programmes de formation ne sauraient être uniformes et avoir du succès. Ce sont des solutions diversifiées et adaptées qui sont les plus souhaitables. De plus, une démarche réussie nécessite la collaboration de plusieurs acteurs tels des conseillers, des universitaires et l'adaptation des méthodes d'enseignement et du contenu des cours.

147

TABLEAU 4

Les phases clés de l'entreprise

	Gestation	Création/Installation	Démarrage
Durée	Quelques semaines, un an, deux ans...	Un à six mois	Six mois à deux ans (cinq ans maximum)
Nature des réflexions	Réflexions, analyses préalables, contacts divers, études de faisabilité	Phase de choix stratégiques déterminants pour le futur	Phase de mise en oeuvre de forte mobilisation des différentes ressources
Séquences à franchir	- recherches d'idées (créneaux, opportunités); - évaluation des capacités entrepreneuriales du propriétaire dirigeant; - négociation avec les partenaires (clients, fournisseurs, associés, prêteurs, etc.); - études de faisabilités • techniques • commerciales • financières • juridiques • humaines;	- effectifs; - équipements; - personnel; - associés (ou non) - statut juridique; - financement;	- organisation de la structure au niveau opérationnel; - opérationnalisation des divers services ou fonctions (commerciales, techniques, comptables); - régularisation à partir des premiers résultats obtenus pour mieux adapter les différentes fonctions;
	- méthodes de créativité; - méthodes d'analyse (économique, technique, financière, etc.); - acquisition des notions de régulation.	- utilisation des recettes et des solutions à portée immédiate; - apprentissage sur le tas ou en urgence	- mise en place des outils de gestion (tableaux de bord); - évaluation des résultats partiels ou provisoires dans les différents domaines; - diminution de l'implication.
Formation ou savoir-faire requis	- évaluer les résultats; - apporter les corrections si nécessaire; - négocier avec les futurs partenaires; - connaître les structures juridiques.		

5.5 CONNAÎTRE SES FORCES ET SES COMPÉTENCES ET SAVOIR CONFIER LE RESTE AUX AUTRES: UN PRÉALABLE ESSENTIEL AU PERFECTIONNEMENT

Quand on parle de perfectionnement pour le propriétaire dirigeant on a tendance à penser à la maîtrise des habiletés de gestion. Mais le champ

TABLEAU 4 (suite)

Les phases clés ultérieures

	Reprise	Développement	Maintien
Définition ou caractéristiques de l'état	Rachat d'une entreprise par un nouveau propriétaire.	Changement de dimension de structure ou d'activité.	Stabilisation des performances économiques, techniques, sociales de l'entreprise à un certain niveau (refus de croître).
Séquences à franchir	- Diagnostic du potentiel de l'entreprise visée; - évaluation de l'entreprise à reprendre - élaboration d'un plan de reprise.	- Analyse de la situation; - définition de nouvelles stratégies; - mise en oeuvre de nouveaux moyens; - régularisation de la nouvelle organisation - anticipation des résultats et évaluation.	- Gestion du quotidien; - affinement des procédures d'évaluation; - refus de nouveaux choix stratégiques.
Opérations à effectuer et formation requise	- Analyser le portefeuille d'activités; - évaluer le prix de rachat de l'entreprise par l'emploi de méthodes comptables et économiques; - définir les conditions de reprise (selon l'état de santé); - éfinir et évaluer des choix stratégiques nouveaux; - anticiper les conséquences d'un changement et d'une restructuration.	- Analyser le portefeuille d'activités; - évaluer le prix de rachat de l'entreprise par l'emploi de méthodes comptables et économiques; - définir les conditions de reprise (selon l'état de santé); - définir et évaluer des choix stratégiques nouveaux; - anticiper les conséquences d'un changement et d'une restructuration.	- Approfondir les techniques de gestion dans différents domaines - formaliser les procédures de gestion opérationnelles.

du perfectionnement et de la formation est beaucoup plus vaste et dépasse l'acquisition d'habiletés.

En effet, Gagné (1976) propose cinq classes de résultats issues d'une démarche de formation ou cinq catégories de capacités apprises. Ce sont, en l'occurence, l'information verbale, les habiletés intellectuelles, les stratégies cognitives, les attitudes et les habiletés motrices. Burns (1978), pour sa part, propose l'idée qu'on dénombre trois types d'objectifs d'apprentissage bien définis. Il y a d'abord les objectis cognitifs concernant les éléments de connaissance à assimiler. Viennent ensuite les objectifs d'ordre affectif concernant le savoir-être d'un individu, et finalement, les objectifs psychomoteurs se traduisant par les

TABLEAU 4 (suite)

Les phases clés finales

	Désengagement	Cession/Transmission	Déclin/Disparition
Définition ou caractéristiques de l'achat	- Abandon d'un domaine d'activités stratégiques;	- Vente de l'entreprise; - organisation de la succession;	- Refus d'adaptation nouvelle; - abandon d'activités;
	- désinvestissement;	- gel des nouveaux investissements.	- non-renouvellement des équipements.
Séquences à franchir	- non-remplacement de matériel désuet; - préservation d'une partie des activités par une politique de recentrage sur une mission privilégiée.	- Présentation comptable attrayante; - recherche de repreneur; - évaluation des modalités financières de la succession; - préparation éventuelle de successeurs.	- Gestion au jour le jour; - soumission aux événements extérieurs (déclassement technologique, commercial, etc.);
Opérations à effectuer et formation requise	- Évaluer le coût du désengagement; - évaluer le coût et les avantages d'un recentrage éventuel.	- Évaluer la valeur de cession; - évaluer le coût de la transmission; - évaluer les chances de succès de la transmission; - faire valoir les qualités des vendeurs.	- Évaluer le coût économique de l'abandon; - évaluer le coût psychologique et le coût social de l'abandon.

savoir-faire à travers ces différents plans ou niveaux des attitudes ou du savoir-être chez l'individu. En effet, un individu peut être amené à connaître les théories les plus avancées et à maîtriser les habiletés les plus sophistiquées dans un secteur donné. Toutefois il ne les utilisera à bon escient qu'à la condition de les avoir bien intégrées sur le plan affectif. Il s'agit d'une dimension extrêmement importante mais bien souvent escamotée ou oubliée par certaines entreprises pourtant soucieuses du perfectionnement de leurs employés.

Le perfectionnement du propriétaire dirigeant doit, dès le départ, être envisagé à partir de la perception qu'il a de à son rôle, de ses capacités et de la confiance dont il fait preuve. Toute démarche d'analyse de ses besoins doit, par conséquent, être précédée d'un examen de son propre potentiel. L'objectif de cette démarche est très clair: connaître ses forces et ses faiblesses. Cet exercice fondamental dépasse largement l'introspection personnelle puisqu'il débouche sur une évaluation précise des tâches, fonctions ou rôles qu'il serait préférable de déléguer à certains employés ou collaborateurs.

Au stade artisanal, l'entrepreneur demeure toujours le «maître-d'oeuvre» ou le «joueur vedette». En contexte d'expansion, le concept de travail d'équipe prend encore plus d'importance et l'entrepreneur doit se transformer en «leader» ou en «entraîneur». Il est bien connu que les équipes les plus performantes sont celles dans lesquelles on se soucie d'utiliser de façon maximale les forces et les atouts de chacun.

Le dirigeant de PME est souvent comme l'homme-orchestre qui partage peu les responsabilités, s'occupe de tout et se réserve toutes les décisions importantes concernant l'entreprise. Les prochains chapitres abordent la nécessité, en contexte d'expansion, d'établir des structures organisationnelles plus formelles, de se doter de collaborateurs efficaces et de mettre en place des politiques et des structures pour supporter l'action. Un tel contexte exige un préalable important, soit la volonté et la capacité du dirigeant de déléguer de plus en plus de pouvoirs et de tâches à d'autres. Ainsi, le sens de la responsabilité des actions doit être révisé afin que les objectifs de toute l'organisation dominent les intérêts particuliers.

Concrètement, la délégation consiste à déplacer un centre de décision vers un palier inférieur, c'est-à-dire vers une personne subordonnée. On accorde ainsi un certain niveau d'autorité et de pouvoir décisionnel à une autre personne qui devient alors responsable d'une fonction ou d'un service. Loin d'être une simple pratique administrative, la délégation est un art difficile et plusieurs attitudes courantes dans le contexte des PME peuvent constituer des résistances à ce changement.

- Difficulté pour le propriétaire dirigeant de délaisser les tâches d'exécution ou les opérations.

- Manque de confiance envers les employés et conviction qu'il peut toujours mieux faire lui-même.

- Perfectionnisme qui rend le propriétaire dirigeant intolérant à l'erreur.

- Impression que la délégation comporte une zone importante de risque.

- Difficulté pour le propriétaire dirigeant d'accepter de partager ses objectifs et ses préoccupations avec des personnes étrangères à la propriété de l'entreprise.

Le propriétaire dirigeant doit être conscient du fait que ce type d'attitudes peut nuire au développement de son entreprise. Par contre, selon

Stevenson et Jarrillo-Mossi (1986) ce dernier peut adopter des attitudes qui peuvent favoriser ou aider le processus de délégation.

- Valorisation des essais;
- flexibilité dans l'action par l'introduction de procédures d'allocation de ressources budgétaires à différents niveaux;
- renforcement de l'esprit d'équipe;
- prise de conscience d'une différence fondamentale entre la délégation de l'autorité et le partage des responsabilités à considérer en fonction de l'aptitude des individus;
- tolérance à l'échec.

Certes, la délégation comporte certains risques mais présente en même temps des avantages importants en regard de l'accroissement de l'efficacité et de la rentabilité d'une entreprise. Tout d'abord, elle permet une utilisation plus productive du temps du propriétaire dirigeant. En donnant une plus grande marge de manoeuvre à d'autres et en confiant les tâches routinières à des personnes capables de bien les exécuter, le propriétaire dirigeant dispose de plus de temps pour mieux utiliser ses forces et peut s'attaquer de façon plus globale à la gestion des fonctions majeures dans l'entreprise. Cette économie de temps débouche forcément sur une économie financière puisqu'elle évite que le propriétaire dirigeant soit surrémunéré en se confinant dans des tâches pouvant être effectuées à moindre coût par d'autres personnes aptes à le faire. Au sujet de la difficulté liée à l'obligation de déléguer, Waldrop (1987) rapporte le témoignage suivant ;

> «Comme tout entrepreneur, j'aime faire les choses par moi-même (...) Cette expérience est presque aussi triste que de voir partir et voler de ses propres ailes l'enfant que vous avez élevé. Vous devez changer mais c'est dur sur le moment. (...)
> Je me suis efforcée de reconnaître que mon travail en tant que dirigeante était de donner le ton de l'entreprise (...) bien que ce soit moins excitant que d'être en première ligne!»[2]

Taylor (1986) fournit quelques conseils pratiques au dirigeant d'entreprise pour aborder le problème de la délégation. Il prescrit notamment une activité d'analyse personnelle, à l'aide des deux tableaux présentés ci-dessous qui amènera progressivement le dirigeant à déléguer ses tâches routinières.

---

2. Traduction libre.

TABLEAU 5

Analyse d'activités
(Taylor, 1986)

Activités que j'exécute ordinairement	Temps consacré mensuellement	Raisons pour lesquelles je fais ce travail moi-même	Puis-je le déléguer (oui/non)	Y a-t-il un de mes subordonnés qui pourrait être formé à cette tâche? (oui/non)	Qui?
1					
2					

TABLEAU 6

Fiche de délégation
(Taylor, 1986)

Activités	Personnes déléguées et temps d'exécution mensuel requis			
Total du temps requis	M^1X	Y	Z	

5.6 L'INTÉGRATION DES DIPLÔMÉS UNIVERSITAIRES DANS LA PME

Dans un contexte où la technologie est de plus en plus développée, où l'excellence est devenue la seule voie possible de survie, et où la concurrence ne cesse d'élargir ses frontières, la PME aurait tout avantage à engager la main-d'oeuvre de mieux en mieux formée et spécialisée devenue disponible par l'augmentation de la scolarisation de la population. Si cela est souhaitable, il semble toutefois que l'association PME et diplômés n'est pas encore nécessairement facile à faire.

Une étude réalisée par Gasse et Germain (1982) démontre bien les difficultés d'intégration des diplômés universitaires dans les PME québécoises. Selon les auteurs, ces difficultés s'expliquent par plusieurs raisons. Tout d'abord, et contrairement à la grande entreprise qui a les moyens de former ses employés à travers tout un processus d'accueil et d'intégration, la PME dispose de très peu de moyens et de ressources. L'employé doit être productif le plus rapidement possible.

Deuxièmement, la grande entreprise a le temps de planifier le recrutement des nouveaux employés diplômés, mais la PME le fait souvent pour régler un besoin urgent ou pallier à une croissance trop rapide ou imprévue. Il arrive que l'on recrute un diplômé en administration

153

parce que la gestion est défaillante ou parce que l'on rencontre des problèmes majeurs. Dans ce contexte, on demande encore au diplômé d'être efficace et efficient dès son arrivée et le niveau de succès qu'il obtient dès le départ détermine grandement le niveau de confiance qui lui sera accordé par la suite. On peut donc imaginer l'ampleur du défi pour le nouvel arrivant, plus particulièrement pour celui qui n'a encore jamais eu l'occasion d'effectuer ne serait-ce qu'un stage ou un emploi d'été dans une PME.

Troisièmement, pour le diplômé en administration qui a préalablement travaillé dans une grande entreprise, la difficulté la plus fréquente réside dans le passage entre l'acquisition de connaissances théoriques et applicables surtout à une grande entreprise, à la pratique de gestion de la PME. Plusieurs études démontrent d'ailleurs comment la plupart des modèles et des théories étudiés à l'université semblent peu convenir à la dynamique propre aux PME.

Enfin, l'intégration du jeune diplômé en administration semble souvent également rendue beaucoup plus difficile en raison du fait que la majorité des dirigeants de PME ne se sont pas formés sur les bancs de l'université, mais sur le tas. Leur attitude à l'égard des jeunes diplômés est donc souvent ambivalente: en même temps que ces derniers sont perçus comme de nouvelles forces qui viendront redonner du dynamisme à l'entreprise, on craint qu'ils ne cherchent à bousculer les choses en voulant imposer des changements trop rapides ou des systèmes trop complexes.

L'étude fait également ressortir le fait que la PME semble attirer plus particulièrement les individus avides de défis et les diplômés les plus dynamiques:

> «Il est rare qu'un individu ayant débuté dans le secteur des PME le quitte; il va plutôt préférer passer d'une entreprise à l'autre. Le contraire est cependant très fréquent: après avoir occupé pendant quelques années un poste dans la grande entreprise ou dans des organismes gouvernementaux, le défi de la PME et du style de gestion qu'il implique se fait sentir, et l'individu se sent prêt à le relever... Les conclusions sont évidentes: pour demeurer dans la PME, le jeune administrateur a besoin d'y être profondément engagé et l'aspect monétaire ne constitue qu'une partie de cet engagement. Le secteur des PME attire, plus que tout autre, des personnalités avides de défis, qui ont le sens du risque et qui sont convaincues d'avoir un talent novateur qu'elles veulent mettre à profit dans ce milieu.» (Gasse et Germain, 1982).

Si on se replace dans la perspective du perfectionnement du propriétaire dirigeant, on peut dire que l'intégration de jeunes diplômés en administration peut devenir un excellent moyen d'augmenter le potentiel des forces de l'entreprise en joignant la connaissance à l'expérience mais on doit leur offrir le temps pour apprendre et surtout des occasions valables de montrer ce dont ils sont capables.

5.7 LES TECHNIQUES ET LES RESSOURCES DISPONIBLES EN MATIÈRE DE FORMATION ET DE PERFECTIONNEMENT

Le propriétaire dirigeant soucieux de son propre perfectionnement se trouve confronté à de multiples choix car les offres de services sont nombreuses. En effet, la formation et le développement organisationnel ont pris une grande place parmi les différents services offerts aux entreprises. Les techniques de formation et d'entraînement utilisées sont nombreuses et de plus en plus dynamiques. Larouche (1984) classe ces techniques en deux catégories: «celles hors du milieu du travail» et «celles en milieu de travail». Il en donne une description détaillée en ce qui concerne leur nature, leurs avantages et les possibilités associées à chacune de ces techniques de formation ou de perfectionnement.

Les organismes pouvant aider le propriétaire dirigeant dans son perfectionnement sont également très nombreux. Les universités sont de plus en plus à l'écoute des besoins de la PME et elles sont nombreuses à avoir mis sur pied certains programmes de perfectionnement ajustés aux particularités des dirigeants d'entreprise de plus petite taille. Les collèges sont également de plus en plus actifs dans ce secteur. La plupart dispensent d'ailleurs déjà un programme en gestion des affaires en collaboration avec la Banque fédérale de développement. Les thèmes proposés ont tous un lien direct avec les problématiques de gestion typiques des PME et sont abordés à partir d'exemples pratiques à travers lesquels le propriétaire dirigeant peut facilement reconnaître ses préoccupations et les problèmes qu'il rencontre. Les firmes privées proposent différentes sessions spécialisées, généralement selon des horaires beaucoup plus concentrés (deux, trois ou plusieurs jours consécutifs) ou sur une base plus intensive. En général, ces services sont plutôt coûteux pour une PME dont les ressources financières risquent d'être plus limitées.

Plusieurs organismes de financement (les banques, certains organismes gouvernementaux) s'intègrent aussi progressivement dans cette préoccupation du perfectionnement pour les PME. Les approches proposées sont variées et se présentent sous la forme d'un livre ou guide pour certains thèmes (par exemple, l'exportation, l'analyse des états financiers, etc.) ou sous la forme de séminaires, d'ateliers et de rencontres. Enfin, même dans l'élaboration des politiques gouvernementales en matière de perfectionnement de la main-d'oeuvre on se soucie davantage de supporter les PME dans la mise à jour et la formation du personnel. Par exemple, le tout nouveau programme du Fédéral (P.F.M.E.) qui sera mis en vigueur à l'automne aura pour principal avantage de ne pas obliger l'entreprise à disposer d'un nombre élevé d'employés pour pouvoir bénéficier du programme. Pour la PME, il s'agira d'un grand pas, car depuis nombre d'années, elle était rarement en mesure d'avoir des groupes suffisamment élevés pour pouvoir profiter de la formation subventionnée. Le P.S.F.E. (Programme de soutien à la formation en entreprise) peut constituer une autre source d'aide importante pour la petite et moyenne entreprise désireuse de réaliser à moindre coût un plan de développement de ses ressources humaines.

Toujours en ce qui concerne le perfectionnement, les associations et les regroupements de gens d'affaires sont des ressources à ne pas négliger. Dépassant la simple acquisition de techniques et de compétences, elles peuvent devenir un lieu de rencontre et d'échanges dans lequel le propriétaire dirigeant pourra confronter ses valeurs et ses pratiques de gestion. Si le perfectionnement se joue d'abord fondamentalement sur le plan des attitudes, ces associations peuvent favoriser l'ouverture et le partage des expériences des membres, plutôt que de s'en tenir à de simples présentations d'experts extérieurs à périodes fixes. Malheureusement, bon nombre de ces associations ont encore des pratiques qui amènent leurs membres à s'y présenter avec une unique préoccupation, celle de toujours maintenir une image de succès.

CONCLUSION

Un perfectionnement réussi est un processus planifié dont les exigences ont fait l'objet d'une analyse détaillée des caractéristiques du dirigeant, de ses tâches et de l'entreprise. Peu d'attention a été accordée dans ce chapitre au perfectionnement des employés de l'entreprise. Il est cependant tout aussi important que celui du dirigeant lui-même et les PME doivent faire preuve de créativité pour se doter de pratiques qui conviennent à leur situation. Si les ressources humaines constituent la plus grande richesse des organisations, elles méritent qu'on y investisse le temps et l'énergie pour les aider à s'adapter continuellement aux changements incessants qui jallonnent le contexte social, économique et technologique des entreprises d'aujourd'hui.

QUESTIONS

1. «La croissance transforme radicalement la dynamique en vigueur dans l'entreprise qui était, auparavant, restée à une certaine taille.» Commentez cette affirmation.

2. Identifiez dans votre environnement, des exemples d'entreprises ayant dû entamer un processus de perfectionnement en raison de changements dans les réglementations spécifiques ou dans leur secteur d'activités.

3. Comment définiriez-vous la force majeure et le plus grand facteur de succès de bon nombre de propriétaires dirigeants d'entreprises artisanales?

4. Justifiez l'importance de la formation et du perfectionnement pour le propriétaire dirigeant d'une PME en expansion.

5. Expliquez en quoi les modifications dans les valeurs des travailleurs affectent le style de gestion du personnel à privilégier dans les entreprises et plus particulièrement dans le contexte de la PME.

6. En ce qui concerne les besoins de perfectionnement tels que perçus par les propriétaires dirigeants, comment pouvez-vous expliquer le fait qu'ils soient nombreux à ne ressentir aucun besoin majeur dans la fonction «comptabilité»?

7. Quelles sont les grandes dimensions qui devraient être considérées dans le processus d'analyse des besoins de perfectionnement du propriétaire dirigeant de PME?

8. En quoi l'environnement de l'entreprise risque-t-il d'affecter le type de perfectionnement à privilégier?

9. Quel est le lien à établir entre l'attitude et les objectifs cognitifs et psychomoteurs en matière d'apprentissage?

10. Définissez brièvement le concept de délégation et expliquez comment vous le concevez à travers une démarche de perfectionnement.

11. Identifiez quelques-unes des attitudes susceptibles de constituer des obstacles sérieux à la délégation chez le propriétaire dirigeant de PME.

12. Donnez deux avantages de la délégation.

13. Expliquez trois facteurs majeurs qui rendent difficile l'intégration des jeunes diplômés universitaires dans la PME.

15. Que répondriez-vous à un propriétaire dirigeant de PME qui vous dirait: «*La formation des employés, c'est un luxe qu'on ne peut pas se permettre. Ça prend trop de temps et ça coûte trop cher.*»

Cas

LES CRÉATIONS MAM INC.

Marie-Andrée Meunier a terminé une formation technique de niveau collégial en création de vêtements en 1979. Elle effectue alors plusieurs stages et expériences de travail chez trois grands manufacturiers de vêtements. Ces stages lui permettent de saisir les problèmes que vit l'industrie canadienne du vêtement. Elle constate que les patrons sont souvent importés d'Europe et qu'il faut alors les convertir à nos mesures. De plus, les tissus employés pour la confection ne sont pas toujours adaptés à notre climat. Dans le même ordre d'idées, ils ne sont pas toujours d'une très grande qualité.

En 1981, elle crée son entreprise et décide de développer sa propre ligne de vêtements haut de gamme. Les débuts sont difficiles car le financement s'ajoute aux préoccupations qui sont celles de faire connaître son entreprise et à prendre une part de ce marché. Lorsque «Les Créations MAM inc.» est mise sur pied, Marie-Andrée n'a qu'une employée, une couturière, qui travaille avec elle dans le sous-sol de sa maison qu'elle a aménagé à cette fin. Marie-Andrée crée les modèles et développe les patrons en même temps qu'elle s'occupe de la gestion et du marketing de l'entreprise.

Après deux ans d'opération, l'entreprise commence à devenir rentable. Marie-Andrée avait de bons contacts dans le monde de la mode et on commence à demander ses modèles. Elle réalise également des vêtements pour certaines boutiques et pour une clientèle privée. À ce moment, elle décide d'élargir ses activités et de produire des vêtements sur une plus grande échelle en limitant toutefois le nombre d'unités pour chaque modèle.

De 1983 à 1988, l'entreprise connaît une expansion rapide qui dépasse même ce que Marie-Andrée souhaitait au départ. Maintenant installée dans un entrepôt rénové au centre-ville, l'entreprise a plus d'une trentaine d'employées. Une jeune styliste, Claudine Caron s'est associée à Marie-Andrée et elles sont assistées par deux contremaîtresses dans l'atelier de couture. Pour la gestion, elles ont pu engager, il y a trois ans, la soeur de Marie-Andrée qui a terminé un DEC en techniques administratives. Cette dernière joue, à la fois, les rôles de secrétaire et d'adjointe-administrative. Elle s'occupe, entre autres, de la tenue des livres et de la paie, des comptes-clients et des relations avec les fournisseurs. Malgré le succès rencontré par l'entreprise, Marie-André et Claudine se rendent compte qu'elles perdent régulièrement des opportunités intéressantes. Une de leurs compétitrices vient de décrocher des contrats extrêmement intéressants pour des compagnies de mode européenne et le cas s'est déjà produit à plusieurs reprises depuis les derniers mois. Créations MAM inc. est bien connue pour l'originalité et la qualité de ses modèles, mais ce succès est dû principalement aux efforts de créativité des deux jeunes propriétaires de l'entreprise. Elles dessinent les modèles et sont constamment sollicitées par les contremaîtresses pour régler des problèmes inhérents aux ateliers de couture. Elles ont essayé de s'introduire sur des marchés étrangers à quelques reprises mais elles manquent de temps pour ce faire. Elles se rendent également compte qu'elles ignorent tout du contexte qui entoure l'exportation.

Malgré une croissance importante des ventes, les bénéfices de l'entreprise laissent à désirer. Un comptable travaille quelques jours par mois pour l'entreprise mais il demeure peu impliqué dans les politiques de gestion de l'entreprise. À plusieurs reprises, il a souligné des problèmes au niveau des comptes-clients dont certains sont en souffrance depuis plusieurs mois. L'entreprise a pourtant d'importants besoins financiers car elle a dû procéder à l'achat d'actifs importants, entre autres, une vingtaine de machines à coudre sophistiquées en même temps qu'elle a dû restaurer, à ses frais, le local commercial utilisé, pour les activités de l'entreprise. L'endettement est également très important. Lors de l'expansion, les propriétaires de l'entreprise auraient pu obtenir du capital par le biais de deux fournisseurs de tissus désireux d'investir dans l'entreprise. Mais Marie-Andrée et Claudine désiraient contrôler complètement l'entreprise et elles ont préféré avoir recours à un emprunt bancaire pour mener à bien leur projet. Comme le souligne leur comptable, cet endettement a des limites. En effet, l'entreprise pourrait réaliser des contrats plus importants encore si elle pouvait acquérir certains équipements mais la banque n'accepte plus de financer cette expansion à moins que les propriétaires n'offrent des garanties personnelles. Aucune d'elles ne veut y consentir.

Depuis plus de six mois, les choses vont moins bien car Marie-Andrée est enceinte et sa grossesse lui cause maints problèmes qui l'empêchent régulièrement de vaquer à ses occupations professionnelles. Étant donné que c'est elle qui supervise la production dans les ateliers de couture, il y a beaucoup de retard dans les commandes. Bien sûr, les deux contremaîtresses sont sur place mais elles ont très peu de marge de manoeuvre car elles étaient habituées à faire appel à Marie-Andrée pour la plupart des décisions concernant les employées (couturières) et devaient lui rapporter tout problème technique ou toute défectuosité dans l'équipement. Marie-Andrée aime à tout contrôler elle-même et ne souhaite pas voir les employées prendre des décisions même si elles ne sont pas majeures. C'est une perfectionniste qui supporte mal l'erreur et l'intrusion des autres dans sa gestion.

Marie-Andrée l'ignore mais Claudine songe sérieusement à vendre ses parts dans l'entreprise. Depuis quatre ans, Claudine a surtout consacré ses efforts au marketing de l'entreprise et a réussi à décrocher plusieurs gros contrats et affiliations pour l'entreprise. Elle est cependant fatiguée du stress qu'engendre la situation actuelle et une importante maison de mode européenne vient de lui proposer de s'occuper du marketing d'une filiale qu'elle compte installer sous peu au Québec.

QUESTIONS

1. La lecture du cas vous permet-elle de dégager les forces et les faiblesses des deux propriétaires de l'entreprise en matière de gestion? Si oui, quelles sont-elles?

2. Quelle part de responsabilité attribuez-vous aux dirigeantes de l'entreprise dans les problèmes qu'elles rencontrent actuellement?

3. Marie-Andrée Meunier risque d'avoir de graves problèmes à régler à moyen terme. Comment envisagez-vous la situation et que feriez-vous si vous étiez à sa place?

4. Si vous aviez à conseiller les propriétaires-dirigeantes de cette entreprise quant à leur propre perfectionnement, comment interviendriez-vous et quels secteurs seriez-vous porté à leur présenter?

BIBLIOGRAPHIE

Adams, J.D., *Transforming Leadership*, Alexandria, Virginie, Miles River Press, 1986.

Burns, R.N., *Douze leçons sur les objectifs pédagogiques*, Montréal, Éditions Renouveau Pédagogique, 1978.

Deeks, J., *The Small Firm Owner-Manager : Entrepreneurial Behavior and Management Practice*, New York, Praeger Publishers, 1976.

Dell'Aniello, P., Y. G. Perreault et J. Raynault, *Rapport de l'étude des besoins de formation des dirigeants de PME*, Université du Québec à Montréal, 1980.

DuBuisson, P., «La formation des cadres au Québec», *Finance*, vol. 8, no. 42, 17 août 1987, pp. 23-27.

Fergusson, T., «Hidden Dangers», *Canadian Business*, vol. 60, no. 9, septembre 1987, pp. 21-22.

Gagné, R.M., *Les principes fondamentaux de l'apprentissage: application à l'enseignement*, Montréal, HRN, 1976.

Garnier, B., Gasse, Y. et P. Cossette, *«The Training Needs of Owner/managers of Small Business: an empirical pilot study in Quebec»* *Journal of Small Business*, vol. 2, no. 2, 1985, pp. 30-35.

Garnier, B. et Y. Gasse, *Les programmes de formation*, Document de travail 89-55, Faculté des sciences de l'administration, Université Laval, 1989.

Garnier, B. et Y. Gasse, «Training Entrepreneurs Through Newspapers», *Journal of Small Business Management*, vol. 28, no. 1, janvier 1990, pp. 70-73.

Gasse, Y. et C. Germain, «La PME et le diplômé universitaire: réalités et attentes», *Le Pentagone*, vòl. 20, no. 2, avril 1982, pp. 1-7.

Goldstein, I.L. et V.M. Buxton, *Human Performance and Productivity : Human Capability Assessment*, New Jersey, Lawrence Erlbaum Associates, 1982.

Harris, P.R., et D.L. Harris, «Innovative Management Leadership», *Leadership & Organization Development Journal*, vol. 6, no. 3, 1985, pp. 8-10.

Ibrahim, A.B. et J.R. Goodwin, «Perceived Causes of Success in Small Business», *American Journal of Small Business*, vol. 11, no. 2, automne 1986, pp.41-50.

Lafuente, A. et V. Salas, «Types of Entrepreneurs and Firms : The Case of New Spanish Firms», *Strategic Management Journal*, vol. 10, no. 1, janvier-février 1989, pp.17-30.

Larouche, V., *Formation et perfectionnement en milieu organisationnel*, Ottawa, Éditions JCL inc., 1984.

Lessem, R., «Becoming a Metapreneur», *Journal of General Management*, vol. 11, no. 4, été 1986, pp. 5-21.

Lessem, R., *Enterprise Development*, Aldershot, Hampshire, Gower, 1986.

McMullan, W.E. et W.A. Long, «Entrepreneurship Education in the Nineties», *Journal of Business Venturing*, vol. 2, 1987, pp. 261-275.

Ministère de l'Éducation, *Étude sur les besoins de formation en gestion de PME québécoises*, Québec, 1982.

Stevenson, H.H. et J.C. Jarrillo-Mossi, «Preserving Entrepreneurship as Companies Grow», *The Journal of Business Strategy*, vol. 7, no. 1, été 1986, pp. 10-23.

Strazziéri, A., *Étude sur les besoins des chefs d'entreprise en matière de formation : résultats du dépouillement*, Institut d'administration des entreprises, Université de droit, d'économie et des sciences, Aix-Marseille, 1981.

Taylor, H.L., «More Delegation Means Less Frustration», *CA Magazine*, vol. 119, no. 4, avril 1986, pp. 101-107.

Thomas, J. et P. Sireno, «Training Needs of Managers of Small Manufacturing Firms», *American Journal of Small Business*, vol. 4, no. 3, hiver 1980, pp. 38-44.

Ulrich, T.A. et G.S. Cole, «Toward more Effective Training of Future Entrepreneurs», *Journal of Small Business Management*, vol. 25, no. 4, octobre 1987, pp. 32-39.

Waldrop, H., «How to Manage a Growing Company», *Working Women*, avril 1987, pp. 39-42.

— «The New Corporate Elite», *Business Week*, no. 2877, 21 janvier 1985, pp. 62-81.

CHAPITRE 6

STRUCTURE ORGANISATIONNELLE: À CHACUN SON RÔLE

Les chapitres précédents font clairement ressortir l'importance des changements qui doivent s'opérer à la fois dans l'attitude et dans le rôle du propriétaire dirigeant lorsque son entreprise poursuit une phase de croissance. En matière d'attitude, on sait combien la capacité de déléguer devient essentielle en contexte d'expansion. Si l'on considère le rôle qui s'en trouve forcément transformé, on constate également que le propriétaire dirigeant doit remplacer ses tâches de nature exécutoires par d'autres qui le mènent vers l'apprentissage de nouvelles pratiques managériales. À ce titre, l'importance de planifier plus systématiquement l'expansion de l'entreprise en établissant des objectifs plus formels et explicites a déjà été démontrée. L'atteinte de ces objectifs ne peut toutefois être poursuivie qu'à travers une meilleure organisation des fonctions et des rôles des employés et collaborateurs, de façon à ce qu'ils sachent bien ce qu'on attend d'eux et quelles sont à la fois les limites et le cadre des responsabilités qui leurs sont attribuées.

L'entreprise qui se situe au stade artisanal évolue généralement dans un cadre caractérisé par l'absence de structures formelles. C'est le propriétaire dirigeant qui organise, supervise et contrôle à peu près seul la totalité des tâches effectuées par l'ensemble des employés. Il assume les décisions majeures et généralement, c'est à lui que l'on attribue les succès ou les échecs de l'entreprise. Il en est tout autrement pour l'entreprise qui se trouve dans une phase de transition entre le stade artisanal et le stade de croissance dynamique. Dans un tel contexte, la multiplication du nombre d'employés entraîne la nécessité d'avoir plus de collaborateurs. La croissance requiert généralement une plus grande spécialisation dans les fonctions et exige la mise en place d'une structure plus formelle, cette dernière devant à la fois refléter les besoins de l'entreprise et viser l'atteinte des objectifs poursuivis. En effet, selon Deeks (1976) les ajustements psychologiques effectués par le propriétaire dirigeant ne sont pas suffisants en phase de croissance de l'entreprise et le fait de s'interroger sur les perspectives d'expansion de la firme implique nécessairement un degré plus élevé de formalisation et de procédures au niveau structurel.

Comme le fait ressortir Argenti (1970), dans le passé, il était possible pour une entreprise d'atteindre une taille considérable et de continuer d'être dirigée de la même façon. Avec de l'énergie, du courage, du flair et un peu de bon sens, un entrepreneur pouvait faire évoluer son entreprise tout en assumant lui-même la direction. Ce n'est toutefois plus possible aujourd'hui dans un environnement rendu beaucoup plus complexe en raison de l'intensité de la compétition et de la vitesse à laquelle se produisent les changements.

D'après Boone et Kurtz (1983), une grande part du succès d'une entreprise dépend de son organisation. Il est essentiel de disposer d'une structure interne qui permette de concrétiser la planification des dirigeants. L'organisation repose sur trois éléments clés: les interactions entre les personnes, les tâches exécutées en fonction d'un objectif précis et la structure. Ce dernier élément, la structure de l'entreprise, constitue d'ailleurs le thème majeur de ce chapitre.

6.1 PRINCIPES DE STRUCTURES

Avant d'examiner les principes et avantages qui soutiennent l'établissement des structures organisationnelles, il importe de bien définir le concept. Selon Simeray (1986),

> «l'organisation embrasse l'ensemble des moyens matériels et humains alors que la structure concerne plus particulièrement les personnes dans leurs relations d'interdépendance dans l'entreprise. Une structure est donc la disposition d'un ensemble de personnes réunies par un réseau de liaisons de dépendance ou de coopération, constituant d'abord des groupes élémentaires s'intégrant eux-mêmes dans une succession d'ensembles plus complexes dont l'ultime constituera l'entreprise

elle-même. Ces liaisons s'établissent en fonction des responsabilités et prérogatives attribuées à chacun par des décisions de l'autorité supérieure. La configuration de l'entreprise qui en résulte est alors symbolisée graphiquement par l'organigramme; celui-ci met en évidence l'existence des divers groupes dont la réunion sous une même autorité hiérarchique constitue des organismes sans cesse plus complexes. En bref, la structure d'une entreprise est l'organisation des relations entre les personnes qui la constituent.»

Les structures sont conditionnées par quatre grands principes: la coordination, la précision, l'économie et la simplification. En ce qui concerne la coordination, il importe de voir que la structure a d'abord pour but de diviser le travail en différentes unités et d'attribuer à chacune de ces unités des pouvoirs, des droits, des responsabilités, mais aussi des limites qui leurs sont propres. Une structure doit toujours être élaborée en fonction des niveaux de spécialisation des unités ou fonctions et avec souci d'efficacité. En définissant clairement qui fait quoi et relève de qui, en précisant quels sont les réseaux d'autorité, de communication et de liaison entre les différents services ou unités, la structure permet une meilleure coordination des efforts de chacun et évite la confusion et les dédoublements dans les énergies dépensées. Une structure a pour but de coordonner les différentes ressources disponibles à l'entreprise pour favoriser l'atteinte des buts et objectifs fixés.

Le second principe, soit celui de la précision, est très étroitement relié au premier dans la mesure où la structure doit être conçue de façon à éviter le plus possible tout ambiguïté dans les zones d'autorité ainsi que dans les degrés de responsabilité attribués aux différentes unités.

Le troisième principe est celui de l'économie. Dans la plupart des entreprises, les dépenses reliées aux salaires versés aux différentes catégories de personnel comptent pour une part importante des frais d'exploitation. L'économie visée par la structure est d'abord une économie de personnes. Dans la plupart des entreprises, on se soucie d'augmenter la productivité des exécutants de façon à réduire les coûts de production ou d'opération. Mais ce souci d'économie doit aussi concerner l'organisation des tâches du personnel d'encadrement. Plusieurs entreprises de plus petite taille négligent cet aspect, considérant que ce souci n'est valable que dans les entreprises de plus grande taille et que, de toute façon, les individus peuvent très bien organiser le travail par eux-mêmes. Pourtant, le personnel d'encadrement reçoit normalement un salaire plus élevé pour le travail fourni et, par conséquent, l'entreprise a intérêt à rentabiliser au maximum les efforts de chacun.

Les coûts afférents au fonctionnement d'une entreprise sont étroitement reliés au type de structure qu'elle adopte. En ce sens, l'entreprise soucieuse de demeurer compétitive doit toujours rechercher une structure qui définit un coefficient d'encadrement adapté aux exigences de la situation et qui évite la dispersion ou la présence de niveaux inutiles ou inefficaces. Le coefficient d'encadrement peut être défini comme étant le rapport qui existe entre le nombre de personnes affectées aux tâches d'encadrement et le nombre de personnes qui se consacrent aux tâches d'exécution. Ainsi, à titre d'exemple, si le nombre de personnes affectées aux tâches d'encadrement est de 10 dans une entreprise comptant au total 100 employés, on dira que le coefficient d'encadrement est de 1/10 (10/100). Toute entreprise soucieuse de rentabilité doit réaliser qu'une meilleure adéquation entre le coefficient d'encadrement et les objectifs à atteindre a beaucoup d'impact sur ses résultats, compte tenu des rémunérations qu'elle met en jeu. Concrètement, la structure doit toujours être établie de façon à ce que le coefficient d'encadrement soit réduit au minimum, compte tenu des spécificités des activités de l'entreprise ainsi que des capacités des personnes en place. Évidemment, il demeure important de tenir compte du niveau de contrôle accordé à chacun. L'étendue du contrôle accordé à chaque niveau doit être reliée aux capacités du personnel d'encadrement en place. Réduire le personnel d'encadrement au maximum n'aura pas nécessairement l'effet anticipé si on le fait dans le seul but d'économiser du temps-personne et qu'on surchage ainsi les dirigeants en poste.

L'économie de personnes débouche forcément sur un nombre moins élevé de niveaux hiérarchiques. Il en résulte un autre type d'économie qui concerne plus spécifiquement le temps qui est consacré aux communications dans l'entreprise. La transmission de l'information dans l'entreprise entraîne des coûts, ces derniers relevant notamment du temps utilisé à ces fins par les interlocuteurs en cause, de la complexité qui peut amener des délais onéreux ou des supports et instruments utilisés pour diffuser et traiter cette information. Simeray souligne d'ailleurs:

> «La communication d'information entre personnes ou organismes est une cause de frais pour l'entreprise. Il s'agira donc de définir des procédures qui réduisent au minimum nécessaire les communications dans l'entreprise et d'établir des structures qui déterminent un système de liaisons aussi simple que possible. Le temps de l'entreprise vaut beaucoup plus que la simple somme des temps rémunérés de son personnel. Le coût du temps, pour une entreprise c'est celui de ses retards sur ses délais impératifs imprévus.»

Cette économie de liaison est reliée très étroitement au quatrième principe en cause qui est celui de la simplification. En simplifiant sa structure tout en se préoccupant de la rendre efficiente, l'entreprise accroît énormément sa capacité de réagir adéquatement et rapidement aux événements et augmente par le fait même sa fonctionnalité.

Archier et Sérieyx (1984) résument les principes d'une bonne structure en disant qu'il faut «*conjuguer une très grande rigueur des procédures , une attitude pragmatique face à l'inattendu rendant aisé le court-circuit de ces procédures si c'est nécessaire, une réelle perméabilité des fonctions et services, une importante capacité à communiquer et un art de l'enchaînement rapide des phases dans la boucle de réactique*».

6.2 TYPES DE STRUCTURES

Chaque entreprise dispose de ressources, d'un environnement et de conditions qui lui sont propres. Elle a une identité et une situation particulières qui suscitent des besoins et des problèmes tout aussi particuliers. Par conséquent, l'entreprise en expansion qui se retrouve devant l'urgence de développer sa structure organisationnelle ou de modifier celle dont elle s'est déjà dotée, dispose de plusieurs modèles de structures. Il y a, en effet, différentes façons de déterminer le type de structure à mettre en place. À ce titre, il apparaît opportun de revoir brièvement ici les modèles de structures les plus fréquemment utilisés par les entreprises.

La structure hiérarchique

Bien qu'il ne soit pas le plus utilisé, le modèle de la structure hiérarchique est le plus simple. Il est basé sur une ligne d'autorité qui passe directement du dirigeant supérieur aux subordonnés. La chaîne de commandement est très claire à cause de l'extrême simplicité du réseau. Ce type de modèle convient très bien aux entreprises se situant au stade artisanal. La figure 1 représente des variantes de ce modèle.

Ce type de structure présente un avantage évident dans la mesure où la prise de décision est beaucoup plus rapide. En effet, le responsable d'un niveau n'a qu'une seule personne à consulter avant de prendre une décision, soit son supérieur immédiat. Par contre, il y a certains dangers inhérents à ce type de structure. En effet, la personne en autorité assume généralement plusieurs types de fonctions et de responsabilités de façon simultanée. Par contre, il est loin d'être sûr qu'elle dispose de toutes les compétences dans l'ensemble des domaines concernés. Elle risque de se transformer en personne-orchestre qui doit se préoccuper de tout. Il est évident qu'un tel modèle de structure ne peut demeurer efficace et fonctionnel que dans les entreprises de très petite taille.

FIGURE 1

La structure hiérarchique

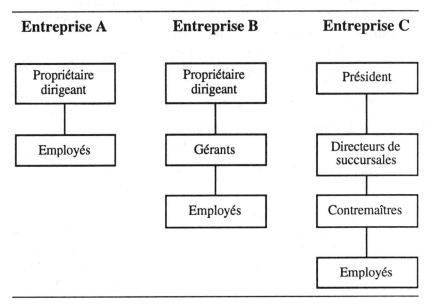

La départementalisation par fonctions

C'est Fayol (1949) qui est à l'origine de la structure par fonctions. L'objectif visé par ce type de structure est l'élimination des désavantages découlant de la structure hiérarchique, principalement celui qui consiste à imputer au même responsable une variété et un nombre important de tâches faisant appel à tout autant de compétences différentes.

Ce type de structure regroupe les activités de l'entreprise à partir de ces fonctions principales, la production, le marketing et les finances. Les tâches ou les fonctions font appel à des spécialisations différentes de la part des personnes devant les assumer. Chaque fonction donne alors lieu à un lien d'autorité direct. Dans la plupart des cas, la départementalisation par fonctions constitue la base même de la répartition du travail aux palliers supérieurs d'une organisation ou d'une entreprise. Ce type de structure est presque essentiel pour la majorité des entreprises au premier niveau de gestion puisqu'il concerne directement les fonctions fondamentales d'une entreprise. La figure 2 présente un exemple simple de structure axée sur les fonctions majeures d'une entreprise.

FIGURE 2

La structure par fonctions

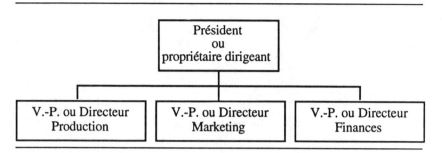

Aussitôt qu'une entreprise atteint une certaine taille, ce type de départementalisation donne naissance à d'autres services ou niveaux en fonction des circonstances et des activités de l'entreprise.

Départementalisation par produits et/ou par services

Comme son nom l'indique, ce modèle de structure se soucie de regrouper les responsabilités et les activités d'une organisation en fonction des différents produits qu'elle offre ou des services qu'elle rend. Il est extrêmement rare que ce type de départementalisation puisse être utilisé au premier niveau de structure d'une entreprise. En effet, il ne tient pas compte de la spécialisation reliée aux fonctions, mais plutôt des spécificités des produits ou des différents services. Il arrive fréquemment que ce type de structure apparaisse justement en contexte d'expansion rapide, que la croissance ait été planifiée ou non. L'expansion a presque toujours pour effet d'augmenter sensiblement les effectifs de l'entreprise et tend à rendre beaucoup plus complexes les tâches des dirigeants en place. La figure 3 présente un exemple simple de départementalisation par produits.

Ce type de structure présente plusieurs avantages dont un des plus importants concerne la maximisation de l'utilisation des immobilisations et des connaissances spécialisées reliées aux produits ou services en cause. Il faut évidemment que le volume relié à la production d'un bien ou d'un service soit suffisamment élevé pour qu'il vaille la peine de segmenter de cette façon les tâches à réaliser. Lorsque c'est le cas, le produit ou service qui fait l'objet d'une dérivation profite alors de mesures et de pratiques de gestion directement ajustées à ses particularités et amène la possibilité de faire appel aux meilleurs spécialistes en regard de ces mêmes particularités.

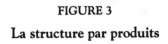

FIGURE 3

La structure par produits

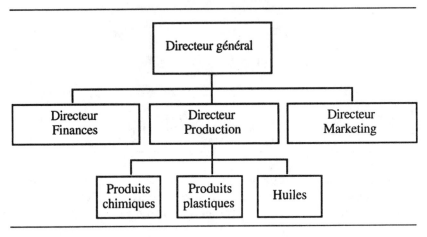

Dans plusieurs entreprises, la départementalisation par produits ou par services s'accompagne d'une responsabilisation des unités identifées sur le plan des bénéfices. Chacune des divisions devient un centre de profit et cette situation permet alors à la direction de l'entreprise de mieux évaluer la contribution de chacune des gammes de produits ou de services par rapport au bénéfice global réalisé par l'entreprise. Une telle évaluation peut permettre à une entreprise d'ajuster ses efforts selon la marge bénéficiaire enregistrée.

Par contre, et c'est ce qui déplait à certains chefs de division aux prises avec une telle structure, il arrive que cette évaluation soit aléatoire, contestable et peu fiable dans la mesure où la prise en considération de certains frais généraux incontrôlables ou de circonstances particulières biaise les résultats attendus. En dernier lieu, il importe de faire ressortir le fait que ce type de structure requiert généralement un nombre beaucoup plus grand de spécialistes en gestion à l'intérieur d'une même entreprise.

La départementalisation par produits ou par services se retrouve essentiellement au sein d'entreprises manufacturières ou commerciales fabriquant plusieurs gammes de produits, offrant de multiples services ou, du moins, cumulant plusieurs spécialités à la fois.

Départementalisation par territoires ou par marchés

On retrouve ce type de départementalisation surtout dans les entreprises d'assez grande taille et dont les activités sont largement diversifées sur le plan géographique ou celui des marchés. Dans ce modèle, les activités et les responsabilités sont regroupées autour des différents territoires desservis par l'entreprise. La figure 4 présente un exemple simple de départementalisation par territoires.

FIGURE 4

La structure par territoires

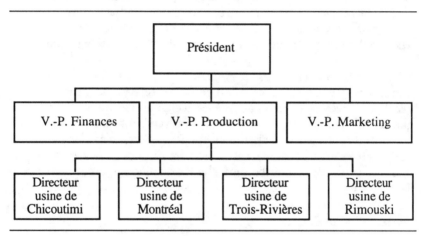

Tout comme la départementalisation par produits ou services, ce type de structure offre l'avantage de pouvoir décentraliser les responsabilités mais à un niveau local. Les unités locales se trouvent souvent très éloignées les unes des autres et de la haute direction de l'entreprise. La décentralisation des responsabilités permet, dans un tel contexte, une plus grande flexibilité qui assure à chaque unité l'autonomie dont elle a besoin afin que ses opérations ne soient pas entravées par des liaisons entraînant des délais indus et coûteux. Cette situation permet également une concentration des efforts, une adaptation aux particularités des marchés locaux et à celles de chaque division, des pratiques et des stratégies directement conditionnées par les besoins du milieu et de l'environnement. Ainsi, par exemple, les pratiques d'embauche et de sélection du personnel d'une division donnée peuvent varier considérablement en fonction de l'éloignement d'une région. Dans le même ordre d'idées, les stratégies de promotion pour un même produit sont

171

susceptibles de varier considérablement selon les caractéristiques socio-économiques des différentes clientèles présentes dans diverses régions. Ce type de structure apparaît donc souhaitable dans les situations exigeant des entreprises qu'elles tiennent compte des particularités locales.

Quelques inconvénients demeurent cependant possibles avec un tel modèle structurel. Tout d'abord, il requiert, comme le précédent, un nombre plus élevé de gestionnaires puisque chaque région doit se doter de ses propres spécialistes. De plus, l'éloignement des succursales entre elles et surtout par rapport à la haute direction de l'entreprise risque de rendre les relations plus complexes et de diminuer le contrôle exercé sur chacune des unités. Enfin, si les unités régionales sont tenues responsables de la rentabilité et évaluées sur cette base, la haute direction doit prévoir des mécanismes de correction qui permettent de tenir compte des problèmes qui peuvent être particuliers à l'une ou l'autre des régions.

Le plus souvent, c'est à l'intérieur de la fonction «ventes» des entreprises commerciales que l'on retrouve ce type de structure. Bon nombre d'entreprises manufacturières décident également de l'adopter, que ce soit pour tenter de réduire les coûts reliés à l'approvisionnement et au transport des marchandises, pour s'assurer d'évoluer dans un milieu où la main-d'oeuvre spécialisée est disponible, ou tout simplement pour se rapprocher d'un marché particulièrement important pour l'entreprise.

Structure matricielle

La structure matricielle est plus brièvement décrite ici puisqu'on la retrouve plus souvent dans des entreprises de grande taille. Peu de PME ont les ressources matérielles et humaines nécessaires pour justifier une telle structure. Rappelons tout d'abord que la structure matricielle ou encore la gestion par projets est presque toujours utilisée en complémentarité avec une ou plusieurs des structures déjà décrites. Avec la structure matricielle, on réunit les spécialistes de différents services de l'entreprise en vue de les amener à réaliser efficacement un projet spécial. Ce qui caractérise une telle structure, c'est le fait que certaines catégories de personnes sont sous l'autorité simultanée de deux supérieurs au lieu d'un seul. On l'utilise principalement dans les domaines concernant la recherche et le développement de nouveaux produits. La figure 5 présente un exemple simple de structure matricielle.

FIGURE 5

Structure matricielle

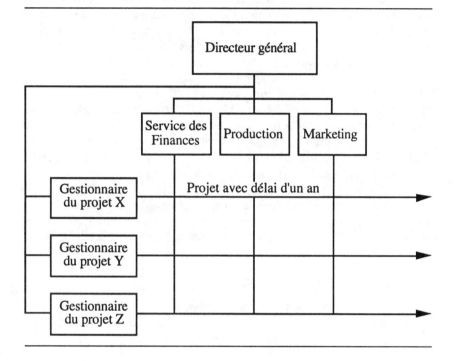

Comme l'écrivent Boone et Kurt (1989),

> «des entreprises aussi diverses que Hydro-Québec, Bell Canada, Culinar, Canadien National et l'Ecole des hautes études commerciales ont adopté ce type de structure afin de mettre en commun les efforts de plusieurs spécialistes fonctionnels et d'en arriver à la solution d'un problème particulier ou à sa réalisation. Comme cette structure est conçue en fonction de problèmes ou de projets spécifiques, une fois le projet défini ou le problème cerné, on choisit les membres qui participeront en fonction de leur compétence particulière. Ainsi, Bombardier Inc., après avoir décidé de mettre au point un train léger, rapide et confortable, le train LRC a mis sur pied un comité de spécialistes en ingénierie, en finance, en marketing, en recherche et en information.»

Combinaison de plusieurs types de structures

Pour décrire les cinq principaux modèles de structures, nous nous en sommes tenus à des représentations schématiques très simples. Dans la

173

réalité des entreprises d'aujourd'hui, les structures sont loin de demeurer aussi peu complexes. La plupart des entreprises en expansion ou ayant atteint une certaine taille élaborent des structures combinées, c'est-à-dire des structures qui font appel à deux ou plusieurs types de départementalisation dont il n'a pas été fait mention, dû au fait qu'ils sont beaucoup moins répandus et ont pour objectif de répondre à des besoins particuliers en se centrant sur les procédés de fabrication, les clientèles ou les centres de service. La figure 6 présente une structure comportant plusieurs types de départementalisation.

Selon Archier et Sérieyx (1984), l'entreprise doit adopter des «structures liquides». Ce sont des structures souples qui favorisent la mobilisation par missions et par contributions (on multiplie les forces de travail et les groupes de projet) au détriment des structures par territoires et par attributions (structures par fonctions et matricielles). Toutes les énergies se polarisant pour l'atteinte d'un objectif clair et connu de tous. Ainsi, ils privilégient les structures simples, à peu de niveaux hiérarchiques et optent pour la centralisation d'un minimum d'activités nécessaires à la cohérence de l'ensemble et à une décentralisation de tout le reste.

FIGURE 6

Combinaison de plusieurs types de structures

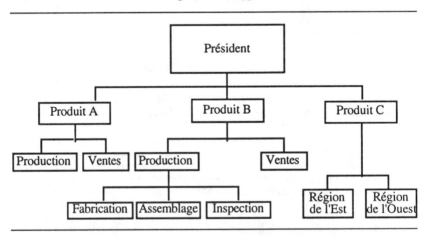

6.3 LES COMPOSANTES DE LA STRUCTURE

L'identification des composantes de la structure d'une entreprise s'appuie sur l'analyse de quatre facteurs majeurs: la mission et les objectifs

174

de l'entreprise, les activités de l'entreprise, les types de relations, le personnel et l'information.

La mission et les objectifs de l'entreprise

L'entreprise doit effectuer des choix concernant les composantes de sa structure à partir de la mission qu'elle se donne et des objectifs qu'elle poursuit à court, moyen et long terme. En effet, la structure d'une organisation est efficace lorsqu'elle facilite la contribution des individus à la réalisation des objectifs de l'entreprise. Si, par exemple, l'objectif consiste à réaliser un certain taux de bénéfices au cours d'une période donnée au sein d'une entreprise de fabrication de meubles, le modèle organisationnel susceptible de faciliter l'exécution de ce projet devra respecter le principe de l'unité des objectifs. Peu importe les buts, la structure et les activités de l'organisation doivent toujours être évaluées en fonction de l'efficacité avec laquelle elles aident les personnes à les réaliser (Koontz et O'Donnell, 1980).

Les activités de l'entreprise

Les objectifs poursuivis conditionnent fortement la nature et le type d'activités en cause dans une entreprise. Ces activités sont alors directement orientées vers les buts visés et ajustées aux disponibilités et aux contraintes de l'entreprise. L'analyse des activités est donc à la base même de l'élaboration d'une structure organisationnelle car on établit généralement cette dernière à partir du volume d'activités requis par une fonction ou un secteur en particulier. Les activités de l'entreprise déterminent les besoins de coordination et, à leur tour, ces derniers déterminent les composantes de l'organigramme. Ainsi, une entreprise qui se spécialise principalement dans la fabrication d'un produit accordera probablement une place prépondérante à la fonction production dans sa structure. Les autres services seront également importants mais leurs activités seront directement centrées vers le support, la promotion et la gestion de cette fonction majeure. De la même façon, dans le cas d'une entreprise oeuvrant spécifiquement dans la vente, la structure organisationnelle sera principalement articulée autour de la fonction marketing.

L'aspect relationnel (décision vs conseil)

Une structure efficace doit décrire de façon très claire les niveaux de décision et les relations d'autorité. Elle doit également faire ressortir les relations fonctionnelles ou de type «conseil» que l'entreprise souhaite établir entre les différents services ou unités.

L'analyse des dimensions relationnelles est donc cruciale lors de l'élaboration d'une structure organisationnelle. Ainsi, l'entreprise décidera d'investir certains directeurs de service ou chefs d'unité d'une autorité hiérarchique leur permettant d'exercer un contrôle direct sur les employés sous leur responsabilité. À leur niveau respectif, ces dirigeants ont un pouvoir décisionnel bien délimité. On attribuera à d'autres services ou unités un rôle centré sur l'aspect fonctionnel. Un rôle «conseil» ou de support sera attitré à un ou plusieurs autres services de l'entreprise. Ces derniers effectueront des enquêtes, des recherches ou produiront des rapports ou autres types de tâches leur permettant d'aider les autres services à mieux fonctionner. Leur position dans la structure ne leur confère cependant aucune autorité directe sur les autres services.

Dans la majorité des cas, les structures organisationnelles sont élaborées en combinant à la fois des fonctions ou unités dotées d'une autorité hiérarchique et d'autres qui sont vouées à un rôle consultatif ou fonctionnel.

Le personnel et l'information

L'efficacité d'une structure a en effet des liens avec les types de division du travail envisagé pour l'atteinte maximale des objectifs poursuivis. Pourtant, cette efficacité passe d'abord et avant tout par la qualité et la valeur des personnes qu'elle met en cause et par l'intégration de leurs actions mutuelles. Simeray (1966) avance d'ailleurs à ce sujet:

> «Les principes de structure permettent d'élaborer pour l'entreprise, en fonction de ses activités propres, une organisation qui théoriquement doit lui assurer un optimum d'efficience. Mais la qualité finale de son fonctionnement dépend du comportement des hommes auxquels elle confère attributions et responsabilités. Ce coefficient humain qui pondère la qualité de la structure est lui-même le produit de trois facteurs: la valeur des hommes, la connaissance qu'ils ont de la structure, leur motivation à la faire fonctionner au mieux. La valeur d'un homme dans l'entreprise est le produit de sa compétence professionnelle par sa capacité d'intégration dans la structure.»

Aussi il est particulièrement important de dépasser l'expertise technique ou professionnelle des personnes et d'analyser leur potentiel de commandement, de gestion, de coopération et d'intégration à travers une structure organisationnelle.

L'information est une autre dimension importante en regard de la structure. Il importe au plus haut point que l'aspect relationnel visé par la structure soit non seulement bien connu de tous, mais aussi compris et accepté. Une structure efficace devrait toujours amener chaque employé à connaître parfaitement le cadre et les limites de ses attributions ainsi que les limites de celles attribuées à ses pairs ou supérieurs. Le système de liaison à établir doit être le plus clair possible et permettre les interactions à travers un processus qui répond à la fois aux besoins des individus et à ceux de l'entreprise.

Cette dimension peut se résumer sous le terme «culture» de l'entreprise. Selon Archier et Sérieyx (1984), *«reconcevoir les structures et les règles du jeu de l'entreprise en tenant compte du plus grand nombre des valeurs socioculturelles spécifiques de ceux qui travaillent est un facteur important de réussite»*. Emerson (1985) souligne également l'importance de considérer la culture de l'entreprise dans toute tentative de (re)structuration.

Il ne faut pas oublier que tout changement dans la structure modifie la procédure interne de communication de l'entreprise. Aussi, il est parfois recommandé de ne pas changer la structure de l'entreprise de façon trop radicale, car bien souvent, les changements ne seront pas intégrés et la stratégie visée ne sera pas atteinte. En effet, il est souvent plus utile et rentable de connaître le style de la firme (les attitudes des employés, leur motivation et leurs aptitudes), et d'opérer par l'intégration de ce style dans la structure pour établir un équilibre des aptitudes à différents niveaux dans l'organisation. Archier et Sérieyx affirment que le processus d'élaboration a beaucoup plus d'importance que le résultat: *«qu'importe un projet un peu difforme si, au bout du compte, chacun a participé à sa construction et y retrouve une partie de la vérité pour laquelle il est prêt à se battre»*.

6.4 LA PME EN EXPANSION FACE À LA NÉCESSITÉ D'ÉLABORER SA STRUCTURE ORGANISATIONNELLE

Ces théories organisationnelles portant sur les différents types de structures peuvent laisser perplexe le propriétaire dirigeant de PME qui désire restructurer son organisation sur comment s'attaquer concrètement à cette tâche. Il souhaiterait peut-être disposer de moyens concrets ou d'outils pouvant lui indiquer le type de structure le plus approprié à sa situation et la façon de la mettre en place. Malheureusement, il n'existe aucune formule miracle avec un nombre défini d'étapes et de règles pour élaborer la structure organisationnelle d'une entreprise. Chaque entreprise a ses propres besoins et objectifs. Elle dispose d'un potentiel, de limites et d'un environnement qui lui sont propres. Dans le cas des PME, cette dernière affirmation a encore plus d'importance puisque l'entreprise se confond, dans la plupart des cas avec son ou ses propriétaires dirigeants et que, par conséquent, l'identité de l'entreprise provient principalement des atouts mêmes de ses principaux acteurs. Chaque entreprise doit elle-même analyser sa situation et tenter de déterminer le type de structure le plus efficace pour atteindre ses objectifs.

Les stades de développement et la taille de l'entreprise

La plupart des entreprises encore au stade artisanal ont une structure extrêmement simple et purement informelle. Plusieurs recherches ont décrit la dynamique de gestion propre à ce stade en faisant ressortir que, dans la majorité des cas, le ou les propriétaires dirigeants d'entreprises prennent toutes les décisions importantes et sont responsables d'à peu près tout ce qui s'y passe. On les retrouve même étroitement associés à certaines tâches de nature exécutoire. Dans ce contexte, une structure formelle serait tout à fait inutile puisque le volume d'activités permet à un seul niveau de direction d'assumer toutes les responsabilités. Dans ces circonstances, tous les employés savent implicitement de qui ils relèvent et connaissent rapidement les limites de leur propre fonction dans l'entreprise.

La situation se transforme radicalement lorsque l'entreprise amorce ou subit une forte phase d'expansion et qu'elle tend vers le stade de croissance dynamique. Le volume d'activités et le nombre d'employés risquent alors d'augmenter considérablement et rapidement et les pratiques de gestion habituelles deviennent de plus en plus inefficaces. Dans bien des cas, le propriétaire dirigeant s'adjoint de nouveaux collaborateurs et ne voit pas dans l'immédiat la nécessité de bien délimiter leurs rôles et leurs limites. Ces nouveaux collaborateurs s'intègrent très rapidement dans l'entreprise et les employés ne sont pas toujours suffisamment informés du nouveau style de fonctionnement en train de s'instaurer. C'est souvent à cette étape de l'évolution d'une entreprise que survient la nécessité d'établir une structure organisationnelle et de la traduire par un organigramme formel. La section qui suit propose quelques conseils aux propriétaires dirigeants qui désirent procéder à une restructuration de leur organisation.

Avant d'étudier ces conseils plus précisément, chaque entrepreneur doit avoir à l'esprit que toute entreprise qui grandit, perd de sa capacité d'innovation et de flexibilité (Deeks, 1976). La formalisation des canaux de communication, la nécessité d'un degré plus élevé de consultation et de liaison inter-départementales, ainsi que l'institutionalisation des sous-systèmes organisationnels poursuivant leurs propres buts, sont autant d'éléments pouvant contrecarrer la réussite d'un processus de changement ou d'innovation. Il importe d'appréhender l'entreprise en tant que système ouvert sur l'environnement (les gens, l'énergie, l'information, etc.) et donc de procéder à une estimation de ses activités, de sa philosophie et de son attitude face aux contraintes.

Le propriétaire dirigeant doit en premier lieu analyser les activités ou fonctions importantes dans l'entreprise

Il s'agit de la première étape à franchir car elle permet de faire le bilan de ce qui se passe dans l'entreprise et d'établir ce qui devra être ajouté en raison d'une expansion prévisible. Quelques activités et fonctions suffisamment complexes ou importantes pourront justifier le fait qu'on les regroupe à l'intérieur d'un service ou d'une unité distincte. À ce stade de la réflexion, le travail concerne précisément le premier niveau de la structure à établir. L'exemple qui suit illustre comment peut s'effectuer cette première étape.

– René Bouffard est actuellement propriétaire dirigeant d'une entreprise se spécialisant dans la fabrication et la réparation de meubles. Il a toujours dirigé seul l'entreprise avec l'aide de six contremaîtres dont un affecté au service de réparation et cinq à la fabrication. Il a embauché un comptable sur une base contractuelle et trois représentants qui s'occupent des ventes. Le chiffre d'affaires a doublé depuis trois ans. M. Bouffard est débordé et pressent qu'il y a encore des opportunités d'expansion importantes pour l'entreprise. Depuis quelques mois, il songe à s'adjoindre de nouveaux collaborateurs. Il désire conserver la gestion financière de l'entreprise et celle du service de réparation. Il a l'intention de créer deux nouveaux services bien identifiés et prévoit l'organigramme suivant:

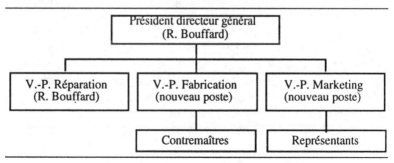

179

L'analyse des activités de l'entreprise a incité M. Bouffard à établir son premier niveau de structure par fonctions. Ses activités actuelles et ses objectifs d'expansion visant à accaparer une plus grande part du marché l'ont ainsi amené à s'adjoindre un collaborateur compétent pour rationaliser son processus de fabrication, en même temps qu'une autre personne qui aidera l'entreprise à devenir plus agressive sur le plan des ventes.

Une fois le premier niveau de structure établi, le propriétaire dirigeant doit déterminer si certaines fonctions ou unités demeurent encore trop complexes pour être sous la responsabilité d'une même personne. Si c'est le cas, un deuxième niveau de structure doit être élaboré en suivant le même cheminement qu'à la première étape.

En deuxième lieu, il faut déterminer la nature du travail pour chaque unité

Une fois l'identification des différents services ou unités à formaliser terminée, le propriétaire dirigeant doit alors préciser la nature du travail qui sera accompli à l'intérieur de chacune des unités. Puisque la structuration formelle d'une entreprise a d'abord pour but de canaliser les énergies de chacun vers la poursuite des objectifs, il est crucial que chaque service connaisse parfaitement ce qui est attendu de lui, tant sur le plan de la qualité que sur celui de la quantité. Concrètement, chaque poste de l'organigramme doit faire l'objet d'une description des fonctions, en ayant soin de préciser le niveau de responsabilité qui lui est accordé.

La troisième étape à franchir est l'analyse des niveaux de décision et des liaisons souhaitées entre les différents postes de l'organigramme

Cette étape est cruciale dans le processus d'élaboration d'une structure. Elle consiste à établir le niveau d'autorité ou de décision qui sera attitré à chaque service ou unité de l'organigramme. Chaque service doit connaître clairement les limites de son champ d'intervention. Lorsque le propriétaire dirigeant d'une petite entreprise est à l'étape de la planification de la structure de l'entreprise, il est fort possible qu'il se sente prêt à déléguer de nombreux pouvoirs à d'autres. Il est important qu'il essaie d'anticiper si cela lui sera aussi facile lorsque viendra le temps de passer à l'action. Dans le cas des responsabilités plus difficiles à déléguer, il peut examiner la possibilité de créer plutôt des fonctions conseil qui pourront le supporter dans une prise de décision plus éclairée.

L'élaboration de l'organigramme constitue une sorte de portrait graphique de la structure organisationnelle. Ce dernier doit faire ressortir clairement: les bases de la structure, le nombre de niveaux hiérarchiques, la nature du travail confié à chaque unité, les relations d'autorité directe, les fonctions conseil.

Le propriétaire dirigeant doit tenir compte des contraintes reliées à la mise en place d'une structure

Il peut sembler facile d'établir sur papier une structure organisationnelle basée sur les besoins, objectifs et priorités de l'entreprise. La situation risque de se compliquer lorsqu'il s'agit de passer à l'action. La contrainte la plus importante peut provenir de l'entrepreneur lui-même. En effet, se retrouver à la tête d'une organisation plus vaste et plus structurée exige d'importantes modifications d'attitudes. L'entrepreneur réalise alors qu'il doit systématiquement délaisser certaines tâches, accepter d'être beaucoup moins près de certains employés et surtout obligé de partager effectivement certaines responsabilités avec d'autres personnes. La difficulté de déléguer et de faire confiance aux autres a d'ailleurs été longuement traitée dans un chapitre précédent. Le défi majeur consiste à délaisser les détails pour amorcer un style de gestion plus global.

Des contraintes importantes peuvent également provenir des employés dans la mesure où certains risquent d'avoir des attentes que les nouvelles structures ne rencontrent pas. Dans plusieurs petites et moyennes entreprises, le dirigeant a tendance à confier des postes de responsabilités aux personnes les plus compétentes sur le plan technique ou professionnel. Le mécanicien le plus aguerri ou l'ingénieur le plus créatif n'ont pas nécessairement les attitudes et les compétences nécessaires pour gérer des équipes de travail, ou assumer la gestion d'un service. Avant d'effectuer des choix, il est essentiel d'analyser soigneusement les exigences personnelles et professionnelles reliées aux fonctions et anticiper l'impact possible des décisions qui seront prises. Un employé de longue date acceptera-t-il facilement d'être dirigé par un autre beaucoup plus jeune? Comment les employés accueilleront-ils un patron venu directement de l'extérieur? De quelle façon les employés percevront-ils la promotion de l'un d'entre eux?

Voilà autant de questions que doit se poser l'entrepreneur désirant formaliser la structure de son entreprise mais maintenir la motivation et la satisfaction de ses troupes.

Enfin, les ressources matérielles et financières disponibles peuvent également devenir des contraintes majeures. Il est possible que la structure envisagée requière l'embauche de personnel supplémentaire, ce qui entraîne des dépenses beaucoup plus élevées qu'un simple réaménagement des postes actuels. Dans le même ordre d'idées, une nouvelle structure prévoyant des modifications dans les postes de travail, les équipements et les installations peut entraîner des dépenses considérables. L'entreprise doit s'assurer qu'elle dispose des moyens financiers pour concrétiser sa nouvelle structure.

On doit tenir compte de la personnalité du dirigeant et de ses incidences sur la structure de l'entreprise

Selon Miller et Toulouse (1986), plus le propriétaire dirigeant est flexible plus la structure est informelle. Par contre, plus son degré de réalisation (c'est-à-dire son besoin de s'investir dans des défis qu'ils se donne) est élevé, plus formalisée sera la structure.

Enfin, plus son degré de contrôle (interne, par rapport à sa vie et externe, par rapport aux événements du contexte) est élevé, plus il sera prêt à déléguer et donc à privilégier une structure informelle.

Bien qu'on ne puisse pas déceler les causes de ces prédispositions, il n'en reste pas moins que leurs incidences sont grandes sur la structure organisationnelle de la PME. Il est donc nécessaire pour un entrepreneur de procéder à une auto-analyse de son mode de fonctionnement.

6.5 LES ASPECTS PARTICULIERS DE STRUCTURE ORGANISATIONNELLE RELIÉS AUX ENTREPRISES FAMILIALES

Le développement de la structure organisationnelle dans les entreprises familiales présente une dynamique et une problématique particulières. Selon Barry (1985), plusieurs problèmes proviennent du fait que l'entreprise familiale met en présence deux systèmes sociaux, soit l'entreprise et la famille. Il s'agit de systèmes dont les objectifs et intérêts peuvent facilement devenir contradictoires. L'auteur identifie également le traditionnalisme en cause qui arrive facilement à scléroser l'entreprise et à l'empêcher d'évoluer rapidement. Certes, pendant des années, des entreprises familiales se sont créées, ont réussi à se maintenir et à prendre de l'expansion malgré tous les inconvénients dont fait état Barry. Cependant, la situation actuelle, qui exige des entreprises une capacité d'effectuer des changements de façon extrêmement rapide, risque de poser certains problèmes à l'entreprise familiale. Comme le souligne Sofer (1961), pendant des années, le problème d'un recrutement inadéquat de cadres intermédiaires dans les entreprises familiales a été étroitement relié à la pratique courante qui consiste à réserver les postes de haut niveau à des membres de la famille.

L'entreprise familiale qui désire revoir sa structure organisation-nelle peut rencontrer certaines difficultés. Comme le souligne Barry, dans l'entreprise familiale, l'organisation tend à être inflexible. Le nombre de niveaux hiérarchiques ne reflète pas nécessairement la réalité et semble en général loin d'être satisfaisant pour faire face aux exigences requises par les nouvelles technologies. Les entreprises familiales n'opèrent généralement pas de grands bouleversements structurels parce qu'il y a souvent trop d'intérêts en jeu.

L'expansion qui exige l'adoption de nouvelles technologies ou de personnel extérieur supplémentaire risque d'entraîner des coûts importants. Les membres de l'entreprise familiale ne seront pas toujours d'accord pour en accepter les conséquences sur leur situation. Par ailleurs, il est à remarquer que les membres d'une famille ne sont pas nécessairement des entrepreneurs «par nature», mais plutôt par tradition.

Les cas des successions

Nous aimerions ajouter quelques mots sur l'acquisition et la succession et ses conséquences pour l'entreprise. En effet, selon le mode d'acquisition de la PME (création, achat, héritage), on découvre un profil de dirigeant différent et, par conséquent, une structure organisationnelle différente.

Selon Cooper et Dunkelberg (1986), le fondateur d'une entreprise est celui qui présente le type entrepreneurial (goût du risque) le plus fort et évolue dans une structure plutôt informelle.

L'héritier, quant à lui, est souvent du type gestionnaire et ses motivations ainsi que ses attitudes le poussent vers une expansion de l'entreprise dans une structure formelle.

Ainsi, le processus de succession peut entrer en conflit avec la structure existante et mettre en péril la survie de l'entreprise. Un plan de succession est donc souhaitable. Malheureusement, nombre de propriétaires dirigeants n'en sont pas conscients (Gasse, Théberge et Naud, 1988). De plus, Bernstein (1987) constate que les propriétaires dirigeants sont confiants face à l'avenir et à la la succession, mais paradoxalement, ils ne prévoient pas d'objectifs clairs à long terme en ce qui concerne la gestion de l'entreprise quand ils n'y seront plus. Trop impliqués personnellement dans leur entreprise, ils sont incapables d'envisager le futur.

En conséquence, le successeur ne conviendra pas nécessairement pour les fonctions qu'il aura à assumer. Il sera souvent tenu à l'écart des problèmes familiaux liés à l'entreprise qui peuvent expliquer de nombreux dysfonctionnements. Enfin, l'entrepreneur a tendance à ne pas considérer les solutions rentables pour son entreprise (embauche d'un expert externe, système de partenariat, etc.) et il néglige fréquemment le potentiel entrepreneurial de sa fille ou de sa femme. Malheureusement, la ferveur avec laquelle le dirigeant aura construit son entreprise sera de la même intensité que celle de sa «myopie» et de son obstination face à la succession.

6.6 LA PME ET LA MISE SUR PIED D'UN CONSEIL D'ADMINISTRATION

De plus en plus de petites et moyennes entreprises en expansion profitent de la mise en place d'une structure plus formelle ou d'une période de difficulté ou d'expansion pour instituer un conseil d'administration. Cependant, bon nombre de propriétaires dirigeants se montrent encore très réticents face à ce changement.

Ces réticences peuvent avoir plusieurs sources. Il y a d'abord le mythe selon lequel le conseil d'administration puisse seulement être utile et possible dans les entreprises de grande taille. Le propriétaire d'une petite entreprise a d'ailleurs tendance à croire qu'il peut lui être difficile d'intéresser des personnes sérieuses et compétentes pour participer à la gestion de son entreprise. Une autre raison provient de l'attitude fondamentale de plusieurs entrepreneurs, hésitants à partager l'information confidentielle concernant leur entreprise avec des personnes de l'extérieur. D'ailleurs, ils ne disposent pas toujours de ces informations sous une forme suffisamment ordonnée et concise pour être présentées à des partenaires. Enfin, il est possible que l'entrepreneur soucieux de conserver son indépendance et la marge de manoeuvre qui lui est si chère, craigne de perdre le contrôle de son entreprise ou, du moins, de diminuer considérablement le pouvoir dont il dispose. Il s'agit de réactions prévisibles lorsque l'on considère les caractéristiques personnelles typiques des entrepreneurs.

Cependant, la PME qui envisage l'expansion doit pouvoir réviser ses positions et mettre toutes les compétences disponibles à sa disposition au moindre coût possible. À ce titre, la formation d'un conseil d'administration doit pouvoir être envisagée sous un autre angle. Tout d'abord, le conseil d'administration peut fournir à l'entreprise l'occasion d'obtenir une aide extérieure moyennant des coûts minimes. De plus, même s'il faut divulguer certaines informations et partager certaines décisions, il ne faut jamais oublier que le rôle du conseil d'administration dans une PME consiste le plus souvent à supporter le propriétaire dirigeant dans l'établissement des objectifs de l'entreprise et à rechercher avec lui les meilleurs moyens de les atteindre. Il le guide dans ses grandes stratégies, suggère des approches mais n'a pas à s'immiscer dans la gestion courante de l'entreprise. Certes, un président de PME doit tenir compte la plupart du temps des avis de son conseil d'administration. Cependant, aussi longtemps qu'il possède la majorité des actions de l'entreprise, il conserve le dernier mot sur les décisions majeures.

Depuis 1977, le Groupement québécois d'entreprises a entrepris de proposer de l'aide à ses membres pour se doter de conseils d'administration adaptés à leurs besoins et centrés sur l'entrepreneur. Plusieurs entreprises du Québec ont d'ailleurs décidé de tenter l'expérience et se sont munies d'un conseil d'administration. Certaines l'ont fait parce qu'elles se trouvaient en difficulté, d'autres pour obtenir un support supplémentaire face à l'expansion ou à la croissance projetée. La majorité d'entre elles ne regrettent pas cette décision et émettent des commentaires positifs à cet égard. Aussi, semble-t-il à propos de rapporter quelques témoignages réels (bien qu'on omette volontairement de nommer les entreprises et les dirigeants) mettant en relief divers aspects reliés à l'utilité d'un conseil d'administration.

- Un propriétaire dirigeant d'une entreprise fabriquant des revêtements extérieurs: «Ce que le conseil m'a apporté se situe surtout au niveau des éclaircissements ou des avertissements qu'il me donne, comme par exemple l'élaboration d'un projet d'expansion. Le CA n'est pas une machine qui produit mais qui conseille d'abord. Je pense qu'il n'y a pas de formule magique pour savoir combien d'administrateurs sont nécessaires, si le conseil doit avoir un pouvoir décisionnel ou pour décider de la fréquence des rencontres. Toutes ces décisions doivent venir de l'intérieur de l'entreprise.»

- Un fabriquant de produits dans le secteur du bois: «Nous avons un conseil depuis 1984. Je me sers du conseil comme un support et un complément pour mieux diriger. Ensemble, nous avons réalisé beaucoup de choses, entre autres nous avons conçu un plan d'expansion et de modernisation. Le conseil n'est pas impliqué dans les détails quotidiens. Il l'est seulement face aux grandes orientations telles que la diversification des activités futures de l'entreprise ou l'acquisition de nouvelles compagnies.»

- Un fabriquant d'articles publicitaires et de cadeaux: «C'est en premier lieu à moi-même que le conseil a été le plus bénéfique. Je m'en sers beaucoup pour vérifier mes perceptions et mes choix de chef d'entreprise. Mon conseil m'a aussi apporté une aide précieuse lorsque nous avons négocié avec le syndicat les conditions d'une convention collective.»

- Un propriétaire dirigeant dans l'industrie du carton: «Comme action concrète, le conseil a commencé par me suggérer un diagnostic d'entreprise. Il en est justement ressorti le manque de plan directeur. À partir de là, nous avons identifié les secteurs où il y avait le plus de faiblesses et des actions précises ont été entreprises... Le conseil nous aide à agir plutôt qu'à réagir. Il pose les bonnes questions et aide l'entrepreneur à aller plus loin.»

- Un propriétaire dirigeant d'entreprise se spécialisant dans la fabrication d'outillage: «Le conseil est exigeant et c'est ce qui le rend efficace car il nous force à avoir plus d'ordre et de méthode. Il est pour moi un guide qui m'a apporté une certaine discipline et plus de rigueur dans ma démarche administrative. Les administrateurs sont aussi près de nous que le téléphone et je n'hésite pas à les appeler au besoin.»

- Un propriétaire dirigeant d'usine fabriquant des produits chimiques: «Notre conseil est là depuis 1983. Personnellement l'expérience est très satisfaisante. La valeur des jetons de présence est un investissement et non une dépense. J'y investis 7,000 $ par année. C'est minime par rapport au personnel que j'aurais dû engager pour obtenir toute l'information que j'ai reçue. Avoir un conseil d'administration ne dépend pas du chiffre d'affaires ou du nombre d'employés. Un entrepreneur devrait songer à un conseil d'administration à partir du moment où il travaille 70 heures par semaine et qu'il ne peut plus y arriver.»

- Un propriétaire d'entreprise dans le secteur du plastique: «Le principal avantage du conseil est de nous aider à penser à long terme. Avec lui, je pense et je planifie en sortant du quotidien. J'aurais dû en avoir un beaucoup plus tôt car je pense que c'est utile peu importe la taille de l'entreprise. Il ne faut pas choisir des administrateurs parce que ce sont des amis mais parce qu'ils sont compétents.»

Dans un contexte où la compétition est de plus en plus féroce et où les changements se produisent à un rythme effréné, la petite et moyenne entreprise a tout avantage à se doter d'un réseau d'information et d'aide le plus large possible. La formation d'un conseil d'administration est déjà un pas important dans la recherche de ce réseau. Les administrateurs de l'entreprise, par leur expertise et leur propre réseau, viennent élargir considérablement celui de l'entrepreneur.

Le propriétaire d'une PME qui décide de constituer un conseil d'administration peut réussir à lui donner la place, le rôle et le style de fonctionnement qui répondent à ses besoins. Il existe de multiples façons de fonctionner en dehors des règles du jeu déjà établies à ce titre dans les grandes entreprises. Les conseils les plus appropriés concernent la nécessité de s'associer avec des personnes dont les compétences comblent les lacunes de l'entrepreneur et avec qui il se sent à l'aise et en confiance. À ce sujet, un article paru dans *Les Affaires* (1991) donne quelques guides que nous reproduisons dans les paragraphes suivants:

Qui recruter au conseil d'administration?
Des gens de l'extérieur, compatibles et complémentaires.

(...) *Pressés par le temps, plusieurs chefs d'entreprise ont fait entrer à laur conseil des amis, leur comptable, leur avocat ou encore le spécialiste en financement corporatif qui a réalisé la première émission d'actions.*

«Ces personnes n'ont pas d'affaires sur un conseil», ont affirmé Jean La Couture, président et chef de la direction de La Garantie, compagnie d'assurance, et Louis-Paul Nolet, associé chez Biron, Lapierre, Dubé, Nolet, Falardeau, Leblond & associés, qui ont aidé à former une centaine de conseils d'administration au cours de leur carrière. Tous deux ont oeuvré pendant plusieurs années au Groupe Mallette, Maheu.

Selon M. La Couture, les professionnels externes qui conseillent l'entreprise sont déjà en contact avec le chef d'entreprise et lui prodiguent déjà tous les conseils qu'ils sont en mesure de donner.

Selon M. Nolet, le poste d'administrateur qu'ils occupent serait mieux utilisé s'il était occupé par un président ou un directeur général d'une autre entreprise.

Selon M. Nolet, les entreprises manufacturières de 50 employés et de 2 M $ de ventes et plus devraient se doter de conseil d'administration. Les plus petites devraient opter plutôt pour un comité consultatif, qui remplit le même rôle en terme de conseil, mais sans les responsabilités et les formalités d'un conseil. (...)

Selon Jean La Couture, les deux prérequis les plus importants à respecter lors de la formation d'un conseil d'administration de PME sont «la compatibilité et la chimie» des administrateurs choisis avec le propriétaire dirigeant et «la complémentarité des connaissances et des qualifications» du propriétaire dirigeant avec celles des administrateurs.

«Si le propriétaire dirigeant est un spécialiste de la production comme c'est souvent le cas, il doit recruter à son conseil des personnes qui connaissent bien la gestion, le marketing ou la finance; s'il veut exporter aux États-Unis, il aurait intérêt à avoir un administrateur qui connaît bien le marché américain», a encore affirmé M. La Couture.

De son côté, Louis-Paul Nolet, a énoncé cinq règles d'or dans la formation d'un conseil d'administration. Ces règles, qui proviennent de la National Association of Corporate Directors, valent pour l'ensemble des entreprises:

187

1. *un conseil doit être surtout formé de gens de l'extérieur de l'entreprise. Les gestionnaires de l'interne n'ont généralement pas la liberté de s'opposer ouvertement à une proposition de leur; ils sont pris dans le tourbillon quotidien de l'entreprise et n'ont pas la vision à moyen terme nécessaire;*

2. *les administrateurs externes doivent être des président ou des directeurs généraux d'autres compagnies. Ils doivent avoir de l'expérience et bien connaître les problématiques de la gestion d'entreprises; leurs expertises sont différentes et ils ont leur propre réseau de contacts;*

3. *les retraités ne font pas tous de bons administrateurs. «Il ne faut toutefois pas généraliser, avertit M. Nolet; certaines personnes prennent leur retraite plus jeunes et restent très bien renseignées même si elles ne dirigent plus une entreprise;*

4. *comme règle générale, un administrateur qui est président ou directeur général d'entreprise ne devrait pas accepter plus de trois postes d'administrateur dans d'autres entreprises.*

«C'est exigeant de siéger à un conseil si on veut bien faire son travail; il faut suivre l'industrie et lire les rapports qui parviennent de la direction; un administrateur externe fait souvent partie d'un comité du conseil, qui lui aussi se réunit.»

5. *Un conseil doit refléter la diversification géographique et sectorielle de l'entreprise.*

Selon Louis-Paul Nolet, la direction d'une entreprise attend beaucoup des administrateurs. Voici certaines de ces attentes:

- *la transmission de leurs connaissances et de leur expertise personnelle à l'entreprise;*
- *de la crédibilité; les administrateurs doivent pouvoir ouvrir des portes, faciliter l'accès à des décideurs;*
- *les administrateurs doivent être capables d'évaluer les cadres supérieurs de l'entreprise, de savoir détecter la relève parmi eux au besoin;*
- *avoir de la vision de façon à savoir où va ou encore quelle direction doit prendre la compagnie;*
- *avoir du leadership et être capable de communiquer facilement leur pensée aux réunions. M. Nolet ajoute que les administrateurs doivent comprendre que leur premier rôle est de protéger les intérêts des actionnaires et non ceux du chef de la direction même si c'est ce dernier qui a recommandé leur nomination au conseil.*

Les administrateurs doivent également être capables de prendre les décisions qui s'imposent dans les périodes de crise. (...)

(Les Affaires, 14 au 20 septembre 1991).

Un bon conseil d'administration n'est pas nécessairement très coûteux et constitue pour la PME une occasion privilégiée de profiter de l'expertise de personnes spécialisées dans des secteurs qui présentent des problèmes. Enfin, une PME doit disposer d'un conseil d'administration formel si elle désire faire appel au financement public.

QUESTIONS

1- Quels liens pouvez-vous établir entre la structure organisationnelle, la mission et les objectifs d'une entreprise?

2- Décrivez le style de gestion en vigueur dans l'entreprise artisanale en ayant soin de l'associer au type de structure organisationnelle qu'on y rencontre le plus fréquemment.

3- Pour quelles raisons majeures une entreprise en croissance risque-t-elle de devoir modifier sensiblement sa structure?

4- Élaborez une définition acceptable du concept de structure organisationnelle à partir des éléments énoncés dans ce chapitre.

5- Qu'est-ce qu'un organigramme? Décrivez de façon explicite ses composantes majeures.

6- Décrivez brièvement les quatre grands principes qui sous-tendent l'élaboration de la structure d'une organisation.

7- Expliquez en quoi consiste le «coefficient d'encadrement» d'une entreprise.

8- En quoi l'économie de personnes est-elle liée à la transmission d'information en regard du type de structure organisationnelle en cause?

9- Identifiez les principaux types de structure et donnez une brève description de chacune.

10- Expliquez l'avantage majeur que peut procurer la départementalisation par territoires.

11- Décrivez brièvement les quatre composantes majeures constituant la base même de toute structure organisationnelle.

12- Quel est le premier conseil que vous donneriez à un propriétaire dirigeant de PME qui songe à l'expansion et s'interroge sur le type de structure organisationnelle à adopter?

13- En quoi les activités de l'entreprise sont-elles importantes dans le choix d'un type de structure en particulier?

14- Pourquoi est-il si important de bien établir les niveaux de décision et le type de liaisons souhaité dans un organigramme?

15- Comment décrivez-vous les contraintes majeures qui risquent de se présenter dans une entreprise en croissance, lors de la mise en place d'une structure organisationnelle formelle?

16- En quoi les problèmes de structure peuvent-ils devenir particuliers lorsqu'ils surviennent à l'intérieur d'une entreprise à caractère familial?

17- Expliquez cinq avantages possibles pour la PME qui décide de faire appel à un conseil d'administration.

Cas

SPORT-PLUS INC.

Sport-Plus inc. est une entreprise se spécialisant dans la fabrication d'articles de sport de haut de gamme. En opération depuis plus d'une vingtaine d'années, elle a connu une forte croissance puisqu'au cours des dix dernières années, le nombre d'employés est passé de 40 à 120 tandis que le chiffre d'affaires a presque quintuplé. L'entreprise a à son actif deux usines dont l'une dans l'est du Québec et l'autre dans la région de Montréal. L'une des usines produit principalement des articles pour le sport nautique tandis que l'autre fabrique des accessoires pour l'ensemble des sports de raquettes ainsi que des vêtements de sport.

M. André Boisvert, fondateur et P.D.G. de l'entreprise a décidé de convoquer une réunion spéciale à laquelle assisteront ses principaux collaborateurs en matière de gestion. En l'occurence, ces personnes sont:

• Monsieur Louis Francoeur, directeur de la production;

• Monsieur Germain Lafleur, directeur du marketing;

• Madame Louise Desaulniers, responsable des achats;

• Monsieur Denis Boily, gérant d'usine;

• Monsieur Alain Caron, gérant d'usine;

• Madame Aline Lecompte, comptable de l'entreprise.

Lors de cette rencontre, M. Boisvert compte discuter de certains problèmes qui le préoccupent particulièrement. Entre autres, il veut se pencher plus spécifiquement sur les problèmes suivants:

1. À plusieurs reprises depuis deux ans, M. Lafleur s'est plaint du fait que l'usine de l'est du Québec a été incapable de produire à temps pour certaines commandes spéciales non prévues dans le plan de production initial. Monsieur Lafleur a été informé que les matières premières nécessaires pouvaient difficilement être obtenues à court terme et que, par conséquent, la demande ne pouvait être satisfaite dans les délais exigés. Au cours des six derniers mois, l'entreprise a perdu la clientèle assidue d'une grande chaîne de magasins parce qu'elle n'a pas pu livrer la marchandise à la date promise. De plus, des problèmes de transport sont venus compliquer la situation. Le gérant de cette usine transige lui-même avec de petits transporteurs locaux de façon à réduire les coûts dans son centre d'opération.

2. L'usine de Montréal, pour sa part, est grandement sous-utilisée. L'équipement n'est utilisé qu'à 60% de sa capacité. Les équipements disponibles concernent surtout la fabrication de vêtements de sports. M. Alain Caron, gérant de cette usine n'est pourtant pas inquiet de cette situation. Il a toujours souhaité que l'entreprise abandonne ce genre de production. Il se sent aussi démuni, car il connaît mal la production de vêtements et se plaint régulièrement qu'il est à la merci de son contremaître en chef, M. Jacques Blondin (pour le secteur des vêtements).

3. Les gérants d'usine ont, depuis quelques mois, soulevé beaucoup de problèmes d'approvisionnement car madame Desaulniers occupe un bureau au siège social de l'entreprise, situé dans un centre de distribution au centre-ville. Elle n'est donc pas sur place et est peu au courant des problèmes quotidiens de production. Son objectif est clair depuis plusieurs années: elle veut conserver les stocks au plus bas niveau possible et ce, de façon constante. Elle prétend d'ailleurs que les gérants d'usine planifient trop peu d'avance leurs opérations. Cependant, ces derniers expliquent leur difficulté à planifier, par le grand nombre de commandes importantes de dernière minute.

4. Chaque gérant d'usine a deux contremaîtres sous sa responsabilité. Ces derniers supervisent le personnel et s'occupent également des problèmes directement reliés à la production. Les relations sont orageuses entre les gérants et les contremaîtres depuis quelques mois. Les contremaîtres se plaignent depuis longtemps d'avoir à mener à bien les opérations avec de l'équipement usé et, dans bien des cas, désuets. Les gérants ont fait part de la situation à monsieur Francoeur, mais ce dernier ne croit pas qu'il vaille la peine d'investir pour acheter de nouveaux équipements. Il n'en a pas parlé lui-même à

monsieur Boisvert mais ce dernier a été mis au courant par Aline Lecompte qui visite à l'occasion les usines.

Tous ces problèmes inquiètent André Boisvert. Depuis deux ans, il s'est beaucoup éloigné de la gestion de l'entreprise et il songe même à vendre l'entreprise. À 50 ans, il souhaite profiter de ses avoirs et de sa santé encore très bonne et envisage d'arrêter définitivement ses activités d'affaires. Récemment, Germain Lafleur lui a fait part de son désir de se porter acquéreur de l'entreprise avec un groupe d'investisseurs dont il fait partie. Ce dernier entrevoit de nouvelles possibilités de croissance pour l'entreprise à condition qu'on modernise les équipements et qu'on soit plus agressif sur le plan du marketing. Il songe d'ailleurs très sérieusement à des possibilités d'exportation sur le marché américain.

QUESTIONS

1. À partir des informations données dans le cas, tracez l'organigramme actuel de l'entreprise en spécifiant les tâches et responsabilités que vous attribuez à chacune des personnes y figurant.

2. L'entreprise rencontre plusieurs problèmes. Certains de ces problèmes laissent-ils entrevoir des difficultés de fonctionnement avec la structure actuelle? Si oui, lesquels?

3. Quelle évaluation pouvez-vous faire de la situation actuelle de l'entreprise?

4. Monsieur Lafleur acquiert prochainement l'entreprise et en deviendra le P.D.G. Vous devez l'aider à réorganiser la gestion et la structure de l'entreprise. Qui lui conseillez-vous?

BIBLIOGRAPHIE

Archier, G. et H. Sérieyx, *L'entreprise du 3e type*, Paris, Seuil, 1984.

Argenti, J., «The Techniques of Growing», *Management Today*, vol. 12, février 1970, pp. 2-4.

Barry, B., «The Development of Organization Structure in the Family Firm», *Journal of General Management*, vol. 3, no. 1, automne 1975, pp. 42-60.

Bernstein, G.L., «The Entrepreneurial Family and Its Future», *Vital Speeches*, vol. 53, no. 7, janvier 1987, pp. 205-207.

Boone, L.E. et D.L. Kurtz, *L'entreprise d'aujourd'hui: structure et dynamique*, Montréal, Éditions HRW Ltée, 1989.

Cooper, A.C. et W.C. Dunkelberg, «Entrepreneurship and Paths to Business Ownership», *Strategic Management Journal*, vol. 7, 1986, pp. 53-68.

Deeks, J., *The Small Owner-Manager: Entrepreneurial Behavior and Management Practice*, New York, Praeger, 1976.

Emerson, R.V., «Corporate Planning: A Need to Examine Corporate Style», *Long Range Planning*, vol. 18, no. 6, décembre 1985, pp. 29-33.

Fayol, H., *General and Industrial Management*, New-York, Pittman Publishing Corporation, 1949.

Gagné, J.-P., «Un conseil d'administration n'est pas un club d'amis», *Les Affaires*, vol. LXIII, no. 36, 14 au 20 septembre 1991, pp. 16-17.

Gasse, Y., G. Théberge et J. Naud, «La continuité dans la PME familiale», *Revue internationale PME*, vol. 1 no. 1, 1988, pp. 43-56.

Koontz, H. et C. O'Donnell, *Management: principes et méthodes de gestion*, Montréal, McGraw-Hill Éditeurs, 1980.

Miller, D. et J.M. Toulouse, «Chief Executive Personality and Corporate Strategy and Structure in Small Firms», *Management Science*, vol. 32, no. 11, novembre 1986, pp. 1389-1409.

Simeray, J.P., *La structure de l'entreprise*, Paris, Entreprise moderne d'édition, 1966.

Sofer, C., *The Organization from Within*, London, Tavistock Publications, 1961.

— «Entrepreneurship an Paths to Business Ownership», *Strategic Management Journal*, vol. 7, 1986, pp. 53-68.

Chapitre 7

LA PRATIQUE DE L'ADMINISTRATION

L'ensemble des concepts présentés au cours des chapitres précédents fait clairement ressortir le type de modifications essentielles qui doivent être amorcées par le propriétaire dirigeant qui désire que son entreprise prenne de l'expansion. Ces modifications se sont jusqu'ici surtout concentrées sur le plan des attitudes et du style de gestion en vigueur dans l'entreprise. À ce titre, l'importance de la délégation et la nécessité d'établir des réseaux de direction, de communication et de collaboration clairs ont déjà été explicitées. Cependant, il n'a pas encore été question du degré de rationalisation administrative souhaitable en regard de la situation des PME en expansion. Ce chapitre aborde donc le sujet des pratiques managériales à instaurer pour assurer le succès des petites et moyennes entreprises envisageant ou affrontant une période de croissance. L'établissement d'une structure organisationnelle formelle constitue certes une amorce vers une certaine rationalisation administrative, mais elle ne demeure que le cadre à l'intérieur duquel certaines pratiques managériales devront être davantage élaborées et explicitées.

L'utilité d'une plus grande rationalisation administrative pour assurer le succès d'une PME en croissance n'a plus à être démontrée. En effet, même dans le cas d'entreprises de petite taille ne se situant pas en contexte d'expansion, le nombre d'échecs est très élevé. Comme le soulignent Perreault et Dell'Aniello (1981), nombreuses sont les entreprises qui échouent au cours de leurs premières années d'existence.

> «*De toutes les nouvelles entreprises lancées, environ 50 % abandonneront en deçà de deux ans et approximativement les 2/3 en deçà de cinq ans. Après cinq ans, le taux de mortalité des entreprises diminue rapidement. La plus grande cause de ces échecs en affaires est la mauvaise gestion. Année après année, le manque d'expérience et d'aptitude à la gestion ont causé environ 90 % de tous les échecs, selon les analyses de Dun & Bradstreet.*»

En contexte d'expansion, une plus grande rationalisation administrative devient encore plus fondamentale. Les opérations et le personnel se multiplient, l'entreprise grossit ainsi que le nombre de niveaux hiérarchiques et il devient rapidement impossible de faire fonctionner efficacement l'entreprise sans bénéficier de pratiques de gestion plus formelles, appuyées par des politiques et des systèmes adéquats.

Plusieurs recherches ont fait ressortir le peu de planification et de rationalisation administrative dans la plupart des PME déjà existantes. On souligne d'ailleurs combien le processus managérial demeure prédictif et relève des croyances, des habiletés et des intuitions de l'entrepreneur dirigeant, ce processus étant partagé dans certains cas avec de très proches collaborateurs ou associés de celui-ci. De nombreuses études, entre autres celles de Deeks (1976), de Mancuso (1975) et de d'Amboise (1974), ont clairement démontré que les petites entreprises sont beaucoup plus concernées par les objectifs à court terme que par ceux à long terme et qu'elles privilégient la planification quotidienne, au jour le jour, plutôt que de s'astreindre à des processus de planification stratégique à plus long terme, qui leur semblent inutiles et inadéquats. Aussi longtemps que la taille de l'entreprise permet à son dirigeant de gérer efficacement les opérations de l'entreprise, ce type de pratique est loin d'être une déficience et demeure plutôt un atout qui permet à l'entreprise une plus grande flexibilité, étant donné le caractère adaptatif de ce type de gestion. Mais encore là, un contexte de croissance ou d'expansion vient fondamentalement modifier la validité de ces dernières affirmations, puisqu'il permet rarement de poursuivre pendant longtemps un processus de gestion adaptatif ou prédictif, ne s'appuyant sur aucune ou à peu près aucune politique ou aucun système de gestion.

Quoi qu'il en soit, devons-nous affirmer qu'il faut nécessairement que les PME envisageant une croissance adoptent d'emblée les techniques de planification et de rationalisation administratives développées par les grandes écoles d'administration et en vigueur dans les entreprises de grande taille? On a longtemps cru, en effet qu'il s'agissait d'une alternative presque inéluctable et qu'il suffisait aux entreprises de plus petite taille d'utiliser les mêmes processus et procédés que les grandes entreprises en réduisant toutefois l'échelle et le cadre. La réalité a fait ressortir que les deux systèmes que sont la petite et la grande entreprise sont incomparables et ce, encore plus spécifiquement en regard de leur dynamique, de leurs besoins fondamentaux et des contraintes qui leur sont propres. Comme l'affirment Welsh et White (1981), une PME n'est pas une grosse entreprise réduite à une plus petite échelle. Il s'agit d'une préoccupation qui doit soutenir et guider toute tentative d'exploration des processus de rationalisation administrative à mettre en place dans une entreprise de plus petite taille. Aussi, sans vouloir oublier ou faire fi de toutes les théories administratives suggérées pour les grandes entreprises, il importe d'examiner la problématique d'une plus grande rationalisation administrative dans une perspective qui tienne compte de la taille de l'entreprise et de ses particularités. Les éléments qui suivent ont justement pour but d'examiner la question en la situant au coeur même des préoccupations, possibilités et contraintes qui structurent l'environnement et la dynamique d'une PME en contexte de croissance actuelle ou éventuelle.

Dans un chapitre précédent, l'importance d'une plus grande planification a été longuement traitée et on y a fait ressortir l'importance d'établir des objectifs clairs. On a par la suite développé l'utilité de s'adjoindre des collaborateurs et de mieux définir les fonctions et les responsabilités de chacun. C'est déjà une amorce importante vers une meilleure gestion, mais la rationalisation administrative constitue vraiment un outil dont ne peut se passer l'entreprise en voie d'expansion.

7.1 POURQUOI UNE PME EN EXPANSION DEVRAIT-ELLE ENVISAGER UNE PLUS GRANDE RATIONALISATION ADMINISTRATIVE?

L'entreprise en voie de croissance qui s'est déjà souciée d'établir ses axes d'action en les traduisant sous forme d'objectifs de développement et qui a élaboré des politiques aidant à mieux les atteindre, a déjà entamé un processus de planification beaucoup plus formalisé que celui rencontré dans la majorité des PME. Cependant, aussitôt que l'entreprise atteint une certaine taille, l'introduction de systèmes de gestion et de méthodes d'exécution de certaines tâches ou fonctions risque de devenir impérative. En effet, à partir d'un certain stade, des politiques sont nécessaires pour guider les collaborateurs dans la gestion courante de l'entreprise. Ces politiques constituent un énoncé des actions ou orientations à prendre suivant les circonstances. Cependant, certaines situations risquent d'exiger de façon péremptoire l'élaboration de méthodes ou de systèmes plus explicites. Si la politique détermine ce qui doit être fait, un système vient pour sa part préciser comment une politique doit être appliquée. Le système décrit normalement la nature et la séquence des étapes qui doivent être franchies dans un cas particulier donné. La figure qui suit illustre la différence entre une politique, qui dit quoi faire, et une méthode qui rend plus explicite les façons de faire les choses.

FIGURE 1

Une politique et un système pour la supporter

POLITIQUE (Quoi faire)	MÉTHODE OU SYSTÈME (Comment le faire)
Politique concernant le paiement des comptes-clients et le recouvrement	Méthode ou système de recouvrement des comptes-clients
Tous les comptes-clients doivent être réglés à l'intérieur d'une période de trente jours. Une fois ce délai terminé, des frais d'intérêt de 2% par mois deviennent exigibles.	Dans le cas où le compte reste impayé 40 jours après la date de facturation, un avis écrit concernant la politique de crédit et signé par le directeur des finances est expédié au client avec un état de compte.
	• Si le compte demeure impayé après 60 jours, le préposé au recouvrement téléphone au client pour s'enquérir de la situation et s'entendre avec ce dernier sur des conditions fermes de règlement.
	• Si le compte reste toujours impayé après 90 jours, le directeur des finances expédie au client une lettre recommandée, laquelle stipule qu'un règlement complet est exigible dans les cinq jours qui suivent. Dans un cas de non-règlement, on avise le client que le compte sera confié à une agence de recouvrement.
	• Si aucun paiement n'est reçu après 95 jours, le compte est effectivement confié à une agence et le client en est avisé par lettre.

En se dotant de bons systèmes ou procédés, l'entreprise évite ainsi que les problèmes soient toujours traités à la pièce et selon le bon jugement des personnes qui s'y trouvent confrontées. Un système ou une méthode bien développé définit des normes et la marche à suivre dans le cas des activités importantes pour l'entreprise et, surtout, a pour effet d'uniformiser les critères de décisions relatifs à des situations analogues pouvant être rencontrées par des personnes différentes dans l'entreprise. En somme, la rationalisation administrative est directement reliée à la fonction de planification, car elle précise les moyens à prendre pour atteindre les objectifs visés.

Selon Shostack (1989), cette forme d'organisation établit les politiques et les procédures des secteurs non opérationnels comme la fonction personnelle, le secteur comptable ou législatif. Grâce à cette spécialisation, ces unités (ou «bureaux») ont un contrôle total sur un service spécifique.

7.2 LES BASES DE LA RATIONALISATION ADMINISTRATIVE

Fondamentalement, la **taille de l'entreprise** ainsi que le **volume** et la **fréquence** de certaines activités constituent les premiers critères à considérer lorsqu'on veut déterminer la pertinence et la rentabilité de l'établissement de systèmes ou méthodes. Miller (1987) définit également la taille comme critère de formalisation. Il est évident que l'entreprise qui se situe au stade artisanal a rarement besoin de se doter de tels outils puisque le personnel est assez peu nombreux pour que chacun puisse être supervisé et dirigé directement. Bien que la petite entreprise puisse mettre en place des structures sophistiquées et interactives, ainsi qu'un système décisionnel analytique, les conséquences sont généralement inconsistantes. D'ailleurs, dans la plupart des cas, le propriétaire dirigeant de l'entreprise est presque toujours au coeur même des activités et préfère prendre lui-même l'ensemble des décisions affectant la plupart des éléments de la gestion courante de l'entreprise. Les opérations demeurent elles aussi généralement limitées sur le plan quantitatif et peuvent, par conséquent, être facilement gérées par une ou deux personnes sans que cela ne vienne entraver la bonne marche de l'entreprise. C'est généralement au moment où l'entreprise amorce une croissance et atteint une certaine taille qu'il devient approprié de rationaliser certaines tâches ou fonctions.

On a déjà mentionné les caractéristiques de ce stade de croissance dynamique au cours duquel le personnel, les opérations ou les ventes et le volume d'activités sont susceptibles d'augmenter considérablement, et ce qui est encore plus important, à un rythme qui n'a pas toujours été planifié par le ou les dirigeants de l'entreprise. À ce titre, le nombre d'employés concernés par le même type de fonctions ou de décisions, et/ou le volume et la fréquence de certaines opérations ou situations constituent des éléments majeurs pour décider de la rationalisation souhaitable ou non de certaines activités. À titre d'exemple, l'entreprise qui embauche peu de personnel n'a pas besoin de se doter d'un système d'embauche et de sélection de personnel, mais il en va tout autrement pour l'entreprise qui doit régulièrement recruter de nouveaux employés. Dans le même ordre d'idées, l'entreprise qui ne fabrique ou ne vend qu'un seul produit n'a nul besoin de mettre en place un système pour déterminer l'apport de ce dernier aux profits de l'entreprise, tandis que celle qui en fabrique plusieurs a tout avantage à disposer d'un système lui permettant d'identifier les produits lui assurant la meilleure marge bénéficiaire.

Enfin, le nombre de personnes confrontées au même type de situations ou de décisions est également déterminant. Ainsi, par exemple, si une seule personne est responsable des retours de marchandises, il n'est nul besoin d'avoir une procédure ou un système à cet effet, tandis que cela devient un impératif dans le cas des entreprises à plusieurs succursales où plusieurs personnes auront à faire face à ce genre de situation.

La **standardisation des activités**, fonctions ou opérations est un deuxième principe important qui est à la base même de toute rationalisation administrative. Toute entreprise soucieuse d'excellence devrait se doter d'un minimum de standardisation dans l'ensemble de ses pratiques de gestion. Ces dernières concernent plus particulièrement les points suivants.

Tout d'abord, l'entreprise doit vendre ou fabriquer des produits d'une certaine qualité établie au départ par l'entreprise et uniformiser ses pratiques en matière de gestion du personnel. Plusieurs exemples tirés du quotidien des entreprises permettent de voir comme il peut être malsain pour le climat d'une organisation de gérer le personnel sur une base inéquitable ou, du moins, tellement variable que chaque personne sait difficilement ce à quoi elle peut s'attendre dans certaines circonstances. Les employés doivent avoir en main des outils qui leur permettent de s'assurer que les actions qu'ils posent, ou les décisions qu'ils prennent, sont en accord avec l'orientation de l'entreprise.

Un autre élément de standardisation concerne le traitement, les conditions et le service qui sont offerts par l'entreprise à son système client. L'ensemble des transactions des employés avec les clients de l'entreprise doit s'effectuer de telle façon que ces derniers connaissent bien les politiques de l'entreprise qui les concernent et qu'ils aient toujours l'impression d'être traités de façon rationnelle, juste et équitable.

Un troisième critère de base justifiant la rationalisation administrative d'une fonction ou activité réside dans le **principe d'interchangeabilité**. Lorsqu'une fonction ou activité est appuyée par une méthode détaillée ou un système très explicite, il est beaucoup plus facile d'augmenter le nombre de personnes pouvant effectuer la tâche en question ou prendre la ou les décisions pertinentes. Ainsi, une personne quittant définitivement l'entreprise peut être remplacée plus rapidement puisque l'entraînement de son successeur est rendu plus facile grâce à la disponibilité de règles de fonctionnement explicites. Il en va de même pour les absences de personnel, occasionnelles ou de courte durée. Encore là, la présence de systèmes ou de méthodes clairement énoncées facilitent la prise en charge temporaire et rapide d'une même fonction par plusieurs personnes différentes et pas nécessairement initiées aux caractéristiques et exigences de la dite fonction ou activité.

Le quatrième critère de base sous-tendant la rationalisation administrative se traduit par le **principe de compatibilité ou de complémentarité**. Lorsqu'on parle de ces deux éléments, on pense surtout à la relation entre les systèmes ou méthodes adoptées et les règles des organismes ou éléments de l'environnement risquant d'avoir un impact direct ou indirect sur les procédures de l'entreprise. Ce dernier principe s'illustre plus aisément avec des exemples concrets. Ainsi, par exemple, si l'entreprise doit fournir de façon obligatoire certaines informations à l'État ou à certains organismes régissant son secteur, il est fort possible qu'elle ait intérêt à rationaliser par différents systèmes les zones d'activités concernées par l'information requise. De plus, elle a évidemment avantage à opter pour des systèmes qui auront la structure et le cadre nécessaire pour traiter l'information sous la forme exigée par le ou les requérants. En se préoccupant de cette dimension dès le départ, l'entreprise évite d'avoir à transformer l'information recueillie pour la transmettre aux organismes concernés, épargnant ainsi souvent une somme appréciable en ressources humaines et matérielles.

La compatibilité et la complémentarité ne demeurent toutefois pas des considérations qui ne doivent s'appliquer qu'en relation avec des agents extérieurs. À l'intérieur même de l'entreprise, l'ensemble des systèmes administratifs adoptés doit constituer un ensemble de procédés et de méthodes formant un tout congruent, dont les différents éléments se complètent sans jamais se dédoubler. L'entreprise soucieuse d'efficience ne développe pas de multiples systèmes ou procédés administratifs à gauche et à droite sans se préoccuper des interrelations et des complémentarités possibles entre ces dernières. De nombreuses études ont été faites sur la recherche de gestalt et de configurations. Toutes ont considéré l'organisation sous l'angle d'une construction d'éléments en interaction et se renforçant mutuellement, plutôt que sous celui de l'assemblage d'unités indépendantes. Les aspects stratégiques, structurels et environnementaux ne forment qu'un système intégré dont les parties ne se supportent et n'ont de signification que par rapport à la configuration prise dans son ensemble.

Enfin, les exigences et contraintes associées aux nouvelles technologies sont loin d'être à négliger lors de la mise sur pied de systèmes et de procédés administratifs. La micro-informatique et l'automatisation deviennent de plus en plus l'apanage des entreprises les plus préoccupées par la productivité et la compétitivité à l'intérieur de leur propre marché. Aussi, la préoccupation de rationaliser les activités et les fonctions doit s'accompagner forcément d'une acuité particulière dans la recherche des possibilités qui permettront à l'entreprise de produire les données sous la ou les formes requises à l'aide de logiciels adaptés et disponibles.

Dans le domaine des nouvelles technologies, le Japon occupe actuellement une place prépondérante et plusieurs de ses entreprises sont à l'avant-garde dans le domaine de la rationalisation des activités. Certaines d'entre elles se sont ainsi dotées, par exemple, de micro-ordinateurs et de logiciels leur permettant d'élaborer rapidement des soumissions à partir des spécifications énoncées dans les appels d'offres ou les commandes de certains clients. Ces logiciels peuvent estimer de façon très rapide les coûts et élaborer l'échéancier d'un projet à partir de spécifications données. L'offre de service produite est ensuite produite sous une forme qui correspond directement aux exigences du marché ciblé.

On a souvent tendance à percevoir la PME comme capable de se passer de ce genre de raffinement technologique. Cependant, dans de nombreux secteurs, les nouvelles technologies ne constituent plus un luxe, mais plutôt un outil essentiel pour soutenir la compétitivité des entreprises.

La planification et une plus grande rationalisation administrative sont des conditions extrêmement importantes pour l'entreprise qui se préoccupe de demeurer concurrentielle dans des marchés dont les frontières ne cessent de s'élargir. Les petites et moyennes entreprises d'aujourd'hui ne peuvent plus envisager d'opérer à l'intérieur d'un secteur limité, peu diversifié, et sans se soucier de leurs pairs et concurrents possibles. Elles pourraient décider de s'en tenir à un segment très particulier et bien défini, mais elles peuvent de moins en moins éviter l'incursion d'autres entreprises dans leur zone de rayonnement. Dans bien des cas, les règlements et les législations évoluent aussi rapidement que les nouvelles technologies. C'est pourquoi la PME doit les traiter avec circonspection. La rationalisation administrative (ou la bureaucratisation) est la seule défense effective à l'égard de ces changements. Grâce à l'emploi et à la formation d'experts et de spécialistes dans des domaines bien précis (la comptabilité, la législation fiscale, par exemple), la PME en croissance aura les compétences et les connaissances suffisantes pour dépasser ces difficultés contextuelles.

7.3 QUELQUES EXEMPLES DE MÉTHODES ET/OU DE SYSTÈMES LES PLUS COURAMMENT RENCONTRÉS DANS LES PME EN EXPANSION

Le budget ou système financier

Dans la plupart des petites et moyennes entreprises, le budget est le premier système administratif à être adopté dans l'organisation, probablement à cause des contraintes liées aux besoins de cette dernière de se financer, de faire des profits et de produire des rapports pour certaines institutions telles que l'état ou les maisons de financement. Selon d'Amboise (1974), le budget de l'entreprise a malheureusement été trop souvent perçu comme un simple moyen de contrôle dans bon nombre de petites et moyennes entreprises. Dans ces conditions, le budget ne peut jouer son véritable rôle qui est celui d'outil et de résultat de planification.

> «Le budget, c'est l'expression monétaire des objectifs, des plans qu'on veut suivre. Dans sa préparation, c'est-à-dire dans la transposition des objectifs en termes financiers, il sert d'instrument, d'aide à la planification elle-même. Il amène celui qui le prépare à concrétiser ses objectifs et ses plans. Il lui permet de voir de façon plus réaliste l'ampleur de ses ambitions. De plus, il l'oblige à considérer les efforts véritables que l'entreprise devra faire pour réaliser les activités exigées par les plans. Il met aussi en évidence les contraintes de tous ordres, financières principalement, que lui impose sa situation.»

Par rapport aux stades de croissance d'une entreprise, un budget bien préparé peut permettre de déceler, d'identifier ou même d'initier une phase de croissance pour l'entreprise. Quoi qu'il en soit, il s'agit d'un système essentiel et présent dans la majorité des entreprises ayant dépassé le simple stade artisanal.

De plus en plus, la micro-informatique propose aux propriétaires dirigeants de petites et moyennes entreprises des logiciels fort intéressants pour les aider à tenir leur comptabilité et à préparer leur budget. Toutefois, il ne faut jamais oublier que le logiciel en lui-même ne demeure toujours qu'un outil et que l'entreprise conserve toujours une grande part de responsabilité dans la détermination des données qui lui seront utiles.

En contexte d'expansion, l'entreprise doit se soucier de mieux gérer et de contrôler les aspects suivants. Tout d'abord, le prix de revient puisqu'il est à la base même de la politique de fixation des prix et qu'il aide l'entreprise à mieux cerner les produits dont il faut accentuer la promotion parce qu'ils contribuent plus largement aux profits et ceux qu'il serait préférable de cesser de fabriquer ou de vendre. Lorsqu'on planifie de nouvelles activités, il est également crucial pour l'entreprise de connaître à l'avance et de façon précise son seuil de rentabilité. On se souvient que ce dernier se traduit concrètement par le volume des ventes ou de la production nécessaire pour couvrir tous les frais avant même de réaliser un profit. Enfin, il peut devenir souhaitable pour l'entreprise de se doter de sous-systèmes comptables par produits, par régions, par succursales, par services ou par centres de production. Quoi qu'il en soit les possibilités de systèmes sont devenues quasi illimitées et, en général, la petite et moyenne entreprise peut trouver beaucoup d'avantages à se faire conseiller par un spécialiste en la matière.

Le contrôle des entrées et des sorties de stock

Plusieurs petites et moyennes entreprises disposent déjà de systèmes visant un meilleur contrôle des stocks. Conformément au type d'entreprise, ces systèmes sont en relation directe avec les services de production ou de vente. Les marchandises et les matières premières représentent généralement des frais très élevés pour la plupart des entreprises, à l'exclusion évidemment des entreprises de services personnels ou professionnels, et conserver pendant trop longtemps un excédent de *stock* élevé peut devenir très coûteux pour l'entreprise. Malheureusement, encore beaucoup trop de propriétaires dirigeants de petites et moyennes entreprises négligent ce type de contrôle. Ils appliquent un système d'inventaire très informel, se contentant d'estimer à l'oeil les marchandises disponibles et de noter quotidiennement les éléments manquants. C'est une méthode simple, mais dont l'efficacité est loin d'être prouvée.

En contexte d'expansion, l'entreprise qui se contente d'un système informel de contrôle d'inventaire joue un jeu fort dangereux. En effet, les stocks comptent habituellement pour une bonne part des actifs d'une PME. L'entreprise a tout avantage, lorsque ses activités augmentent, à se doter d'un système efficace de gestion des stocks. Ce dernier devrait lui permettre de maintenir un seuil minimum de marchandises et de déterminer précisément quoi commander, en quelle quantité et quand le faire. Il existe à cet égard plusieurs systèmes ou méthodes. Certains d'entre eux visent un meilleur contrôle du coût des stocks et des frais d'entreposage en même temps qu'ils peuvent déterminer la rotation plus ou moins rapide de certains articles. D'autres permettent de suivre de très près les entrées et sorties régulières de stocks à l'aide de registres ou de programmes très détaillés. Ces derniers sont utiles pour évaluer le stock réel en tout temps, mais présentent également l'avantage de pouvoir devenir un bon guide lorsque l'entreprise veut établir des données prévisionnelles. En effet, ce type de système permet à l'entreprise de connaître spécifiquement les variations usuelles ou périodiques dans la demande. L'entreprise peut alors opter pour des périodes de commandes adaptées à ses besoins et elle minimise ses coûts puisqu'elle évalue mieux les quantités à commander.

La planification et le contrôle de la production

De par sa nature même, la planification et le contrôle de la production est un type de système ou de méthode qui se retrouve surtout dans les entreprises manufacturières. Lorsqu'une entreprise met sur pied des systèmes relatifs à la planification et au contrôle de la production, son premier objectif concerne principalement la meilleure intégration possible de l'utilisation de la main-d'oeuvre, de l'équipement, des matériaux et des capitaux de façon à optimiser le rendement. Encore là, il existe plusieurs types de systèmes en cette matière et l'entreprise doit effectuer un choix judicieux en regard de ses propres besoins et priorités. Quelques éléments sont d'ailleurs susceptibles de nécessiter des systèmes plus spécialisés, selon le volume de production de l'entreprise. À ce titre, on remarque plus spécifiquement la détermination des quantités à produire, la description des cycles de production en termes qualitatifs et séquentiels, l'évaluation des matières premières disponibles et de celles à obtenir, ainsi que la description et les spécifications de l'équipement requis.

Un bon système de contrôle des coûts de production est devenu une nécessité pour les entreprises de fabrication. En effet, l'établissement juste du coût de production précède forcément toute tentative d'établir une politique de fixation de prix avantageuse pour l'entreprise. Quant au système de planification et au contrôle de production, l'élimination de la confusion constitue son premier objectif. Concrètement, il permet d'établir avec précision les délais de production ou de livraison, ce qui évite d'avoir à perdre des clients parce que les engagements initiaux n'ont pu être respectés. Il diminue également les investissements inutiles en termes de matières premières pour l'entreprise, en même temps qu'il évite les accumulations hasardeuses de produits finis non vendus. Il existe évidemment plusieurs techniques bien connues pour aider le chef d'entreprise à mieux coordonner ses activités mais le propriétaire dirigeant n'a pas toujours le temps de se former à leurs utilisations. Cependant, de plus en plus de petites et moyennes entreprises se dotent de systèmes informatisés développés à ces fins.

Le recrutement du personnel

Pour l'entreprise en général, et de façon plus cruciale encore pour les PME, les employés constituent la ressource la plus importante. Dans la majorité des cas d'ailleurs, le succès d'une entreprise est largement tributaire de ses aptitudes et compétences pour attirer dans ses murs des personnes compétentes, les choisir et les embaucher. Il est évident qu'un recrutement de personnel judicieux et efficace doit pouvoir s'appuyer sur un bassin suffisant de personnes intéressées à coopérer avec l'entreprise. Les entreprises au stade artisanal comptant généralement peu d'employés ont rarement besoin de mettre en place un système formel de recrutement et réussissent généralement assez bien à recruter à la pièce les employés dont elles ont besoin. Cependant, l'entreprise en croissance, particulièrement si cette dernière est rapide ou accentuée, développe de plus grandes exigences en matière de recrutement de personnel. Dans le cas où l'expansion requiert un nombre beaucoup plus élevé d'employés, l'entreprise se retrouve dans l'obligation de définir plus formellement les sources de recrutement qu'elle désire privilégier et les canaux d'information à utiliser pour diffuser ses offres de travail. La détermination des critères d'embauche ainsi que les modes et les processus de sélection à mettre en place risquent également de devenir des préoccupations majeures.

Un contexte d'expansion rapide peut, de plus, amener l'entreprise à envisager l'alternative d'un système de planification des effectifs. Ce besoin peut s'avérer impératif, particulièrement si l'entreprise oeuvre dans un secteur requérant des spécialistes ou une main-d'oeuvre moins facilement disponible à cause des exigences et des spécificités des tâches à remplir. Dans certains cas, il arrive que l'entreprise doive même former elle-même du personnel lorsque des activités hautement spécialisées l'amènent à ne pas pouvoir compter sur le réseau de formation traditionnel. Dans tous les cas cependant, une bonne description des tâches accompagnée d'un énoncé exhaustif des connaissances et des compétences requises pour bien les exécuter préside nécessairement à l'élaboration de tout système de recrutement.

Le contrôle de la qualité

Le contrôle de la qualité se rencontre le plus couramment dans des entreprises du secteur manufacturier. À l'aide d'un tel système, l'entreprise définit la qualité de son produit à partir d'une série de caractéristiques qu'elle détermine elle-même. Ces caractéristiques de qualité peuvent concerner plusieurs aspects du produit ou ses contingences. Il peut s'agir en l'occurence de performance dans le fonctionnement ou l'utilisation, de forme et de dimensions, de force de travail ou d'exécution, de fini, de durabilité, etc. Pour être jugé de qualité, un produit doit être capable de répondre efficacement aux besoins qui ont généré sa création et démontrer qu'il répond de façon satisfaisante aux normes qui lui sont rattachées. Il existe plusieurs approches pour établir un système particulier de contrôle de la qualité. Ainsi, certaines entreprises opteront pour un programme qui permet de déceler une liste des défectuosités classées selon leur gravité et/ou leur fréquence et prévoient par la suite l'instauration de mesures de correction et de prévention pour éviter qu'elles ne se reproduisent. L'important à retenir, c'est qu'un système efficace de contrôle de la qualité permet d'identifier les causes des écarts avec les normes établies et surtout de prendre les moyens pour y remédier.

La stratégie de concurrence qui s'appuie sur la qualité ne nécessite que de faibles investissements. Elle est donc autant à la portée des PME que des grandes entreprises. Mais elle demande, par contre, une volonté ferme de la part des dirigeants de l'entreprise. En effet, il faut que ceux-ci croient qu'elle est utile et même nécessaire au progrès de l'entreprise.

7.4 LES RÈGLES SUSCEPTIBLES D'AIDER LES PETITES ET MOYENNES ENTREPRISES À DÉVELOPPER DES SYSTÈMES ADMINISTRATIFS EFFICACES

Au chapitre des petites et moyennes entreprises, les recherches illustrant leur situation, leur dynamique et leur problématique sont de plus en plus présentes dans les milieux se préoccupant de la formation en administration. Pourtant, en ce qui concerne les techniques de gestion comme telles, peu d'outils adaptés à la situation des PME ont été développés. Le propriétaire dirigeant d'une petite et moyenne entreprise a rarement avantage à tenter de reproduire sur une plus petite échelle les modèles managériaux développés pour les grandes entreprises. La solution la plus souhaitable demeure encore qu'il prenne le temps de développer lui-même des outils et des techniques de gestion collant mieux à la réalité de son entreprise. Cette même conception prévaut d'autant plus lorsqu'il s'agit d'élaborer des systèmes administratifs visant à rationaliser les activités dans les PME. Aussi, les quelques règles qui suivent se veulent un guide et un support pratique pour aider le propriétaire dirigeant à rationaliser ses pratiques administratives.

Inventorier ce qui existe déjà

Combien de fois voit-on certaines entreprises confier à leur personnel la conception, l'élaboration et la mise en place de systèmes administratifs pour découvrir plusieurs mois plus tard que de telles méthodes avaient déjà été développées par d'autres entreprises ou des firmes spécialisées dans ces domaines? Il ne sert à rien de réinventer la roue et le faire est une opération beaucoup trop coûteuse, particulièrement dans le cas de la PME dont les ressources humaines et matérielles sont généralement beaucoup plus limitées que dans la grande entreprise. À titre d'exemple, le marché dans ce domaine propose plusieurs types de systèmes déjà développés, entre autres des systèmes de contrôle de la qualité, de gestion des stocks, d'établissement de la paie, d'évaluation de la performance et bien d'autres encore. Mieux encore, bon nombre de ces systèmes sont maintenant informatisés et de plus en plus faciles d'utilisation pour des non-initiés à l'informatique. Bien sûr, les systèmes proposés ne correspondent pas toujours aux attentes ou aux besoins particuliers de certaines entreprises, mais encore là, il peut être moins dispendieux de confier la modification à des spécialistes plutôt que de recommencer le travail depuis le tout début. Il existe même maintenant des agences ou des services extérieurs à l'entreprise offrant maintes possibilités aux entreprises. L'exemple le plus courant de ce type de services est la gestion de la paie des employés que plusieurs entreprises de petite taille confient à des firmes spécialisées dans ce domaine.

Pour chaque méthode à développer, prévoir soigneusement la séquence des activités et formaliser le processus en prenant le temps d'écrire les systèmes ou méthodes souhaités

Bon nombre d'entreprises rationalisent certaines fonctions ou activités sans toutefois prendre le temps de les écrire de façon à les faire connaître à l'ensemble du personnel concerné. Un système efficace doit être écrit et formel de façon à assurer l'interchangeabilité et la communicabilité dont il a été fait mention au début du présent chapitre.

Se préoccuper dès le départ des dimensions contrôle et évaluation

Fondamentalement, la rationalisation favorise généralement une plus grande efficacité et une meilleure performance dans la réalisation de certaines fonctions ou activités de l'entreprise. Toutefois, elle présente également l'avantage certain de pouvoir servir d'instrument ou de support lorsqu'il s'agit de contrôler les résultats obtenus ou d'évaluer le rendement de certains employés. Il s'agit là d'une dimension à ne pas oublier et il importe que les systèmes soient conçus dès le départ de telle sorte qu'ils puissent effectivement remplir cette fonction.

S'assurer de trois caractéristiques majeures pour les systèmes adaptés aux PME: nécessité, simplicité et souplesse

Seule une activité assez élaborée peut nécessiter l'établissement d'un système administratif formel, et dans bien des cas, la nécessité d'une forme quelconque de rationalisation se justifie par la complexité de certaines tâches ou contrôles. La simplicité est également un principe extrêmement important. Dans le cas où les méthodes développées ou instaurées ne sont pas facilement communicables, elles risquent tout simplement de devenir au bout du compte peu ou mal utilisées par le personnel. Les systèmes et les méthodes ne devraient jamais avoir pour résultat de compliquer les tâches à effectuer par les employés concernés. Au contraire, la simplification du travail se veut toujours l'ultime objectif d'un système administratif si l'on veut qu'il soit rentable. La souplesse est également une caractéristique importante, les employés doivent pouvoir régler la majorité des situations usuelles, mais en même temps on doit laisser place au jugement et à l'exception dans les cas où des situations particulières se présentent.

7.5 LES CONDITIONS D'INSTAURATION DE SYSTÈMES OU DE MÉTHODES

La consultation et la participation des employés s'avère un élément crucial dans la mise en place de nouveaux systèmes administratifs, plus particulièrement encore dans le contexte des entreprises de plus petite taille. En effet, les procédés administratifs les plus perfectionnés et les mieux conçus ne permettront jamais de façon intrinsèque et, employés seuls, d'atteindre les objectifs visés. S'ils ne sont pas bien acceptés ou compris dès le départ, les employés les utiliseront mal ou, pire encore, seront portés à les mettre de côté. Avant même d'entamer le processus d'élaboration d'un système ou d'une méthode, ou de procéder à l'achat d'un système déjà existant, les employés concernés devraient être consultés. Effectuant eux-mêmes le travail quotidien, il y a de grandes chances qu'ils fournissent des éléments de réponse intéressants concernant la pertinence, l'utilité, la faisabilité et surtout la rentabilité possible des nouvelles pratiques de gestion envisagées. Ils constituent à ce titre une source d'information extrêmement précieuse pour l'entreprise. Dans le cas où l'entreprise décide de procéder effectivement à l'élaboration de méthodes, il est plus qu'avantageux d'associer au processus les personnes qui auront à les utiliser. Étant ainsi partie prenante du projet, elles le comprendront beaucoup mieux et, par conséquent, se montreront beaucoup plus motivées face à l'implantation des nouvelles pratiques.

La mise en place a également tout intérêt à être dirigée et menée de main ferme par une personne responsable du projet et de son implantation. C'est bien connu, les projets qui sont sous la responsabilité de tout un groupe sans qu'un ou quelques individus se sentent directement concernés par le succès ou l'échec de l'expérience se rendent rarement à bon port. Ce responsable devrait de plus se voir confier la tâche d'expliquer aux autres l'utilité et le but des méthodes et des systèmes instaurés en ayant bien soin de leur faire prendre conscience des avantages reliés au nouveau processus. Entre autres, il s'agit ici de bien faire réaliser aux employés que la proposition explicite d'une façon de faire leur permettra d'identifier plus facilement ce que l'on attend d'eux.

Enfin, toute nouvelle méthode ou système proposé aux employés a de fortes chances de susciter le phénomène de résistance bien connu déjà à l'intérieur de bon nombre d'organisations. Il s'agit là d'un phénomène normal et qui, on le sait, n'a en général rien à voir avec la nature, les caractéristiques ou les conditions du nouveau projet en lui-même. Il provient plutôt d'une tendance naturelle à ne pas vouloir modifier les pratiques habituelles parce que les connaissant bien, les employés se sentent plus à l'aise. L'insécurité peut également surgir puisque nul ne peut prédire à l'avance quel impact concret entraînera la mise en place de nouvelles pratiques sur le travail quotidien des employés. Pour minimiser cette résistance, l'entreprise peut trouver beaucoup d'avantages à présenter l'instauration de nouveaux systèmes à titre de projet-pilote. Ainsi, on prévoiera simplement une ou plusieurs périodes d'essai. À l'intérieur de ces dernières, des étapes devraient être prévues pour recueillir les commentaires des usagers, réévaluer le processus et procéder aux amendements jugés pertinents et nécessaires. Cette façon de faire, si elle est bien gérée, ne peut avoir pour effet que d'amener progressivement les employés à mieux accepter le changement dans la mesure toutefois où ils n'ont pas le sentiment qu'il leur est de toute façon imposé.

7.6 RATIONALISER? OUI! MAIS JUSQU'OÙ?

Dans un monde de changements et de transformations qui se produisent à un rythme devenu difficile à contrôler, il semble que les très grandes entreprises amorcent une phase de déclin actuellement. Ces entreprises sont toutes parvenues au troisième stade de développement, soit celui de la rationalisation administrative. Elles sont structurées à l'extrême, hiérarchisées à outrance et sont dirigées à travers des processus administratifs dont la lourdeur et la formalisation ne sont plus à démontrer. Dans de telles conditions, il leur est devenu extrêmement difficile d'évoluer au même rythme que les exigences sans cesse changeantes des différents marchés. Ce qui assurait leur succès au cours des dernières décennies est loin de pouvoir leur assurer celui d'aujourd'hui et de demain. La lourdeur institutionnelle qui les caractérise ne les rend pas aptes à pouvoir modifier assez rapidement leurs pratiques et leurs produits pour s'adapter au monde extrêmement concurrentiel actuel. D'ailleurs, Peters et Waterman (1983) soulignent que bon nombre de grandes entreprises qui demeurent performantes aujourd'hui réussissent cette épreuve en décentralisant leurs activités de façon à se donner des structures se rapprochant d'entreprises plus petites. L'adaptation rapide aux marchés est l'objectif premier dans ce choix stratégique qu'elles effectuent.

Dans un tel contexte, il ne faut jamais oublier qu'une des forces majeures de la petite entreprise est sa capacité de se transformer très rapidement de façon à pouvoir répondre continuellement aux nouveaux besoins qui émergent. Au contraire des grosses entreprises, elles ne sont pas encombrées par des processus de gestion extrêmement rationnels et bureaucratiques. Aussi disposent-elles en général d'une marge de manoeuvre beaucoup plus grande et cette dernière leur permet de changer plusieurs fois si nécessaire de cap ou de cibles. L'ensemble de ces considérations amène la nécessité d'inviter les entreprises en expansion à une très grande prudence lorsqu'elles instaurent une certaine rationalisation administrative. Lorsque la rationalisation devient trop grande, la prise de risque s'amenuise et devient presque inexistante en même temps que l'entreprise s'enferme dans un cercle de règles qui ne conservent plus longtemps leur raison d'être dans un univers comme celui d'aujourd'hui.

Par conséquent, une certaine rationalisation administrative est souhaitable pour celles qui passent du stade artisanal au stade de croissance dynamique. Selon Shostack (1989), elle est la condition nécessaire si on ne veut pas tuer "la poule aux oeufs d'or" que représente le bassin entrepreneurial. L'entrepreneurship est en effet une ressource rare et précieuse à l'origine du développement économique.

Néanmoins, il serait dommage de troquer les habiletés sans prix de l'entrepreneurship pour une génération de bureaucrates «mieux entraînés» et «mieux formés». Aussi, c'est à nous qu'il revient de tracer habilement une ligne entre les deux positions. Ainsi, il faudra toujours s'arrêter à temps pour s'assurer que l'entreprise continue de jouir de la souplesse et de la flexibilité qui constituent ses plus grandes forces.

QUESTIONS

1- À quoi attribuez-vous les principales causes d'échec des petites et moyennes entreprises au cours de leurs premières années d'existence?

2- Croyez-vous que les petites et moyennes entreprises puissent avantageusement utiliser les procédés administratifs en vigueur dans les grandes entreprises en les réduisant à une plus petite échelle? Justifiez votre réponse.

3- Quels liens établissez-vous entre la planification, la délégation, la structure, les politiques et procédures de l'entreprise?

4- Une politique et un système administratif peuvent être très étroitement reliés entre eux. Expliquez.

5- Comment définiriez-vous l'objectif premier de tout processus de rationalisation administrative?

6- La standardisation des activités est un des principes qui est à la base même de toute rationalisation administrative. Expliquez quels sont les éléments les plus directement concernés par ce principe de standardisation.

7- Expliquez en quelques mots en quoi consiste le principe d'interchangeabilité lorsqu'on instaure des systèmes ou des procédés administratifs.

8- Par rapport aux nouvelles technologies, pouvez-vous décrire l'impact et les effets qu'elles risquent d'entraîner pour la PME en expansion qui songe à rationaliser ses pratiques de gestion?

9- Donnez un exemple de systèmes administratifs potentiellement souhaitables pour une entreprise en expansion et expliquez-en les objectifs et les avantages.

10- Expliquez en quoi un système de contrôle des entrées et sorties de stock est essentiel pour la majorité des entreprises ayant dépassé le simple stade artisanal.

11- Comment définiriez-vous les deux principaux avantages d'un système de contrôle de la qualité pour une entreprise manufacturière?

12- Quels conseils pratiques dispenseriez-vous à un propriétaire dirigeant de petite et moyenne entreprise qui envisage l'élaboration de procédés administratifs dans son entreprise?

13- En quoi le contrôle et l'évaluation peuvent-ils avoir un lien direct avec les systèmes et méthodes en vigueur dans l'entreprise?

14- Comment l'entreprise qui met en place de nouveaux procédés administratifs peut-elle tenter de diminuer le phénomène de résistance chez les employés?

15- Une rationalisation administrative maximale est-elle souhaitable pour l'ensemble des PME performantes? Justifiez votre réponse.

Étude de cas

BUREAUMAT INC.

Bureaumat Inc. est une jeune entreprise ayant seulement cinq ans d'existence. Guy Lajoie et son frère René sont les fondateurs de l'entreprise et en possèdent chacun la moitié des actions. Guy Lajoie était originalement ébéniste et, avant de fonder l'entreprise, il a travaillé pendant plus de quinze ans pour un manufacturier de meubles de la région. Son frère René, pour sa part, avait travaillé comme vendeur, puis comme gérant des ventes dans plusieurs entreprises commerciales pendant une dizaine d'années. Ayant tous deux le goût de mettre leur expertise à profit, ils ont donc mis en commun leurs économies personnelles et leurs compétences pour créer leur propre entreprise qui se spécialise dans la fabrication de mobilier destiné aux bureaux et aux commerces. Guy Lajoie est p.d.g. de l'entreprise, mais il consacre la majorité de son temps à gérer la fonction production. René assume pour sa part la direction du service des ventes. Ils se sont assurés la collaboration de Louis Courteau qui a la responsabilité des finances ainsi que

213

celle des achats de matières premières et de l'expédition des marchandises.

Au moment où l'entreprise a ouvert ses portes il y a cinq ans, elle ne comptait qu'une douzaine d'employés. Au cours des trois premières années, l'entreprise a connu une phase d'expansion rapide et son chiffre d'affaires a très largement dépassé les prévisions des propriétaires. Au départ, l'entreprise ne s'adressait qu'à des grossistes, mais, petit à petit, elle a commencé à fabriquer également sur commande pour de gros clients. Actuellement, l'entreprise emploie 40 personnes à temps plein et elle a presque quadruplé son chiffre d'affaires au cours des deux dernières années. Voici d'ailleurs l'organigramme actuel de Bureaumat Inc.:

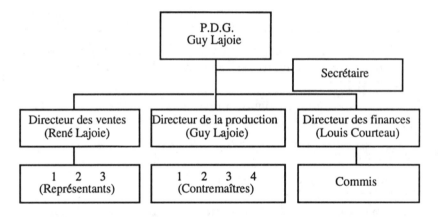

À première vue, on pourrait être tenté de croire que les choses vont pour le mieux chez Bureaumat Inc., mais la réalité est loin d'être aussi réjouissante. Même si le chiffre d'affaires a presque quadruplé, les frais d'exploitation ont parallèlement augmenté et les propriétaires de l'entreprise se disent plutôt déçus de l'augmentation du bénéfice anticipé cette année.

Justement, cet après-midi, Guy et René Lajoie ainsi que Louis Courteau tiennent une réunion de leur comité de direction. Voici quelques-uns des problèmes soulevés lors de cette rencontre:

Tout d'abord, René est fort mécontent, car il a appris il y a quelques jours de son frère Guy, qu'il serait impossible de produire dans les délais prévus une grosse commande de mobilier de bureau qu'un de ses représentants avait réussi à obtenir d'une compagnie s'installant prochainement dans des bureaux du centre commercial avoisinant. René souligne qu'il s'agit d'un client important, qui envisage d'autres installations dans la région au cours des mois à venir et qu'il risque de le perdre si les délais ne sont pas respectés. Guy lui répond qu'il ne dispose malheureusement pas de l'équipement requis pour produire une aussi grande quantité de mobiliers dans un laps de temps aussi court. René est furieux, car ce n'est pas la première fois qu'un tel problème se pose. D'ailleurs, seulement cette année, son service a déjà perdu trois gros clients pour des problèmes similaires. La production régulière ne pose pas de problèmes majeurs, mais la production sur commande semble amener des difficultés de fonctionnement qui se multiplient à un rythme effréné.

Louis Courteau soulève pour sa part d'autres problèmes importants. Il précise d'abord que l'entreprise dispose actuellement d'un stock de contre-plaqué qui excède largement et depuis plusieurs mois les quantités utilisées pour la production. L'excédent représente plusieurs milliers de dollars. Il avait commandé cette marchandise à la demande de Guy Lajoie qui s'attendait à une grosse commande. Cette dernière a finalement été annulée, mais Gilles n'en a pas été avisé à temps. Cette marchandise inutilisée augmente sensiblement les frais reliés à l'inventaire de l'entreprise.

Enfin, Louis souligne à René que deux de ses représentants ont accordé à certains clients des conditions de crédit qu'il juge inacceptables en tant que directeur des finances. Il fait d'ailleurs remarquer que le poste des comptes clients est beaucoup trop élevé depuis plus d'un an et que l'entreprise risque de rencontrer certains problèmes de liquidité si la situation ne se rétablit pas rapidement. De plus, il ajoute que les représentants continuent de vendre de la marchandise à certains grossistes qui ont de mauvaises créances depuis plusieurs mois.

Guy, pour sa part, se plaint à Louis des nombreux retards dans ses délais de production parce qu'il lui a été impossible d'obtenir à temps les matières premières requises. Louis rétorque en lui faisant remarquer que ces commandes lui arrivent souvent à la dernière minute et que dans plusieurs cas, les spécifications sont loin d'être claires.

Depuis plusieurs mois, la plupart des rencontres du comité de direction prennent une tournure semblable. Au départ, les trois gestionnaires s'entendaient très bien. On constate cependant que la croissance rapide de l'entreprise a l'air de mal s'accomoder du style de gestion plutôt informel qui a prévalu jusqu'à maintenant dans l'entreprise.

QUESTIONS

1- À partir de l'ensemble des éléments présentés, comment identifie-riez-vous de façon globale les problèmes actuels de Bureaumat Inc.?

2- La nature des problèmes rencontrés laisse supposer la nécessité de rationaliser certaines activités ou fonctions dans l'entreprise. Quel-les sont-elles?

3- Pour chacun des éléments de rationalisation que vous recomman-dez, expliquez plus en détail le type de méthode ou de système qu'il faudrait prévoir.

4- Parallèlement à l'instauration de ces systèmes ou méthodes, croyez-vous qu'il pourrait être essentiel d'effectuer certaines modifications dans les fonctions actuelles? Expliquez.

BIBLIOGRAPHIE

d'Amboise, G. et Y. Gasse, *La PME manufacturière: 12 cas québécois*, Chicoutimi, Gaëtan Morin éditeur, 1984, pp. 177.

d'Amboise, G., «Le budget: outil et résultat de la planification», *Revue Commerce*, vol. 76, no. 10, octobre 1974, pp. 38-46.

d'Amboise, G.R., *Personal Characteristics, Organizational Practices and Managerial Effectiveness: A Comparative Study of French and English-speaking Chief Executives in Québec*, Doctoral Dissertation, University of California, Los Angeles, 1974.

Deeks, J., *The Small Firm Owner-Manager*, New York, Praeger, 1976.

Frey, R., et J.M. Gogue, *La maîtrise de la qualité*, Paris, Les Éditions d'Organisation, 1983.

Garvin, D.A., «Améliorer votre qualité», *Harvard-L'Expansion*, vol. 37, été 1985, pp. 30-43.

Gogue, J.M., *Comment augmenter vos marges par la gestion de la qualité*, Paris, Éditions de l'usine nouvelle, 1984.

Mancuso, J.R., *The Entrepreneur's Quiz in Baumback, C.M. et J.R. Macuso (éds.), Entrepreneurship and Venture Management*, Englewood Cliffs, Prentice-Hall, 1975, pp. 32-39.

Miller, D., «Strategy Making and Structure: Analysis and Implications for Performance», *Academy of Management Journal*, vol. 30, no 1, 1987, pp. 7-32.

Perreault, Y.G. et P. Dell'Aniello, *Lancement et gestion de votre entreprise*, Montréal, UQAM, Programme de formation de l'homme d'affaires PME inc., 1981, p. 9.

Peters, T. et R. Waterman, *Le prix de l'excellence*, Paris, InterÉditions, 1983.

Shostack, G.L., «Good-bye Widgets – Hello Bureaucracy», *Journal of Business Strategy*, vol. 10, no. 2, mars-avril, 1989, pp. 55-57.

Welsh, J.A. et J.F. White, «A Small Business is not like a Little Big Business», *Harvard Business Review*, vol. 59, no. 4, juillet-août 1981, pp. 18-32.

CHAPITRE 8

LA GESTION:
UNE AFFAIRE DE DÉCISION

La plupart des manuels s'entendent pour décrire la gestion comme un processus concernant quatre grandes fonctions majeures: la planification, l'organisation, la direction et le contrôle des activités d'une entreprise ou d'une organisation. Évidemment, les différentes descriptions de ce processus ont été élaborées à partir des pratiques observables et applicables dans les entreprises d'assez grande taille qui justifie par le volume d'activités et le nombre de personnes la rationalisation et la formalisation des façons de faire. En examinant le style de gestion en vigueur dans les entreprises de petite taille, on constate rapidement que le ou les propriétaires dirigeants remplissent un rôle souvent plus près de celui de l'animateur que de celui du gestionnaire. La planification, l'organisation et la direction sont toutes intégrées à l'intérieur d'un même rôle et l'ensemble des préoccupations qui y sont reliées sont constamment traitées de façon simultanée par une seule personne ou, au mieux, une équipe de gestion très réduite. Il en est de même pour le contrôle quoi qu'il ne soit pas toujours présent de façon systématique ou structurée.

Que ce processus de gestion soit formalisé et partagé par une équipe de dirigeants ou bien qu'il soit l'apanage et la responsabilité d'un nombre très restreint de personnes ou même d'une seule, la prise de décision demeure une fonction omniprésente au coeur même de l'exercice de la gestion. Qu'il s'agisse de gérer sa vie, un projet ou une entreprise, il faut constamment examiner plusieurs possibilités, les évaluer et effectuer des choix en regard des buts ou des objectifs poursuivis. Gérer, c'est décider. Évidemment, toutes les décisions ne sont pas de même niveau ou d'égale importance d'après l'impact qu'elles ont sur l'individu ou l'entreprise. Il n'en reste pas moins qu'elles sont nécessaires et font partie intégrante du rôle d'un gestionnaire. Ce chapitre se propose donc d'examiner plus attentivement toute la problématique de la prise de décision dans les entreprises de plus petite taille et de dégager des réflexions plus adaptées en regard des entreprises qui envisagent l'expansion ou la croissance.

8.1 L'IMPORTANCE DE L'INFORMATION EN REGARD DU SUCCÈS DES ENTREPRISES DE PETITE TAILLE

Très peu de recherches et d'études ont été menées sur le traitement de l'information dans les entreprises de petite taille et sur l'entrepreneur lui-même dans le rapport et l'utilisation qu'il fait de l'information qu'il reçoit. Le manque de données concernant ces aspects de la gestion des petites entreprises est très étonnant compte tenu de l'importance qu'ils revêtent en regard du développement et du succès des petites entreprises. Si l'intérêt concernant la disponibilité et le traitement de l'information n'est pas nouveau, sa pertinence est encore plus grande aujourd'hui compte tenu du contexte social et économique actuel. Les réseaux d'information se multiplient, les techniques de transmission et de traitement se développent à un point tel que l'entreprise soucieuse de demeurer compétitive sur son marché n'a plus le choix de se doter d'un système d'information capable de la renseigner sur l'évolution de son environnement d'affaires. Autrement, elle prend le risque d'être dépassée par une autre entreprise qui a su mieux anticiper les besoins du marché concerné ou tout simplement développer une technologie plus avancée permettant d'offrir le produit ou le service à un prix beaucoup plus compétitif. Dans un tel contexte, l'entreprise doit être à l'affût de toute information pouvant avoir un impact sur ses opérations et ce, quelle que soit sa taille.

Pourtant, la taille de l'entreprise joue un rôle très important dans les besoins et le traitement de l'information. Comme notre sujet d'observation est la PME, nous pensons qu'il faut que tout propriétaire dirigeant soit conscient que l'information est un volet majeur au même titre que celui de la finance ou du marketing, et qu'il faut donc le considérer avec une attention toute particulière. Il apparaît que, dans la majorité des cas, c'est l'entrepreneur lui-même, assisté parfois d'un nombre restreint de collaborateurs, qui assume la lourde tâche de recueillir toute l'information nécessaire et de la traiter en fonction de toutes les décisions à prendre ou à envisager. C'est une très lourde tâche pour un seul individu ou un groupe très restreint.

Deeks (1976) voit l'entrepreneur comme un centre de traitement de l'information qui emmagasine une foule d'informations concernant des évènements, situations ou relations, les interprète et s'en sert dans sa prise de décision. Cependant, comme l'entrepreneur doit être capable de recueillir et d'intégrer l'information nécessaire pour toutes les fonctions majeures de son entreprise, ce rôle peut être difficile à assumer. En effet, il doit considérer simultanément plusieurs types d'informations. L'information à traiter peut concerner les tâches et les opérations (prévision de ventes, contrôle des coûts, production, etc.), la gestion du personnel (sélection, entraînement, supervision, évaluation, etc.), aussi bien que le macro-environnement de l'entreprise (changements sociaux prévisibles, tendances économiques, etc.) (Gasse, 1978). Comme McGaffey et Christy (1974) l'ont suggéré, les limites du développement d'une entreprise risquent de provenir en grande partie des capacités et habiletés du propriétaire dirigeant pour composer efficacement avec une grande quantité d'information et à l'intégrer de façon pertinente au fonctionnement de l'entreprise et à sa croissance. Dans le même ordre d'idées, Liles (1974) a fait ressortir que la probabilité de développer une entreprise à haut potentiel pour un entrepreneur était largement dépendante de son habileté à utiliser l'information disponible dans une perspective d'optimisation de ses activités d'affaires.

L'information est à la base même du «système nerveux» de l'entreprise.

> «La capacité du propriétaire dirigeant de rassembler toute la quantité d'information requise, et son habileté à l'organiser, à l'intégrer, et à juger de son importance ou de sa pertinence pour l'utiliser de façon productive sont des facteurs cruciaux pour le succès dans la gestion des petites entreprises. Le propriétaire dirigeant doit pouvoir contrôler le système d'information à l'intérieur de sa propre firme plutôt que d'être contrôlé par ce dernier. Aussi est-il nécessaire qu'il développe une approche et un cadre particuliers lui permettant de rechercher et d'évaluer toute nouvelle information aussitôt qu'elle devient disponible.» (Gasse, 1980).

D'ailleurs, une des composantes majeures de l'exigeante fonction d'entrepreneur est l'adaptation constante de ses opérations et stratégies aux mouvements et aux changements se produisant dans son environnement. À ce titre, l'information est l'outil majeur dont il dispose pour définir ses stratégies et évaluer ses approches actuelles. L'entrepreneur performant est généralement bien informé, mais surtout, il a du talent pour décoder et interpréter l'information reçue en relation avec ses propres préoccupations.

Dans une perspective où l'on présente la gestion comme un processus continuellement semé de décisions à prendre, l'importance de l'information devient évidente. En effet, chaque décision se prend généralement à partir des informations disponibles, ces dernières étant soupesées et traitées en fonction de leur contenu, de leur source et de l'importance qui lui est attribuée en regard des valeurs, des attitudes et de l'idéologie d'affaires du ou des dirigeants en place. L'information n'est cependant pas abordée ici sur le plan plus spécifique des systèmes susceptibles de l'engendrer, de la traiter et de la supporter puisque ce thème sera plus longuement élaboré dans un chapitre ultérieur.

8.2 LES SOURCES ET LES TYPES D'INFORMATION

Les sources d'information disponibles pour les propriétaires dirigeants de petites entreprises sont extrêmement nombreuses. Selon la nature des activités, des objectifs de l'entrepreneur ou du stade de développement atteint par l'entreprise, certaines sources seront privilégiées par rapport à d'autres. En ce sens, le style de gestion et l'idéologie d'affaires du dirigeant jouent également un rôle important. En fait, l'information dans les petites entreprises peut être envisagée selon deux perspectives différentes. La première est celle à travers laquelle l'information est perçue comme un instrument ou un outil utilisé par l'entrepreneur dans la gestion des opérations de son entreprise. Dans la seconde, l'information revêt un caractère beaucoup plus stratégique puisqu'elle devient l'élément énergétique de l'environnement qui rend l'entrepreneur capable d'y adapter son organisation.

Dans le premier cas, où l'on perçoit l'information comme un instrument, le rôle qu'elle joue peut facilement être assimilé à n'importe quel rôle associé aux pratiques et techniques de gestion courantes en vigueur dans les organisations. Quoi qu'il en soit, il s'agit d'un outil majeur pour l'entrepreneur qui doit intégrer rapidement les changements ou améliorations devenues nécessaires. En ce sens, le rôle du traitement de l'information par l'entrepreneur en est un qui doit réussir à faire des liens pertinents entre l'information externe disponible et les processus internes en vigueur dans son entreprise. Dans ces circonstances, une bonne performance en matière de traitement de l'information dépend forcément d'une connaissance détaillée des opérations courantes de la part de l'entrepreneur. En effet, c'est justement l'appréhension juste de tous les détails qui permet au propriétaire dirigeant d'effectuer une sélection judicieuse par rapport aux indices de l'environnement susceptibles d'être importants. Cela est particulièrement vrai pour les entrepreneurs qui gèrent leurs activités au jour le jour et prennent l'ensemble de leurs décisions à partir d'une approche intuitive et pragmatique. Pour ce type d'entrepreneurs, la recherche d'information se limite souvent à quelques sources d'information simples et facilement accessibles auxquelles il fait appel lorsqu'il le juge nécessaire. Fann et Smeltzer (1989) indiquent que l'accessibilité d'une information prime sur la qualité de celle-ci chez les dirigeants de PME. Plus la source est proche (famille, amis), plus elle sera privilégiée au détriment de la justesse du contenu de l'information.

Une étude réalisée par Gasse (1979) a fait ressortir que les dirigeants d'entreprises se situaient sur un continuum d'idéologie d'affaires constitué de deux pôles majeurs soit le pôle rationnel-managérial et le pôle intuitif-entrepreneurial. Aussi, lorsqu'on parle ici de l'idéologie d'affaires entrepreneuriale, on se réfère à l'entrepreneur intuitif, opportuniste et individualiste. Le dirigeant qui présente une idéologie d'affaires managériale se concentre plutôt sur une approche beaucoup moins adaptative basée sur la rationalité, l'organisation et la planification plus formelles ainsi que sur le caractère plus prédictif de ses approches de gestion. Ces différences importantes dans les idéologies et les systèmes de croyances des dirigeants d'entreprise ont évidemment beaucoup d'influence sur la quantité d'information jugée souhaitable. S'adapter simplement à ce qui se passe «ici et maintenant» et tenter de prédire et contrôler les événements sont deux façons fort différentes d'envisager les choses. On peut également supposer que les deux philosophies ou modes d'appréhension entraîneront des approches fort différentes en ce qui a trait à la recherche et au traitement de l'information nécessaire au succès de l'entreprise. Entre autres, il y a de fortes chances pour que le dirigeant ayant une idéologie entrepreneuriale fasse appel à un nombre de sources d'information plus limité que celui de style managérial qui aura tendance à utiliser le plus de sources d'information possible.

Il serait pratiquement impossible de dresser ici une liste exhaustive et complète de toutes les sources d'information possible pour les entreprises. On peut cependant en énoncer un certain nombre. Tout d'abord, les fournisseurs et les clients peuvent apporter des commentaires pertinents sur l'état du marché. Les consultants professionnels extérieurs disposent également d'une multitude d'informations pouvant être mise à la disposition des entreprises-clientes. Il peut s'agir d'avocats, d'ingénieurs, de comptables ou de tout autre spécialiste. Le banquier ou le responsable de l'institution financière prêteuse peut également apporter une aide précieuse. Les fonctionnaires, leurs rapports, ainsi que certains journaux spécialisés dans le commerce ou d'autres aspects techniques spécifiques à l'entreprise, peuvent apporter un support précieux et à peu de frais. Les collaborateurs et les employés à l'intérieur de l'entreprise sont également de bonnes sources d'information. Enfin, il ne faudrait surtout pas négliger la participation à certains clubs ou associations d'affaires, à certaines conférences ou symposiums, aux foires commerciales ou à différentes rencontres relatives aux activités de l'entreprise, ces dernières pouvant être plus ou moins formelles. Toujours selon l'étude de Fann et Smeltzer (1989), le propriétaire dirigeant favorise les sources d'information les plus riches, c'est-à-dire celles qui contiennent le plus de données. Par ordre de préférence, il s'adressera d'abord à sa famille, ses amis, ses clients, et enfin, ses employés.

Ce n'est qu'en période de «stabilité» relative de son entreprise (après la phase de démarrage, par exemple), qu'il consultera des sources d'information moins riches comme les journaux et les magazines.

FIGURE 1

Classification générale des sources d'information

Sources externes	Sources personnelles	- Famille et amis Membres de l'extérieur: - Clients - Fournisseurs Non-membres - Professionnels - Autres hommes d'affaires - Fonctionnaires - Banquiers
	Sources impersonnelles	- Publications - Symposiums, conférences - Foires commerciales, salons d'affaires
Sources internes	Sources personnelles	- Subordonnés et collaborateurs - Conseillers, professionnels
	Sources impersonnelles	- Rapports - Mémos et différents documents de gestion

Certes, les croyances et le style de gestion du propriétaire dirigeant exercent une influence sur les choix de sources d'information qui sont privilégiées. Cependant, plusieurs autres facteurs sont susceptibles d'entrer en considération dans ces choix. Un élément fondamental est l'environnement dans lequel évolue l'entreprise. Hammers Specht (1987) analyse l'utilisation des sources d'information pour la planification des décisions stratégiques dans la PME. Selon l'auteure, le choix des sources personnelles ou impersonnelles est directement relié à la complexité de l'environnement. Ainsi, plus celui-ci est complexe, plus le P.D. sera amené à considérer des sources d'information personnelles . Ainsi, la collecte d'informations semble complètement en rapport avec les perceptions que le dirigeant a de l'environnement.

Mais le contexte n'explique pas tout. Ainsi, la taille de l'entreprise et le nombre d'employés risquent de déterminer grandement le degré de facilité avec lequel il est possible d'utiliser les employés comme source d'information. Plus le nombre d'employés est grand, plus le degré de formalisation risque d'être élevé et le contact personnalisé avec les employés devient possiblement plus difficile à réaliser. L'accès à des rapports techniques, à des publications gouvernementales ou commerciales ainsi que la participation à certaines foires commerciales peuvent être plus ou moins appropriés suivant le secteur d'activités de l'entreprise. Les ressources de l'entreprise constituent un autre facteur important. Le recours à des spécialistes de l'extérieur peut entraîner des coûts considérables surtout s'il s'agit de ressources professionnelles. Malgré la validité et l'importance de l'information qu'il peut apporter, bon nombre de PME manquent des fonds nécessaires pour y faire appel aussi souvent qu'elles le souhaiteraient. Enfin, le type de structure en vigueur dans l'entreprise ainsi que les limites de temps du propriétaire dirigeant constituent également des éléments à considérer sérieusement dans le choix des sources d'information.

Au-delà des sources disponibles, quels sont plus spécifiquement les types d'information les plus susceptibles d'aider le propriétaire dirigeant de PME dans les décisions qu'il doit prendre? Tout comme pour les sources, la situation et la personnalité du propriétaire dirigeant ainsi que les caractéristiques de l'entreprise déterminent pour une grande part le type d'information à rechercher en priorité. La figure 2 présente un certain nombre de types d'information susceptibles d'intéresser le propriétaire dirigeant.

L'entreprise se spécialisant dans la mise en marché et la commercialisation d'un produit ou d'un service risque d'être particulièment intéressée par l'information sur les marchés. Par contre, les entreprises manufacturières dont la majorité des opérations sont centrées sur la production, auraient plus tendance à rechercher l'information sur l'innovation technologique et les procédés de fabrication. Enfin, certains types d'information sont utiles à la plupart des entreprises.

En dépit de tout ce qui vient d'être dit, on doit se rappeler que toute information, si complète et intéressante qu'elle soit, n'a aucune

FIGURE 2

Les types d'information

1. Aspects du marché	- marché potentiel - politique de prix - information sur la clientèle
2. Technologie et production	- information sur coûts de production - innovations technologiques
3. Information financière	- différents rapports financiers - prévisions financières
4.Fournisseurs	- informations sur le marché - ressources disponibles
5. Information relative au secteur	- état de la situation dans le secteur - compétiteurs dans la même industrie - changements prévisibles
6. Considérations environnementales	- législation - investissements étrangers - impact du gouvernement
7. Information administrative	- différents rapports

utilité en elle-même. Elle ne tire sa valeur qu'à travers l'interprétation et l'utilisation qui en est faite. Le modèle de traitement de l'information de Dill (1962) inclut trois grandes étapes: la recherche et cueillette d'information, l'interprétation, et l'action (intégration). Au-delà de la quantité d'information recueillie et de sa qualité, c'est le dirigeant qui la reçoit qui lui octroie une valeur et une signification compte tenu de ses croyances et de ses propres valeurs. C'est également ce dernier qui décide de l'utilisation qu'il en fera. À ce titre, la prise de décision constitue l'une des actions majeures qui risque d'être fort influencée par l'information recueillie et traitée. L'information et la prise de décision sont donc profondément interreliées.

8.3 LA PME ET LE PROCESSUS DE PRISE DE DÉCISION

Au travail ou dans la vie personnelle, la prise de décision est constamment présente et se révèle un processus créatif et fascinant. Ayant établi dès le début du chapitre que la gestion ne s'effectue qu'à partir d'une multitude de prises de décision, le propriétaire dirigeant de PME n'échappe pas à la règle. Qu'il le veuille ou non, il est chaque jour confronté à des situations ou des problèmes qui exigent qu'il opte pour une solution ou l'autre. Une décision, c'est le choix d'une solution parmi plusieurs possibilités. Aussi doit-il régulièrement effectuer des choix qui affecteront la bonne marche des opérations ou l'atteinte des objectifs de l'entreprise. À titre d'exemple, le propriétaire dirigeant peut être confronté à certaines questions telles que:

–   Quel prix devrions-nous fixer pour notre service?

–   Compte tenu des commentaires des employés, devrions-nous modifier les salaires et les conditions de travail?

–   Quelles stratégies pourrions-nous utiliser pour augmenter notre part de marché?

–   Quelles sont les mesures à prendre pour diminuer les pertes pour mauvaises créances?

–   Que faire pour diminuer l'absentéisme des employés?

–   Devrions-nous changer de fournisseurs?

–   Quel genre de vendeurs devrions-nous embaucher?

–   Quels moyens pourrions-nous prendre pour réduire les coûts de production?

On pourrait continuer l'énumération des problématiques fort longtemps mais le but de l'exercice n'est que de faire ressortir l'omniprésence du processus de décision à travers l'ensemble des préoccupations qui constituent l'univers d'un propriétaire dirigeant de PME.

Évidemment, toutes les décisions n'ont pas la même importance. Certaines ont un impact à court terme sur la bonne marche de l'entreprise. Elles ont une portée généralement limitée et, dans la majorité des cas, ne sont pas irrévocables puisqu'on peut se permettre de les modifier si elles ne font pas leurs preuves. Ces décisions sont dites opérationnelles. On utilise également le terme «tactiques» pour les décrire comme des moyens utilisés pour atteindre un but à court terme. Ce type de décisions est très courant dans la PME où le comportement «rationnel» du propriétaire dirigeant n'est souvent qu'une suite de décisions à court terme, d'ordre «tactique», mais qui constitue dans son ensemble une stratégie viable pour l'entreprise (Deeks, 1976).

En effet, le propriétaire dirigeant évolue dans un environnement imprévisible qui réduit considérablement la perspective à moyen ou long terme et nécessite une flexibilité constante pour faire face aux circonstances externes changeantes. Ainsi, décider de faire appel à une campagne publicitaire, d'instaurer une nouvelle politique de crédit ou tout simplement de changer de fournisseurs sont des décisions qu'on peut qualifier d'opérationnelles. D'autres décisions ont, pour leur part, un impact à plus long terme sur l'entreprise. Par leur nature, elles risquent de venir modifier la mission et les objectifs de l'organisation et, par conséquent, engagent l'avenir de l'entreprise. On parle ici de décisions dites «stratégiques» que Mintzberg, Raisinghani et Théorêt (1976) décrivent comme peu structurées, uniques et lourdes de conséquences.

Si l'on exprime la dynamique et la structure administrative qui prévalent dans la majorité des entreprises de petite taille, on anticipe facilement comment ces éléments peuvent affecter le type de décisions prises le plus couramment et le processus utilisé. Comme le font si bien ressortir Charon, Hofer et Mahon (1980), la PME se caractérise par un niveau de décision fortement dominé par une ou deux personnes, généralement l'entrepreneur et un associé ou un très proche collaborateur. Tous les problèmes entourant la survie et la croissance de l'entreprise reposent sur les épaules d'un ou de très peu d'individus. Un tel contexte ayant pour effet de surcharger les individus, il devient facilement prévisible que la gestion des problèmes courants et quotidiens l'emporte sur la prise de décisions dites stratégiques. Cette centralisation permet des avantages dont le principal est la rapidité avec laquelle l'entreprise peut réagir aux évènements vu le nombre peu élevé de participants à la décision. Cette flexibilité qui constitue une des forces majeures de la PME est loin d'être négligeable. Cependant, une trop grande centralisation dans les décisions empêche que la nature ou la qualité de ces dernières puissent être tempérées, enrichies ou questionnées par d'autres individus. En ce sens, les décisions prises seront presque toujours fortement teintées de l'idéologie d'affaires et des croyances du ou des dirigeants. Il y a même des cas où on «prescrit» que les décisions soient prises de façon plus «irrationnelle» et «inconsciente» en fonction des valeurs propres au propriétaire dirigeant C'est ce qu'on appelle un «recadrage» en matière de décision et qui semble fort utile dans le contexte de la PME, car le processus est rapide (gain de temps) et peu coûteux (on utilise le potentiel d'information déjà existant au sein de l'entreprise, pour le reformuler différemment et ainsi offrir d'autres alternatives de la décision).

En ce qui concerne les décisions dites «stratégiques», elles sont souvent moins présentes à cause de la tendance des entrepreneurs à traiter les problèmes au fur et à mesure qu'ils se présentent. Cela n'exclut pas cependant la prise de certaines décisions à caractère stratégique mais il faut bien voir qu'elles font rarement appel à un processus formel, rationnel et très raffiné.

8.4 UN MODÈLE SIMPLE DE PRISE DE DÉCISION

Que les décisions à prendre soient opérationnelles ou stratégiques, cela a effectivement peu d'effets sur la modification du processus utilisé qui reste le même la plupart du temps. Ce que le niveau de décisions change surtout, c'est la nature de l'information nécessaire pour la prise de décisions opérationnelles qui risque d'être plus tangible, plus facilement accessible et plus fiable que celle qui peut être disponible pour l'établissement de stratégies. Dans le dernier cas, l'information risque d'être de nature plus intuitive et plus prédictive.

La littérature est extrêmement riche en modèles de prise de décision structurés et sophistiqués. Au cours des années, plusieurs écoles de pensée se sont succédées à cet égard. Grandori (1984) a présenté à ce titre une étude des différentes philosophies en matière de prise de décision. Malheureusement, la plupart de ces modèles ont été conçus pour répondre aux besoins des grandes entreprises et sont fort peu appropriés en regard de la structure et de la dynamique propre aux PME. Il est donc presque impossible d'en sélectionner un ou plusieurs pour les prescrire aux dirigeants de PME. Toutefois, si l'on considère les philosohies qui sous-tendent les modèles existants, l'approche incrémentaliste semble intéressante. En effet, elle propose des actions qui tendent à réduire au maximum le risque. Dans des conditions où le problème n'est pas nécessairement défini ou que l'ensemble de toutes les solutions possibles peut difficilement être établi, elle suggère d'effectuer des changements à très petites doses, prenant pour acquis que cela ne pourra avoir pour effet d'amener de très graves effets négatifs. Cette approche d'expérimentation de solutions «à petits pas» risque de bien s'adapter à la situation de la PME car cette dernière, à cause de sa taille et de ses ressources, peut très difficilement se permettre de supporter des conséquences très négatives pouvant la mettre en péril. De plus, la PME vit dans un climat d'incertitude et d'intuition lui permettant difficilement d'évaluer avec justesse toutes les données ou les alternatives relatives aux problèmes qu'elle rencontre. Son approche a donc tout avantage à garder un caractère adaptatif. On émet des hypothèses, on propose et expérimente certaines solutions tout en se ménageant la possibilité de réajuster les actions en cours de route.

La plupart des décisions d'affaires des dirigeants de PME reposent souvent sur leur bon jugement, leur bon sens et leur intuition. Quand on dispose de peu de temps, il est compréhensible qu'il en soit ainsi. Pourtant, on a beaucoup écrit sur l'importance d'une certaine rationalité en regard de la prise de décision. Sans tomber dans les modèles basés uniquement sur la rationalité, l'entrepreneur aurait tout avantage à systématiser davantage son processus lorsqu'il a des décisions importantes à prendre. C'est dans cet esprit que l'on propose une démarche très simple de prise de décision. Elle comporte quatre étapes majeures, soit: la définition du problème, l'élaboration de solutions possibles ou d'alternatives, l'analyse des solutions ou alternatives, le choix et l'implantation de la solution.

La définition du problème ou de la situation

Il s'agit probablement de l'étape la plus importante, puisque la façon de poser le problème influence forcément la nature et le type de solutions qui seront envisagées dans les étapes ultérieures. C'est d'ailleurs une étape trop souvent escamotée, les gens se concentrant surtout sur les réponses et pas assez sur le sens du problème posé. De plus en plus, lorsque plus d'une personne doivent résoudre un même problème, on parle de la nécessité qu'elles en arrivent d'abord à confronter leurs perceptions du problème pour en donner une définition commune. Pour formuler le problème le plus clairement et le plus objectivement possible, il est préférable de faire une analyse sérieuse de la situation. À ce sujet, il est recommandé d'aller chercher le maximum d'informations possible autour du problème posé.

À titre d'exemple, un dirigeant de PME pourrait croire, à prime abord, que ses coûts de production sont trop élevés et qu'il lui faudra forcément envisager l'achat d'un équipement plus moderne et plus approprié. Il peut avoir identifié ce genre d'éléments en constatant que les machines se brisent fréquemment. Pourtant, en analysant plus à fond le problème et en questionnant la cause du bris des machines, il est fort possible qu'il découvre que la technologie n'est pas en cause. Il est probable qu'il constate que le contremaître néglige l'entretien régulier des machines ou que le taux de rotation trop élevé du personnel sur les machines ait un impact direct sur les bris fréquents. Il avait au départ un problème de production, il se retrouve devant une toute autre situation, soit celle de l'incompétence d'un de ses employés.

Élaboration d'une liste de solutions possibles ou d'alternatives

Il s'agit ici de dresser une liste la plus exhaustive possible de toutes les possibilités pour remédier à la situation. Certaines peuvent sembler plus intéressantes que d'autres mais, à cette étape, aucune alternative réaliste ou probable ne devrait être écartée. Un certain nombre de solutions seront plus applicables ou auront plus d'effet à court terme tandis que d'autres seront perçues comme utiles sur une plus longue période. Qu'importe, il ne faudrait rien éliminer à cette étape du processus. Pour l'énoncé de ces solutions, plusieurs sources d'information sont susceptibles d'être utiles: l'expérience du dirigeant lui-même, l'expertise et l'avis des employés, certaines publications ou encore l'apport de professionnels extérieurs à l'organisation.

Analyse des solutions et des alternatives

À cette étape, il s'agit d'analyser le pour et le contre de chacune des solutions posées. Plusieurs approches recommandent de pondérer la valeur de chacune en attribuant une cote à partir des éléments susceptibles d'être importants dans une situation donnée. À titre d'exemple, on peut tenter de quantifier (en cotes de 1 à 10) les facteurs suivants:

– la probabilité que la solution envisagée soit de nature à résoudre vraiment le problème;

– le coût en termes financiers mais également tous les autres coûts plus difficilement quantifiables (temps, ressources humaines, etc.);

– la faisabilité, compte tenu des contraintes et des limites;

– les impacts à court terme et à long terme de la solution envisagée.

Si l'on poursuit l'exemple amorcé dans la première phase du modèle, on peut penser que le congédiement du contremaître en cause dans le problème ait été identifié par le dirigeant dans sa liste de solutions possibles. Cependant, en procédant à l'analyse pondérée des alternatives, il peut en arriver à la conclusion que c'est une solution rentable seulement à court terme parce qu'elle permet de pallier rapidement au problème. Toutefois, il préférera peut-être travailler au perfectionnement de la personne en place si elle contribue favorablement sur d'autres plans dans sa tâche et surtout si le congédiement entraîne des frais financiers considérables ou a un impact négatif sur le moral du personnel en place. Encore là, il n'y a pas de règles fixes à suivre, tout est contingent à la situation et aux enjeux en cause.

Choix d'une solution et implantation

Une bonne pondération des critères associés à l'évaluation des solutions facilite le choix d'une d'entre elles en particulier puisqu'il s'agit de sélectionner celle ayant obtenu le score maximal. L'implantation mérite toutefois qu'on s'y arrête. Il s'agit ici de décrire les moyens qui seront utilisés en termes de «comment? quand? et par qui?» Il peut arriver qu'on découvre, lors de l'implantation, des contraintes insoupçonnées qui rendent la solution envisagée inefficace. Il faut alors revenir à l'analyse des solutions pour identifier une autre solution.

Le modèle de prise de décision est articulé dans une forme qui semble imposer que les étapes soient franchies de façon itérative et suivant la séquence proposée. Dans la réalité, plusieurs étapes s'entrecoupent, certaines sont traitées simultanément et il arrive fréquemment que l'on doive revenir en arrière au cours du processus.

Le modèle normatif revu et corrigé pour la PME

Shuman et Seeger (1986) proposent la révision du modèle normatif de décision stratégique afin de l'adapter aux PME. Comme les modèles précédents n'étaient pas adaptés à ce type d'entreprises, les auteurs ont repris les éléments du normatif (décision de planifier, analyse de la situation, objectifs personnels et de la compagnie, évaluation, etc.) en le rendant moins sophistiqué. Ils ont privilégié le court terme, l'engagement du propriétaire dirigeant et la minimisation des coûts.

8.5 LES IMPLICATIONS DE LA CROISSANCE EN REGARD DE LA PRISE DE DÉCISION

Un contexte de croissance exige des modifications importantes dans le style de gestion du propriétaire dirigeant d'après ses approches en matière d'appréhension de l'information, et de la prise de décision qui en découle. Les chapitres précédents ont déjà fait ressortir de nouveaux impératifs en termes de délégation, de formalisation et de rationalisation administrative. On a répété à plusieurs reprises que le dirigeant devait intégrer de nouvelles attitudes et acquérir de nouvelles habiletés. Il doit franchir avec succès le passage d'un style de gestion entrepreneurial à un style beaucoup plus managérial. À travers ce nouveau rôle, le dirigeant découvre rapidement que l'information dont il a besoin en période d'expansion diffère sensiblement de celle requise au stade artisanal. À ce dernier stade, ses préoccupations s'articulaient surtout autour de la bonne marche quotidienne des opérations. Il pouvait se permettre de voir à tout et de régler la majorité des problèmes majeurs. En contexte d'expansion, l'information n'est pas toujours aussi facile à cerner et à contrôler. L'accent est mis sur le futur, sur ce qui viendra et l'anticipation et la prédiction deviennent essentielles.

À mesure qu'il doit s'adjoindre des collaborateurs dans la gestion de l'entreprise, le dirigeant se voit également dans l'obligation de partager avec plus de personnes la prise de certaines décisions. Il a souvent été habitué à décider intuitivement tout seul en gardant pour lui l'essentiel de ses places et de ses réflexions. Il se trouve maintenant dans une situation ou la multiplicité des compétences nécessaires exige qu'il partage la résolution des problèmes avec d'autres. Ce qui était instinctif doit devenir plus formel et le processus de prise de décision soulève de nouveaux problèmes de coordination et de répartition des responsabilités.

La croissance implique également des changements dans les types de décisions que doit se réserver le propriétaire dirigeant. Si le stade artisanal permettait qu'il se les octroie toutes, l'expansion exige au contraire qu'il délègue de plus en plus les décisions purement opérationnelles à des subordonnés, consacrant plutôt ses énergies à la résolution de problèmes plus globaux affectant l'ensemble de l'entreprise et son avenir. Il s'éloigne des opérations et concentre ses énergies sur des stratégies à plus long terme, laissant aux autres les tactiques.

Enfin, le modèle de prise de décision présenté ne fait aucun état des personnes qui devraient y participer. Évidemment, le dirigeant de PME doit adapter son fonctionnement aux contingences propres à son entreprise. Formaliser davantage, mais ne jamais aller au delà d'un seuil qui prive l'entreprise de la flexibilité qui est sa plus grande force. À ce sujet, il demeure toujours le seul maître à bord et il lui appartient de décider «qui» décidera de «quoi» et «comment». Il est cependant important de souligner ici l'apport important que peuvent apporter les employés en matière d'information et de prise de décision. Le style de gestion paternaliste auquel la PME les a souvent habitués n'est pas de nature à développer leurs habiletés pour la prise de décision. Ils constituent pourtant une source d'information extrêmement précieuse pour l'entreprise qui sait en tirer parti. Une plus grande participation aux décisions risque d'être favorable car l'association à une démarche favorise par la suite l'adhésion aux mesures qui en découlent.

QUESTIONS

1. Comment justifieriez-vous qu'on puisse affirmer que «la gestion est une affaire de prise de décision»?

2. En quels termes décririez-vous l'importance de l'information en regard du contexte typique des PME?

3. Quels sont les principaux défis posés aux entreprises par une nouvelle société dite «d'information»?

4. Décrivez brièvement l'attitude typique des PME en regard de l'information.

5. Quel lien important établissez-vous entre le concept d'information et celui de prise de décision?

6. D'après vous, quelles sont les principales sources d'information qui devraient être privilégiées par un propriétaire dirigeant de PME? Justifiez votre réponse.

7. On peut considérer l'information avec deux perspectives fort différentes. Quelles sont-elles et expliquez-les.

8. Quel conseil donneriez-vous à un dirigeant de PME qui se questionne sur la quantité d'information qu'il devrait rechercher?

9. Quel facteur identifieriez-vous comme étant majeur dans l'interprétation que fait le propriétaire dirigeant de l'information reçue de son environnement?

10. Comment décririez-vous le style et la dynamique de gestion des PME en matière de prise de décision?

11. Quelle différence faites-vous entre des décisions de type «opérationnel» et d'autres de type «stratégique»?

12. Décrivez un modèle simple de prise de décision en soulevant les points auxquels on doit accorder une attention spéciale pour chacune des étapes.

13. En quoi la définition du problème est-elle une étape si cruciale et si importante?

14. De quelle façon, la croissance d'une entreprise risque-t-elle d'apporter des modifications importantes dans le processus de prise de décision en vigueur au stade artisanal?

Jeu de rôle

PRO-GESTION INC.

Pro-Gestion Inc. est une entreprise se spécialisant depuis plus de 12 ans dans les services professionnels de consultation en matière de recrutement de cadres et de gestion des ressources humaines. Les trois propriétaires de l'entreprise sont très satisfaits des résultats obtenus. Depuis le début, Pro-Gestion a développé une expertise plus que satisfaisante dans les secteurs suivants:

– participation à l'établissement d'analyses de tâches pour différentes catégories de personnel;

– mise sur pied de programmes de développement de ressources humaines;

- mise sur pied de comités de sélection et préparation de l'entrevue;
- consultation en relations de travail;
- recrutement de personnel cadre et de personnel de gérance pour les entreprises;
- consultation en gestion de personnel.

Depuis trois ans, l'entreprise est en pleine croissance et les contrats n'ont cessé d'augmenter. Elle a enfin réussi à s'assurer d'une clientèle intéressante et variée, dont certains clients fidèles qui font appel régulièrement à ses services pour des contrats d'envergure. Depuis l'année dernière cependant plusieurs clients ont manifesté des besoins en matière de formation pour certains groupes d'employés affectés à la gestion ou à la supervision des ressources humaines. Jusqu'à maintenant, Pro-Gestion a dirigé ces clients vers des firmes spécialisées dans le secteur de la formation. Cependant, les demandes ne cessent d'affluer en ce sens, de plus en plus nombreuses. Les propriétaires de l'entreprise s'interrogent très sérieusement depuis quelques mois sur la pertinence de diversifier leurs services et de répondre aux besoins de formation de leurs clients. La situation porte à croire qu'il existe un potentiel d'expansion intéressant. Cependant, ils hésitent encore. Pro-Gestion a acquis une certaine stabilité ainsi qu'une expertise irréprochable dans les services actuels. Elle emploie neuf personnes à temps plein, soit huit conseillers et une secrétaire. La gestion financière de l'entreprise a été confiée à une firme comptable extérieure.

Après bien des réflexions, les trois propriétaires de l'entreprise se rencontrent pour discuter de façon formelle de l'éventualité d'offrir des services de formation et prendre, si possible, une décision à ce sujet. L'objectif est clair: il faut décider s'il s'agit d'une occasion intéressante et avantageuse pour l'entreprise.

L'OPINION DES ASSOCIÉS AVANT LA RENCONTRE

Denis Trudel est opposé au projet et a plusieurs réticences:

- Il considère que le marché des services de formation est déjà très encombré et que la concurrence y est très forte.
- Il ignore si l'entreprise peut se permettre de risquer l'engagement du nouveau personnel requis.
- Les demandes portent sur des sujets variés et, pour certains, l'entreprise n'a pas l'expertise nécessaire.

– Il craint de perdre le contrôle en élargissant trop rapidement les services offerts.

Jacinthe Dumont et Louis Turcotte sont, pour leur part, très tentés par l'expérience. Leurs arguments se résument ainsi:

– En dirigeant leurs clients vers d'autres firmes, ils prennent le risque d'en perdre un certain nombre, car plusieurs des agences auxquelles ils les réfèrent offrent également des services conseils en gestion.

– Le secteur de la formation en entreprise est en forte croissance.

– Offrir des services de formation permettrait à l'entreprise d'élargir sa gamme de services.

Les trois associés se réunissent pour prendre ensemble une décision à ce sujet. C'est Denis Trudel qui préside la réunion.

DIRECTIVES

– Trois personnes sont mandatées pour être les acteurs du jeu de rôles. Elles devraient avoir eu le temps disponible pour lire les éléments de la situation.

– Le reste du groupe agit comme observateur et ne devrait jamais intervenir durant le jeu. À partir des questions qui leurs sont fournies, ils doivent analyser ce qui se passe et noter leurs commentaires et leurs observations.

– En plénière, on recense les observations. Il ne s'agit nullement de juger de la performance des acteurs mais plutôt d'apporter des critiques positives pour favoriser l'apprentissage de chacun.

INSTRUCTIONS AUX OBSERVATEURS

1. Observez la façon utilisée par Denis Trudel pour amorcer la discussion. Présente-t-il le problème avec neutralité ou commence-t-il en faisant connaître immédiatement sa perception?

2. Les trois associés prennent-ils le temps de se donner une définition commune du problème?

3. De quelle façon l'équipe d'associés aborde-t-elle le problème? Suit-on une démarche précise ou procède-t-on à bâtons rompus?

4. Les associés font-ils ressortir tous les éléments d'information souhaitables pour prendre une décision éclairée? Quels sont ceux qui vous semblent pertinents et ceux qui ont été oubliés?

5. Quelles sont les questions posées pour tenter d'évaluer les effets et l'impact du projet sur l'entreprise? Lesquelles vous paraissent les plus importantes?

6. À la fin de la rencontre, sur quel genre de processus, de démarche ou de décision, les associés se sont-ils mis d'accord?

7. Les associés se sont-ils donnés des critères d'évaluation pour les arguments en faveur ou contre le projet?

8. Indépendamment du jeu de rôles, identifiez tous les éléments d'information qui seraient utiles et nécessaires pour prendre une telle décision et nommez une source possible pour dénicher cette information.

BIBLIOGRAPHIE

Charon R., C. N. Hofer C.N. et J.F. Mahon, «From Entrepreneurial to Professional Management: A set of Guidelines», *Journal of Small Business Management*, vol. 18, no. 1, 1980, pp. 1-10.

Dill, W. R., *The Impact of Environment on Organizational Development*, in Wailick, S. et E. H. Van Ness (eds.), *Concepts and Issues in Administrative Behavior*, Englewood Cliffs, N.J., Prentice-Hall, 1962.

Fann, G.L. et L.R. Smeltzer, «Communication Attributes Used by Small Business Owner-Managers for Operational Decision Making», *The Journal of Business Communication*, vol. 26, no. 4, automne 1989, pp. 305-321.

Gasse, Y., *Information Scanning and Processing in Small Business Firms*, Congrès 1980 de l'ASAC, Université du Québec à Montréal.

Gasse, Y., «L'utilisation des diverses techniques et pratiques de gestion dans la PME», *Revue internationale de gestion des petites et moyennes organisations*, vol. 4, no. 1, 1989, pp. 3-11.

Gasse, Y., *Characteristics, Functions and Performance of Small Firm Owner-Managers*, Doctoral Dissertation, Northwestern University, Evanston, Illinois, 1978.

Gasse, Y., *The Relationship Between Content and Structure of Belief Systems Among a Group of Entrepreneurs*, Paper presented at the 39th Annual Meeting of the Academy of Management, Atlanta, Georgie, août 1979.

Grandori A., «A Prescriptive Contingency View of Organizational Decision Making,» *Administrative Science Quarterly*, vol. 29, 1984, pp. 192-209.

Liles, P.R., *New Business Ventures and the Entrepreneur*, Homewood, Illinois, Irwin, 1974.

Hammers Specht, P., *American Journal of Small Business*, vol. 10, no. 4, printemps 1987, pp. 21-31.

Mc Gaffey, T.N. et R. Christy, «Information Processing Capability As a Predictor of Entrepreneurial Effectiveness», *Academy of Management Journal*, vol. 18, décembre 1974, pp. 857-863.

Ministère de l'Industrie, du Commerce et de la Technologie, *La situation des petites entreprises en 1989*, Rapport annuel sur les petites entreprises en Ontario, Toronto, 1989.

Mintzberg H., D. Raisinghani et A. Théorêt, «The Structure of Unstructured Decision Processes», *Administrative Science Quarterly*, vol. 21, 1976, pp. 246-275.

Novelli, L. et W. L. Tullar, «Entrepreneurs and Organizational Growth: Source of the Problem and Strategies for Helping», *Leadership and Organizational Development Journal (UK)*, vol. 9, no. 2, 1988, pp. 11-16.

Shuman, J.S. et J.A. Seeger, «The Theory and Practice of Strategic Management in Smaller Rapid Growth Firms», *American Journal of Small Business*, vol. 11, no. 1, été 1986, pp. 7-17.

CHAPITRE 9

LA RÉVOLUTION INFORMATIQUE

Après avoir analysé l'importance de l'accès à l'information dans une PME, nous étudierons dans ce chapitre la problématique entourant la cueillette et le traitement de l'information. En effet, il ne suffit pas de savoir quelle information est souhaitable ou requise pour prendre une bonne décision, qu'elle soit d'ordre opérationnel ou stratégique. À une époque où l'on parle beaucoup de productivité, l'entreprise soucieuse de rentabilité et de performance doit se mettre à la recherche de pratiques de gestion et d'outils susceptibles de traiter à la fois rapidement et efficacement l'information. À ce titre, l'informatisation sans cesse grandissante des entreprises constitue une des solutions majeures proposées par l'environnement d'affaires actuel pour supporter le traitement adéquat de l'information dans le contexte de compétitivité qui prévaut actuellement. Bien faire les choses ne suffit plus; il faut arriver à mieux les faire et surtout à les faire plus rapidement que les autres. Les consommateurs sont devenus beaucoup plus exigeants et la flexibilité et la rapidité de la prise de décision continuent de constituer des impératifs pour l'entreprise qui désire s'adapter aux exigences du marché. Il y a plusieurs années, l'informatique demeurait encore un luxe que seules pouvaient se permettre les entreprises ayant atteint une certaine taille. Depuis quelques années cependant, l'informatique a connu des développements et une évolution extrêmement rapides. Ainsi,

> *«l'évolution technologique récente dans l'électronique et l'informatique a été marquée par l'apparition des microprocesseurs; ceux-ci ont donné accès à une automation programmable, flexible, peu coûteuse et d'application dans tous les secteurs d'activité. Sous la forme de machines à écrire à mémoire, systèmes de traitement de textes, robots, caisses enregistreuses électroniques..., la nouvelle technologie envahit les bureaux, les banques, les usines, les institutions d'enseignement, les hôpitaux, les bibliothèques... Une foule d'automatismes électroniques qui, à l'ère des gros ordinateurs, étaient réservés aux grandes firmes sont maintenant, avec la minituarisation de l'électronique, accessibles aux petites et moyennes entreprises. Alliés à la mécanique, les micro-ordinateurs rendent possible la reproduction des gestes humains plus rapidement, avec une efficacité accrue et sans fatigue. La marche des micro-ordinateurs est nouvelle, elle évolue très rapidement: en dix ans, la puissance de la micro-plaquette a centriplé tandis que son coût est devenu mille fois moindre.» (David-McNeil, 1985).*

C'est dans une perspective managériale et centrée sur le support à la prise de décision que ce chapitre aborde la problématique de l'informatisation dans la PME. Il ne sera fait aucune référence quant aux aspects fonctionnels et technologiques des outils informatiques comme tels (équipements, logiciels, etc.). Nous nous attarderons plutôt à la pertinence et à l'adéquation des systèmes d'information dans le contexte propre aux PME et à l'analyse des variables à considérer avant de se lancer dans un processus d'informatisation.

Les PME, il faut bien l'admettre, disposent généralement d'une quantité limitée de ressources humaines et financières par rapport à celles dont dispose la grande entreprise. Par conséquent, elle ne peut se permettre de prendre trop rapidement des décisions qui engagent des investissements humains et financiers importants. Les éléments qui suivent devraient donc aider les propriétaires dirigeants de petites et moyennes entreprises à mieux évaluer leur situation et leurs besoins en matière d'informatisation.

Il est bien évident que les entreprises d'aujourd'hui, quelle que soit leur taille, peuvent rarement se passer tout à fait de l'informatisation. Cependant, les moyens choisis et le type de systèmes préconisés peuvent être de tailles et de coûts fort différents suivant les ressources, les limites et les contraintes de l'entreprise en cause. La révolution informatique est une marée qui s'étend maintenant jusqu'aux entreprises de plus petite taille. Il est loin d'être sûr cependant que ces dernières soient les mieux préparées pour utiliser de façon optimale cet outil. Informatiser? Oui, mais pas n'importe comment et à n'importe quel prix!

9.1 LE PROCESSUS ACTUEL D'INTÉGRATION DE L'INFORMATIQUE DANS LA PME

Comme le soulignent Hooper et Page (1981), la révolution informatique, qui a amené un développement fulgurant du traitement de l'information, plus spécialement encore depuis la venue de la micro-informatique, permet aujourd'hui aux entreprises, mêmes les plus petites, d'implanter un système d'information par ordinateur. Par conséquent, il n'est pas étonnant de constater que plusieurs petites et moyennes entreprises disposent déjà de systèmes d'information et d'outils informatiques pour les supporter dans leur gestion. Plusieurs recherches ont fait ressortir la spécificité de la dynamique et des processus de gestion en vigueur dans les PME. Il semble bien que dans le secteur de l'information et de l'informatisation, les modes d'intégration et d'implantation soient fort différents de ceux utilisés par les entreprises de plus grande taille disposant de plus de personnel et de ressources financières. Aussi, avant d'énoncer les objectifs et conditions souhaitables pour l'informatisation, on tentera d'abord de mieux cerner la façon dont les choses se passent dans les PME.

Tout d'abord, la décision de faire appel ou non à l'informatisation provient, dans la majorité des cas, du ou des dirigeants de l'entreprise. Évidemment cela n'exclut pas que la décision soit prise à la suite de problèmes ou de commentaires soulevés par certains employés, mais comme pour toutes les décisions majeures relatives à la gestion d'une PME, le dirigeant demeure le pilier central de la décision.

Par ailleurs, une étude publiée en 1987 par le Centre canadien de recherche sur l'informatisation du travail, fait ressortir le fait que, dans le processus décisionnel relatif à l'informatisation, le dirigeant d'entreprise est beaucoup plus influencé par des intervenants extérieurs à l'entreprise que par ses employés. On fait cependant ressortir que la situation ne s'applique pas aux entreprises de services ni à celles qui comptent moins de 20 employés.

Si l'on examine de quelle façon la décision d'informatiser les opérations d'une entreprise est prise, on s'aperçoit que le processus reste le même que pour bon nombre d'autres décisions. Il est souvent caractérisé par un manque flagrant de formalisme et de rationalisation. Contrairement aux grandes entreprises qui disposent de services dont la fonction première consiste à gérer l'information, dans les PME, la gestion de l'information se fait suivant les événements et les besoins les plus pressants. Le manque de planification souvent observé au sein de la gestion des PME se retrouve aussi dans le processus d'informatisation. La décision d'acheter un premier équipement se prend très souvent parce qu'un problème particulier ou urgent survient et que l'informatique semble pouvoir y remédier. Dans cette situation de crise, les propriétaires dirigeants subissent souvent l'influence d'un représentant qui leur fait voir les avantages reliés à l'instauration d'un système informatique. Dans un tel contexte, ils risquent d'oublier que l'objectif premier n'est pas de s'informatiser à tout prix, mais plutôt de traiter l'information plus rapidement et avec plus d'efficacité.

Baker (1987) décrit, à travers une étude portant sur 40 entreprises (20 dans le secteur des services et 20 dans le secteur manufacturier), la manière dont le système de décision fonctionne lors de la mise en place d'un système informatique dans une PME, et le rôle primordial que joue le propriétaire dirigeant dans le processus. Cette centralisation du pouvoir décisionnel revêt des avantages (temps, argent), mais engendre de nombreux problèmes (manque de connaissance, subjectivité, peu d'engagement du personnel, etc.).

Dans un deuxième temps, il importe également de faire ressortir le fait que l'information traitée par des opérations informatisées se limite généralement à des applications très spécifiques dans la gestion de l'entreprise. Le plus souvent, l'intégration de l'informatique se fait surtout à travers des opérations de nature comptable telles que les comptes-clients, les comptes-fournisseurs, la paie des employés, la tenue de livres et les états financiers de l'entreprise. Comme le souligne Lefèbvre, Lefèbvre et Ducharme (1987), la gestion du «grand livre» est généralement la première application informatique à être introduite dans l'entreprise. Le traitement de textes vient en deuxième position, suivi de loin par l'analyse des ventes. Baker (1987) établit une liste des applications informatiques privilégiées dans la PME: ce sont le calcul des impôts, la gestion des comptes-clients et de la paie. Les applications les moins utilisées sont le contrôle de qualité, la gestion du budget, l'analyse des ventes et l'établissement de prévisions.

Ainsi, dans bien des cas, l'entreprise acquiert un système ou du matériel en fonction d'une application très particulière pour s'apercevoir par la suite que le même équipement s'avère incapable de s'adapter à d'autres types de besoins. Avec une approche de prise de décision plutôt à court terme, l'entreprise risque ainsi d'encourir des frais énormes pour un système qui deviendra vite désuet. Un tel manque de planification amène d'ailleurs fréquemment des écarts énormes entre les coûts d'acquisition et d'implantation prévus et les frais réels encourus.

«En général, le coût réel de la technologie est deux fois et demie plus important que le coût prévu. Le coût réel encouru sur le plan organisationnel est deux fois plus élevé que les prévisions, et les dépenses

*d'ordre technologique sont deux fois plus importantes que celles liées à
l'organisation.» (Lefèbvre, Lefèbvre et Ducharme, 1987).*

Malgré cela, il semble que le taux de satisfaction des PME qui ont
recours à l'informatisation soit assez élevé. Lefèbvre, Lefèbvre et
Ducharme (1987) font ressortir les effets positifs identifiés par les dirigeants de petites et moyennes entreprises en ce qui concerne l'utilisation de l'informatique. Les trois effets les plus importants sont la
rapidité de traitement de l'information, la quantité d'information qu'il
est possible de traiter ainsi que la qualité du traitement. De plus, il est
mentionné qu'un meilleur contrôle des activités peut être atteint. Deux
autres éléments ont également été soulignés par plusieurs dirigeants,
soit l'amélioration de la qualité de vie au travail et de l'image projetée
par l'entreprise auprès de ses clients. Le cas suivant illustre ces propos.

Arrosage Vert Plus: pelouses et émondage

*Chez Arrosage Vert Plus, une PME de Saint-Grégoire (Riche-
lieu), Mme Diane Germain est commis-comptable. I&B l'a rejointe en
train de fermer son mois de mars. «Quand je suis entrée en poste l'an
dernier, mon patron venait tout juste d'acquérir le logiciel de gestion
Avantage, raconte-t-elle. Il attendait précisément l'arrivée d'un commis-comptable pour le mettre en opération. Lui-même n'avait pas le
temps de s'en occuper.»*

*«Je n'en reviens pas! Avant de travailler ici, je n'avais jamais vu
de près un ordinateur, ni touché à un clavier. Or, on m'a dit de me
débrouiller. Je me suis donc assise avec le manuel et me suis mise à pia-
noter. J'ai essayé de faire sortir tous les rapports possibles. Et ça a marché. Aujourd'hui, c'est devenu tellement facile que je pourrais presque
tout faire les yeux fermés.»*

*Cet apprentissage a toutefois nécessité un peu d'aide. «Chez
Avantage, les gens du service téléphonique m'ont beaucoup aidé. Ils ont
été d'une patience incroyable. C'est un peu grâce à eux si j'ai autant de
facilité aujourd'hui.» (...)*

*Les gains de productivité seraient importants. «Je peux produire
en quelques minutes tous les rapports qui me prenaient des heures autre-
fois, soutient-elle. Avant, il me fallait presque deux jours pour effectuer
manuellement la compilation de fin de mois. Aujourd'hui, ça me prend
deux heures et demi avec Avantage. Il y a même des fonctions histori-
ques qui me permettent de remonter l'histoire d'un client ou d'un fournisseur, jusqu'au premier achat.»*

(Informatique et Bureautique, juin 1988).

Par conséquent, on remarque que malgré les failles qui caractérisent la gestion de l'informatisation dans la PME, les résultats obtenus sont positifs. On peut parier qu'une meilleure planification à cet égard ne peut qu'avoir pour effet d'augmenter l'efficacité et la productivité des entreprises impliquées.

9.2 POUR DES SYSTÈMES D'INFORMATION BASÉS SUR LES BESOINS DE L'ENTREPRISE

Fondamentalement, l'entreprise qui décide de systématiser ses opérations en informatisant certaines fonctions, doit toujours tenir compte du fait qu'il ne s'agit pas d'un objectif réel, mais plutôt d'un moyen de plus pour augmenter son efficience. À ce titre, les besoins de l'entreprise doivent être soupesés et analysés avec beaucoup d'attention, car l'objectif fondamental de l'informatisation est de répondre à ces besoins, et non d'en créer de nouveaux. Bon nombre de PME ont commis de graves erreurs en prenant trop rapidement la décision d'informatiser certaines fonctions sans avoir, au préalable, bien déterminé le véritable besoin. Comme le souligne Fattal (1987),

> *« la productivité peut grimper de beaucoup grâce aux technologies nouvelles mais nous connaissons tous désormais au moins un désastre dû à leur mauvais usage. Parlant à une de ses créancières des ennuis chroniques que lui donnait un ordinateur récemment installé, une entrepreneure déclara: "Si j'avais informatisé mes comptes-clients au lieu de mes comptes-fournisseurs, je serais sur le pavé maintenant" »*.

Le propriétaire dirigeant qui songe à l'informatisation ou qui désire rationaliser un processus dans lequel son entreprise s'est déjà engagée, doit planifier ses approches en les précédant d'un inventaire des besoins à combler. Concrètement, cela l'amène à planifier bien d'autres aspects de la gestion de son entreprise car les besoins en informatisation découlent la plupart du temps des objectifs et des buts que poursuit l'entreprise. Les exemples qui suivent illustrent bien ce qui précède.

Une entreprise qui s'est donnée comme objectif la réduction de ses pertes pour mauvaises créances peut trouver beaucoup d'avantages à informatiser la gestion de ses comptes-clients. Si, par contre, elle prévoit aborder une phase d'expansion en visant une augmentation des ventes de l'ordre de 40%, certains systèmes établissant les ventes par succursales et par territoires pourraient être mieux indiqués pour évaluer la performance relative de chacune des unités. Enfin, une entreprise rencontrant des problèmes de production et désirant les solutionner pourrait plutôt opter pour l'informatisation de la gestion de l'échéancier de production. Comme on le verra plus loin, la nature des besoins peut prendre de multiples formes et plusieurs de ces besoins risquent de s'exprimer simultanément dans plusieurs fonctions de l'entreprise. Ce qu'il importe de retenir, c'est qu'ils découlent forcément des objectifs globaux et spécifiques de l'entreprise elle-même. Le diagnostic des besoins de l'entreprise est donc une étape importante primordiale devant précéder toute tentative d'informatisation.

9.3 LA NÉCESSITÉ D'UNE APPROCHE INTÉGRÉE POUR L'ÉTABLISSEMENT DE SYSTÈMES D'INFORMATION ORGANISATIONNELS

Comme le souligne Raymond (1987), le rôle fondamental d'un système d'information organisationnel est double. Il s'agit, d'une part, d'accroître l'efficacité des processus opérationnels basés sur la saisie, le stockage et le traitement des données. Si l'on considère l'information comme une ressource, une augmentation de productivité reliée à la gestion de cette ressource se traduit en effet par une diminution des coûts opérationnels. D'autre part, il s'agit également d'améliorer l'efficacité du processus de prise de décision des gestionnaires en satisfaisant leurs besoins informationnels, c'est-à-dire en leur fournissant une information mieux adaptée à leurs différents problèmes décisionnels, y compris ceux de planification et de contrôle, et en leur fournissant les moyens d'analyser cette information.

La PME a avantage à mieux définir ses besoins informationnels avant de mettre en place des systèmes ou d'acquérir de l'équipement. Malheureusement, les outils disponibles pour établir et réaliser un système d'information efficace et rentable sont, la plupart du temps, conçus pour être utilisés par les grandes entreprises disposant de plus de temps, de personnel et de ressources pour le faire. Si l'on tient compte des limites et des contingences propres aux PME, il apparaît que les modèles proposés sont fort peu adaptés à leurs possibilités et risquent de ne leur être d'aucune utilité. Faute de ressources, plusieurs PME ont une approche par essais et erreurs et prennent leurs décisions dans une perspective de court terme en matière de gestion de l'information. Ainsi, dans plusieurs cas, leur processus d'informatisation n'est ni planifié ni contrôlé et ne suit aucun modèle d'implantation précis.

Taylor et Meinhardt (1985) proposent une méthode pour mettre en place un système informatique adapté aux besoins de la PME. La méthode proposée a pout but de doter les PME d'un système pour définir leurs besoins d'information, en termes d'attentes actuelles et futures.

Comme la PME a moins de ressources que la grande entreprise en termes de capital, d'effectifs humains, de temps et d'expertise, les auteurs privilégient le processus de décision de groupe. L'opinion des employés peut être identifiée à l'aide de questionnaires ou d'entretiens avec les vendeurs et les éléments retenus peuvent permettre au dirigeant de PME de dessiner le profil de l'entreprise et de déterminer les besoins d'information. Les avantages de cette approche sont multiples, car elle tient compte de données provenant d'experts et obtenues à peu de frais (les vendeurs), elle minimise les risques d'erreurs et les limites de la prise de décision individuelle et engage tout le personnel dans la recherche de solutions, ce qui diminue considérablement la résistance au changement.

9.4 L'IMPORTANCE D'UNE DOUBLE COMPATIBILITÉ DES SYSTÈMES

Comme le souligne Raymond (1987), les attributs techniques, bien que nécessaires, sont loin d'être suffisants pour assurer le succès d'un système. L'impact des systèmes informatisés doit aussi être considéré sur le plan individuel (l'usager) et sur le plan organisationnel (l'entreprise). Markus et Robey (1983) parlent d'une double validité d'un système. Au-delà de la validité technique du système, ils ajoutent concept de «validité organisationnelle», soit la compatibilité entre le système d'information et son contexte d'utilisation. Deux variables importantes semblent constituer le contexte d'utilisation; ce sont l'usager et les caractéristiques de l'entreprise elle-même.

Dans le cas de la PME, le propriétaire dirigeant assume seul plusieurs fonctions et peut être à la fois le concepteur et l'usager du système. De plus, les caractéristiques de l'entreprise sont souvent très reliées à ses propres caractéristiques personnelles. Les principes qui suivent visent donc à explorer dans quelle mesure les éléments précédents de double validité peuvent être intégrés dans une approche de gestion de l'information adaptée à la situation des PME.

1° Aborder la gestion de l'information à partir d'une perspective managériale plutôt que technique

Le propriétaire dirigeant d'une entreprise est avant tout un gestionnaire. Aussi, toute tentative de mise sur pied ou d'intégration d'un système d'information devrait d'abord être envisagée dans une perspective managériale, excluant au départ toute considération quant au choix d'équipement et aux outils techniques à acquérir ou à concevoir.

De cette façon, l'entreprise se centre sur les problèmes et les besoins en évitant de se laisser distraire par les limites techniques du matériel disponible.

2° Analyser les besoins d'information à partir des rôles des gestionnaires de PME

Dans plusieurs cas, le ou les propriétaires dirigeants de PME assument à la fois deux ou plusieurs grandes fonctions dans l'entreprise. Quand on pense à la systématisation ou à l'informatisation, c'est souvent la fonction du contrôle financier qui semble constituer la préoccupation majeure du ou des dirigeants. C'est probablement ce qui explique que ce soit dans ce secteur que l'informatique ait été le plus utilisée dans les PME jusqu'à maintenant. Mais, la gestion comporte aussi les domaines de la production, du marketing et des ventes, ce qui implique que l'analyse des besoins d'information doit être précédée de l'analyse de la nature et du type de décisions à prendre. Dans le cas où le propriétaire dirigeant assume seul ou presque toutes les fonctions majeures, c'est à lui qu'il appartient de faire cet exercice. Toutefois, dans le cas où il est assisté de collaborateurs dans différentes fonctions, ces derniers doivent nécessairement participer activement à la démarche d'analyse des besoins.

Une telle analyse des besoins informationnels n'implique nullement que tous les types d'information retenus justifient la mise en place de systèmes structurés et informatisés. Il est même possible que certaines informations ne puissent faire l'objet de compilation systématique. Cette analyse permet cependant d'avoir une vue d'ensemble des besoins associés aux différentes fonctions du gestionnaire.

3° Établir des priorités parmi l'échelle des besoins identifiés

Tous les besoins ne revêtent pas la même importance pour l'entreprise, certains étant cruciaux pour sa survie même, d'autres relevant plus d'exigences éventuelles compte tenu des développements ou des activités prévues. Mais même en imaginant que tous les besoins identifiés soient jugés essentiels (ce qui est fort peu probable), la PME risque de disposer de ressources humaines et financières limitées pour accroître la systématisation. Aussi devient-il nécessaire de hiérarchiser les besoins en déterminant certaines priorités à court, moyen et long terme.

TABLEAU 1

Analyse des besoins d'information
(Raymond, 1987)

Tâches critiques	Besoins informationnels
– Planification, contrôle général	États financiers et grand livre, états d'évaluation de la situation financière, du fonds de roulement, de la réalisation des commandes, objectifs, tendances de l'industrie, écarts, prévisions, budgets, mouvement d'encaisse, travaux en cours, rapports internes, simulations financières, diagnostic organisationnel, information non officielle, analyses de ventes, carnet de commandes, capacité de production.
– Contrôle de la productivité et du rendement	Heures travaillées/homme, rendement/heure/homme, rendement/heure/machine, rythme de production, consommation de ressources, rapports intrants/extrants, qualité, écarts, prévisions.
– Contrôle du prix de revient	Taux d'imputation, coûts accumulés par produit, écarts, prévisions.
– Supervision du personnel	Rapports d'activités, problèmes éventuels, responsabilités individuelles, réseaux informels d'information.
– Gestion du fonds de roulement	Comptes-clients, comptes-fournisseurs, encaisse, marge de crédit, état de conciliation bancaire, grand livre et états financiers, état des mouvements d'encaisse.

4° Tenir compte de la disponibilité de l'information et de la possibilité de traitement informatique

Cet aspect concerne surtout la compatibilité entre le système, les ressources et les caractéristiques de l'entreprise. Bon nombre d'entreprises ont fait l'acquisition d'équipements et/ou de logiciels coûteux pour constater par la suite qu'elles n'étaient même pas en mesure de les alimenter avec toute l'information requise. Ainsi, par exemple, le meilleur logiciel pour l'analyse des différents ratios financiers n'est d'aucune utilité si les données compilées pour les calculer sont peu fiables et mal ordonnancées.

Dans le même ordre d'idées, certaines informations peuvent avoir été considérées comme cruciales en regard de la situation en cause, mais en même temps s'avérer non traitables à l'aide de l'informatique. Encore là, il s'agit d'explorer avec beaucoup d'attention toutes les contraintes susceptibles d'être soulevées par une non-disponibilité de l'information ou l'impossibilité de la traduire sous la forme requise par le traitement envisagé.

5° S'assurer de la compatibilité des systèmes envisagés avec les usagers

Les usagers deviennent les «propriétaires» des systèmes et ils doivent les faire fonctionner efficacement. Par conséquent, il faut que les mesures envisagées soient adaptées à leurs besoins. À ce titre, les usagers devraient être consultés au sujet de leurs besoins informationnels et des problèmes rencontrés. Le type de responsabilité qu'ils assument revêt également beaucoup d'importance puisque la nature des tâches influence forcément le niveau et la catégorie des décisions qui sont de leur ressort. Enfin, le choix du type de système doit tenir compte de leur formation et de leur expertise.

Les usagers devraient participer à toutes les phases entourant l'instauration de l'informatique dans l'entreprise. On a beaucoup écrit sur le phénomène de résistance au changement souvent présent lorsqu'une entreprise décide d'opter pour de nouvelles façons de faire ou d'utiliser de nouvelles technologies. En participant au processus, les usagers se familiarisent plus rapidement aux changements et se voient plus facilement comme partie prenante de ce changement. Ainsi, on peut s'attendre à une plus grande collaboration de leur part lorsqu'il s'agit de passer à l'action. En effet, en matière de résistance au changement, c'est l'attitude du personnel qui est le plus souvent en cause, loin derrière l'inaptitude technique à fonctionner selon de nouvelles pratiques.

9.5 MODES D'INTRODUCTION DES SYSTÈMES INFORMATIQUES

D'après Raymond (1987),

> «le succès de la démarche d'informatisation dépend en grande partie de la façon dont la direction assume son rôle à ce niveau. Une stratégie d'implantation axée sur la participation (direction, responsable du projet, consultant, utilisateurs) amènera la PME à prendre en charge elle-même la conception de son système d'information à partir de l'identification de ses problèmes et de la détermination de ses besoins, et ce, a priori de toute question technique. Cela se traduit par la définition des rôles des différents intervenants dans le processus, et par la systématisation de l'action de ces derniers tout en tenant compte des contraintes propres à la PME.»

Le même auteur préconise également un guide d'implantation de l'informatique à l'intérieur duquel les rôles des participants sont définis de façon spécifique. La direction initie le projet à partir des problèmes et possibilités de la firme et confie le mandat à un responsable de projet. En cours de route, elle s'assure que le processus suit son cours et que les objectifs poursuivis seront atteints. Tout au long de l'implantation, elle doit demeurer très impliquée et manifester un support constant aux autres intervenants. Il s'agit d'un aspect fondamental, car l'attitude de la direction de l'entreprise influence toujours beaucoup celle des employés, particulièrement dans un contexte PME.

Quant au responsable du projet, il doit être un des gestionnaires principaux de la firme. Il s'occupe de la planification du projet. À cet égard, il devrait superviser l'analyse des besoins et l'établissement des objectifs du système envisagé et évaluer les offres de fournisseurs en concertation avec les utilisateurs. C'est également lui qui doit prendre en charge la formation et le perfectionnement des utilisateurs tout en contrôlant la mise en oeuvre de la solution choisie. Et puisque son point de vue devrait d'abord et avant tout rester celui d'un gestionnaire, l'expertise d'un consultant plus spécialisé en informatique risque de lui être d'une grande utilité. Ce consultant a, pour sa part, un rôle de soutien technique au responsable du projet. Dans la réalité, ce rôle de consultant dans les PME est souvent joué par les entreprises spécialisées. Sans être préjudiciable dans tous les cas, ce genre de pratiques comporte cependant bien des inconvénients et des risques pour l'entreprise. En effet, ce type d'expertise est souvent offert gratuitement à la PME par des maisons spécialisées en équipement informatique. Malheureusement, la gratuité de ces services n'est souvent qu'apparente. En effet, ces firmes espèrent ainsi pouvoir vendre à l'entreprise le type d'équipement dans lequel elles se spécialisent. C'est une situation susceptible de nuire aux intérêts de l'entreprise qui fait appel à ce type de consultation. Aussi, dans tous les cas où l'entreprise dispose des ressources financières suffisantes pour le faire, il serait préférable qu'elle s'adjoigne les services d'un consultant en informatique indépendant et totalement libre de tout intérêt en ce qui concerne l'équipement qui sera sélectionné ou la formation qui sera dispensée.

Information et formation
La leçon de l'Union des producteurs agricoles

«*On a mis autant d'énergie dans le programme de formation, sensibilisation et information que dans l'aspect technique. Pas question de remettre un équipement de 2 000 $, 3 000 $ ou 5 000 $ entre les*

> mains d'un employé qui ne saurait pas s'en servir» explique Michel Poulin, directeur adjoint des serives informatiques. Lors de la première étape, l'introduction de traitement de texte, on a choisi de carrément retirer le personnel de secrétariat de son milieu de travail pour le plonger dans une session intensive de 3 semaines donnée grâce à la collaboration du CEGEP Édouard-Montpetit et la Commission de Formation Professionnelle. Au retour, les premiers résultats ne furent pas longs à se manifester: plusieurs secrétaires maîtrisaient déjà les subtilités du logiciel Word Perfect. Mais, comme la majorité des PME, l'UPA doit composer avec des budgets limités. Ce qui explique qu'à la deuxième étape, l'introduction des chiffriers électroniques, on a pensé économiser en n'engageant pas de personnel de remplacement. Cette fois les secrétaires devaient continuer à assumer leur travail quotidien. «On a peut-être étiré l'élastique juste un peu trop. On avait un pied dans l'eau et l'autre dans le bateau. Ça n'a pas pris de temps qu'on est tombé à l'eau!» raconte Michel Poulin. La leçon a porté fruit et aujourd'hui, en matière de formation, l'UPA sait qu'on ne peut pas faire de l'exceptionnel et du quotidien avec la même ressource en même temps.
>
> (PME, février 1990).

Il est important que les propriétaires dirigeants qui désirent investir dans l'informatique soient conscients des risques associés à cette décision. Lees et Lees (1987) présentent un excellent rapport des difficultés potentielles à prendre en considération à cet égard et offrent des conseils appropriés. Les situations abordées concernent le manque d'expertise en informatique, les bénéfices anticipés non réalisés, les coûts supplémentaires non prévus, les procédures inefficaces, les efforts d'implantation sous-estimés, etc.

Concernant le processus d'implantation lui-même, nous voulons rappeler que tout au long de cette procédure, un processus de décision rationnel doit s'opérer afin d'éviter la désillusion de l'utilisateur.

Ainsi, pour chaque stade d'implantation, le propriétaire dirigeant doit se poser deux questions:

— Quelle est la prochaine étape qui rendra mon processus rationnel?

— À quel point la pratique actuelle de mon entreprise est compatible avec ce que nous suggérons.

Le processus d'implantation présenté par Raymond (1987) se définit en sept étapes:

1) Étude préliminaire par la direction de l'opportunité de développer un nouveau système ou d'améliorer un système existant.

   • Perception d'un besoin de changement.

- Définition initiale du besoin en fonction des problèmes ou des possibilités identifiées.
- Si l'expertise organisationnelle est insuffisante, sollicitation des services d'un consultant externe.
- Choix d'un responsable de projet et définition du mandat.

2) Planification et organisation du projet par le responsable.

- Formation de l'équipe de projet.
- Définition de l'échéancier du projet.

3) Analyse des besoins informationnels.

- Évaluation des objectifs de l'entreprise.
- Établissement des priorités sur le plan opérationnel, administratif et décisionnel.
- Analyse des opérations et/ou des procédés administratifs et/ou des décisions (marketing, production, finances, personnel).
- Détermination de l'étendue des besoins actuels et potentiels et proposition d'une solution (objectifs et spécifications de base du nouveau système).

4) Étude de faisabilité de la solution proposée.

- Évaluation de la faisabilité économique (rapport - coût - avantage), technique et opérationnelle (disponibilité des ressources financières, humaines et informatiques, risques et contraintes) des diverses options:
  - développement d'une nouvelle application (informatisation) versus l'amélioration du système manuel existant;
  - développement d'applications programmées sur mesure versus l'acquisition de progiciels préprogrammés;
  - achat d'une ordinateur versus recours aux services d'un bureau de traitement;
  - centralisation du système (ordinateur central et terminaux) versus décentralisation du système(micro-ordinateurs en réseau);
  - si aucune option n'est faisable, abandon du projet.

5) Élaboration de système et appel d'offres.

- Détermination détaillée des objectifs du système (demandes des utilisateurs).

252

- Définition des spécifications fonctionnelles détaillées du système (base de données, traitements, entrées, sorties, procédures).

- Définition des spécifications organiques du système (niveau d'informatisation du système, configuration informatique, matériel, logiciels et personnel requis, critères de performance).

- Élaboration d'un cahier de charges décrivant les objectifs et les besoins.

- Définition préliminaire de l'échéancier d'implantation.

- Identification des fournisseurs potentiels et lancement d'un appel d'offres.

6) Implantation du système

- Programmation (si requise) du logiciel.

- Analyse des soumissions à partir des critères d'évaluation.

- Choix de la meilleure soumission et négociation du contrat.

- Embauche du personnel et des utilisateurs.

- Installation du matériel et des logiciels.

- Documentation et vérification du système.

- Conversion et mise en exploitation du système.

7) Évaluation et maintenance du système

- Tests d'acceptation.

- Évaluation périodique et modification du système dans le but d'effectuer les corrections et les améliorations requises.

9.6 L'INFORMATIQUE DE L'UTILISATEUR AU SERVICE DES DIRIGEANTS DE PME

L'avènement de la micro-informatique constitue certainement le développement le plus marquant de la dernière décennie dans le champ de la technologie informatique. On parle de plus en plus de l'importance de «l'informatique de l'utilisateur». Ce concept nouveau relève directement d'une plus grande accessibilité et convivialité des utilisateurs de la micro-informatique. Quand on parle de «l'informatique de l'utilisateur» on se réfère à un environnement technique qui inclut certains types d'équipements bien particuliers. Tout d'abord, on utilise un micro-ordinateur qui opère individuellement mais peut également être branché sur un ordinateur. Quant aux types de logiciels, les plus usuels sont les suivants:

– un logiciel de «gestion de base de données» à travers lequel l'utilisateur peut créer, et changer ses propres bases de données selon ses besoins (par exemple, DBASE III). Le logiciel fournit normalement un langage d'interrogation qui offre à l'utilisateur la possibilité de formuler des requêtes qu'un générateur de rapport qui peut, à partir des mêmes données, préparer différents relevés à l'aide des instructions données;

– un logiciel de type «chiffrier électronique» qui peut aider grandement l'utilisateur à mieux prendre une décision puisqu'en établissant plusieurs hypothèses à partir des mêmes données financières de base, il peut simuler les impacts engendrés par différentes décisions encourues (par exemple, LOTUS 1-2-3);

– d'autres logiciels peuvent être utilisés dont le plus courant est certainement le logiciel de traitement de textes. Inutile d'en donner des exemples, ces derniers foisonnent sur le marché. Il y a quelques années, les entreprises avaient tendance à faire l'acquisition de systèmes «dédiés» de traitement de textes. De plus en plus, on délaisse ce type d'installations au profit de logiciels utilisables sur les micro-ordinateurs.

Dans le contexte où l'informatique doit répondre aux exigences de toutes les fonctions majeures de l'entreprise et offrir de façon globale bien des solutions à des problèmes particuliers, l'informatique de l'utilisateur semble offrir plusieurs opportunités loin d'être négligeables. La plus importante est sûrement sa capacité à devenir un support extrêmement utile tant pour la prise de décision individuelle que pour la prise de décision par une équipe de gestionnaires. En effet, l'informatique propose un atout majeur aux utilisateurs, soit celui d'être en mesure de développer eux-mêmes les applications nécessaires et sous la forme requise selon le type de décisions qu'ils ont à prendre. Certes, l'informatique de l'utilisateur a surtout été expérimentée jusqu'ici dans les plus grandes firmes et relativement peu de propriétaires dirigeants de PME s'y sont intéressés. Cependant, si l'on considère la flexibilité et la rapidité de prise de décision qui sont les atouts majeurs de la PME, ce type de système semble convenir aux besoins de ces entreprises et permet de tenir compte de leurs contraintes. D'ailleurs, la PME peut profiter de plusieurs avantages en faisant appel à l'informatique de l'utilisateur. Par rapport aux équipements traditionnels, l'investissemet financier pour le matériel est beaucoup moins élevé. Il est plus facile de l'utiliser pour développer des application sur mesure et adaptées aux décisions à prendre ou aux contrôles à établir. Le dirigeant d'entreprise est beaucoup moins dépendant de personnel professionnel très spécialisé en informatique et des centres de traitement tels qu'on les connaît. En effet, les fabricants de matériel en micro-informatique se préoccupent de plus en plus de l'aspect «convivialité», c'est-à-dire qu'ils tentent de faciliter les modes d'utilisation de façon à permettre à de plus en plus de non-inités de s'en servir efficacement après un minimum d'heures de familiarisation avec le matériel. Enfin, un avantage marqué pour la PME réside dans la durée du cycle de développement qui est beaucoup plus courte, donc plus appropriée à l'horizon temporel des entreprises de petite taille.

On a vu que, en dépit de ces avantages, les PME faisaient encore peu appel à l'informatique de l'utilisateur. Raymond (1987) explique cette situation par les facteurs organisationnels et individuels suivants:

- la PME veut d'abord maîtriser l'informatique organisationnelle avant d'expérimenter l'informatique personnelle;

- l'offre en produits et services informatiques pour la PME est orientée presque exclusivement sur l'informatique organisationnelle; la petite entreprise n'est donc généralement pas consciente des possibilités de l'informatique personnelle;

- les gestionnaires manquent d'expérience et de formation;

- le faible taux de professionnels dans la firme; on constate l'absence d'un personnel de soutien de type *staff* qui serait plus apte à utiliser un micro-ordinateur personnel;

- il existe un manque d'intégration entre l'informatique personnelle et l'informatique organisationnelle lorsque cela n'est pas prévu pour l'implantation d'un SIO.

Évidemment, les grandes entreprises qui utilisent l'informatique de l'utilisateur ont mis sur pied des «info-centres» dont le rôle majeur est de former et de supporter les utilisateurs. Il est clair que la dynamique est fort différente en ce qui concerne les PME car elles possèdent rarement les ressources suffisantes pour générer et gérer elles-mêmes leur propre info-centre. Le jour n'est peut-être pas loin cependant où des modèles plus adaptés seront développés en regard de ces contraintes. À titre d'exemple, certaines PME pourraient se partager le coût d'un tel service ou certains organismes dédiés au support à la PME décideront peut-être de mettre sur pied un service de consultation approprié à cet égard. En dépit de toutes ces considérations , il est évident que ce type d'informatique pourrait contribuer à la performance des PME beaucoup plus qu'il ne le fait actuellement.

9.7 LES DÉCISIONS D'INVESTISSEMENT LIÉES À L'INFORMATISATION

La décision d'une PME de s'informatiser ou de tenter d'améliorer le fonctionnement de ses opérations est une démarche qui peut rapporter beaucoup mais qui reste lourde de conséquences. En contexte de développement rapide ou d'expansion, la question risque de s'imposer rapidement puisqu'il faudra parvenir à faire les choses plus efficacement et que la productivité doit demeurer un facteur critique de succès pour la PME. Par conséquent, l'aspect investissement d'un tel type de démarche exige la planification de l'opération en considérant simultanément les impacts, les coûts et les résultats de l'opération prévue.

Les impacts sont susceptibles de se faire sentir sur plusieurs plans. Les plus importants sont certainement les changements qui risquent de devenir nécessaires dans la structure organisationnelle ou l'organisation même du travail. L'impact sur le personnel risque également d'être majeur. Certaines tâches répétitives seront possiblement éliminées, mais la situation exige que l'on analyse à nouveau les tâches du personnel qui les effectuaient auparavant. Un certain nombre de fonctions peuvent être abolies mais on remarque que la réduction d'emplois dûe à l'informatisation est beaucoup moins importante qu'on ne le croit généralement. L'informatisation engendre plus fréquemment des modifications dans la nature des tâches effectuées plutôt que l'abolition de postes. De plus, il faut songer dès le début de l'opération à la sensibilisation du personnel qui opérera les systèmes et à sa participation active au processus de façon à s'assurer de son adhésion et de sa collaboration. Ce point a été repris dans de nombreux articles. En effet, la contribution du personnel aux différents stades de mise en place du projet réduit considérablement sa résistance au changement. Cela permet également de s'assurer de la réceptivité ainsi que de la capacité de celui-ci à faire face à la nouveauté (Lees et Lees, 1987).

Enfin, l'aspect formation des utilisateurs est loin d'être négligeable. Il est trop souvent oublié par les responsables d'une organisation qui ne réalisent pas toujours l'importance d'une formation adéquate pour profiter au maximum des possibilités offertes par le nouvel équipement. L'équipement le plus sophistiqué n'est d'aucun secours si les hommes qui le manipulent ne sont pas suffisamment formés à son exploitation.

Les coûts reliés à l'informatisation doivent également être planifiés à l'avance et calculés le plus objectivement possible en prévoyant toujours une certaine marge à la hausse par rapport aux prévisions de départ. Trop souvent, le propriétaire dirigeant commet l'erreur de considérer surtout les frais reliés à l'acquisition et à l'installation de l'équipement ainsi qu'à l'achat de logiciels. D'autres coûts doivent cependant être estimés. Entre autres, on retrouve les coûts afférents à la formation du personnel et à la baisse de productivité susceptible d'être ressentie plus particulièrement durant la phase de transition entre les anciennes pratiques et les nouvelles. De plus, on oublie souvent les coûts d'exploitation et d'alimentation des systèmes. Il faudra corriger les données de façon plus ou moins régulière selon les cas, les traiter et les manipuler. Enfin, les coûts de maintenance peuvent constituer une charge financière importante qu'il est préférable d'avoir anticipée bien avant d'instaurer les systèmes prévus.

Les résultats attendus de l'informatisation constituent un barème crucial pour juger de la pertinence des investissements financiers requis par un projet d'informatisation. Il ne faut jamais perdre de vue que l'objectif ultime demeure l'amélioration de la performance de l'entreprise. À cet effet, une analyse coûts-bénéfices est inévitable. Il importe de planifier de façon à s'assurer que les avantages obtenus seront supérieurs aux coûts encourus.

Enfin, le propriétaire dirigeant ne planifiera jamais assez par rapport à l'implantation de ce type de procédés. Avant tout, le réalisme doit demeurer de rigueur, car loin de faire toujours des miracles, l'informatisation, si elle est mal planifiée, pourrait facilement mener une entreprise vers un désastre accéléré par les problèmes majeurs qu'elle risque d'entraîner.

Garsombke et Garsombke (1989) insistent beaucoup sur l'attitude proactive du propriétaire dirigeant Selon eux, le propriétaire dirigeant qui «attend, regarde puis agit» sera laissé pour compte dans un univers où la technologie évolue vite. Et, les plus performants seront justement ceux qui sont conscients des barrières (manque de capital, manque de ressources et de temps) mais qui réussissent à les franchir. Ce réalisme, loin de les faire reculer, les poussent à réagir et à relever les défis technologiques.

Pour conclure, citons une enquête effectuée auprès de 200 PME informatisées. Tous les propriétaires dirigeants interrogés dans l'enquête ont affirmé que l'informatique les aidait si toutefois les systèmes étaient utilisés à bon escient (Farmanfarmaian, 1988). Selon eux, l'informatique n'est pas un «don du Ciel» mais si on prend le temps de faire une bonne analyse, de trouver l'équipement approprié, le bon logiciel et d'assurer la formation adéquate... il peut le devenir!

QUESTIONS

1. Quels liens importants établieriez-vous entre l'information, la prise de décision et le processus d'informatisation?

2. Quels sont les avantages majeurs disponibles pour l'entreprise grâce à une meilleure informatisation?

3. Diriez-vous que l'informatique est actuellement un instrument accessible aux PME, particulièrement en ce qui a trait à l'investissement requis? Justifiez votre réponse.

4. En quoi le processus d'intégration de l'informatique utilisé dans les entreprises de petite taille est-il si différent de celui en vigueur dans les grandes firmes?

5. Comment qualifieriez-vous le rôle des consultants extérieurs dans le processus d'informatisation des PME?

6. Dans quelles fonctions de la PME, retrouve-t-on le plus souvent les premières installations de type informatique?

7. Comment expliqueriez-vous l'écart financier important qui semble exister dans les PME entre les coûts prévus pour l'instauration d'un système et ceux effectivement encourus?

8. «L'entreprise qui désire mettre sur pied des systèmes d'information organisationnels se doit d'avoir une approche intégrée». Pouvez-vous élaborer sur la signification du concept «d'intégration» dans l'affirmation qui précède?

9. Expliquez le concept de «double compatibilité» des systèmes d'information organisationnels (SIO).

10. Sur quoi devrait d'abord et avant tout se baser l'analyse des besoins informationnels pour une entreprise?

11. Expliquez la relation qui existe entre la nature des différentes fonctions managériales et les catégories de besoins d'information.

12. Énoncez un facteur critique de succès pour toute démarche d'instauration d'un système d'information dans une PME.

13. Si une PME doit faire appel à un consultant extérieur pour l'aider dans une démarche de systématisation ou d'informatisation, quel conseil jugeriez-vous le plus important de lui donner et pourquoi?

14. Décrivez le concept «d'informatique de l'utilisateur» et expliquez ses avantages majeurs en regard de la situation des PME.

15. Décrivez les grandes catégories de coûts dans l'investissement financier d'une PME qui entreprend un processus d'informatisation.

Étude de cas

HABI-CONSOR INC.

Habi-Consor inc. est une firme se spécialisant dans le courtage immobilier. Robert Lefrançois, président et directeur général de l'entreprise a lui-même fondé l'entreprise il y a une dizaine d'années. Auparavant, il avait exercé la fonction d'agent immobilier pendant plus de six ans. Lors du lancement de l'entreprise, Robert Lefrançois était le principal actionnaire de celle-ci avec 90% des parts de l'entreprise et il était à la tête d'un seul bureau dans lequel, à titre de courtier, il s'assurait la collaboration d'une dizaine d'agents immobiliers à la solde de l'entreprise ainsi que d'une secrétaire.

Au cours des années suivantes, l'entreprise a connu une expansion considérable. D'abord courtier presque indépendant, M. Lefrançois a par la suite ouvert plusieurs succursales sous la bannière d'Habi-Consor Inc. Cette expansion amenant à la fois la nécessité d'investissements financiers supplémentaires majeurs et des tâches administratives beaucoup plus importantes, M. Lefrançois s'est donc assuré de la collaboration de deux autres associés avec lesquels il partage maintenant la gestion de l'entreprise. Louis Garant, l'un des meilleurs agents de la firme à l'époque, ainsi que Diane Renaud, belle-soeur de M. Lefrançois et comptable agréée, se sont joints à M. Lefrançois. Actuellement, M. Lefrançois possède 50% des parts de l'entreprise tandis que ses associés se partagent également le reste des parts. Actuellement, l'entreprise opère avec huit succursales dont deux situées au centre-ville de Montréal, les six autres étant disséminées dans les banlieux environnantes. Voici l'organigramme de l'entreprise:

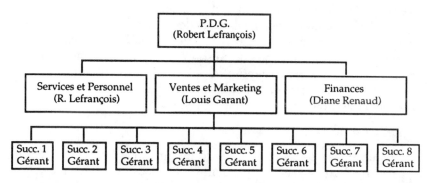

Depuis trois ans, Diane Renaud a informatisé différentes fonctions, entre autres, la paie (attribution des commissions aux agents, tenue de livres en général, production des états financiers et autres rapports du même type). Elle rencontre cependant des problèmes majeurs puisqu'il n'y a aucune corrélation de qualité entre les chiffres transmis par les différentes succursales. Pourtant, elle était loin d'anticiper ce type de difficultés puisqu'elle avait convaincu Robert Lefrançois de fournir à chaque gérant de succursale un micro-ordinateur lui permettant de colliger et de fournir les données financières requises. Les rapports qui lui sont fournis sont de qualité très inégale et chaque gérant a développé son propre mode de fonctionnement pour répondre aux exigences qui lui ont été transmises. Dans certaines succursales, c'est ce dernier qui gère le système, tandis que dans d'autres la secrétaire-réceptionniste se charge de cette tâche. De plus, dans une des succursales du centre-ville, le gérant se dit dans l'impossibilité de travailler à partir des formes exigées et avec le matériel fourni. Il fait régulièrement appel à des employés surnuméraires pour réussir à compiler manuellement les données qui sont requises.

Les trois actionnaires se sont réunis pour discuter des possibilités d'une rationalisation et d'une amélioration de l'informatisation dans l'entreprise. Ils ont d'ailleurs invité un consultant extérieur représentant une firme renommée en micro-informatique pour les aider dans leur démarche. Diane Renaud se dit déçue des résultats obtenus jusqu'à maintenant et elle est réfractaire à une généralisation de l'informatisation à d'autres fonctions dans l'entreprise.

Louis Garant, pour sa part, croit qu'il est urgent d'introduire l'informatique de façon générale. Entre autres, il affirme avoir besoin des chiffres d'affaires et de leur évolution par succursale et, au moins tous les quinze jours, de façon à orienter ses tratégies d'intervention en ventes et marketing. Il souhaiterait également connaître les délais moyens de temps écoulé entre l'obtention d'un mandat et la vente des propriétés. Robert Lefrançois l'appuie dans ses demandes. D'ailleurs, il souhaite pour sa part informatiser certaines données concernant les caractéristiques et attributs des membres du personnel de vente qui demeurent plus d'un an au service de l'entreprise car le roulement du personnel constitue une source de perte majeure. La discussion se poursuit entre les trois associés et la situation s'envenime.

QUESTION

– Vous êtes le consultant en micro-informatique invité à cette rencontre. Vous avez écouté pendant plus de deux heures les discussions de ces trois dirigeants. Quelles sont les questions majeures que vous souhaitez adresser à vos interlocuteurs et quels sont les commentaires que vous désirez formuler à l'issue de cette rencontre?

BIBLIOGRAPHIE

Baker, W.H., «Status of Inofrmation Management in Small Business», *Journal of Systems Management*, vol. 3, no. 4, avril 1987, pp. 10-16.

Bellazzi, C. et D. Bérard, «L'informatisation des PME: attention aux pièges de l'abondance», *PME*, vol. 6, no. 1, février 1990, pp. 17-22.

Couture, F., «Comptabilité pour les PME: les logiciels foisonnent», *Informatique et Bureautique*, vol. 9, no. 5, juin 1988, pp. 45-59.

Dalkey, N.C., *The Delphi Method: An experimental Study of Group Opinion*, New York, Rand Corporations, 1969, p. 16.

David-McNeil, J., «PME et révolution micro-électronique», *Le management de la PME*, Saint-Jean-sur-Richelieu, Québec, Éditions Bo-Pré, 1985, pp. 120-121.

Farmanfarmaian, R., «Does Computerizing Really Help?», *Working Women*, mars 1988, pp. 42-46.

Fattal, T., «La petite entreprise dispose maintenant d'une foule de machines conçues pour favoriser la productivité sur le plan administratif», *La Productivité*, août 1987, pp. 23-43, 45.

Garsombke, T.W. et D.J. Garsombke, «Strategic Implications Facing Small Manufacturers: The Linkage Between Robotization, Computerization, Automation and Performance», *Journal of Small Business Management*, vol. 27, no. 4, octobre 1989, pp. 34-44.

Heintz, T.J., «On Acquiring Computer Services for Small Business», *Journal of Small Business Management*, vol. 21, no. 3, juillet 1983, p. 4.

Hemmer, E.H. et M. Fish, «Information Processing for Professional Small Business», *Journal of Small Business Management*, vol. 21, no. 3, juillet 1983, p. 8.

Hooper, P. et J. Page, «The Promise of Small Business Systems», *Journal of Systems Management*, vol. 32, no. 9, septembre 1981, pp. 17-27.

Lees, J.D. et D.D. Lees, «Realities of Small Business Information System Implementation», *Journal of Systems Management*, vol. 38, no. 1, janvier 1987, pp. 6-13.

Lefèbvre, L.A., E. Lefèbvre et J. Ducharme, *L'introduction et l'utilisation de l'informatique dans les petites entreprises: étude des perceptions et des attentes de leurs dirigeants*, Étude réalisée par le Centre des dirigeants d'entreprise pour le compte du Centre canadien de recherche sur l'informatisation du travail du ministère des Communications du Canada, Montréal, février 1987.

Markus, M.L. et D. Robey, «The Organizational Validity of Management Information Systems», *Human Relations*, vol. 36, no 3., 1983, pp. 203-226.

Newpeck, F.F. et R.C. Hallbauer, «Some Advice for the Small Business Considering Computer Association», *Journal of Small Business Management*, vol. 19, no. 3, juillet 1981, p. 21.

Raymond, L., *Guide pour une utilisation plus efficace de l'informatique dans la gestion des PME*, Document à l'intention des dirigeants de PME, Québec, L'Institut de recherches politiques, juin 1987.

Raymond, L., *Validité des systèmes d'information dans les PME*, Québec, L'Institut de recherches politiques, Presses de l'Université Laval, 1987, pp. 14-15.

Sullivan, J.J. et G.O. Shively, «Expert System Software in Small Business Decision Making», *Journal of Small Business Management*, vol. 27, no. 1, janvier 1989, pp. 17-26.

Taylor, R.E. et D.J. Meinhardt, «Defining Computer Information Needs for Small Business: A Delphi Method», *Journal of Small Business Management*, vol. 23, no. 2, avril 1985, pp. 3-9.

CHAPITRE 10

LES DÉFIS DE L'ÉQUILIBRE FINANCIER

Plusieurs entrepreneurs et propriétaires dirigeants de PME perçoivent la gestion financière comme une fonction complexe qui s'adapte mal à leur réalité. Mais, même s'il existe des modèles et des outils de gestion financière très sophistiqués, conçus pour les grandes entreprises, certaines techniques simples et efficaces peuvent s'adapter aux particularités et aux besoins des petites et moyennes entreprises. Ce chapitre s'intéresse donc à la gestion financière dans les PME.

Certains principes de base soutiennent la prise de décision sur le plan financier. Qu'il s'agisse de l'utilisation des fonds internes ou de l'acquisition de capitaux supplémentaires, des opérations quotidiennes ou du choix d'investissements à plus ou moins long terme, chaque décision doit viser la maximisation des ressources. Les ressources financières d'une entreprise étant limitées, elles doivent être gérées avec rigueur, plus particulièrement encore dans un contexte de croissance (Bergeron, 1986).

Les principes de bases d'une saine gestion financière demeurent les mêmes, indépendamment de la taille d'une entreprise.

1. La rentabilité: c'est la capacité de l'entreprise à faire des profits à partir de ses opérations courantes.

2 La prospérité: c'est le potentiel de croissance de l'entreprise en termes de revenus, de bénéfices, d'actifs, de valeur nette, etc.

263

3   La liquidité: c'est la disponibilité des fonds nécessaires pour que l'entreprise rencontre ses obligations à court terme et qu'elle puisse supporter quelques imprévus. Nous avons déjà mentionné le fait que le respect de cette contrainte était particulièrement important en période d'expansion où l'entreprise connaît une hausse significative de ses stocks, des comptes à recevoir et des salaires.

4.   La stabilité: c'est l'équilibre de la structure financière de l'entreprise, entre les fonds investis par les actionnaires et ceux consentis pas le prêteur.

Pour gérer sainement les finances d'une entreprise en période de croissance, le propriétaire dirigeant doit identifier clairement ses cibles et ses priorités. Ainsi, il peut plus facilement les traduire en termes monétaires. Par ailleurs, une prévision valide et fiable des sommes essentielles au développement est un préalable à la recherche de capitaux.

Les institutions prêteuses sont très sollicitées et doivent pouvoir évaluer rapidement le potentiel de l'entreprise. Comme le souligne d'Amboise (1989),

> «pour obtenir les fonds nécessaires, la PME doit inspirer confiance à ses investisseurs éventuels; ceux-ci doivent avoir confiance dans l'ouverture d'esprit et les capacités de gestion de sa direction et croire en son avenir. C'est sans doute là, surtout, que se trouve la véritable voie de la solution aux exigences financières».

10.1 L'ÉVALUATION DE LA SITUATION FINANCIÈRE DE L'ENTREPRISE

L'évaluation de la situation financière de l'entreprise doit nécessairement précéder toute décision concernant la croissance de l'entreprise. Elle devrait permettre de répondre à plusieurs questions dont les plus importantes sont les suivantes: l'entreprise réussit-elle à rencontrer ses obligations à court et à long terme? Ses activités sont-elles rentables? Sa gestion globale permet-elle d'atteindre les objectifs d'une saine gestion financière? Comment l'entreprise a-t-elle évolué depuis son démarrage et où se situe-t-elle par rapport aux concurrents?

L'analyse financière se réalise essentiellement à partir d'états financiers valides et fiables.

> «Le premier contact entre l'entreprise et un analyste, investisseurs ou gestionnaires, se fait fréquemment par l'intermédiaire des états financiers. Ceux-ci donnent une image globale de la situation financière et sont préparés selon des principes généralement acceptés qui facilitent la communication» (Gagnon et Khoury, 1987).

En effet, de nombreux sondages ont montré que les banquiers par exemple, attribuent une grande valeur aux états financiers. Selon Clark (1989), 49% des prêteurs se basent uniquement sur les avoirs de l'entreprise pour accorder du financement, 17% sur les avoirs personnels de l'emprunteur, et 34% prêtent attention à la combinaison des deux.

L'analyse par ratios

Le recours aux ratios financiers constitue la méthode d'analyse la plus couramment utilisée pour évaluer la situation financière d'une entreprise. Pratique et simple, cette façon de faire aide à prendre de meilleures décisions. Concrètement, elle consiste à mettre en relation deux postes des états financiers pour obtenir des indices à différents niveaux de la gestion de l'entreprise. Cependant, un ratio n'a aucune valeur en lui-même et doit être placé en relation avec d'autres ratios pour dégager des tendances valables.

Il y a deux types d'analyse par ratios. Le premier est l'analyse chronologique. Elle consiste à comparer différents ratios de l'entreprise sur une période de plusieurs années pour en vérifier l'évolution. L'exercice permet de détecter les zones d'amélioration, de stabilisation ou de détérioration. L'analyse transversale, ou en coupe instantanée, constitue le deuxième type de démarche possible. On compare les ratios d'une entreprise avec ceux d'autres entreprises oeuvrant dans le même secteur. Cette comparaison tient compte de l'industrie visée et permet à l'entreprise de se situer par rapport à l'ensemble de son secteur.

Plusieurs organismes (Dun & Bradstreet, Statistiques Canada, etc.), se spécialisent dans la compilation de ces ratios. Il faut toutefois être prudent dans l'utilisation de ces données car le décalage de temps entre leur production et leur publication peut entraîner des biais importants.

Bien qu'il existe une multitude de ratios, on peut les regrouper à l'intérieur de cinq grandes catégories, selon le caractère des renseignements qu'ils communiquent aux utilisateurs:

1. les ratios de liquidité;
2. les ratios de solvabilité;
3. les ratios de gestion;
4. les ratios d'exploitation;
5. les ratios de rentabilité.

1.   Les ratios de liquidité

Les ratios de liquidité mesurent la capacité de l'entreprise à rencontrer ses obligations financières à court terme. Ils indiquent la capacité de l'entreprise à satisfaire ses créanciers par le biais de ses actifs à court terme dans le cas où ses passifs à court terme arriveraient tous à échéance au moment où sont calculés ces ratios. Trois ratios de liquidité sont couramment utilisés.

Le ratio de liquidité générale

$$\frac{\text{Disponibilités}}{\text{Exigibilités}} = \frac{\text{Actifs à court terme}}{\text{Passifs à court terme}}$$

Le ratio du fonds de roulement détermine combien de fois la valeur de l'actif à court terme couvre celle du passif à court terme. Dans la réalité, une entreprise peut rarement disposer rapidement de ses actifs à leur pleine valeur. Par conséquent, elle doit se donner une certaine marge de manoeuvre en maintenant ses actifs à court terme à un niveau plus élevé que ses passifs à court terme. Cette prudence devrait permettre de maintenir un ratio de fonds de roulement supérieur à un. Cependant, un ratio très élevé ne contitue pas un indice de saine gestion financière. Il pourrait refléter une grande aversion face au risque et laisser supposer que le propriétaire dirigeant a peut-être négligé des occasions d'affaires intéressantes.

Le ratio de trésorerie (ou de liquidité immédiate)

$$\frac{\text{Actifs à court terme} \quad - \quad [\text{stocks et frais payés d'avance}]}{\text{Passifs à court terme}}$$

Dans le calcul du ratio de trésorerie, on retranche les éléments plus difficilement monayables à court terme. Dans une situation précaire, l'entreprise serait probablement en mesure de liquider plus rapidement les éléments d'actifs à court terme inclus dans ce ratio à une valeur plus près de celle inscrite aux livres. Cependant, la qualité des comptes à recevoir est un élément d'analyse à ne pas négliger. Ces derniers pourraient en effet biaiser la signification des deux ratios qui précèdent s'ils présentent un taux élevé de mauvaises créances.

L'intervalle de dépense

$$\frac{\text{Encaisse} \quad + \quad \text{titres négociables} \quad + \quad \text{comptes à recevoir}}{\text{Dépenses d'exploitation quotidiennes}}$$

Ce ratio décrit la capacité de l'entreprise à faire face à ses déboursés quotidiens. On doit donc exclure les dépenses n'entraînant pas de sorties de fonds immédiates (par exemple, les impôts reportés, l'amortissement, etc.). Ainsi, le résultat obtenu indique le nombre de jours dont l'entreprise dispose pour faire face à ces déboursés quotidiens. On connaît alors l'intervalle de temps pendant lequel elle pourrait résister advenant le cas où ses entrées de fonds seraient interrompues.

2.   Les ratios de solvabilité

Les ratios de solvabilité sont aussi des mesures de l'importance relative de la dette dans le financement de l'entreprise, mais ils sont abordés dans une perspective à long terme. Ces ratios mesurent le risque financier propre à chaque entreprise, c'est-à-dire celui encouru par les investisseurs et les prêteurs intéressés à s'impliquer dans le financement de l'entreprise.

Le ratio de structure financière

$$\frac{\text{Dette totale}}{\text{Avoir des actionnaires}}$$

Le ratio de la structure financière reflète le degré de propriété réelle des actionnaires. Plus il est élevé, plus la participation des prêteurs est grande. Dans un contexte qui implique une liquidation rapide, les actionnaires encourent un risque assez grand de ne pas récupérer leur mise de fonds, si ce ratio est élevé. Selon Clark (1989), les capitaux propres sont primordiaux dans l'évaluation du risque: «*Equity pays for risk and absorbs losses. The more equity a borrower has, the less anxiety a banker will have.*»

Les actionnaires étant des propriétaires «résiduels» de l'entreprise, il ne faut pas oublier que leur droit sur les actifs est subordonné à celui de tous ses créanciers (Lusztig, Schwab et Charest, 1983).

Le ratio d'endettement

$$\frac{\text{Dette totale}}{\text{Actif corporel total}}$$

En donnant une évaluation de la part de l'actif financé, le ratio d'endettement permet aux créanciers d'analyser la capacité des actifs à garantir les prêts consentis. Le risque croît en relation directe avec l'augmentation de ce ratio. Étant donné l'aversion naturelle des prêteurs pour le risque, les actifs incorporels (achalandage, brevet d'invention, etc.) doivent être exclus dans la valeur des actifs pour le calcul de ce ratio.

Dans la réalité, ce ratio est souvent inférieur à 0,5. C'est donc dire que les prêteurs exigent généralement en garantie plus de deux fois la valeur du prêt consenti. Selon une étude récente de la Fédération canadienne de l'entreprise indépendante, les banquiers exigeraient même 2,78 fois la valeur du prêt en guise de garantie (Grant, 1988). Il n'est donc pas étonnant qu'un si grand nombre d'entrepreneurs et de propriétaires dirigeants de PME soient tenus de fournir des garanties personnelles pour avoir accès à cette forme de financement.

Dans le même ordre d'idées, ce ratio permet de vérifier la capacité de l'entreprise à respecter ses engagements fixes. Étant donné l'importance monétaire généralement reliée aux frais de location et aux dépenses d'administration, l'impact des frais fixes sur la situation financière de l'entreprise doit être analysé.

3. Les ratios de gestion

Les ratios de gestion mesurent l'efficacité de l'entreprise tant au niveau de l'utilisation de ses actifs, qu'à celui de la gestion de ses fonds.

Ils permettent de voir la capacité de l'emprunteur à rembourser sa dette et sa capacité à identifier ses sources de remboursement.

Le ratio de rotation des immobilisations

$$\frac{\text{Ventes}}{\text{Immobilisations}}$$

Le ratio de rotation des immobilisations détermine combien chaque dollar investi dans les immobilisations, produit de dollars de ventes.

Plus le montant des ventes est élevé pour un même niveau d'investissement dans les immobilisations, plus l'entreprise est efficace.

Par contre, on doit être prudent dans l'interprétation de ce ratio. Par exemple, une jeune entreprise risque d'être jugée moins efficace qu'une entreprise existant déjà depuis plusieurs années. Normalement, l'entreprise plus âgée a atteint un niveau de ventes plus élevé et elle peut profiter des déductions relatives à l'amortissement, ce qui diminue sensiblement les valeurs de ses immobilisations. Cette situation se régularise généralement après quelques années si l'entreprise est bien gérée. Par ailleurs, une entreprise n'ayant pas renouvelé régulièrement ses immobilisations et qui accuserait un niveau assez faible de ventes, pourrait quand même réussir à présenter un ratio de performance élevé, mais bien sûr trompeur. La prudence est donc de mise dans l'interprétation de ces ratios car l'efficacité demeure une notion subjective et relative.

Le ratio de rotation des stocks

$$\frac{\text{Coût des marchandises vendues}}{\text{Niveau moyen des stocks}}$$

Le ratio de rotation des stocks mesure lui aussi l'efficacité de la gestion d'une entreprise. En déterminant le nombre de fois où l'entreprise renouvelle ses stocks annuellement, on peut évaluer sa rapidité à les transformer en liquidité. Ainsi, plus ce ratio est élevé, plus le rythme d'écoulement des stocks est rapide et plus ces derniers sont monnayables. Par exemple, une rotation anuelle des stocks de 6, équivaut à un renouvellement des stocks à tous les 61 jours, tandis qu'une rotation annuelle de 7 équivaut à un renouvellement à tous les 52 jours. Un ratio exagérément élevé ne traduit pas nécessairement un indice d'efficacité exceptionnelle. Par exemple, une entreprise peut avoir comme politique de maintenir constamment ses stocks à un très bas niveau, engendrant ainsi des ruptures de stocks qui lui font perdre des ventes intéressantes. Le cas d'une entreprise saisonnière est également particulier, faisant varier considérablement le ratio des stocks au cours de l'année. Ces éléments doivent être pris en considération lors de l'analyse financière de l'entreprise.

Les stocks représentent un investissement important et leur gestion constitue un élément crucial pour la PME, surtout en période d'expansion. Il est donc important que les entrepreneurs et propriétaires dirigeants de PME contrôlent sérieusement le niveau de leurs stocks.

Plusieurs logiciels sont d'ailleurs disponibles pour les aider dans cette tâche.

Le délai de recouvrement

$$\frac{\text{Niveau des comptes à recevoir}}{\text{Ventes journalières moyennes}}$$

Le délai de recouvrement est aussi un bon indicateur de la saine gestion d'une entreprise. Comme dans le cas du délai de rotation des stocks, plus le nombre de jours est faible, plus les comptes sont liquides. Il faut rechercher l'équilibre. Un délai très long dénote un risque élevé de mauvaises créances et une faiblesse au niveau des politiques de crédit et de recouvrement. Un délai très court permet de geler peu de capitaux pour soutenir les comptes à recevoir, mais il peut traduire également la présence de politiques très sévères qui peuvent entraîner la perte de ventes intéressantes.

L'addition du délai de rotation des stocks et de recouvrement exprime le nombre de jours s'écoulant, en moyenne, entre le moment où l'entreprise achète ses stocks et celui où les clients paient leurs achats. Lors des négociations avec les créanciers et les fournisseurs, ce délai doit être considéré afin d'éviter d'alourdir le fardeau financier relatif aux activités de vente de l'entreprise.

4. Les ratios d'exploitation

Les ratios d'exploitation nous renseignent sur la façon dont l'entreprise contrôle ses coûts. Les coûts sont donc regroupés en trois catégories et leur impact sur les activités de ventes est analysé. Si des correctifs sont nécessaires, il est plus facile de déterminer s'il faut intervenir au niveau des coûts de fabrication, des frais d'exploitation ou des frais financiers.

La marge brute

$$\frac{\text{Ventes} - \text{coûts des ventes}}{\text{Ventes}} = \frac{\text{Revenu brut}}{\text{Ventes}}$$

La marge brute exprime la proportion des ventes dont dispose l'entreprise après avoir défrayé les coûts directement affectés aux ventes. Plus cette marge est faible, plus la situation est critique. Cette faiblesse peut refléter des problèmes au niveau de la politique de prix, des coûts de main-d'oeuvre, des coûts de matières premières ou de la sous-production.

Ce dernier problème est fréquent en période d'expansion. Des sommes considérables doivent souvent être investies en immobilisations sans que les ventes augmentent de la même façon. Les dépenses d'amortissement directement affectées aux ventes viennent alors réduire significativement le revenu brut, présentant ainsi une situation peu reluisante pour l'entreprise.

La marge d'exploitation

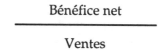

$$\frac{\text{Bénéfice d'exploitation}}{\text{Ventes}} = \frac{\text{BAII (Bénéfice avant intérêts et impôts)}}{\text{Ventes}}$$

Le bénéfice d'exploitation représente le montant des ventes disponible pour payer les intérêts et les impôts. Le calcul de cette marge inclut à la fois les coûts de production et les frais de ventes et d'administration. Par conséquent, si la marge brute est déjà faible, la marge d'exploitation le sera aussi, même si la deuxième catégorie des coûts est très bien contrôlée. Dans ce cas, il est préférable d'isoler les frais de ventes et d'administration pour évaluer leur évolution au cours des ans.

La marge nette

$$\frac{\text{Bénéfice net}}{\text{Ventes}}$$

La marge nette représente le pourcentage des ventes disponible lorsque l'entreprise a honoré tous ses engagements financiers relatifs aux ventes. Concrètement, il s'agit de la partie des ventes pouvant être réinvestie dans l'entreprise ou distribuée aux actionnaires.Il faut être prudent dans l'interprétation de la marge nette puisque son calcul tient compte du mode de financement utilisé par l'entreprise. Une entreprise plus endettée affichera un bénéfice net inférieur à celle qui s'est financée par capitaux propres pour un même bénéfice d'exploitation. Par contre, cette dernière comptera un plus grand nombre d'actionnaires désireux de partager ce bénéfice net; la part de chacun risque de ne pas être supérieure à celle de l'entreprise financée par endettement.

271

5. Les ratios de rentabilité

Les ratios de rentabilité mesurent l'efficacité dans l'utilisation des capitaux investis dans l'entreprise. Ces ratios tiennent compte de l'impact du mode de financement sur l'entreprise car les investisseurs externes veulent nécessairement connaître le taux de rendement réel sur leur investissement pour le comparer au risque qu'ils encourent. Ces informations sont donc cruciales pour les propriétaires dirigeants de PME en quête de financement pour leur projet d'expansion.

La rentabilité de l'actif

$$\frac{\text{Bénéfice net}}{\text{Actif total}}$$

La rentabilité de l'actif traduit l'aptitude des dirigeants à utiliser efficacement les ressources dont ils disposent. Ce ratio est influencé par de nombreux facteurs et seule une analyse approfondie des ratios qui traitent des différents coûts, peuvent expliquer les motifs justifiant sa force ou sa faiblesse.

La rentabilité de l'avoir

$$\frac{\text{Bénéfice net}}{\text{Avoir des actionnaires}}$$

La rentabilité de l'avoir traduit le taux de rendement réalisé sur l'investissement des propriétaires. Les entrepreneurs, les propriétaires dirigeants ainsi que les investisseurs souhaitent que ce taux tienne compte du risque encouru et qu'il soit alors supérieur au taux obtenu dans le cadre d'un placement sécuritaire. Dans le cas où ce n'est pas possible, il peut être difficile voire même impossible d'intéresser les bailleurs de fonds externes à s'impliquer dans les projets de l'entreprise. La force ou la faiblesse de ce ratio ne peut s'expliquer que par une analyse rigoureuse des différents éléments qui lui sont sous-jacents.

Les commentaires accompagnant la présentation des différents ratios font bien ressortir le fait qu'ils sont beaucoup plus qu'un simple exercice mathématique. Interprétés avec prudence, ils constituent un outil de réflexion majeur. Si des ratios faibles laissent présager la présence de problèmes, ceux-ci ne sont pas toujours d'ordre financier.

L'entreprise qui constate une faiblesse dans ses ratios doit en chercher les véritables causes si elle veut attaquer les problèmes à la source. Ces problèmes peuvent avoir plusieurs origines, par exemple:

- La mauvaise connaissance des besoins du marché qui entraîne des prévisions plus ou moins réalistes, la fabrication de produits ne convenant pas à la demande, l'utilisation d'un système de distribution inefficace, ou la fixation inadéquate des prix, etc.

- L'absence de politique et de procédure pouvant entraîner un relâchement en matière de gestion des stocks, des comptes-clients, des comptes-fournisseurs, des ressources humaines.

- Le manque de planification se traduisant par l'établissement d'objectifs irréalistes, de stratégies inadéquates.

- L'inexistence de mesures de contrôle, ce qui entraîne une inconsistance au niveau de la qualité ou un accroissement injustifié des coûts.

Tous ces problèmes ont forcément des incidences financières mais ces incidences sont des symptômes et non des causes. Il faut donc prendre le temps de s'attaquer aux raisons de ces problèmes avant de prendre toute décision visant à relever la situation financière de l'entreprise.

L'analyse des flux financiers

L'analyse des flux financiers vient compléter l'analyse par ratios. En étudiant le mouvement et la circulation des fonds dans l'entreprise, on peut évaluer sa liquidité, sa solvabilité, son aptitude à générer des fonds internes ainsi que sa capacité à réinvestir ses profits et à distribuer des dividendes.

L'analyse est réalisée à partir de l'état de la provenance et de l'utilisation des fonds (EPUF). Ce dernier s'établit à partir des variations dans différents postes du bilan entre deux périodes consécutives. Une diminution de la valeur des actifs ou une augmentation de celle des passifs représente une provenance de fonds tandis qu'une augmentation de la valeur des actifs ou une diminution de celle des passifs représente une utilisation de fonds.

En observant les variations de chacun des postes du bilan, on peut suivre l'évolution du fonds de roulement et vérifier l'aptitude de l'entreprise à générer des fonds à partir de ses activités régulières (fonds auto-générés). On peut également déterminer les sources de financement utilisées pour acquérir des actifs et établir la capacité de l'entreprise à respecter une certaine adéquation entre la nature de ses actifs et la source de financement utilisée.

Ces deux principes sont fondamentaux. Si l'entreprise ne génère pas elle-même suffisamment de fonds, elle devient incapable d'honorer ses engagements financiers, de réinvestir dans l'entreprise, et encore moins de distribuer des dividendes. De la même façon, une entreprise qui finance l'achat d'actif à long terme en utilisant la dette à court terme réduit de façon significative son fonds de roulement. La situation peut devenir précaire puisque le manque de liquidité peut conduire à l'insolvabilité. En contexte de croissance, cette situation peut être cruciale puisque les besoins en liquidité peuvent augmenter de façon importante.

10.2 LA PLANIFICATION FINANCIÈRE: UN OUTIL DE GESTION INDISPENSABLE

La planification financière est un outil de gestion permettant de tracer les grandes lignes d'action pour atteindre les buts fixés mais ce plan ne doit en aucun cas devenir un cadre trop rigide. La planification se base toujours sur des prévisions. Même si ces dernières ont été estimées aussi rigoureusement que possible, des écarts sont possibles. Au fur et à mesure que la situation se développe, des adaptations sont nécessaires pour tenir compte des nouvelles contraintes et des occasions d'affaires imprévues (Joanette, 1984).

La planification financière doit être simple et adaptée aux situations si l'on veut qu'elle soit utile. Cette activité n'est pas indépendante des autres activités de l'entreprise et doit s'intégrer dans un processus global.

La planification financière à court terme vise l'atteinte d'objectifs concernant la saine gestion des opérations courantes donc du fonds de roulement. Elle s'inscrit cependant dans une philosophie plus large visant à faciliter la réalisation des objectifs stratégiques de l'entreprise. La planification à court terme doit donc être compatible avec une gestion à plus long terme.

La planification à court terme influence le choix des politiques de gestion du fonds de roulement. Une aversion marquée pour le risque conduira à l'adoption de politiques défensives risquant d'entraîner un taux de rendement moins élevé. Une encaisse élevée sera maintenue et les comptes à recevoir réduits le plus possible pour éviter les créances douteuses. Des stocks élevés seront recherchés pour éviter les ruptures de production. Au contraire, une plus grande tolérance au risque amènera des politiques plus agressives visant un taux de rendement plus élevé. Le niveau de l'encaisse demeurera minimal, les politiques de crédit seront plus souples et on conservera le niveau de stocks le plus faible possible. Entre ces deux extrêmes, chaque propriétaire de PME doit trouver le point d'équilibre en accord avec son style de gestion.

La planification financière est fortement influencée par les politiques de gestion des liquidités. Une politique trop agressive diminue de façon significative la capacité de l'entreprise à rencontrer de nouvelles obligations financières à court terme. L'entreprise réduit alors ses chances d'obtenir un emprunt car un prêteur éventuel risque d'être plus craintif. D'autre part, une politique plus défensive peut diminuer le taux de rendement ce qui influence négativement les investisseurs. Dans un cas comme dans l'autre, l'entreprise peut se limiter dans le choix des sources de financement. De là, l'importance de savoir maintenir un bon équilibre.

Lors de l'expansion, le plan financier à long terme est essentiel car il permet de prévoir à l'avance tous les investissements nécessaires pour poursuivre ou accélérer le processus. Le propriétaire de PME a donc tout avantage à bien estimer ses besoins de fonds et les périodes où ils seront requis, de façon à établir le type de financement approprié. Pour ce faire, il doit nécessairement avoir bien évalué sa capacité de remboursement et les garanties que peut fournir l'entreprise.

La planification financière, ou la budgétisation, consiste donc à traduire en termes monétaires les objectifs et les besoins de l'entreprise. Concrètement, ce processus comporte trois étapes importantes.

1. l'orientation de l'entreprise
   - la fixation des objectifs
   - la détermination des besoins
2. la budgétisation
   - les prévisions
   - la présentation des budgets
3. le contrôle
   - la mise en place des moyens de contrôle
   - les mesures correctives

L'orientation de l'entreprise

Pour bien déterminer les objectifs, l'entreprise doit bien connaître sa situation. L'environnement de l'entreprise (nature, concurrence, clientèle, etc.), sa situation financière (rentabilité actuelle, perspectives de croissance des ventes, capacité de remboursement, etc.), et les changements à effectuer doivent être cernés le plus rigoureusement possible.

275

La fixation des objectifs

La détermination des objectifs s'appuie sur les performances actuelles et passées de l'entreprise ainsi que sur les perspectives de croissance de l'économie et surtout du secteur d'activités concerné. Les objectifs peuvent se situer à court ou à long terme. Normalement, on les exprime en fonction du pourcentage d'augmentation des ventes, de la réduction des coûts, de l'équilibre au niveau de la structure financière, ou de la part de marché à conquérir. Peu importe leur nature, ces objectifs doivent être clairs, réalistes, mesurables, et surtout, compris de tous pour constituer un bon stimulant dans l'entreprise. On peut les résumer par la maximisation des profits et la recherche constante des occasions d'affaires.

La détermination des besoins

Pour arriver à mieux déterminer les besoins, d'Amboise (1974) suggère une méthode simple et efficace. Il incite les entrepreneurs et propriétaires dirigeants de PME à réfléchir aux changements souhaités au niveau de chacune des activités de l'entreprise. Il peut s'agir de la clientèle, de la concurrence, des services offerts, de l'aménagement, de l'équipement, du marketing ou de tout autre activité. Cet exercice peut d'abord viser l'année en cours puis s'élargir à un horizon de planification à plus long terme.

La contribution des collaborateurs, employés et bailleurs de fonds semble essentielle dans la recherche d'informations. Le personnel est souvent beaucoup plus près des opérations, des clients et des fournisseurs que ne l'est le propriétaire dirigeant, et ses compétences doivent être mises à contribution. Cet apport est un atout précieux qui doit être exploité par l'entrepreneur ou le propriétaire dirigeant désireux de parvenir à des plans plus réalistes.

La budgétisation

Une fois établis les objectifs à atteindre et les besoins, qu'ils entraînent, la détermination des coûts et revenus prévus est nécessaire. Un plan détaillé doit également spécifier le moment où les fonds doivent être disponibles pour l'entreprise et où ils seront exigés par les créanciers. Une telle précaution peut permettre d'éviter la crise de liquidité.

Les prévisions

Il s'agit d'estimer l'évolution des revenus et des dépenses pour la période de planification déterminée. La prévision des ventes est particulièrement cruciale car ces dernières conditionnent le niveau de capitaux requis pour l'achat des matières premières, le paiement des salaires et l'investissement nécessaire dans les équipements.

Plusieurs méthodes sont disponibles pour la prévision des ventes. Certains logiciels sont même conçus à cet effet. Des sources d'information fort simples sont à la portée des propriétaires dirigeants de PME conscients de mieux contrôler leur force de vente. Cette dernière est au coeur de l'action et c'est elle qui permet à l'entreprise d'atteindre ses objectifs (Duchesne, 1988) et de fixer des objectifs réalisables. Les ventes passées, les tendances de l'économie, le potentiel du marché et la stratégie marketing adaptée, constituent des indicateurs non négligeables lorsqu'ils sont bien analysés et interprétés.

Certains coûts varient directement en relation avec le volume des ventes, entre autres les coûts de fabrication et les frais de commission. Il importe donc d'établir la proportion des ventes généralement consacrée à ces coûts. Certains facteurs peuvent cependant alourdir ces coûts, par exemple, une pénurie de main-d'oeuvre ou de matières premières, le gaspillage de matières premières, ou une inefficience de la main-d'oeuvre. Le propriétaire dirigeant de PME qui se donne la peine de bien connaître son entreprise peut plus facilement déterminer les causes de ces augmentations et s'assurer d'un meilleur contrôle.

Les frais financiers et les frais d'administration sont considérés comme des coûts fixes non liés à l'évolution des ventes. Les frais d'administration évoluent en fonction de l'utilisation des ressources existantes. Tant que ces ressources sont en mesure d'absorber un surcroît de travail, les frais d'administration varient très peu. Il faut considérer les tendances de l'économie, les augmentations de prix spécifiques à certains produits ou services et les investissements requis par la croissance pour estimer judicieusement la valeur monétaire de chacun des postes composant les frais administratifs.

Les frais financiers sont directement liés, pour leur part, aux modes de financement des opérations courantes et des projets d'expansion. Les frais d'intérêt croissent avec l'augmentation de la dette. Pour établir des prévisions honnêtes et réalistes, le propriétaire dirigeant de PME doit être en mesure de mettre en relation les différents éléments de l'entreprise et les facteurs qui les influencent. Cet exercice permet de mieux comprendre les défis financiers à relever.

La présentation des budgets

Les budgets sont la définition concrète des plans d'action qu'adoptera l'entreprise pour concrétiser les orientations privilégiées, ainsi que la présentation des coûts associés à ces plans. L'horizon temporel de budgétisation peut être plus ou moins long. Plus la période de planification est longue, plus les prévisions risquent d'être soumises aux fluctuations de l'environnement.

Les états financiers prévisionnels et le budget de caisse sont couramment utilisés pour présenter les informations recueillies. Les premiers permettent d'analyser la situation de l'entreprise à partir d'un scénario établi à l'avance. Il est donc possible de dégager des tendances et de diagnostiquer les problèmes possibles. Le cas échéant, des correctifs ou même des changements de scénario peuvent s'avérer nécessaires pour éviter des situations critiques à l'entreprise.

Le budget de caisse permet de planifier les encaissements et les déboursés au fur et à mesure qu'ils se présentent dans une période donnée. Toutes les transactions n'impliquant aucune entrée ou sortie de fonds réelle sont exclues. Les propriétaires dirigeants de PME peuvent espérer plusieurs avantages en planifiant rigoureusement le décalage de temps entre les entrées et les sorties de fonds. L'établissement de politiques de crédit et d'achat leur procurant des avantages financiers (économies d'échelle, escompte de caisse, etc.), la prévision des besoins financiers saisonniers, la détermination d'un mode adéquat de remboursement et une politique judicieuse d'utilisation des bénéfices n'en sont que quelques-uns.

Les deux outils de planification financière permettent de vérifier les perspectives de croissance de l'entreprise, sa capacité à faire face à des obligations futures, son aptitude à réaliser des profits sur une plus ou moins longue période, ainsi que l'habileté des dirigeants à maintenir une structure financière équilibrée.

Le contrôle

La mise en place d'outils visant à vérifier l'atteinte des résultats prévus permet à l'entreprise de réajuster périodiquement ses plans en cas d'écarts. Un contrôle efficace requiert des objectifs mesurables et un suivi régulier et périodique tout au long de l'horizon de planification.

La mise en place de moyens de contrôle

Un bon contrôle s'appuie nécessairement sur un système comptable fiable et précis. Permettant de vérifier rapidement l'état de la situation, le système comptable peut fournir toute l'information nécessaire pour analyser chacune des activités de l'entreprise.

De bons états financiers permettent de comparer les résultats prévus avec ceux obtenus dans le présent, ceux réalisés au cours de la période précédente ou ceux du secteur d'activité de l'entreprise.

Les mesures correctives

Cette étape du processus s'attarde surtout aux écarts importants. D'une part, il est possible de les expliquer par un manque de vigilance à l'interne. Il est alors possible d'exercer un certain contrôle sur les événements pour ramener la situation au point désiré. Compte tenu des ressources et du temps disponible, certaines orientations du plan d'action peuvent alors être modifiées. D'autre part, les écarts peuvent être entraînés par des éléments incontrôlables par l'entreprise; le plan d'action original pourrait alors être conservé tout en ramenant les objectifs à un niveau plus réaliste.

On constate que la planification est un processus dont les étapes sont très liées les unes aux autres. En effet, l'établissement des budgets ne peut se faire sans la détermination préalable des besoins et des objectifs de l'entreprise. Dans le même ordre d'idées, le contrôle est impossible sans la présence d'objectifs facilement mesurables.

10.3 L'IMPACT DES DIFFÉRENTES SOURCES DE FINANCEMENT

Les PME, tout comme les grandes entreprises, doivent continuellement disposer des fonds nécessaires pour assurer leur fonctionnement et leur développement. Elles sont cependant plus vulnérables et fragiles que les grandes entreprises aux soubresauts de l'environnement, leur marge de manoeuvre financière étant généralement moins grande.

Il existe des périodes très critiques pour la PME (démarrage, expansion, redressement) au cours desquelles les besoins financiers sont particulièrement cruciaux. Un apport de fonds supplémentaire risque alors d'être indispensable puisqu'il devient difficile de combler les exigences en capitaux à partir des opérations régulières. Le recours au financement externe est souvent nécessaire. En stade de démarrage et de croissance, les PME se retrouvent souvent face à des problèmes de liquidités.

Lors du démarrage, les entrepreneurs doivent souvent assumer eux-mêmes tous les risques inhérents au financement de l'entreprise. Les prêteurs et les investisseurs sont plus difficiles à convaincre quand l'entreprise n'a pas encore fait ses preuves sur le plan de la rentabilité. À ce stade de développement, les économies de l'entrepreneur et l'aide d'amis ou de parents constituent souvent les seules sources de capital de risque disponible. Les prêteurs exigent davantage de garanties d'une nouvelle entreprise avant de consentir un prêt (Grant, 1988). Les fournisseurs sont également plus exigeants avec les nouveaux entrepreneurs et peuvent alors réclamer le paiement au comptant des marchandises qu'ils leur livrent. Bien que, de plus en plus, les différents palliers de gouvernement tentent d'implanter des programmes d'aide financière pour faciliter le démarrage d'entreprises, les entrepreneurs ne doivent souvent compter que sur eux-mêmes pour accumuler les fonds nécessaires.

La situation est fort différente en contexte d'expansion. À ce stade, la survie de l'entreprise est déjà assurée et, dans plusieurs cas, sa rentabilité l'est aussi. L'entreprise fait face à ses obligations courantes et une partie de ses bénéfices est réinvestie pour stimuler son développement. Cependant, à une certaine étape, les fonds générés par l'entreprise risquent de ne plus suffire si l'entreprise vise une expansion rapide. Le financement externe devient un support nécessaire. À ce moment, les entrepreneurs ont, dans la plupart des cas, des atouts en main pour négocier leur financement avec les prêteurs et les investisseurs. Encore faut-il qu'ils sachent bien les mettre en valeur.

Au stade de croissance, le niveau de risque de l'entreprise a suffisamment diminué pour susciter l'intérêt des spéculateurs (Gasse, 1984). Ces derniers cherchent précisément à s'impliquer financièrement dans le développement d'entreprises rentables avec un bon potentiel de croissance. Cette situation favorise la démarche des entrepreneurs en quête de capital de risque. Par ailleurs, si les entrepreneurs optent pour le financement par endettement, l'entreprise pourra généralement garantir, par ses actifs propres, le prêt consenti sans que les propriétaires soient tenus de fournir des garanties personnelles. À ce stade, ils ont généralement eu l'occasion d'établir des relations de confiance avec les fournisseurs, ce qui leur permet de bénéficier de conditions de crédit avantageuses.

En contexte d'expansion, plusieurs formes de financement sont disponibles et les propriétaires dirigeants de PME ont, à ce titre, des choix importants à faire. Chacune de ces formes comporte des avantages et des inconvénients. Dans ce contexte, il s'avère important de bien planifier à l'avance les besoins financiers de l'entreprise afin d'opter pour la source de financement la plus appropriée.

Le financement interne

Le financement interne est disponible grâce aux fonds autogénérés par l'entreprise, c'est-à-dire les revenus produits par les activités de cette dernière. La partie de ces revenus affectée aux projets d'expansion constitue la source de financement disponible à l'interne. Ces fonds proviennent des bénéfices non distribués aux propriétaires ou actionnaires et des provisions pour amortissement.

La disponibilité de financement interne est très reliée à l'efficacité dans les pratiques de gestion de l'entreprise. La politique de crédit, la gestion des stocks, l'appariement des entrées et sorties de fonds et la politique de dividendes sont autant d'éléments qui influencent les liquidités et, par conséquent, les fonds disponibles pour le réinvestissement.

Cependant, en période de croissance rapide, l'entreprise, même bien gérée, dispose de peu de liquidité. Malgré une augmentation substantielle des revenus, une grande partie des ventes est effectuée à crédit, mobilisant ainsi une part considérable des revenus dans les comptes-clients. La croissance de la demande entraîne également de plus grands investissements dans les stocks. De plus, la réalisation d'un projet d'expansion peut exiger d'importants investissements en immobilisations et en équipements. Dans ces circonstances, l'entreprise doit nécessairement prévoir l'injection de fonds supplémentaires.

L'affacturage ou la vente à escompte des comptes-clients constitue une façon intéressante d'obtenir rapidement plus de liquidités dans l'entreprise. Cette méthode réduit les coûts liés au recouvrement et elle diminue les effets de la crise de croissance. Malgré les avantages de ce mode de financement à court terme, on risque cependant de dépersonnaliser le service, ce qui peut contrarier la clientèle et réduire le niveau des ventes. Les PME doivent analyser les caractéristiques de leur clientèle avant d'opter pour le recours à ce genre de pratique. À ce sujet, on peut se référer à Connel et Phillips (1988).

Suite à une crise de croissance, l'entreprise bien gérée retrouve un certain équilibre lui permettant de s'autofinancer, tout au moins jusqu'à ce qu'elle envisage à nouveau des projets de grande envergure (acquisition, développement de marché, etc.) ou qu'elle rencontre des difficultés, particulières (période creuse, restructuration). Les périodes difficiles doivent être prévues financièrement de façon à effectuer les meilleurs choix pour l'entreprise.

Le financement externe

Le financement externe provient de sources extérieures aux activités de l'entreprise. La première source est sans aucun doute l'apport en capitaux du ou des propriétaires. Il existe cependant plusieurs autres façons d'obtenir du financement externe: le capital-action, l'endettement et l'aide gouvernementale.

L'apport en capital-actions

La plupart des titres des PME ne sont pas inscrits en bourse. Cet apport est alors nommé capital de risque ou capital spéculatif. Plusieurs investisseurs s'impliquent dans cette forme de financement. Le risque encouru peut aller d'un niveau très faible à un niveau très élevé jusqu'à la mise en oeuvre de projets de recherche et développement.

Une bonne capitalisation passe d'abord par la mise de fonds des propriétaires. Plus celle-ci est élevée, plus les bailleurs de fonds sont intéressés à s'impliquer. Évidemment, la venue de nouveaux partenaires implique la perte d'une partie du contrôle de l'entreprise. Les entrepreneurs et les propriétaires dirigeants de PME ne favorisent pas encore beaucoup le recours à cette forme de financement. Ils craignent une certaine perte de contrôle en même temps qu'ils connaissent souvent mal la nature de cette source de financement.

Les proches (amis, parents) constituent une deuxième source d'obtention de capitaux propres. C'est par l'expression populaire *love money* que l'on désigne cette source de financement. Malgré des exigences moindres en termes de participation aux bénéfices et à la direction, cette source comporte des risques psychologiques élevés. Le risque d'un échec partagé par les proches de même que la prolongation des problèmes professionnels dans le cadre de la vie privée constituent des éléments à évaluer avant d'opter pour cette solution.

Les investisseurs individuels sont une troisième solution au problème de sous-capitalisation des PME. Ils se regroupent en deux types. Les premiers désirent investir dans des placements plus risqués pour obtenir un meilleur taux d'intérêt. Leur portefeuille est généralement diversifié pour diminuer le risque et ils s'impliquent peu dans la gestion de l'entreprise. Les deuxièmes sont beaucoup plus actifs. Ils investissent des sommes importantes dans l'entreprise mais exigent en retour un droit de regard sur les décisions importantes relatives à sa gestion. Certains veulent même être des partenaires à part entière plutôt qu'être simplement membres du conseil d'administration.

Les investisseurs institutionnels constituent le quatrième moyen de capitalisation pour la PME. Il existe des compagnies privées et publiques ainsi que des corporations industrielles se spécialisant dans l'investissement en capital de risque. Leur champ d'action privilégié est le développement et l'expansion de l'entreprise; à ces stades, les PME offrent des perspectives de rendement intéressantes leur permettant de compenser le risque encouru.

Certaines institutions financières commencent également à développer ce type de service. Les initiatives sont encore toutefois limitées. Aucune garantie n'est demandée aux propriétaires dirigeants de PME pour consentir ces fonds. Cependant, ces investisseurs exigent une participation aux décisions pour protéger leur intérêt et réclament également des taux de rendement très élevés. Ceux-ci varient de 30 à 50% en fonction du stade d'évolution de l'entreprise et de son potentiel de croissance. Saint-Pierre (1989) précise que les coûts d'agence contribuent à augmenter le coût du capital externe, rendant les propriétaires de PME plus réticents à se financer par ce moyen. En fait, selon lui, ils ne l'utilisent souvent qu'en dernier recours. L'entreprise en expansion a toutefois intérêt, dans certains cas, à recourir à ce mode de financement, du moins pour quelques années.

Que les spéculateurs soient individuels ou institutionnels, ils analyseront toujours le plan d'entreprise avant de s'impliquer. L'évaluation visera principalement la capacité de gestion de la direction, les perspectives de croissance de l'entreprise, le taux de rendement espéré, la position financière de l'entreprise, ainsi que la possibilité de retirer éventuellement leurs fonds pour profiter d'opportunités nouvelles.

L'endettement

Le financement par endettement est utilisé pour combler des besoins à court et à long terme. Il permet l'injection de fonds nouveaux dans l'entreprise sans que le ou les propriétaires de l'entreprise aient à en partager le contrôle et les bénéfices. Cela explique probablement sa popularité auprès des entrepreneurs et propriétaires dirigeants de PME.

L'avantage fiscal lié à la déductibilité des intérêts semble avoir un impact moins grand sur l'utilisation de cette source de financement. En effet, l'augmentation des charges financières entraîne également un accroissement du risque pour l'entreprise et le risque plus élevé se traduit généralement par une augmentation des coûts inhérents à l'emprunt (Saint-Pierre, 1987). Il arrive un point où l'augmentation des coûts annule complètement l'avantage fiscal; à un certain niveau d'endettement, il peut même être désavantageux pour l'entreprise de recourir à nouveau à ce mode de financement.

À cause de son aversion pour le risque, le prêteur aura tendance à exiger un taux d'intérêt plus élevé et de meilleures garanties. Ce mode de financement doit être utilisé avec discernement pour éviter de placer l'entreprise dans une situation critique.

On a souvent parlé du problème de la sous-capitalisation des PME québécoises, si bien qu'on se demande parfois s'il s'agit d'un mythe ou d'une réalité. Une étude du ministère de l'Industrie, du Commerce et de la Technologie (1988) nuance quelque peu l'énoncé de ce problème. De façon générale, et depuis les années 60, les entreprises ont tendance à privilégier le financement par endettement quelle que soit leur taille. Bien que les PME soient un peu plus endettées que les grandes entreprises, on ne peut parler de sous-capitalisation généralisée des PME. On ne peut pas non plus établir de relation linéaire entre la taille de l'entreprise et son niveau d'endettement. Cette relation est plutôt liée à la phase d'évolution de l'entreprise. Les entreprises en phase de démarrage et de croissance rapide, ou celles éprouvant des difficultés, rencontrent des problèmes à ce niveau. Si on retire ces cas plus problématiques de l'échantillon, on constatera que le niveau d'endettement des PME est semblable à celui des grandes entreprises.

Bien que les sources de prêts soient nombreuses pour les PME, ce sont les institutions financières qui sont les principaux bailleurs de fonds pour ces entreprises. Il est vrai qu'elles offrent généralement une gamme de produits intéressants allant de la marge de crédit au prêt à terme.

La présentation d'un dossier détaillé et précis, reflet de l'entrepreneur et de son entreprise, est un atout dans la recherche de financement. Les prêteurs et les investisseurs l'examinent pour évaluer l'aptitude de l'équipe de direction à réaliser le projet en cours, sa capacité à rencontrer ses obligations et à fournir des garanties, l'équilibre de la situation financière, et l'environnement dans lequel évolue l'entreprise. Le dossier doit donc être préparé à partir d'éléments réalistes mais convaincants.

De nombreux articles traitent de la façon d'obtenir ce type de financement. En ce qui concerne les banquiers, le principal atout des entrepreneurs est leur capacité de gestion. «*From the credit side, bankers buy management*» (Nichols, 1989).

Autres sources de financement

D'autres sources de financement sont disponibles pour faciliter la croissance des PME. Le crédit commercial en est un exemple. Ce financement à court terme s'obtient à la suite d'ententes entre l'entreprise et ses fournisseurs. Évidemment, ce type de crédit n'est possible que si l'entreprise possède une bonne crédibilité aux yeux de ses fournisseurs. Il s'agit de l'une des principales sources de financement à court terme des entreprises en général, mais plus particulièrement encore des PME. Lorsque la relation de confiance est bien établie, les fournisseurs ne laissent pas facilement tomber leurs clients, même dans des périodes difficiles.

Le financement à bail peut aussi être utilisé pour alléger les besoins en capitaux de l'entreprise. Cette forme de financement indirect est généralement connue sous le nom de crédit-bail ou de leasing. Elle consiste à louer des équipements ou du matériel roulant plutôt que de les acheter. L'entreprise peut ainsi utiliser ces biens sans en assumer le financement. De plus, une option d'achat est souvent rattachée à ce type de contrat; on parle alors de location-acquisition. La cession-bail est un autre type de contrat de location. Il se résume à céder à un tiers le droit de propriété d'un actif pour être ensuite repris en location immédiatement par le vendeur.

Les propriétaires dirigeants de PME ont avantage à envisager cette possibilité avant de procéder à l'achat d'équipements, surtout en période de crise financière. Ils doivent évaluer l'avantage monétaire en comparant les frais de location avec les coûts d'acquisition et en considérant les économies d'impôt possibles ainsi que la valeur résiduelle de l'actif dans chacun de ces cas. Cependant, ils doivent également évaluer l'aspect service (entretien et réparation) et, de façon encore plus particulière, les effets sur l'équilibre financier de l'entreprise du recours à un financement externe.

Demande de financement: les étapes à suivre... d'un examen de conscience

Le travail qu'exige une demande de financement ne se limite pas à la tâche souvent fastidieuse de compléter les nombreux formulaires. Qu'elle soit dirigée à l'endroit d'une institution financière ou d'un organisme public, votre demande de financement nécessitera la préparation d'un véritable plan d'attaque, mis au point après un certain examen de conscience et une planification à court et à long termes des affaires de la compagnie. Un bon dossier vous vaudra souvent des économies d'intérêt.

C'est en gros ce que demande à ses clients, bien conseillés par les professionnels de la maison, M. Roney Audet, directeur général, Service des conseils en gestion chez Deloitte, Haskins & Sells.

«La première chose que nous demandons à l'entreprise intéressée à obtenir du financement est la raison qui sous-tend ce besoin d'argent. Il existe, aux yeux des prêteurs, cinq «bonnes» raisons pour justifier une demande de financement: elles ont trait au démarrage d'entreprise, au fonds de roulement, aux fluctuations saisonnières, à l'équipement/machinerie et, en dernier lieu, à l'expansion des affaires. Toute autre raison est jugée comme limitrophe par les prêteurs qui deviennent ainsi plus méfiants», explique M. Audet.

Selon ce dernier, cette première question est aussi essentielle dans le choix des sources de fonds disponibles, selon qu'elles se destinent à des financements du type «court ou long terme», «comptes recevables», «équipements», etc.

Tout aussi important, vient ensuite l'élaboration du plan de développement des affaires de l'entreprise. «La planification des affaires (sur un minimum de trois ans) permet de déterminer si le financement envisagé cadre avec les objectifs de développement de la société, ou de façon plus globale, est en harmonie avec sa mission première.»

L'élaboration d'un plan de développement des affaires comporte un plan opérationnel (pour la première année subséquente à l'attribution du prêt) et d'un plan stratégique. Le premier est souvent le plus déli-

cat des deux puisqu'il constitue la toile de fond sur laquelle repose le budget pro forma. Le point critique ici, est l'estimé des ventes. Les bailleurs de fonds sont très sensibles à ce paramètre et regarderont de près tous les risques associés au projet pouvant influencer à la baisse les prévisions.

«La stratégie à employer est donc de devancer les objections du prêteur éventuel en articulant tous les risques et, évidemment, en prévoyant si possible, pour chaque scénario une solution efficace. L'entreprise peut aussi «gagner» plusieurs points sur les taux d'intérêt exigés en utilisant des techniques comparatives», le spécialiste-consultant signifie que l'entreprise doit chercher à faire état de sa position relative par rapport aux autres membres de son secteur d'activités pour en quelque sorte faire «valoir ses droits».

Quant aux autres questions et étapes préparatoires à suivre, M. Audet a notamment énoncé:

- *l'énumération des sources de fonds disponibles ; à titre d'associé — actionnaire ou pas, les incidences financières et fiscales des différents choix; les objectifs recherchés par le prêteur et leurs critères;*
- *les possibilités d'une aide gouvernementale, sous forme de subvention, crédit d'intérêt ou de garanties.*

Enfin, M. Audet a tenu à souligner trois sources de fonds souvent oubliées par les entreprises, soit le crédit-bail, les fournisseurs (via les comptes à payer) et les employés.

«Il est aussi important que l'entreprise assure une communication continue avec son prêteur. Un compte rendu des succès et des échecs de l'entreprise vaudra plusieurs points à la compagnie dans de futures négociations.»

(Finance, septembre 1986).

Constatant que les PME sont la force motrice de l'économie, les deux paliers de gouvernement déploient des efforts considérables pour mettre en place des programmes d'aide financière pour soutenir les petites et moyennes entreprises. Un large éventail de programmes existe déjà sous la forme d'avantages fiscaux, de prêts participatifs, de bourses ou de prêts garantis. Certains organismes tels la Banque fédérale de féveloppement et le ministère de l'Industrie, du Commerce et de la Technologie, détiennent un répertoire complet de ces programmes et fournissent gratuitement de l'information à ce sujet.

Au niveau provincial, de nombreux ministères, chargés de l'expansion industrielle, mettent à disposition des fonds pour la production et le tourisme.

Au niveau fédéral, le gouvernement offre aux PME jusqu'à 100 000 $ en prêts à terme pour les achats d'actifs immobilisés, et ceci, en vertu de la loi sur les prêts aux PME. Ces prêts sont administrés par un système bancaire privé et garantis par le gouvernement. Les conditions d'obtention varient en fonction du chiffre d'affaires de l'entreprise et de son secteur d'activité.

10.4 LA STRATÉGIE DE FINANCEMENT DE L'ENTREPRISE: UN CHOIX QUI MÉRITE RÉFLEXION.

Les décisions permettant d'établir une stratégie efficace de financement ne sont pas faciles à prendre mais sont critiques pour la survie de l'entreprise. Elles dépendent de la personnalité du ou des propriétaires de l'entreprise, du secteur d'activité dans lequel oeuvre l'entreprise, de la situation économique qui prévaut et du stade d'évolution de l'entreprise. Elles dépendent également de l'information dont l'entreprise dispose.

Les propriétaires dirigeants de PME doivent très bien maîtriser leur situation financière avant de procéder au choix d'une source de financement pour l'expansion. L'analyse par ratios et l'analyse des flux financiers sont des outils qui aident à faire le point sur la santé financière et l'état de la gestion de l'entreprise. Pour planifier ensuite les besoins, les budgets à court et à long terme permettent d'identifier les périodes exigeant l'injection de fonds nouveaux et l'importance de ces derniers. Cette analyse évitera à la PME d'être prise au dépourvu.

Malheureusement, les propriétaires dirigeants de PME connaissent souvent mal les différentes sources de financement disponibles. Par conséquent, il leur devient difficile d'évaluer l'impact de chacune sur l'équilibre financier de leur entreprise pourtant si fragile en période d'expansion. L'analyse en profondeur est difficile dans un tel contexte mais elle est possible grâce à quelques efforts de recherche. Par exemple, l'entrepreneur devrait se renseigner auprès des personnes travaillant dans son secteur d'industrie du montant de financement nécessaire avant d'aller voir son banquier.

Plusieurs propriétaires dirigeants de PME sont beaucoup trop préoccupés par l'aspect opérationnel et manquent de temps pour analyser la situation, planifier les besoins en capitaux et rechercher des sources de fonds intéressantes et avantageuses. Trop souvent pris dans le tourbillon des évènements, il leur arrive de prendre des décisions d'urgence souvent dictées principalement par le désir de conserver entièrement le contrôle sur leur entreprise et d'accéder rapidement aux capitaux nécessaires. Connel et Phillips (1988) donnent quelques conseils judicieux et pratiques aux entrepreneurs qui désirent se financer.

Ainsi, ils leur suggèrent de:

1. savoir précisément combien ils veulent;

2. trouver les sources de financement qui correspondent le mieux à leurs aspirations (interne, externe, court ou long terme);

3. se faire conseiller par un expert externe;

4. considérer les sorties possibles pour leurs investisseurs;

5. consacrer un temps raisonnable pour l'augmentation des fonds.

Enfin, il est indispensable d'établir et d'entretenir une relation personnelle avec ses investisseurs (banquiers et autres).

Ces conseils ne sont pas les seuls qui méritent de retenir l'attention des propriétaires dirigeants de PME. Le maintien d'un équilibre au niveau de la structure du capital devrait être une préoccupation constante. Bien sûr une entreprise très endettée est généralement contrôlée par quelques personnes seulement. Mais le niveau d'endettement indique également le niveau de risque financier. Un risque financier très élevé amène généralement un rendement élevé mais il peut placer l'entreprise dans une situation critique, limitant son accès au financement externe et augmentant de ce fait les coûts relatifs à l'obtention de capitaux supplémentaires. Le choix du niveau d'endettement de l'entreprise dépend de la tolérance au risque du propriétaire dirigeant et de celle des bailleurs de fonds externes.

L'aspect fiscal joue également un rôle important dans le choix du financement d'un projet. Cependant il a déjà été souligné que les avantages liés à la déductibilité des intérêts peuvent être annulés par l'augmentation des coûts relatifs à la dette. Plus le prêt est risqué, plus les taux d'intérêt et les garanties exigées sont élevés. D'autant plus que l'on peut compenser ces avantages par ceux reliés à la déductibilité des intérêts sur un prêt personnel dont le propriétaire réinvestit le montant dans l'entreprise puisque ce sont des intérêts payés pour gagner un revenu.

Le secteur d'activités de l'entreprise joue un rôle prépondérant dans la façon de financer ses opérations. Par exemple, le secteur des services demande moins d'investissement que le secteur industriel pour réaliser un projet d'expansion. Par ailleurs, l'entreprise de services a aussi moins d'actifs à fournir en garantie pour obtenir un prêt. Les entrepreneurs ou propriétaires dirigeants de PME doivent alors convaincre des investisseurs ou garantir par leurs biens personnels une partie importante des prêts nécessaires pour soutenir la croissance.

La situation générale a également un impact direct sur les modes de financement d'une entreprise. En période de récession où les taux d'intérêt sont très élevés, il est préférable de maintenir une structure financière plus conservatrice afin de diminuer ce risque de non-paiement et de faillite de l'entreprise. Cette mesure permet à cette dernière de traverser une période difficile sans trop perdre de ses acquis.

Une démarche structurée est absolument nécessaire pour parvenir à obtenir toutes les informations pertinentes pour choisir une stratégie efficace de financement. Les entrepreneurs et propriétaires dirigeants de PME peuvent demander l'aide de leur comptable ou d'un consultant externe pour faciliter l'implantation de mécanismes leur permettant d'effectuer efficacement cette démarche.

Le plan d'affaires constitue la clé du succès pour l'obtention de financement supplémentaire. Dans un tel contexte, il est fondamental que les propriétaires dirigeants de PME prennent tous les moyens nécessaires pour élaborer un plan d'affaires soigné, clair, précis, et surtout qui prévoit des solutions pouvant pallier aux faiblesses de gestion découvertes lors de l'analyse. Il est sûrement beaucoup plus rentable pour les dirigeants d'identifier un problème et d'implanter des mesures correctives que de souhaiter simplement que les lacunes ne soient pas perçues par les bailleurs de fonds qui, de toute façon poseront des questions claires pour clarifier les zones obscures.

QUESTIONS

1. Décrivez l'attitude générale des entrepreneurs et propriétaires dirigeants de PME à l'égard des principes de gestion financière.

2. Les principes de gestion financière permettent d'améliorer la prise de décision sur le plan financier. Commentez cette affirmation en ayant soin de préciser le type de décisions qui vous semble le plus important en matière de gestion financière.

3. On a souvent tendance à croire que les principes de gestion sont d'abord conçus pour les besoins de la grande entreprise. Comment percevez-vous leur utilité pour l'ensemble des PME?

4. À quelles questions majeures, l'analyse financière doit-elle permettre de répondre pour l'entreprise?

5. Expliquez dans vos propres mots en quoi consiste l'analyse par ratios et le contexte et les conditions dans lesquels on doit l'effectuer.

6. Identifiez quelques biais majeurs susceptibles d'être rencontrés lorsqu'une PME analyse ses ratios chronologiquement et avec ceux des entreprises de son secteur.

7. Quelles différences majeures pouvez-vous établir entre les ratios de liquidité et les ratios de solvabilité?

8. La PME a toujours avantage à conserver ses stocks au plus bas niveau possible, de façon à présenter un ratio de rotation des stocks élevé. Commentez cet énoncé.

9. Lorsque la marge brute est très faible, dans une entreprise donnée, cela peut dénoter la présence de problèmes de gestion importants. Identifiez quelques causes possibles à l'origine de ces problèmes.

10. Expliquez pourquoi le mode de financement de l'entreprise doit être pris en considération lors de l'analyse de sa marge nette.

11. L'analyse par ratios est beaucoup plus qu'un simple exercice mathématique. Êtes-vous d'accord avec cet énoncé? Justifiez votre réponse.

12. En quoi l'analyse des flux monétaires de l'entreprise est-elle complémentaire à l'analyse par ratios?

13. Quelles sont les trois étapes majeures de la budgétisation dans l'entreprise? Expliquez en quelques mots les objectifs de chaque étape.

14. Les politiques de gestion des liquidités peuvent avoir beaucoup d'influence sur la planification financière à long terme de l'entreprise. En quels termes pouvez-vous expliquer la nature de cette influence?

15. L'entreprise en situation de croissance accentuée est souvent beaucoup plus vulnérable sur le plan financier que la grande entreprise dans les mêmes conditions. Pourquoi?

16. Expliquez les avantages et inconvénients de la PME qui a franchi la zone de survie et qui envisage une croissance, face à l'obtention du financement nécessaire.

17. Pourquoi les propriétaires dirigeants de PME semblent-ils avoir tendance à préférer l'endettement comme source de financement pour leurs projets d'expansion?

18. Expliquez quelques possibilités de financement interne pour une entreprise.

19. Les propriétaires dirigeants de PME ont la plupart du temps avantage à recourir à l'endettement comme mode de financement lors de l'expansion, à cause des avantages fiscaux liés à la déductibilité des intérêts. Commentez cet énoncé en expliquant bien pourquoi vous êtes en accord ou en désaccord avec celui-ci.

20. Identifiez quelques-uns des éléments majeurs que devraient soutenir l'analyse pour l'établissement d'une stratégie financière efficace pour l'entreprise.

Simulation

Note

Cette simulation d'un cas réel n'est pas un exercice. Elle est présentée plutôt comme un exemple d'une situation typique de l'entreprise qui doit financer un investissement. Elle peut servir aussi de guide pour une entreprise se trouvant dans une situation similaire.

Elle est tirée du *Cours de gestion des affaires: Comment développer votre entreprise*, élaboré par les auteurs pour le compte de la Banque fédérale de développement, 1986.

LE CHOIX D'UN MODE DE FINANCEMENT ET SES EFFETS SUR L'ENTREPRISE

L'activité principale de machinerie Nouvelle inc. est la vente d'équipement de garage. L'entreprise a un chiffre d'affaires de plus de 700 000 $. Les propriétaires dirigeants envisagent l'acquisition d'une nouvelle machine qui pourrait diminuer les coûts d'exploitation de façon substantielle. On sait déjà que le projet sera rentable si le coût d'acquisition de la machine est de 50 000 $. Les dirigeants se demandent par contre de quelle façon ils devront financer cette acquisition.

Dans le but d'éclairer la décision des dirigeants, nous simulerons quatre situations possibles de financement du projet et examinerons les conséquences de chacun de ces scénarios sur les résultats de l'entreprise.

Dans chacun des cas, nous présenterons en parallèle les états financiers où nous considérons l'acquisition et ceux représentant la situation de départ, c'est-à-dire sans cette acquisition.

Comme le but de cette simulation n'est que d'établir une méthode simple où l'on démontre les conséquences du choix du mode de financement d'un projet, nous ne considérons pas dans les détails l'effet de l'acquisition sur le chiffre d'affaires et sur la rentabilité de l'entreprise. Par exemple, on pourrait penser que l'achat de la nouvelle machine aurait pour effet d'augmenter les ventes et/ou de diminuer les coûts d'exploitation.

Dans cet exemple, nous avons assumé, pour la machine, un amortissement linéaire de 5 000 $ par année pendant 10 ans. Ceci se traduit par une augmentation des frais administratifs (poste #28) du montant égale à la dé?pense d'amortissement. De plus, les immobilisations (poste #6) sont inscrites à leur valeur nette. Ici, la nouvelle machine augmente le solde de ce poste de 50 000 $ - 5 000 $ = 45 000 $.

291

Scénario A (1981(a)) (voir figure 1)

Supposons que la valeur totale de la machine (50 000 $) soit financée par une **dette à long terme** échéant dans 10 ans.

Par rapport à la situation initiale (1981), les modifications suivantes seront apportées aux états financiers de l'entreprise.

Sur le plan du bilan, on constate une augmentation de l'actif total de 45 000 $ soit la valeur nette de la nouvelle machine (coût d'origine-amortissement). Cette acquisition étant financée par une dette à long terme, nous devrions avoir une augmentation de ce poste égale au montant de l'emprunt, soit 50 000 $. Nous devons cependant considérer que l'emprunt doit être remboursé par versements annuels. Si nous supposons un taux d'emprunt à terme de 10% et un terme sur l'emprunt échéant dans 15 ans, nous aurons alors des versements égaux de 8 137 $. Ce montant est établi à partir d'une table de valeur actuelle, qu'utilise votre agent de crédit; on peut aussi le calculer d'après la formule suivante:

$$50\ 000\ \$ = V\ \frac{1 - (1 + 10\%) - 10}{10\%}$$

$$V = 3\ 137$$

De ce montant, 3 137 $ servent à rembourser le capital tandis que 5 000 $ = 50 000 $ X 10% sont incorporés aux dépenses de l'entreprise.

Une façon simple de calculer la partie du capital que l'on doit rembourser à chaque année, est d'établir un tableau d'amortissement financier de la façon suivante:

Année	Versements	Intérêts	Capital amorti	Solde à payer
	(1)	(2)	(3)=(1)-(2)	(4)
0				50 000 $
1	8 137 $	5 000 $	3 137 $	46 863 $
2	8 137 $	4 686 $	3 451 $	43 412 $
3	8 137 $	4 341 $	3 796 $	39 616 $
etc.				

1. Les versements sont calculés à partir d'une table de valeur actuelle, ou d'après la formule précédente. Nous avons supposé des versements égaux pour toutes les périodes.

2. Le calcul de la dépense d'intérêt est effectué à partir du solde à payer de l'année précédente (colonne 4) et du taux d'emprunt que nous avons fixé à 10% au départ.

$$5\ 000\ \$ = 50\ 000\ \$ \times 10\ \% \text{ (poste \#28)}$$

3. La partie du capital qui est remboursée chaque année est égale à la différence entre le versement et la dépense d'intérêt.

$$3\ 137\ \$ = 8\ 137\ \$ - 5\ 000\ \$ \text{ (poste \#13)}$$

Le montant «capital amorti» est reporté au bilan, au poste «fraction à moins d'un an des dettes à long terme». Le «solde à payer» est ajouté au poste «dettes à long terme». Quant à la dépense d'intérêt, elle est passée à l'état des résultats sous la rubrique «frais financiers».

Dans cette situation, le solde au poste d'encaisse étant insuffisant pour assurer le remboursement du capital, l'entreprise aura recours à sa marge de crédit ou à sa «dette bancaire».

Dans l'état des résultats, seulement deux postes sont directement touchés par notre mode de financement. Les frais administratifs (poste #28) augmentent du montant de l'amortissement de la nouvelle machine et les frais financiers (poste #29) augmentent d'un montant égal à 5 000 $, auquel on ajoute la variation du poste «dette bancaire» que multiplie le coût de cette source de financement.

$$5\ 423\ \$ = 5\ 000\ \$ + [(127\ 172\ \$ - 124\ 355\ \$) \times 15\%]$$

On peut alors tirer les conclusions suivantes:

• Étant donné surtout l'augmentation de la dette bancaire, le ratio de liquidité diminue légèrement.

• L'augmentation des frais financiers se répercute essentiellement sur le bénéfice; le rendement des fonds propres diminue donc de façon substantielle.

• Étant donné le haut niveau d'endettement de la compagnie, ce nouvel emprunt a pour conséquence d'accroître davantage le risque financier de celle-ci. Le ratio d'endettement global augmente et la couverture des intérêts est moins bien assurée.

FIGURE 1

Machinerie Nouvelle inc.

	BILAN	1981	1981(a)
	ACTIF À COURT TERME		
1	Encaisse	656 $	656 $
2	Clients et autres débiteurs	175 915	175 915
3	Stocks	155 813	155 813
4	Services à recevoir	14 340	14 340
5		346 724 $	346 724 $
	ACTIF À LONG TERME		
6	Immobilisations	215 756 $	260 756 $
7	Impôts reportés	3 874	3 874
8	Autres éléments	0	0
9		219 630 $	264 630
10	TOTAL	566 354 $	611 354 $
	PASSIF À COURT TERME		
11	Dette bancaire	124 355 $	127 172 $
12	Fournisseurs et passifs courus	150 431	150 431
13	Fraction à moins d'un an des dettes à long terme	33 137	36 274
14		307 923 $	313 877 $
	PASSIF À LONG TERME		
15	Dettes à long terme	110 455 $	157 318 $
	CAPITAUX PROPRES		
16	Capital-actions	12 000	12 000
17	Bénéfices non répartis	135 976	128 159
18		566 354 $	611 354 $

Machinerie Nouvelle inc.

	ÉTAT DES RÉSULTATS	1981	1981(a)
19	Ventes	735 565 $	735 565 $
	Coût des ventes		
20	Stock au début	129 844	129 844
21	Achats	367 782	367 782
22		497 626	497 626
23	Stock à la fin	110 035	110 035
24	Marge brute	347 974 $	347 974 $
25	Autre revenu	0	0
26		347 974 $	347 974 $
	Frais		
27	commerciaux	220 670	220 670
28	administratifs	59 034	64 034
29	financiers	33 012	38 435
30		312 716 $	323 139 $
31	Bénéfice avant impôt	35 258 $	24 835 $
32	Impôts	8 814	6 208
33	Bénéfice net de l'année	26 444 $	18 627 $

Ratios financiers

	1981	1981(a)
Liquidité	1,13	1,10
Rendement de l'actif	0,10	0,09
Endettement	0,74	0,77
Marge brute	0,47	0,47
Rendement de l'équité	0,18	0,13
Couverture des frais financiers	2,07	1,65
Taux d'intérêt long terme	0,10	0,10
Taux d'intérêt court terme	0,15	0,15
Taux d'impôt	0,25	0,25
Remboursement dette à long terme	0,30	0,23

Scénario B (1981(b)) (voir figure 2)

Supposons que la valeur totale de l'actif (50 000 $) soit financée par une **émission d'actions**.

Étant donné que seuls les capitaux propres augmentent (aucune dette), nous aurons une situation financière plus intéressante que la situation précédente.

• Le ratio d'endettement global diminue, ce qui est certes plus rassurant pour les créanciers.

• Le ratio de couverture des frais financiers diminue, étant donné la légère diminution du bénéfice de l'année.

• Toutefois, le taux de rendement de l'équité diminue, ce qui pourrait déplaire aux actionnaires. Si chaque action émise a une valeur nominale de 10 $, nous pourrons calculer le bénéfice par action de la façon suivante:

$$\frac{\text{Bénéfice net de l'année}}{\text{Nombre d'actions émises}} = \frac{\text{poste \#33}}{\text{poste \#16 - 10 \$}}$$

	1981	1981 (b)
Bénéfice de l'année	26 444 $	22 852 $
Nombre d'actions	1 200	6 200
Bénéfice par action	22,04 $	3, 69 $

Le bénéfice par action représentant la richesse des actionnaires, on constate alors leur appauvrissement.

FIGURE 2

Machinerie Nouvelle inc.

	BILAN	1981	1981(b)
	ACTIF À COURT TERME		
1	Encaisse	656 $	656 $
2	Clients et autres débiteurs	175 915	175 915
3	Stocks	155 813	155 813
4	Services à recevoir	14 340	14 340
5		346 724 $	346 724 $
	ACTIF À LONG TERME		
6	Immobilisations	215 756 $	260 756 $
7	Impôts reportés	3 874	3 874
8	Autres éléments	0	0
9		219 630 $	264 630
10	TOTAL	566 354 $	611 354 $
	PASSIF À COURT TERME		
11	Dette bancaire	124 355 $	122 947 $
12	Fournisseurs et passifs courus	150 431	150 431
13	Fraction à moins d'un an des		
	dettes à long terme	33 137	33 137
14		307 923 $	306 515 $
	PASSIF À LONG TERME		
15	Dettes à long terme	110 455 $	110 455 $
	CAPITAUX PROPRES		
16	Capital-actions	12 000	62 000
17	Bénéfices non répartis	135 976	132 384
18		566 354 $	611 354 $

Machinerie Nouvelle inc.

	ÉTAT DES RÉSULTATS	1981	1981(b)
19	Ventes	735 565 $	735 565 $
	Coût des ventes		
20	Stock au début	129 844	129 844
21	Achats	367 782	367 782
22		497 626	497 626
23	Stock à la fin	110 035	110 035
24	Marge brute	347 974 $	347 974 $
25	Autre revenu	0	0
26		347 974 $	347 974 $
	Frais		
27	commerciaux	220 670	220 670
28	administratifs	59 034	64 034
29	financiers	33 012	32 801
30		312 716 $	317 505 $
31	Bénéfice avant impôt	35 258 $	30 469 $
32	Impôts	8 814	7 617
33	Bénéfice net de l'année	26 444 $	22 852 $

Ratios financiers

	1981	1981(b)
Liquidité	1,13	1,13
Rendement de l'actif	0,10	0,09
Endettement	0,74	0,68
Marge brute	0,47	0,47
Rendement de l'équité	0,18	0,12
Couverture des frais financiers	2,07	1,93
Taux d'intérêt long terme	0,10	0,10
Taux d'intérêt court terme	0,15	0,15
Taux d'impôt	0,25	0,25
Remboursement dette à long terme	0,30	0,30

Scénario C (1981(c)) (voir figure 3)

Supposons que la valeur totale de la machine (50 000 $) soit financée par **dettes** et par **capital-actions à parts égales**, c'est-à-dire 25 000 $ de dettes à long terme et 25 000 $ de nouvelles actions.

Sur le plan du bilan, le capital-actions augmente de 25 000 $ alors que le poste «dettes à long terme» augmentera de 25 000 $ moins la fraction de la dette venant à échéance dans l'année qui suit, soit 1 569 $.

Tout comme dans le premier scénario, on peut calculer ce montant de la façon suivante :

$$25\ 000\ \$ = \text{V} \ \frac{[1 - (1 + 10\%) - 10]}{10\%}$$

$$\text{V} = 4\ 069$$

De ce montant, on retire les frais financiers :

$$4\ 069\ \$ - (25\ 000\ \$ \times 10\%) = 1\ 569\ \$$$

Nous aurons une augmentation de la dette à long terme égale au montant de l'emprunt moins la fraction venant à échéance à moins d'un an:

$$25\ 000\ \$ - 1\ 569\ \$ = 23\ 431\ \$$$

Nous obtenons une situation intermédiaire par rapport aux deux scénarios précédents, c'est-à-dire que :

- la couverture des frais financiers s'est légèrement détériorée;
- le rendement sur l'équité a quelque peu diminué;
- le bénéfice net de l'année est passé de 26 444 $ à 20 739 $, soit :

	1981	1981 (c)
Bénéfice de l'année	26 444 $	20 739 $
Nombre d'actions	1 200	3 700
Bénéfice par action	22,04 $	5, 61 $

FIGURE 3

Machinerie Nouvelle inc.

	BILAN	1981	1981(c)
	ACTIF À COURT TERME		
1	Encaisse	656 $	656 $
2	Clients et autres débiteurs	175 915	175 915
3	Stocks	155 813	155 813
4	Services à recevoir	14 340	14 340
5		346 724 $	346 724 $
	ACTIF À LONG TERME		
6	Immobilisations	215 756 $	260 756 $
7	Impôts reportés	3 874	3 874
8	Autres éléments	0	0
9		219 630 $	264 630
10	TOTAL	566 354 $	611 354 $
	PASSIF À COURT TERME		
11	Dette bancaire	124 355 $	125 060 $
12	Fournisseurs et passifs courus	150 431	150 431
13	Fraction à moins d'un an des dettes à long terme	33 137	34 705
14		307 923 $	310 196 $
	PASSIF À LONG TERME		
15	Dettes à long terme	110 455 $	133 886 $
	CAPITAUX PROPRES		
16	Capital-actions	12 000	37 000
17	Bénéfices non répartis	135 976	130 272
18		566 354 $	611 354 $

300

Machinerie Nouvelle inc.

	ÉTAT DES RÉSULTATS	1981	1981(c)
19	Ventes	735 565 $	735 565 $
	Coût des ventes		
20	Stock au début	129 844	129 844
21	Achats	367 782	367 782
22		497 626	497 626
23	Stock à la fin	110 035	110 035
24	Marge brute	347 974 $	347 974 $
25	Autre revenu	0	0
26		347 974 $	347 974 $
	Frais		
27	commerciaux	220 670	220 670
28	administratifs	59 034	64 034
29	financiers	33 012	35 618
30		312 716 $	320 322 $
31	Bénéfice avant impôt	35 258 $	37 652 $
32	Impôts	8 814	6 913
33	Bénéfice net de l'année	26 444 $	20 739 $

Ratios financiers

Liquidité	1,13	1,12
Rendement de l'actif	0,10	0,09
Endettement	0,74	0,73
Marge brute	0,47	0,47
Rendement de l'équité	0,18	0,12
Couverture des frais financiers	2,07	1,78
Taux d'intérêt long terme	0,10	0,10
Taux d'intérêt court terme	0,15	0,15
Taux d'impôt	0,25	0,25
Remboursement dette à long terme	0,30	0,26

Scénario D (1981(d)) (voir figure 4)

Supposons que l'on ne puisse financer la valeur totale de l'actif par une **emprunt à long terme**, mais que l'agent de crédit accepte de financer 75% de la valeur de l'actif, soit 37 500 $. Le solde, 12 500 $, devra être versé en argent liquide. L'entreprise ne disposant pas de ce montant, elle va donc le financer avec sa marge de crédit, ce qui donne une augmentation de 37 500 $ de la dette à long terme dont 2 353 $ viendront à échéance l'an prochain. L'équilibre se fera au niveau de la dette bancaire qui complètera le reste du financement. Nous aurons donc les conséquences suivantes:

• diminution sans importance du ratio de liquidité;

• légère augmentation du niveau d'endettement;

• diminution importante du ratio de couverture des frais financiers, étant donné l'augmentation de la dette bancaire qui coûte plus cher à financer qu'un emprunt à long terme.

Frais financiers

$$(145\ 602\ \$ + 35\ 490) \times 0,10 + (140\ 201\ \$) \times 0,15 = 39\ 139\ \$$$

L'augmentation des frais financiers entraîne une diminution du bénéfice net, donc une diminution du rendement des fonds propres.

FIGURE 4

Machinerie Nouvelle inc.

	BILAN	1981	1981(d)
	ACTIF À COURT TERME		
1	Encaisse	656 $	656 $
2	Clients et autres débiteurs	175 915	175 915
3	Stocks	155 813	155 813
4	Services à recevoir	14 340	14 340
5		346 724 $	346 724 $
	ACTIF À LONG TERME		
6	Immobilisations	215 756 $	260 756 $
7	Impôts reportés	3 874	3 874
8	Autres éléments	0	0
9		219 630 $	264 630
10	TOTAL	566 354 $	611 354 $
	PASSIF À COURT TERME		
11	Dette bancaire	124 355 $	140 201 $
12	Fournisseurs et passifs courus	150 431	150 431
13	Fraction à moins d'un an des dettes à long terme	33 137	35 490
14		307 923 $	326 121 $
	PASSIF À LONG TERME		
15	Dettes à long terme	110 455 $	145 602 $
	CAPITAUX PROPRES		
16	Capital-actions	12 000	12 000
17	Bénéfices non répartis	135 976	127 631
18		566 354 $	611 354 $

Machinerie Nouvelle inc.

	ÉTAT DES RÉSULTATS	1981	1981(d)
19	Ventes	735 565 $	735 565 $
	Coût des ventes		
20	Stock au début	129 844	129 844
21	Achats	367 782	367 782
22		497 626	497 626
23	Stock à la fin	110 035	110 035
24	Marge brute	347 974 $	347 974 $
25	Autre revenu	0	0
26		347 974 $	347 974 $
	Frais		
27	commerciaux	220 670	220 670
28	administratifs	59 034	64 034
29	financiers	33 012	39 319
30		312 716 $	323 843 $
31	Bénéfice avant impôt	35 258 $	24 131 $
32	Impôts	8 814	6 032
33	Bénéfice net de l'année	26 444 $	18 099 $

Ratios financiers

Liquidité	1,13	1,06
Rendement de l'actif	0,10	0,09
Endettement	0,74	0,77
Marge brute	0,47	0,47
Rendement de l'équité	0,18	0,13
Couverture des frais financiers	2,07	1,62
Taux d'intérêt long terme	0,10	0,10
Taux d'intérêt court terme	0,15	0,15
Taux d'impôt	0,25	0,25
Remboursement dette à long terme	0,30	0,24

Bibliographie

Bellavance, C., «Remplacer l'endossement personnel par le plan d'affaires et le partenariat», *Le Magazine PME*, vol. 4, no. 8, octobre 1988, pp. 72-73.

Bergeron, P.L., *La gestion dynamique, concepts, méthodes et applications*, Chicoutimi, Gaëtan Morin, 1986.

Clark, D.M., «Banks and Bankability», *Venture*, septembre 1989, p. 29.

Connel, R. et B. Phillips, «Finding Funds for Small Firms», *Management Today*, novembre 1988, pp. 143-164.

d'Amboise, G., «Le budget: outil et résultat de la planification», *Revue Commerce*, vol. 76, no. 10, octobre 1974, p. 38-46.

d'Amboise, G., *La PME canadienne, situation et défis*, Québec, Institut de recherches politiques, Presses de l'Université Laval, 1989.

Duchesne, B., «Des maux de tête du directeur des ventes», *PME Gestion*, vol. 9, septembre 1988.

DuPaul, R., «Le financement de la PME au Québec: les sources de capitaux propres se multiplient», *Finance*, vol. 7, no. 44, septembre 1986, pp. 23-26.

Gagnon, D.M. et N. Khoury, *Traité de gestion financière*, Chicoutimi, Gaëtan Morin, 1987.

Gasse, Y., *Attitudes et prédispositions des propriétaires dirigeants et entrepreneurs canadiens envers les bailleurs de fonds externes*, Document spécial 84-122, Québec, Faculté des sciences de l'administration, Université Laval, 1984.

Gaudet, L., et T. Leighton, «A Steady Friend in Rough Waters», *Canadian Business*, vol. 60, no. 10, octobre 1987, pp. 79-80.

Joanette, L., *Le budget, un instrument de contrôle*, Québec, Direction générale des services aux entreprises, Ministère de l'Industrie, du Commerce et de la Technologie, 1984.

Lusztig, P., B. Schwab et G. Charest, *Gestion financière: un bilan*, Toronto, Fédération canadienne de l'entreprise indépendante, 1988.

Nichols, D., «Banking on Growth», *Venture*, septembre 1989, pp. 26-29.

Poapst, J.V., «Capital Expenditure Decisions in the Small Firm», *Business Quarterly*, vol. 51, no. 1, printemps 1986, pp. 42-49.

Saint-Pierre, J. et J.-M. Suret, *Endettement de la PME, état de la situation et rôle de la fiscalité*, Québec, L'Institut de recherches politiques, 1987.

Saint-Pierre, J., «La détresse des PME», *L'Analyste*, vol. 23, octobre 1989, pp. 13-16.

— Des PME au Québec: *État de la situation 1988*, Québec, Ministère de l'Industrie, du Commerce et de la Technologie, 1988.

— *Guide de gestion PME*, Toronto, Fédération canadienne de l'entreprise indépendante, 1982.

CHAPITRE 11

LE VIRAGE TECHNOLOGIQUE: LA MODERNISATION

Dans le contexte d'affaires actuel, où la technologie ne cesse de se développer et de prendre de l'importance, les entreprises qui veulent survivre, croître et se développer doivent être au courant des possibilités offertes par la modernisation des outils de production. L'avancement technologique est un facteur essentiel dans l'accroissement de la compétitivité et de la productivité dans l'entreprise. Merrifield (1988) identifie trois raisons qui ont rendu les changements technologiques irrémédiables. La première réside dans le fait qu'il y a eu une nette réduction du cycle de vie des produits et des procédures. Auparavant, la durée de vie d'un produit se calculait en dizaines d'années, alors qu'aujourd'hui, cette période se situe entre deux et cinq ans.

La deuxième raison de ces changements est due au phénomène d'industrialisation à grande échelle des pays en voie de développement, capables d'opérer un changement technologique en quelques mois pour pouvoir continuer de répondre à la demande mondiale.

Enfin, le troisième facteur explicatif de cette nécessité est l'adoption de plus en plus généralisée de la «stratégie de l'industrie cible», qui consiste à opérer une intégration verticale, sous forme de consortiums, généralement subventionnée par les gouvernements et visant à prendre une part de marché dans des industries existantes.

307

Ces trois raisons expliquent en grande partie pourquoi le défi technologique se présente autant aux grandes entreprises qu'aux plus petites. Dans le cas où la PME n'a pas encore envisagé l'utilité ou la nécessité d'utiliser davantage la technologie, l'expansion ou la croissance peuvent devenir des occasions de remettre en question les méthodes d'opération habituelles d'évaluer les possibilités d'adaptation technologique susceptibles de permettre à l'entreprise de pouvoir faire à la fois plus et mieux. Ce chapitre se propose donc d'aborder la problématique concernant l'adoption de nouvelles technologies dans les PME.

En effet, nous pensons qu'il est important de bien saisir la place particulière que tient la PME dans le défi technologique, et les avantages stratégiques qu'elle peut en retirer. Beaucoup de petites entreprises travaillent comme fournisseurs spécialisés auprès des grandes, produisant à un coût plus faible que ne pourrait le faire la grande entreprise. D'autres PME offrent un éventail très large de produits, car elles se situent sur des marchés limités ou très spécialisés, peu rentables pour la grande entreprise. Ainsi, selon Meredith (1987), les PME sont tout autant, sinon mieux placées que les grandes entreprises pour tirer profit des avances technologiques.

En effet, les PME peuvent utiliser les nouvelles technologies de façon créative, en misant sur la flexibilité, la qualité et la réduction des délais.

Grâce à la grande variété de nouvelles technologies, la PME jouit d'une plus grande flexibilité attribuable à son personnel réduit. De plus, en disposant d'équipements plus efficaces, la PME diminue ses délais en design et en production. Il en résulte la possibilité d'introduire de nouveaux produits plus rapidement dans la phase de démarrage de l'entreprise et donc d'en assurer le remplacement également plus vite. Ainsi, la PME pourra concurrencer sa rivale (la grande entreprise) en offrant un meilleur service, en étant innovatrice, en répondant plus rapidement, en fournissant des produits adaptés et variés alors que la grande entreprise utilisera son capital pour renforcer ses investissements dans des procédures plus coûteuses, capables de produire en quantité plus grande des produits standards.

Enfin, la structure même de la PME lui est favorable à plusieurs égards:

- **Une rapidité de réaction:** la PME peut répondre et réagir en peu de temps.

- **Une vision à long terme:** grâce à une perspective à plus long terme, la PME envisage la réutilisation des technologies. De plus, à cause d'un investissement limité, les gestionnaires de PME sont plus à même de discerner les bénéfices et les problèmes d'une décision d'automatisation.

- **Une base concurrentielle:** la PME semble souvent investir beaucoup pour faire face rapidement à un changement. Ses atouts sont le service après-vente, la fabrication «sur commande» et l'expédition.

- **Des ressources humaines stables:** la PME est le plus souvent gérée par ses fondateurs qui se chargent d'ailleurs souvent de former leurs employés aux nouvelles technologies.

- **Une implantation technologique facilitée:** l'équipe de travail est souvent restreinte et les utilisateurs potentiels ont plus de chance d'être impliqués dans le processus de changement technologique et donc, de mieux comprendre ses besoins et son utilité que dans la grande entreprise.

Grâce à tous ces facteurs, qui bien souvent sont sous-estimés par les dirigeants de PME eux-mêmes, il est permis de penser que la PME est capable de profiter des nouvelles technologies et ainsi d'engendrer un avantage compétitif significatif sur son marché.

11.1 LES DÉTERMINANTS EN MATIÈRE DE CHANGEMENT TECHNOLOGIQUE

L'automatisation des PME

(…) *Mais comme l'indique une étude du ministère de l'Industrie et du Commerce, les firmes, et particulièrement les PME québécoises, résistent à la «révolution productique».*

Par exemple, elles ne possèdent que 600 machines-outils programmables, tandis que les entreprises ontariennes en ont 2 400. Le retard du Québec apparaît d'autant plus considérable que le Canada lui-même est loin d'être en avance: alors qu'au Japon on retrouve 32 robots industriels pour 10 000 travailleurs, au Canada on en a seulement 3,7.

Ce retard s'explique par plusieurs facteurs. «L'automatisation d'une entreprise, explique M. Carmel, exige une transformation complète de la production. Les investissements nécessaires sont énormes et il faut d'importants ajustements en matière de relations de travail. L'automatisation n'entraîne pas de pertes d'emplois, les emplois disparus étant remplacés par de nouveaux postes nés de l'augmentation de la productivité. Mais il faut repenser l'organisation du travail, affecter les employés à de nouvelles tâches.»

(Québec Science, juin 1988).

La perception d'un besoin de changement technologique est rarement due au simple hasard. Un certain nombre de facteurs déclencheurs doivent se présenter pour arriver à influencer le dirigeant d'une PME dans ce sens. Ces facteurs peuvent provenir de l'environnement, de l'entrepreneur ou de l'entreprise elle-même. On peut les classer en trois catégories: les délais et mécanismes de diffusion, les forces externes reliées à l'environnement de l'entreprise, et les forces internes qui découlent de l'entrepreneur et de la situation de l'entreprise.

Les délais et mécanismes de diffusion

Lorsqu'une nouvelle technologie est développée, il se produit souvent des délais plus ou moins longs avant qu'elle ne soit diffusée. C'est très souvent la rapidité avec laquelle une entreprise peut mettre la main sur une nouvelle technologie qui fait la différence entre la percée technologique ou la simple mise à jour. Dans un univers industriel aussi dynamique, les premiers arrivés sont souvent les seuls à pouvoir vraiment survivre et progresser.

Archier et Sérieyx (1984) insistent beaucoup sur la rapidité de réaction des PME, comme un des atouts majeurs de leur dynamisme. C'est au dirigeant que revient en premier lieu la responsabilité de se tenir aux aguets de l'évolution technologique. Évidemment, il doit être aidé et stimulé dans ce rôle et c'est ici qu'entrent en considération les mécanismes de diffusion.

Les mécanismes de diffusion peuvent être nombreux et diversifiés selon l'infrastructure industrielle de la région ou du pays en cause et le secteur d'activités auquel on s'adresse. En général, la diffusion se fait surtout à partir des contacts commerciaux et d'affaires, des foires et salons commerciaux et industriels, des associations industrielles et professionnelles, de la littérature technologique et professionnelle, des Chambres de commerce et d'industrie et de certaines activités spéciales entreprises par les gouvernements et les organisations de recherche (Cookell, 1973). Malgré la promotion parfois très intensive exercée par ces intermédiaires, c'est le dirigeant qui doit capter l'information et décider rapidement de sa pertinence. Ce mode de sensibilisation est plutôt du genre passif, dans la mesure où l'information est en quelque sorte imposée à l'individu. C'est néanmoins un mode efficace qui vise un public large et qui constitue très souvent la première étape à un processus de reconnaissance des besoins technologiques dans une PME.

Il ne faut surtout pas passer sous silence ici, l'importance de l'ouverture d'esprit du dirigeant. Archier et Sérieyx (1984) insistent d'ailleurs sur ce point. La perception et la transmission d'un nouveau besoin se fait par une écoute active du client, une attitude d'humilité devant les critiques et une consultation de toutes les sources techniques disponibles.

Par ailleurs, en dépit du nombre élevé de sources et de mécanismes d'information et de diffusion en cause, le dirigeant de PME ne peut y avoir accès que dans la mesure où son attitude l'amène à rechercher activement cette information en se déplaçant vers les sources et activités prévues à cette fin. Bon nombre d'entrepreneurs les plus innovateurs admettront qu'ils ont puisé une bonne part de leurs idées en visitant régulièrement les foires industrielles, en scrutant constamment l'environnement pour découvrir les régions, les centres et les partenaires les plus avancés dans leur secteur d'activités. Ces entrepreneurs ont développé l'habitude de sortir de leurs entreprises pour aller se ressourcer ailleurs. La diffusion de l'information, n'a de valeur que dans la mesure où les populations visées sont atteintes.

Les forces externes reliées à l'environnement de l'entreprise

Le facteur le plus important pour déclencher un changement dans l'entreprise est la présence de problèmes ou de pressions dans l'environnement socio-économique de l'entreprise. Ces pressions, susceptibles d'amener l'entreprise à chercher des voies de solution du côté de la modernisation technologique, peuvent être de plusieurs ordres. Cependant, la plus grande de ces forces de changement est probablement celle exercée par la concurrence de l'entreprise.

Il y a d'abord la concurrence locale et nationale. Le partage traditionnel des marchés a été particulièrement bouleversé au cours des dernières années par la pénétration intensive des multinationales et le développement des pays moins favorisés. L'ouverture des marchés et les grands regroupements économiques forcent les PME à devenir plus concurrentielles et à tenter des percées sur les marchés extérieurs. Sur le plan des coûts de main-d'oeuvre, les PME canadiennes ne peuvent concurrencer ceux des pays en développement. Toutefois, la modernisation technologique a été identifiée par plusieurs recherches comme le moyen le plus sûr et le plus efficace pour accroître leur productivité.

Les pressions de l'environnement proviennent également du secteur industriel dans lequel l'entreprise évolue. Comme le soulignent Julien, Mathews et Thibodeau (1983) les entreprises exerçant leurs activités dans un secteur industriel fortement concurrencé seront forcées de réagir plus rapidement par une stratégie de changement. À titre d'exemple, on peut citer l'industrie du textile au Québec, qui est con-

311

currencée par les importations qui risquent de s'accroître dans les années à venir.

Très étroitement liée à la concurrence, la pression exercée sur l'entreprise par les clients peut également avoir beaucoup d'impact sur la prospection de changements technologiques. Depuis quelques années, les changements dans les marchés se produisent à une vitesse toujours plus accélérée. Il suffit, pour s'en convaincre, de penser aux révolutions en cours dans les domaines de la micro-informatique, de la biotechnologie, des télécommunications, etc. Tous ces nouveaux produits obligent les entreprises à faire appel à des technologies plus perfectionnées et réclament qu'elles explorent leurs capacités de développement. Même les entreprises de sous-traitance sont soumises aux mêmes impératifs et doivent s'adapter à la technologie qui leur est imposée par les gros clients. Les fournisseurs exercent eux aussi des pressions importantes. Les changements technologiques opérés chez les uns induisent des changements de même nature chez les autres.

Vallée (1986) résume la situation de la façon suivante:

> «Toutes les expériences d'implantation technologiques étudiées sont fondées sur des motifs économiques; dans quatre-vingt-trois pourcent (83%) des cas, il s'agit des principaux motifs d'innovation. Ces motifs recouvrent les catégories de réponse suivantes: baisse des coûts de main-d'oeuvre, diminution du taux de rejet, meilleure exploitation des matières premières, économies d'énergie, réduction du temps nécessaire à la fabrication d'un produit, amélioration de la productivité et augmentation de la capacité de production. Des objectifs économiques plus spécifiques sont aussi recherchés: flexibilité et qualité dans la production en vue de développer un avantage comparatif et remplacement de la machinerie désuète. Enfin, il est arrivé, dans les entrevues, que les répondants avouent que l'entreprise a procédé au changement pour "suivre le mouvement". L'imitation technologique, l'adaptation de l'entreprise à la situation technologique générale, a aussi été considérée comme originant de pressions économiques. Il apparaît que les pressions économiques sont considérées autant par les grandes que par les petites et moyennes entreprises et qu'elles incitent au changement, quelle que soit la taille de l'entreprise.»

Enfin, on doit aussi tenir compte des nouvelles lois qui forcent les entreprises à utiliser des technologies moins polluantes, plus sécuritaires, qui exigent moins d'énergie, plus efficaces, ou encore moins fatigantes et moins dangereuses pour la santé des travailleurs.

Les forces internes provenant de l'entrepreneur et de la situation de l'entreprise

Le troisième groupe de facteurs d'influence qui peut mener l'entreprise vers un changement technologique concerne des stimulants qui proviennent de l'entreprise elle-même. Le plus souvent, on cite la performance insuffisante de l'entreprise qui alerte le dirigeant et le fait prendre conscience des changements qui s'imposent. Dans les entreprises commerciales et de services, le niveau de performance de l'entrepise peut être évalué en effectuant une comparaison des résultats obtenus par les principaux compétiteurs du secteur concerné.

Par ailleurs, il arrive aussi que l'introduction d'une machinerie plus automatisée soit rendue nécessaire à cause d'une pénurie de main-d'oeuvre spécialisée. Une étude réalisée par d'Amboise et Gasse (1982) sur les difficultés managériales des PME, fait ressortir clairement que le manque de main-d'oeuvre spécialisée est le problème le plus crucial rencontré par les dirigeants de PME manufacturières. Par conséquent, l'automatisation et la robotisation peuvent devenir des solutions intéressantes.

Un deuxième problème révélé par cette étude concerne la disponibilité, le prix et la qualité de la matière première. Dans certains cas, une nouvelle technologie faisant appel à des procédés de production différents et à des matériaux de substitution plus accessibles rendrait une entreprise plus efficace. Évidemment, la désuétude de l'équipement d'une entreprise constitue également un facteur incitant au renouvellement technologique.

Il ne faut pas oublier non plus le style de gestion du dirigeant qui aura une influence importante dans les choix d'investissement.

11.2 LA RECHERCHE ET L'IDENTIFICATION DE NOUVELLES TECHNOLOGIES

Les différents éléments qui font prendre conscience au propriétaire dirigeant de la nécessité d'effectuer un changement technologique le dirigent généralement vers une démarche plus concrète de la réalisation d'un tel projet. Une fois les besoins définis, un processus de recherche s'enclenche vers l'identification précise d'un ensemble de technologies potentiellement utilisables par l'entreprise. Dans l'initiation de cette démarche, l'entrepreneur ou le dirigeant joue un rôle primordial dans la mesure où ce qu'il est comme personne a un impact important sur le type de démarche entreprise et les décisions prises. C'est dire jusqu'à quel point ce processus revêt un caractère subjectif. En effet, au cours des années, le dirigeant a pris des habitudes, développé des méthodes et des pratiques auxquelles il peut se raccrocher parce qu'elles ont pendant longtemps assuré le succès de l'entreprise. Ainsi, seule une grande ouverture d'esprit lui permettra d'arriver à transcender les schèmes traditionnels, à faire abstraction de biais parfois trop conservateurs et à juger les propositions avec des critères plus rationnels et pertinents.

Les sources possibles

Les sources d'information concernant le choix d'une technologie appropriée, sont multiples et variées. L'environnement d'affaires immédiat constitue la première source d'information pour l'entrepreneur. Tout d'abord, les programmes d'aide gouvernementaux qui visent à promouvoir l'innovation technologique sont de plus en plus nombreux. Certains d'entre eux proposent une aide financière ou professionnelle, tandis que d'autres concentrent plutôt leurs efforts sur l'appui technique. Dans certains cas, il peuvent même contribuer à la formation de la main-d'oeuvre spécialisée appelée à travailler avec la nouvelle technologie. À titre d'exemple, on peut citer les organismes d'aide suivants:

- Bureau fédéral de développement régional
- Société de développement industriel du Québec (SDI)
- Office canadien pour un renouveau industriel (OCRI)
- Conseil national de recherches Canada (CNRC)
- Ministère de la Science et de la Technologie du Québec (MST)
- Conseil de recherche en sciences naturelles et en génie du Canada
- Ministère du Revenu (au Québec et au Canada)
- Centre de recherche industrielle du Québec (CRIQ)
- Centre d'innovation industrielle de Montréal (CIIM).

Malheureusement, il semble que les PME recourent peu aux programmes gouvernementaux. Les motifs les plus souvent évoqués semblent converger vers un désintérêt ou un manque de confiance des entrepreneurs face à l'appareil gouvernemental et paragouvernemental. Dans bien des cas, ils ont la perception que les démarches pour recourir à ces programmes sont complexes, demandent de l'énergie en temps et en ressources humaines et que l'information n'est pas toujours facilement accessible pour les entreprises de petite taille.

Par contre, il semble que cette situation commence à se modifier. Alors qu'auparavant l'État misait majoritairement sur l'apport des grosses entreprises pour assurer le développement économique, et par conséquent, interpellait plus facilement ces dernières dans ses offres de services et de développement, on constate depuis quelques années un changement majeur dans cette attitude. Au Québec, on parle maintenant de plus en plus de l'importance de l'entrepreneurship comme source de richesse et d'emplois. La PME se trouve maintenant au coeur du développement social et économique. D'ailleurs, ce sont les PME qui ont créé au Québec le plus grand pourcentage de nouveaux emplois au cours des cinq dernières années.

Le recours à une expertise extérieure à l'entreprise constitue également une autre source importante d'information dans un processus de changement technologique. De plus en plus de firmes de consultants aident et supportent les entreprises à cet égard. De tels services peuvent, s'ils sont coûteux pour des entreprises de petite taille, permettent d'éviter de nombreux problèmes occasionnés par des changements technologiques peu ou mal planifiés.

Dans le même ordre d'idées, les foires, salons et expositions commerciales constituent des occasions de prendre contact avec les producteurs et les fournisseurs d'équipement et de se tenir au courant des nouveautés en matière de technologie.

Plusieurs autres sources d'information sont à la portée du propriétaire dirigeant, telles que les associations professionnelles, chambres de commerce et autres groupements du même type. Enfin, il ne faut pas oublier non plus la possibilité d'aller visiter d'autres entreprises ayant déjà procédé à l'intégration d'une technologie envisagée ou d'une technologie connexe.

Le traitement de l'information et le choix d'une technologie

C'est à partir de sa culture et de ses connaissances que le dirigeant d'entreprise se verra en mesure d'identifier les technologies appropriées pour son entreprise, de les évaluer, de voir comment elles peuvent être transférées et de choisir celle qui conviendra le mieux. Quelques techniques simples et certains instruments peuvent évidemment être utilisés pour cette étape mais c'est encore au dirigeant que revient presque toujours la responsabilité d'effectuer le choix final.

Avant d'en arriver à ce choix, le dirigeant doit procéder à l'évaluation des différentes possibilités. À cette évaluation, s'ajoute une analyse du segment de marché (ventes et profits courants, taux de croissance des cinq dernières années, profil des concurrents, technologie habituellement utilisée, ses forces et ses faiblesses, et enfin, occasions d'affaires), ainsi que le calcul des probabilités de succès commercial.

Après avoir envisagé les différents scénarios possibles, le dirigeant doit faire un choix en tenant compte du niveau technologique de son entreprise et de son stade de développement afin de viser la meilleure intégration possible. En effet, il serait illusoire de croire qu'une entreprise pourrait rapidement passer de techniques nouvelles utilisées au stade artisanal à des pratiques technologiques avancées et à la fine pointe des innovations dans le secteur. Il y a généralement toute une progression à respecter dans le processus de changement.

Les caractéristiques organisationnelles

Pour effectuer un choix final de nouvelle technologie, il est fondamental que le propriétaire dirigeant connaisse très précisément ses possibilités de financement interne et externe. Selon des études effectuées aux États-Unis (1980), il en coûterait en moyenne entre 200 000 $ et 500 000 $ US pour l'introduction d'une nouvelle technologie. Les coûts sont engagés à trois stades: les études de faisabilité, le développement et l'adaptation et l'implantation. Les études de faisabilité ne représentent qu'une faible part des dépenses; c'est surtout au niveau du développement, de l'adaptation et de l'implantation que les coûts sont élevés et c'est justement à ces stades que les évaluations sont difficiles à faire.

Une autre dimension cruciale, particulièrement pour la PME, réside dans la problématique entourant le recrutement et le développement d'une main-d'oeuvre qualifiée pour l'introduction d'une nouvelle technologie. À cause de leur taille et de leurs contraintes, les PME rencontrent beaucoup de difficultés à recruter et à garder la main-d'oeuvre spécialisée. Généralement peu structurées et moins bien nanties que les plus grandes entreprises sur le plan financier, elles disposent rarement de programmes spécialement conçus pour entraîner et développer leur personnel elles-mêmes. Les grandes entreprises peuvent mettre sur pied leurs propres centres de formation, mais les PME doivent compter sur la formation dispensée par les systèmes d'enseignement déjà établis. Encore là, les changements en matière de technologie sont tellement rapides que les systèmes publics n'arrivent pas nécessairement à former les individus pour les besoins de la PME.

Enfin, il importe de réaliser que la structure d'une entreprise, déterminée en grande partie par sa taille et la technologie employée, peut constituer un frein majeur à l'introduction de changements technologiques si elle est trop rigide, formalisée ou encore complètement inexistante. Aux changements technologiques, doivent correspondre certains changements dans les pratiques et techniques de management.

316

Il existe un parallèle très apparent entre les changements managériaux nécessaires pour la croissance et ceux reliés aux changements technologiques. Les changements exigés peuvent se situer au-delà des capacités de l'équipe en place. Selon Pietchinis (1980), la situation est encore plus délicate lorsque l'entreprise doit transiger avec un syndicat qui n'est pas convaincu de la nécessité d'un changement technologique ou avec une législation contraignante. Dans de telles conditions, toute l'expertise et la force de l'équipe managériales doivent être mises à contribution.

Les caractéristiques des mécanismes de transfert

L'étude de faisabilité doit également se préoccuper des éléments relatifs aux mécanismes de transfert eux-mêmes. Les éléments les plus significatifs à ce titre sont les coûts impliqués, le niveau de dépendance, le potentiel de développement, l'expertise et l'assistance disponible ainsi que les exigences légales diverses. La structure des coûts reliés aux transferts réfère principalement aux déboursés initiaux, aux redevances, au plan de financement ainsi qu'aux frais incidents.

Il est rare qu'un transfert de technologie n'entraîne pas une certaine forme de dépendance. Une entreprise complètement dépendante d'un fournisseur peut difficilement viser l'autonomie technologique à moyen ou long terme, condition cependant essentielle d'un bon leadership.

Les possibilités de développement de la technologie envisagée sont également très étroitement reliées à la dimension qui précède. Si celle-ci ne permet pas d'améliorations et de raffinements subséquents, elle vient constituer une limite de plus à la spécificité et à l'autonomie technologique de l'entreprise.

11.3 L'IMPLANTATION DES CHANGEMENTS TECHNOLOGIQUES

L'adoption d'une nouvelle technologie engendre la résistance au changement. Certaines entreprises qui ont voulu instaurer des changements technologiques sans impliquer les employés concernés ont dû faire face à des problèmes majeurs tels des grèves, des confrontations ou des démissions en bloc d'employés. Plusieurs recherches recommandent donc d'impliquer les employés (Archier et Sérieyx, 1984) dès le départ dans tout mouvement de l'entreprise vers des changements majeurs. Selon Dépatie (1982), l'information et la consultation du personnel, dès la phase de conception du changement, permet de vaincre les résistances aux changements tout en s'assurant de l'expertise provenant de l'expérience pratique des travailleurs. La gestion participative du changement est maintenant reconnue comme une nécessité et démontre bien que certains modes de gestion sont plus enclins que d'autres à favoriser le succès d'expériences innovatrices.

Selon Schroede (1989), une préparation «interne» est nécessaire. Elle implique qu'il y ait correspondance entre les procédures d'opération de l'entreprise et les aptitudes de son personnel. Car une nouvelle technologie ne requiert pas seulement de nouvelles aptitudes mais elle nécessite aussi qu'il y ait, par exemple, une équipe d'ingénieurs efficaces et entraînés, capable de tirer avantage de la nouvelle installation. D'ailleurs selon Mascolo (1985), une entreprise doit absolument passer à un mode de direction centralisée si elle veut réussir à innover.

L'acquisition et l'introduction

Une fois que l'entreprise a fait un choix par rapport à une technologie en particulier et qu'elle a planifié son acquisition, il s'agit d'entreprendre les démarches reliées au processus d'acquisition comme tel. Les fournisseurs constituent souvent la première source d'information pour le dirigeant. Il n'est donc pas rare qu'à cette étape ce dernier ait déjà fait son choix par rapport au fournisseur qu'il privilégiera. Si tel n'est pas le cas, l'établissement de critères de choix est recommandé surtout dans les situations où plusieurs fournisseurs sont disponibles pour le même type d'équipement.

En effet, les PME ont besoin d'aide au moment de l'introduction d'une nouvelle technologie; elles doivent obtenir à la fois des conseils adaptés à leur situation ainsi que le soutien temporaire d'experts.

Une telle collaboration est possible entre le monde des affaires et les universités. Plusieurs fournisseurs offrent également certains services spécialisés de formation pour le personnel appelé à travailler sur les nouvelles machines. Dans les deux cas, il est important de considérer la validité des offres de services. S'agit-il véritablement d'un entraînement susceptible d'amener les employés à utiliser l'équipement ou simplement d'interventions de dépannage dans des situations plus complexes? La PME a généralement des ressources humaines et financières limitées et doit, par conséquent, analyser ces aspects puisqu'ils risquent d'entraîner des coûts supplémentaires considérables.

Évidemment, d'autres critères peuvent être importants pour le décideur. À titre d'exemple, si un propriétaire dirigeant transige avec une firme américaine et que toutes les communications doivent se faire en anglais, ce dernier choisira peut-être d'opter pour un fournisseur européen, de langue française, avec lequel ses employés pourront communiquer plus facilement. Il serait toutefois impossible d'établir une liste exhaustive de critères à considérer. C'est toujours une question de jugement et de préférences qui s'appuie sur les contraintes situationnelles de l'entreprise et ses caractéristiques.

Même lorsque la décision d'acquisition semble bien arrêtée, plusieurs autres problèmes peuvent se présenter. Par exemple, des délais de livraison imprévus, des arrangements financiers plus compliqués ou encore certains malentendus sur divers aspects reliés au projet. Comme le soulignent Moeller et Pesonen (1981), l'acquisition d'une technologie n'est pas une affaire de routine et il faut y investir beaucoup de temps et d'énergie.

Quant à l'introduction de la technologie comme telle, il faut souligner la prudence avec laquelle elle doit être menée. Dans tous les cas où c'est possible, une introduction graduelle et progressive est souhaitable. Même si les employés ont été préparés au changement, la résistance, la contestation et le sabotage demeurent toujours des problèmes qu'il vaut mieux envisager. Une période d'apprentissage doit toujours être prévue et au-delà des habiletés techniques, cet apprentissage doit permettre aux employés d'intégrer de nouvelles façons d'aborder leur travail.

Quant à l'équipe managériale en place, l'introduction d'une nouvelle technologie exige beaucoup de coordination et de supervision. Les managers ont intérêt à rester constamment en contact avec leurs fournisseurs et les utilisateurs directs de la technologie, afin de mieux la comprendre et donc de mieux la gérer. Ils apprendront ainsi progressivement à anticiper les changements qu'elle devra subir et seront à même de coordonner tout le processus de modification ou d'amélioration. Toutes les ressources disponibles de l'entreprise doivent être mises à profit. Toutefois, l'ampleur des efforts à déployer à cette étape dépend avant tout du degré de préparation antérieure et de l'importance du changement technologique à effectuer.

L'adaptation et l'implantation

Il est rare qu'un changement technologique n'exige pas plusieurs ajustements, modifications et adaptations. Dans le cas des transferts de technologie «clé en main», ces adaptations sont principalement effectuées par le fournisseur, aux frais de l'acheteur. Cependant, l'adaptation étant non seulement technologique mais aussi attitudinale, les changements de mentalité et de pratiques se font rarement rapidement et sans heurts. Il faut prévoir des délais et des coûts ainsi qu'une baisse de productivité momentanée.

319

L'implantation est la phase de mise en marche et de rodage de la nouvelle technologie. Des ajustements peuvent encore s'imposer mais la planification devrait avoir permis de les anticiper et de s'y adapter. L'apprentissage et l'assimilation sont probablement les aspects majeurs de cette phase. Un temps précieux peut être gagné s'il est possible d'initier les employés avant l'arrivée de la nouvelle technologie.

11.4 LES IMPACTS ET LES INFLUENCES DE LA MODERNISATION

Un changement technologique approprié, pertinent, et surtout, soigneusement analysé et planifié, ne peut qu'avoir pour effet à long terme l'augmentation de la productivité de l'entreprise. Assez souvent, les premiers résultats déçoivent parce qu'ils sont loin d'être à la mesure des attentes. Des délais, problèmes et coûts imprévisibles peuvent ralentir le processus d'augmentation de l'efficience de l'entreprise. Cependant, au fur et à mesure que la période d'apprentissage initiale diminue, on commence à constater les premiers effets internes bénéfiques à l'entreprise. Lorsque l'implantation technologique s'accompagne d'un effort managérial et organisationnel intense, surtout en ce qui concerne le contrôle, la coordination et l'ordonnancement, les résultats sont plus rapides. L'impact dépend principalement de la stratégie employée par l'entreprise et se répercute surtout sur l'environnement externe immédiat de l'organisation.

Modifier la technologie, c'est beaucoup plus qu'acquérir de nouvelles machines; c'est entraîner l'entreprise dans de nouvelles façons d'aborder à la fois sa gestion et ses procédés techniques. Dans certains cas, l'impact final est difficile à mesurer car un changement n'arrive jamais seul; il en entraîne toujours d'autres. Même si en principe, la nouvelle technologie devrait augmenter la productivité et la compétitivité de l'entreprise, l'impact final peut être contraire à celui anticipé. À titre d'exemple, il peut arriver que l'introduction d'une technologie plus puissante augmente tellement la productivité d'une entreprise qu'il lui est impossible d'écouler toute la marchandise traitée ou fabriquée. Face à cet excédent, l'entreprise doit diminuer sa production et diminue de beaucoup son efficience.

En contexte de croissance ou d'expansion, le changement technologique peut devenir un impératif pour une entreprise manufacturière oeuvrant dans des secteurs fortement concurrencés. Le dirigeant d'entreprise doit toujours être à l'affût des découvertes technologiques des grands centres de recherche et des innovations proposées par les grandes entreprises, de façon à s'assurer que son entreprise n'est pas la dernière à adopter les technologies plus perfectionnées. Bref, il ne faut pas se laisser surprendre par le changement, mais au contraire, pouvoir l'anticiper, l'explorer et bien le planifier.

QUESTIONS

1. Décrivez de façon globale l'origine de la plupart des innovations technologiques et expliquez-en les motifs.

2. Quels sont les principaux mécanismes de diffusion en matière de changements technologiques?

3. Parmi les facteurs déclencheurs de la décision d'adopter une nouvelle technologie, lequel vous semble le plus important et pourquoi?

4. Expliquez en quoi le secteur industriel dans lequel oeuvre l'entreprise peut influencer sa décision d'améliorer sa technologie.

5. «Les facteurs déclencheurs de changements technologiques sont également très souvent de nature organisationnelle.» Commentez cette affirmation.

6. Enumérez les sources les plus importantes d'information accessibles au dirigeant de PME soucieux d'améliorer la technologie de son entreprise.

7. Comment décrivez-vous le rôle actuel des fournisseurs dans le processus d'adoption des nouvelles technologies par les PME?

8. En quoi la culture technique du dirigeant de PME influence-t-elle celle de l'entreprise et quel impact a-t-elle sur les pratiques technologiques privilégiées?

9. Sur quels éléments majeurs devrait se baser le choix final d'une technologie particulière?

10. Commentez l'affirmation suivante: «La structure d'une entreprise, déterminée en grande partie par la taille et la technologie principale, peut constituer un frein majeur à l'introduction de changements technologiques».

11. Le changement technologique exige des mesures spécifiques en développement organisationnel pour les employés. Expliquez pourquoi, en ayant soin de décrire la nature globale du changement véritablement entraîné.

12. Énumérez quelques critères importants pour procéder au choix d'une technologie et d'un fournisseur.

13. Résumez les problèmes susceptibles de se présenter lors du processus d'introduction d'une nouvelle technologie.

14. Quel lien majeur faites-vous entre le style de gestion en vigueur dans une entreprise et son aptitude à envisager des changements technologiques?

Cas

BEAUDRY ÉQUIPEMENTS INC.

Depuis une trentaine d'années, l'atelier de fabrication et de services en mécanique Beaudry Équipements Inc. s'est taillé une solide réputation dans son secteur d'activités. Deux frères, Raymond et Marcel se partagent la propriété et la gestion de cette entreprise qui emploie une centaine de personnes dont la majorité sont des ouvriers spécialisés. Raymond est ingénieur en mécanique et il gère principalement l'activité production et technique dans l'entreprise. Marcel, pour sa part, a complété des études commerciales il y a une vingtaine d'années et il est responsable de la gestion financière de l'entreprise en même temps qu'il supervise et coordonne l'ensemble des mesures entourant le personnel. Il y a 10 ans, l'entreprise s'est associée la collaboration de Jules Lemay à qui l'on a confié la fonction marketing. M. Lemay s'occupe principalement de la commercialisation et de la distribution des produits fabriqués et usinés par l'entreprise.

La politique de Beaudry Équipement se résume ainsi: la conception et la fabrication se font à partir d'une technologie de pointe qui permet d'offrir à la clientèle un service extrêmement personnalisé. L'entreprise se fait un devoir de tenter de répondre à tous les problèmes soulevés par les clients. Cette façon de fonctionner assure une grosse clientèle à l'entreprise mais elle apporte en même temps d'énormes problèmes de planification, de budgétisation et de financement. Depuis longtemps, l'entreprise songe à systématiser cette fonction mais elle craint de diminuer considérablement la qualité du service à laquelle est habituée la clientèle de l'entreprise.

Les activités de l'entreprise

Les activités de Beaudry Équipements se répartissent entre plusieurs marchés dont les principaux sont le secteur minier, l'industrie du meuble, les services publics et le secteur de l'équipement lourd. Dans ces secteurs, sa réputation est solide et basée surtout sur l'innovation qui est son image de marque. Depuis 1983, l'entreprise exporte d'ailleurs près du tiers de sa production aux États-Unis ainsi qu'en Afrique. Environ la moitié du chiffre d'affaires est réalisé au Québec et ce qui reste se répartit dans les autres provinces canadiennes, plus particulièrement l'Ontario et la Colombie-Britannique. Évidemment, oeuvrer dans autant de secteurs fort différents les uns des autres entraîne des exigences d'adaptation et des coûts de développement fort élevés pour l'entreprise.

L'activité recherche et développement n'occupe cependant pas une place distincte et formelle dans l'organigramme de l'entreprise, même si dans la réalité elle constitue une des forces majeures de l'entreprise. Aucun employé n'est spécifiquement affecté à cette fonction et ses coûts sont assimilés à travers les frais d'exploitation réguliers de l'entreprise. Les contrats plus traditionnels sont vus comme sources de financement pour les projets plus risqués.

De façon à trouver de nouvelles idées, Raymond et Marcel Beaudry voyagent beaucoup à l'extérieur, soit pour visiter des usines ou assister à des foires commerciales ou des expositions spécialisées. Lorsqu'une nouvelle idée semble intéressante, elle est évaluée, analysée et développée par l'entreprise. Par la suite, le produit est proposé à des entreprises pour en faire l'essai au prix coûtant. Cette façon de faire semble fructueuse mais elle est également très coûteuse. En effet, la fabrication d'un prototype exige beaucoup de temps et d'investissement financier, amène de nombreux ajustements et de multiples vérifications même lorsque que l'équipement est installé chez le client.

La problématique actuelle

Il y a trois ans, Beaudry Équipements commençait déjà à pressentir le besoin d'introduire une nouvelle machine de façon à améliorer ses procédés. D'ailleurs, une comparaison de l'efficience de l'entreprise avec d'autres du même secteur laissait entrevoir un certain retard face aux compétiteurs. La productivité moyenne des usines de même type avait doublé depuis quelques années ce qui n'était pas le cas pour Beaudry Équipements. De plus, plusieurs compétiteurs de l'entreprise avaient, à cette époque, commencé à faire l'acquisition de nouvelles machines permettant d'augmenter la qualité de leurs produits tout en réduisant les coûts. Les coûts de Beaudry Équipements sont d'ailleurs sensiblement plus élevés que ceux de la concurrence et les dirigeants craignent que certains clients ne décident de délaisser l'entreprise même s'ils sont satisfaits de la qualité et du service personnalisé qu'ils y trouvent.

Il y a dix-huit mois, l'entreprise décida d'analyser la possibilité de faire l'acquisition d'un tour numérique. La plupart des fournisseurs pour ce type d'équipement se trouvant aux États-Unis, Raymond Beaudry décida de s'y rendre en compagnie de deux opérateurs pour examiner plus à fond le fonctionnement et les possibilités de cette nouvelle machine. L'opérateur désigné devait non seulement être capable de faire fonctionner le tour, mais également le programmer.

Par ailleurs, l'utilisation de l'équipement est soumis à un ensemble de conditions environnementales spécifiques et exige des compétences particulières. Cependant, la nouvelle machine peut accomplir diverses tâches sur une même pièce et ce, avec une rapidité et une précision qu'un ouvrier ne peut égaler.

Après avoir analysé globalement les avantages et inconvénients d'un tel équipement, l'entreprise décide de procéder à l'acquisition de cette nouvelle machine.

La machine est en place dans l'entreprise depuis près d'un an. Évidemment, on avait prévu qu'il y aurait des difficultés d'adaptation et de transition pour l'ensemble des utilisateurs. On a cependant gravement sous-estimé la période d'ajustement nécessaire. Alors qu'on l'avait estimée à deux ou trois mois, de nombreux événements sont venus contribuer à son prolongement. Pendant les premières semaines d'utilisation, l'équipement a souvent été en panne et les employés ne savaient comment y remédier. Chaque fois, il fallait attendre que le fournisseur envoie un représentant et, à plusieurs reprises, l'équipement est resté inutilisé pendant plusieurs jours. Cette situation a amené des retards considérables dans les commandes prévues et bon nombre de clients sont fort mécontents des délais imposés dans la livraison.

Les employés, pour leur part, s'adaptent très difficilement à la nouvelle machine devant laquelle ils se sentent souvent impuissants. Les pannes fréquentes ont miné leur confiance. Les quelques opérateurs capables de manoeuvrer efficacement l'équipment sont devenus indispensables et ils sont surchargés et très fatigués. Les autres sont peu motivés à faire l'apprentissage nécessaire constatant les problèmes vécus par ceux qui sont déjà impliqués.

La situation est critique car actuellement le tour numérique n'est utilisé qu'à 20% du temps. L'investissement financier est important et il semble que l'opération soit loin d'être rentable. De plus, la collaboration des employés semble de plus en plus difficile à obtenir. Une réunion spéciale du conseil d'administration a été prévue pour étudier le problème. La question est claire. On est déçu des résultats obtenus et on se demande si l'innovation était effectivement pertinente. On songe même à la possibilité de retourner l'équipement chez le fournisseur dans l'état de New York.

COMMENTEZ LA SITUATION.

BIBLIOGRAPHIE

Agence Science-Presse, «L'automation des PME», *Québec Science*, vol. 26, no. 10, juin 1988, pp. 17-18.

Archier, G. et H. Sérieyx, *L'entreprise du 3e type*, Paris, Seuil, 1984.

Buxacott, V.A., et al., «Scale in Production Systems», Australie, *International Institute for Applied Systems Analysis*, Pergamon Press, 1982.

Carson, R.L., «The Right Size: An Organizational Dilemna», *Management Review*, vol. 67, no. 4, avril 1978, pp. 24-39.

Crookell, H., *The Transmission of Technology Accross National Boundaries*, Ottawa, Ministère de l'Industrie et du Commerce, Direction de la Technologie, 1973.

d'Amboise, G. et Y. Gasse, «Les défis administratifs et quotidiens dans les PME», *Revue Commerce*, vol. 84, no. 5, mai 1988, pp. 50-68.

Deeks, J., *The Small Firm Owner Manager : Entrepreneurial Behavior and Management Practice*, New York, Praeger Publishers, 1976.

Dépatie, S., *Automatisation: stratégie d'implantation et d'amélioration, Évolution de la vie au travail et efficacité des organisations: quelques expériences concrètes*, Rimouski, Actes du colloque UQAR, 1982, p. 57.

Gasse, Y., «L'adoption des nouvelles technologies: un défi majeur pour la PME», *Gestion*, 1983.

Julien, P.A., G. Mathews et J.C. Thibodeau, *Les nouvelles technologies et l'emploi au Québec*, Laboratoire en économie et gestion des systèmes de petite dimension, Université du Québec à Trois-Rivières, 1983.

Lamoureux, D., *L'introduction des technologies nouvelles dans l'entreprise: facteurs et conséquences*, Montréal, I.N.P., 1983.

Mascolo, D., «L'innovation dans les petites et moyennes entreprises manufacturières au Québec», *L'ingénieur*, janvier/février 1985, pp. 25-29.

Meredith, J., «The Strategic Advantages of New Manufacturing Technologies for Small Firms», *Strategic Management Journal*, vol. 8, no. 3, 1987, pp. 249-258.

Merrifield, D.B., «Industrial Survival via Management Technology», *Manual of Business Venturing*, 1988, pp. 171-185.

Moeller, K.E.K. et P. Pesonen, «Small Business Purchasing of Capital Equipment», *Marketing Management*, vol. 10, no. 4, octobre 1981, pp. 265-271.

OCDE, *L'innovation dans les petites et moyennes entreprise*, Direction de la Science, de la Technologie et de l'Industrie, Paris, 1980.

Pietchinis, S.G., *The Attitude of Trade Unions Towards Technological Changes*, Ottawa, Ministère de l'Industrie et du Commerce, Direction de la Technologie, 1980.

Schroede, D.M., C. Gopinath et S.W. Congden, «New Technology and the Small Manufacturer: Panacea or Plague?», *Journal of Small Business Management*, juillet 1989, pp. 1-10.

Staughton, R.V.W., M.A. Knight et A. Younger, «Assisting Small Manufacturing Technology», *International Journal of Operations & Production Management*, vol. 6, no. 5, 1986, pp. 38-43.

Vallée, G., *Les changements technologiques et le travail au Québec: un état de situation*, Service de la recherche de la Commission de consultation sur le travail, Direction générale des publications gouvernementales, Gouvernement du Québec, 1986.

— «L'aide à l'innovation industrielle», *Revue Productividées*, vol. 5, no. 4, octobre-novembre 1984, pp. 6-7.

— «Les nouvelles technologies et le travail: Les robots ne remplacent pas tout», *Le Soleil*, 17 octobre 1987.

CHAPITRE 12

L'INTRAPRENEURSHIP:
PROMOUVOIR LES CHAMPIONS

Nous avons beaucoup insisté dans les chapitres précédents sur l'importance de la transformation radicale des attitudes, des rôles et des pratiques du dirigeant d'une entreprise qui passe à travers différents stades d'évolution. La plupart des thèmes qui ont été abordés jusqu'à maintenant ont donc concerné l'adaptation du style de l'entrepreneur aux différentes étapes de la croissance d'une entreprise.

Par contre, il est important de spécifier que l'entrepreneurship joue un rôle essentiel bien au-delà de la phase de création initiale.

L'esprit d'entreprise que le dirigeant a réussi à insuffler à son projet dès le départ et qui a fait sa force ne doit pas être atténué par les nouvelles préoccupations managériales qu'entraîne l'expansion. Une telle affirmation peut sembler contradictoire car bon nombre de chercheurs soulignent le fait qu'il est très rare de retrouver chez la même personne des habiletés entrepreneuriales et managériales. Comme l'écrit Toulouse (1988),

> «Au delà des qualifications, on semble distinguer deux sous-groupes différents: les entrepreneurs qui continuent de gérer l'entreprise qu'ils ont créée et les autres, ceux qu'on appelle communément les gestionnaires. Cette distinction est poussée tellement loin que l'on affirme

que l'entrepreneur ne peut pas être un gestionnaire et que le gestionnaire ne peut pas être un entrepreneur. La distinction ne résiste cependant pas à l'observation, car le nombre de gestionnaires qui ont quitté une entreprise pour créer leur propre affaire est impressionnant et que les gestionnaires qui ont développé des projets d'entrepreneurship à l'intérieur de leur entreprise sont nombreux.»

Ce chapitre délaisse donc les aspects relatifs à une plus grande rationalisation de la gestion pour ramener le dirigeant de PME à l'essentiel, c'est-à-dire à l'esprit d'entrepreneurship. Dans un premier temps, on aborde donc l'entrepreneurship tel qu'il est perçu dans le contexte des plus grandes organisations pour ensuite étudier les adaptations possibles des nouvelles théories au contexte particulier de la PME.

12.1 DE L'ENTREPRENEUR À L'INTRAPRENEUR

On a déjà parlé au début de cet ouvrage, de la nature et de l'importance de l'entrepreneur en ce qui concerne la création et la mise sur pied d'une nouvelle entreprise. On a ainsi défini l'entrepreneur comme une personne présentant généralement un certain nombre de caractéristiques psychologiques et comportementales. En effet, au-delà des qualités qu'il possède, c'est ce que l'entrepreneur fait ou crée qui lui confère son identité.

Le terme «intrapreneur» est beaucoup plus récent . C'est probablement Pinchot (1986) qui a contribué le premier à sa popularité. Pour lui, l'intrapreneur est *«tout rêveur qui agit. Ceux qui assument la responsabilité concrète de mener à bien l'innovation quelle qu'elle soit au sein d'une entreprise. L'intrapreneur peut être un créateur ou un inventeur mais demeure toujours un rêveur qui imagine comment transformer une idée en activité rentable.»*

Comme l'objectif de ce chapitre n'est pas de lancer un débat sur les différentes façons d'aborder ou de définir le terme «intrapreneur», nous nous en tiendrons à la définition précédente en faisant remarquer qu'elle présente de nombreux points communs avec celle de l'entrepreneur. La distinction fondamentale réside principalement dans le lieu, le contexte et les conditions dans lesquelles l'action se produit. Pour mieux comprendre les distinctions et les nuances entre les rôles de gestionnaire, d'entrepreneur traditionnel et d'intrapreneur, on peut se référer au tableau 1 qui résume les perceptions de Pinchot à cet égard (dans Lavoie (1988)).

L'intrapreneur représente beaucoup plus qu'une simple source de nouvelles idées pour l'entreprise. Il est aussi et surtout une personne d'action, prête à investir beaucoup d'énergie et d'efforts pour réussir à

TABLEAU 1

Comparaison des profils des intervenants dans l'entreprise innovatrice
Lavoie (1988)

	Gestionnaire traditionnel	Entrepreneur traditionnel	Intrapreneur
Motivation	Motivé par le pouvoir	Motivé par la liberté d'action, automotivé.	Motivé par la liberté d'action et l'accès aux ressources organisationnelles. Automotié mais sensible aux récompenses organisationnelles.
Activités	Délègue son autorité. Le travail de bureau mobilise toutes ses énergies.	Se salit les mains, se mêle du travail des autres.	Peut déléguer mais met les mains à la pâte quand il le faut.
Compétences	Souvent diplômé d'une école de gestion. Possède analyse et savoir-faire politique.	A plus de flair pour les affaires que de compétences managériales ou politiques. A souvent une formation d'ingénieur.	Semblable à l'entrepreneur, mais utilise un certain savoir-faire politique.
Centre d'intérêt	Surtout les événements internes à l'entreprise.	Surtout la technologie et le marché.	Ce qui se passe à l'intérieur comme à l'extérieur de l'entrepri-se. Comprend les besoins du marché.
Erreur et échec	S'efforce d'éviter les erreurs et les surprises.	Considère l'erreur et l'échec comme des occasions d'apprendre quelque chose.	Dissimule les projets risqués afin de ne pas ternir l'image de marque de son entreprise ou unité.
Décisions	Approuve les décisions de ses supérieurs. S'assure de ce que veulent ceux-ci avant d'agir.	Suit une vision personnelle. Prend ses propres décisions et privilégie l'action à la discussion.	Maîtrise l'art de convaincre les autres du bien-fondé de sa vision. Orienté vers l'action mais apte au compromis.
Attitudes vis-à-vis du système	Voit la bureaucratie avec satisfaction; elle protège son statut et ses pouvoirs.	Si le système ne le satisfait pas, il le rejette pour constituer le sien.	S'accommode du système ou le court-circuite sans le quitter.
Relations avec les autres	Fonctionne avec la hiérarchie comme principe de base.	Les transactions et la négociation sont ses principaux modes de relation.	Les transactions sociales se font dans le respect des contraintes hiérarchiques.

réaliser une idée ou un projet. À l'image de l'entrepreneur, l'intrapreneur est un visionnaire capable de déceler des opportunités là où bien d'autres échoueraient. L'intrapreneur et l'entrepreneur ont aussi en commun le besoin de s'engager à fond pour améliorer au maximum le succès de l'entreprise (Luchsinger et Bagby, 1987).

Pour mieux comprendre certains comportements typiques de l'intrapreneur, Pinchot (1986) présente

> *«Les dix commandements de l'entrepreneur» dont on peut se servir pour tenter de mieux cerner ses façons d'agir: l'intrapreneur semble prêt, chaque jour, à être renvoyé; il contrevient à toute directive destinée à briser son rêve, exécutant n'importe quelle tâche nécessaire reliée à son projet sans tenir compte de sa description de tâche. Il trouve des gens pour l'aider, se laissant guider par son intuition pour ne choisir que les meilleurs. Tant qu'il le peut, il travaille clandestinement pour éviter une publicité susceptible de déclencher des mécanismes de défense dans l'organisation. Il ne mise jamais sur une compétition, à moins d'y participer lui-même. Il préfère demander pardon plutôt qu'une permission. Enfin, il ne perd jamais de vue ses objectifs, trouvant des moyens réalistes pour les atteindre et en ayant soin d'honorer les personnes apportant leur soutien au projet.»*

On pourrait être tenté de croire que la majorité des intrapreneurs sont plutôt jeunes; pourtant la littérature sur le sujet démontre clairement que bon nombre d'entre eux sont à la mi-carrière ou près de la retraite. Il n'existe aucun facteur particulier permettant de prédire qui sera un intrapreneur et qui ne le sera pas. En effet, le désir seul ne suffit pas et c'est la présence de circonstances favorables ou d'occasions qui peuvent pousser l'individu à vouloir agir concrètement pour transformer un nouveau concept en réalité.

Enfin, l'intrapreneur ne doit pas être confondu avec l'inventeur. Selon Chambeau et Mackenzie (1986), les intrapreneurs sont des gens actifs dont la vision et l'objectif final englobent la mise en place d'un nouveau processus de fabrication, ou d'une mise en marché d'un service nouveau. Comme l'affirment Burgelman et Sayles (1987),

> *«la création d'une opportunité nouvelle dépasse le niveau de l'invention. L'innovation exige la combinaison de possibilités du marché avec une technologie inventive et de nouvelles connaissances techniques. il y faut beaucoup de compétences et la prise de décision n'est pas facile. Imaginons, par exemple, une nouvelle matière plastique qui puisse être utilisée pour d'innombrables produits nouveaux. Il subsiste tant d'inconnus quant aux possibilités de comprendre, de modifier, de contrôler, et même de produire en série dans de bonnes conditions économiques une découverte de laboratoire, que le choix des applications commerciales d'une nouveauté est très problématique.»*

L'inventeur imagine de nouvelles choses sans nécessairement être capable d'en gérer les applications. L'intrapreneur est rarement un grand penseur ou un intellectuel. Avant tout, il s'agit d'une personne pragmatique qui pourra mettre en application des idées parfois prises ailleurs. Cette caractéristique est commune à l'intrapreneur et à l'entrepreneur; tous deux ont la capacité de gérer une innovation et de mobiliser les ressources nécessaires pour les projets qui en valent la peine.

Notons enfin que la seule différence significative entre l'intrapreneur et l'entrepreneur réside dans l'environnement où ils fonctionnent. L'entrepreneur a construit son propre système et a donc davantage de contrôle sur son environnement. L'intrapreneur, quant à lui, opère à l'intérieur d'un système dont il n'est pas maître et où il lui faudra trouver les supports nécessaires pour lui permettre d'évoluer.

12.2 L'INTRAPRENEURSHIP COMME FACTEUR DE RÉUSSITE DES ENTREPRISES PERFORMANTES

Bon nombre des entreprises performantes réalisent la nécessité de stimuler et supporter l'intrapreneurship. Selon Norburn et Manning (1988), il s'agit d'une conception nouvelle du management de la grande entreprise qui tente de répondre à deux impératifs propres au contexte actuel du monde des affaires.

Le premier, d'ordre économique, repose sur un besoin d'innovation permanent. Ce thème de l'innovation et des pratiques qu'il doit engendrer est d'ailleurs abordé plus spécifiquement dans le chapitre qui suit. Foster (1986) identifie quatre facteurs majeurs susceptibles d'expliquer l'absence d'innovation au sein de la grande entreprise: la lenteur des tests pour les nouvelles applications, l'utilisation de méthodes de recherche conceptuelles plutôt qu'appliquées, l'usage abusif d'outils de planification trop lourds et trop sophistiqués, et un goût trop prononcé pour les grands projets. Les entreprises innovatrices ont, pour leur part, déjà adapté leurs pratiques managériales pour empêcher que les nouvelles idées soient «étouffées dans l'oeuf». Ces entreprises ont réalisé l'importance de l'apport d'individus motivés et assez enthousiastes pour confronter l'ordre établi, contourner les règles et les obstacles et persévérer jusqu'au bout pour mener à terme de nouveaux concepts et/ou projets dans l'entreprise.

«Une nouvelle idée valable peut circuler sans être utilisée dans une entreprise pendant des années, non parce qu'on ne reconnaît pas ses mérites mais parce que personne n'assume la responsabilité de passer de la théorie à la pratique. Les gens à idées ne cessent de mitrailler tout le monde de propositions et de mémoires qui sont assez concis pour attirer

l'attention, pour intriguer et soutenir l'intérêt – mais trop courts pour comporter des suggestions de mise en oeuvre sérieuses. Ceux qui ont le savoir-faire, l'énergie, l'audace et la persévérance nécessaires pour mettre ces idées en pratique sont rares. Dans la mesure où l'entreprise est une institution qui va de l'avant, la créativité non suivie d'effets est une forme de comportement stérile, qui frise l'irresponsabilité» (Peters et Waterman, 1983).

Le deuxième impératif est lié à l'évolution des individus dans l'organisation. Il semble en effet qu'il y ait de moins en moins de gens qui soient prêts à adopter les systèmes de valeurs et de règles mis sur pied par les très grandes entreprises. Lorsque celles-ci ne leur permettent plus d'exploiter leur potentiel, ces personnes décident carrément de sortir du système et d'aller ailleurs mettre sur pied une autre entreprise cadrant mieux avec leurs aspirations. L'intrapreneur est une personne motivée par le besoin de réalisation et l'entreprise doit lui donner l'occasion de combler ce besoin si elle désire conserver sa participation. Les entreprises réalisent que de plus en plus de personnes travaillent d'abord et avant tout pour elles-mêmes et qu'un contexte et des conditions favorables peuvent réconcilier cette réalité avec le progrès et l'expansion de l'organisation.

L'entreprise optant pour le développement et la promotion de ses intrapreneurs est loin d'être purement altruiste dans cette préoccupation. Bien au contraire, elle réalise qu'elle doit satisfaire ses «champions» si elle ne veut pas voir sortir de ses rangs ses meilleurs éléments en termes d'initiative et de créativité. Dans un message adressé aux directeurs de grande entreprise, Pinchot (1986) lance:

«Si les bonnes idées n'arrivent pas jusqu'à vous, c'est parce qu'elles sont étouffées ou aseptisées avant de vous parvenir. Pire encore, si les bonnes idées des employés ne sont pas mises en oeuvre, ces innovateurs potentiels sont probablement sur le point de vous quitter pour devenir des entrepreneurs, c'est-à-dire pour devenir, dans bien des cas, vos concurrents.»

Le phénomène intrapreneurial, s'il a d'abord pris naissance dans des entreprises américaines, s'est étendu aux entreprises canadiennes et même le Québec suit le mouvement. On mentionne à ce sujet les cas de Culinar, Bell Canada et du Centre de recherche industrielle du Québec (CRIQ) qui ont déjà instauré et amorcé des programmes d'intrapreneurship. De plus, une enquête de Coopers et Lybrand portant sur 105 entreprises canadiennes, indique que 70% des répondants disent avoir entrepris des efforts stratégiques pour encourager l'intrapreneurship pour les 10 années à venir (dans Rule et Irwin, 1988).

Pour conclure, on peut se demander pourquoi l'ensemble des entreprises n'engagent pas plus de gens qui possèdent un profil intrapreneurial (le type du «champion» tel que décrit par Peters et Waterman (1988)) si les plus performantes ont déjà fait la preuve qu'ils sont pourtant les pivots du processus d'innovation? Un des éléments d'explication réside certainement dans le style de travail du «champion» qu'on reconnaît facilement puisqu'il est à l'opposé des principes de gestion de la plupart des grande entreprises. Comme l'explique Quinn (1981), la plupart des entreprises tolèrent difficilement le fanatisme créatif à l'origine des innovations les plus importantes. Souvent, le «champion» apparaît comme odieux, égoïste, et l'irrationalité apparente de son point de vue entre souvent en conflit avec les traditions managériales de l'organisation. Dans de nombreux cas, on ne l'engage pas et si on le fait, il ne reçoit ni promotions ni reconnaissance. Il est malheureusement trop souvent perçu comme un perturbateur car il dérange, questionne et bouscule les acquis de l'entreprise.

12.3 LA PME ET L'INTRAPRENEURSHIP

L'intrapreneurship ayant été défini comme l'acte d'entreprendre à l'intérieur des cadres d'une grande organisation ou entreprise, il pourrait être intéressant de voir comment on pourrait adapter ce concept aux petites et moyennes entreprises. Bien sûr, les moyens et les outils dont se dotent les plus grandes entreprises pour favoriser l'intrapreneurship sont peu accessibles aux entreprises de plus petite taille. L'important, c'est que le propriétaire dirigeant d'une PME soit conscient qu'il y a sûrement des intrapreneurs dans son entreprise et que son intérêt est de leur permettre de se développer. Selon *Les Affaires* (1989), certains principes de base simples assurent à l'entreprise la promotion de ses intrapreneurs.

Viser le marché

Pour développer l'intrapreneuriat, les dirigeants de société doivent respecter certaines règles de base. Il faut d'abord que cette activité vise le développement d'un marché. L'intrapreneuriat ne signifie pas confier un projet ou responsabiliser des employés pour des activités de la société.

«L'intrapreneuriat suppose de confier un mandat de création de quasi-entreprise à un ou ou des employés. On parle ici d'un projet duquel découle des produits qui sont destinés à un marché.

«L'intrapreneuriat, ce n'est pas de penser ou de rêver à un produit ou à une nouvelle activité, c'est de le fabriquer et de le lancer sur le marché. Au Québec, beaucoup de compagnies veulent encourager les

---

comportements entrepreneuriaux chez leurs employés, mais peu pratiquent l'intrapreneuriat.»

Vivre avec des idées inhabituelles

Il faut que les cadres des entreprises acceptent et conservent les personnes différentes qui soumettent des idées qui ne cadrent pas toujours avec la stratégie ou les objectifs de l'entreprise.

«Il est facile d'identifier des membres entrepreneurs au sein du personnel. Ce sont ceux qui soumettent des projets auxquels la compagnie n'est pas habituée.

«La première réaction des supérieurs les poussera sûrement à dire que cela ne nous intéresse pas ou qu'on ne connaît pas cela. L'employé risque alors de quitter l'entreprise et de devenir un concurrent de son ex-patron.»

M. Toulouse, professeur agrégé à l'École des Hautes études commerciales et titulaire de la chaire Maclean-Hunter en entrepreneuriat, souligne d'ailleurs que l'erreur commise le plus souvent par les entreprises est de ne pas s'intéresser aux idées des employés. Il explique que les supérieurs devraient demander des explications supplémentaires avant de balayer du revers de la main une idée qui paraît saugrenue ou mal articulée.

«Il y a toujours 100 arguments faciles pour rejeter une idée ou un projet qui ne nous intéresse pas. Mais, il faut être capable de vivre avec de nouvelles idées.

«Les chefs d'entreprises sont tellement habitués de faire les choses de la même façon qu'ils deviennent prisonniers de la procédure. Or la procédure va à l'encontre de l'innovation.

«Dites-vous que derrière bien des projets qui sont qualifiés de caves se profilent parfois des produits qui sont brillants.»

(Les Affaires, janvier 1989).

Un des arguments majeurs pour défendre la possibilité pour la PME d'utiliser ses intrapreneurs réside sûrement dans les avantages reliés à sa taille. Les très grandes entreprises sont dotées de structures généralement lourdes et complexes qui sont en elles-mêmes des ennemis évidents de l'initiative de l'intrapreneur. Celles qui veulent promouvoir l'intrapreneurship simplifient leurs structures. De ce point de vue, l'intrapreneur qui évolue dans une PME n'a pas à à se confronter à de nombreux niveaux hiérarchiques avant de pouvoir faire valoir son point de vue. Bien au contraire, il est tout près du centre de décision et par conséquent, peut plus facilement se faire entendre. Or, comme les grandes organisations ont des systèmes d'analyse et de contrôle qui inhibent l'intrapreneurship, la petite taille des PME est un avantage majeur. En effet, en modifiant leurs anciennes structures pour se rapprocher de celles des PME, les grandes organisations peuvent améliorer la communication, identifier et reconnaître les procédures et gérer les structures pour assurer la continuité des projets.

Nous avons déjà fait mention du danger encouru par les grandes entreprises de voir leurs meilleurs éléments les quitter pour créer leur propre entreprise et devenir des concurrents potentiels ou réels. Pour les petites et moyennes entreprises, les enjeux d'une telle menace sont accentués par sa fragilité et sa dépendance face à la concurrence. Plusieurs grandes entreprises ont peut-être les moyens de supporter de telles pertes, mais rares sont les plus petites entreprises pouvant se payer un tel luxe. L'intrapreneur qui quitte la PME pour aller s'installer tout près de son ex-employeur dispose souvent d'assez d'informations et de contacts avec le marché pour réussir à tirer son épingle du jeu, diminuant du même coup sensiblement les revenus de l'entreprise qui l'a ignoré ou rejeté hors de ses rangs. Il est possible également que l'intrapreneur opte plutôt pour un déplacement vers un concurrent actuel de l'entreprise s'il ne dispose pas des ressources financières nécessaires pour exploiter sa propre affaire. Le danger d'une perte demeure tout aussi important sinon même plus grand encore. L'intrapreneur transporte son expertise et énormément d'informations chez le concurrent qui est prêt à lui donner le support nécessaire pour développer ses initiatives. Aucune PME soucieuse de performance ne peut se permettre le ralentissement que risque d'engendrer une telle situation (Carrier, 1991).

On a souvent parlé du climat d'une «grande famille» souvent typique à la PME.

> «L'entrepreneur doit avoir conscience que la PME permet de créer un lieu de travail nouveau plus propice aux nouvelles aspirations des travailleurs. Il doit donc être attentif à cette nouvelle réalité et veiller à ce que la structure réponde aux besoins de ceux qui se joignent à lui dans l'entreprise. Face aux nouvelles attentes des travailleurs, la PME semble être de nature à répondre à plusieurs de celles-ci» (Fortin, 1986).

12.4 LA TRANSPOSITION DE L'ESSENCE DU CONCEPT ET L'ADAPTATION DES OUTILS ET DES APPROCHES

De la même façon que gérer une petite entreprise ne peut se faire en réduisant simplement les techniques managériales des grandes à une plus petite échelle, gérer l'intraprenariat dans une PME ne peut se faire à partir des mêmes outils.

Comme nous l'avons déjà mentionné, dans un contexte de grande entreprise, l'intrapreneur doit composer avec de nombreuses contraintes:

- des structures hiérarchiques rigides;
- le manque de fonds alloués à l'expérimentation;
- le manque de connaissances sur l'entreprise et les techniques utilisées;
- le manque de temps supplémentaire, au-delà des tâches journalières, etc. (Kuratko et Montagno, 1989).

D'autres problèmes d'ordre «tactique» (les formules de récompense sont presque toutes de type financier, alors que l'argent ne suffit pas à l'intrapreneur dans l'organisation moderne) et d'ordre «stratégique» (les organisations sont réticentes, craintives et elles refusent même parfois un engagement stratégique pour construire et développer la créativité parmi les employés) entravent aussi le développement de l'intrapreneuriat dans la grande entreprise (Duncan, Ginter, Rucks et Jacobs, 1988). Dans une PME, l'intrapreneur risque d'émerger et de se développer plus rapidement mais devra aussi se confronter à des barrières dont la principale est souvent l'attitude du propriétaire dirigeant de l'entreprise. Si des conflits entre deux personnes déterminées sont prévisibles, le propriétaire dirigeant d'une PME en processus d'expansion doit réaliser qu'il a besoin des idées des autres et accepter de changer ses attitudes.

Selon Rule et Irwin (1988), il existe d'ailleurs différentes façons de promouvoir l'intrapreneurhip au sein de l'entreprise:

- Générer des idées: le propriétaire dirigeant doit communiquer l'importance de l'innovation à tous les niveaux de l'organisation.
- Examiner les nouvelles idées: le défi du propriétaire dirigeant est de considérer toutes les idées soumises, de celle semblant la moins importante à la plus prometteuse, et ceci, en rapport avec l'engagement personnel du proposant (la passion qui l'anime) et l'adéquation avec la mission de l'entreprise.
- Supporter les idées: l'octroi de ressources matérielles, de temps et d'argent est nécessaire.
- Encourager la flexibilité: le propriétaire dirigeant doit «déléguer» le pouvoir d'action à l'intrapreneur.
- Récompenser adéquatement: les efforts doivent être reconnus et récompensés à leur juste valeur.
- Encourager le leadership: le propriétaire dirigeant doit s'engager personnellement dans le support, l'encouragement et la compréhension de l'intrapreneur.

336

Qu'on évolue dans le contexte d'une grande entreprise ou dans celui d'une PME, un constat s'impose: les projets soumis par un intrapreneur ou un «champion» doivent être sérieusement évalués en termes de faisabilité, de rentabilité éventuelle et d'impact global sur l'entreprise. Si les environnements d'affaires sont différents, les points fondamentaux sur lesquels s'appuiera l'évaluation seront de nature semblable. Burgelman et Sayles (1987) proposent que cette évaluation soit centrée sur deux aspects majeurs, soit l'importance stratégique du projet et la mesure de sa parenté opérationnelle avec l'entreprise. Le tableau 2 qui s'inspire des propositions de ces auteurs, présente une liste de points critiques de contrôle à l'égard des deux pôles d'évaluation précédemment identifiés. Les préoccupations spécifiques des grandes entreprises ont été omises puisque c'est le contexte de la PME qui nous intéresse.

12.5 LA PME ET LES POSSIBILITÉS DE RÉCOMPENSE DE L'EFFORT DE L'INTRAPRENEUR

Le propriétaire dirigeant qui a fondé sa propre entreprise jouit déjà d'un certain nombre de récompenses que lui procure sa situation. Au-delà des gains tirés des efforts investis dans son entreprise, son travail lui confère un moyen efficace de préserver son autonomie, de contrôler sa propre vie, et surtout, une occasion privilégiée de se réaliser au plan personnel. Il peut évaluer concrètement la valeur de son travail à partir des résultats obtenus.

L'intrapreneur est un individu qui doit, lui aussi, trouver des récompenses qu'il juge satisfaisantes pour conserver son enthousiasme. Selon Pinchot (1986), «*la plupart des entreprises n'ont pas encore mis au point de système de récompense pour leurs employés les plus foncièrement novateurs et leurs systèmes actuels sont en train d'échouer pour de nombreuses raisons:*

1. *les récompenses traditionnelles du succès ne sont pas à la hauteur des risques liés à l'innovation ou l'intrapreneuriat;*

2. *la récompense fondamentale qu'offrent la plupart des entreprises est la promotion, ce qui ne s'applique pas pour la majorité des intrapreneurs;*

3. *la carrière des intrapreneurs qui réussissent ne mène pas à la seule et unique chose dont ils ont vraiment besoin pour faire leur travail: la liberté de suivre leurs intuitions, de prendre des risques, et d'investir l'argent de leur entreprise dans la création de nouvelles activités et dans le lancement de produits et de services nouveaux.*»

Dans sa recherche de moyens adéquats pour récompenser l'intrapreneur, la PME peut difficilement s'inspirer des suggestions faites à la

TABLEAU 2

Liste des questions clés pour évaluer l'importance stratégique et la congruence opérationnelle d'un projet soumis par l'intrapreneur

Importance stratégique	Congruence opérationnelle
– S'agit-il d'un type de projet dans lequel nos concurrents actuels peuvent s'introduire facilement?	– L'intrapreneur est-il capable de mener le projet à terme?
– L'idée est-elle de nature à découvrir des créneaux nouveaux et défendables?	– Quelles sont les ressources et les capacités requises pour le succès du projet?
– Notre capacité à maintenir nos performances actuelles peut-elle être menacée par le projet?	– Si nous ne disposons pas de toutes les capacités et ressources nécessaires, où, comment, quand et à quel prix pourrons-nous les acquérir?
– Quels sont les risques susceptibles d'être encourus par l'entreprise?	– Qui d'autre pourrait être associé au projet ou arriver à le faire mieux?
– Dans quelle mesure le projet modifie-t-il l'orientation actuelle?	– Quels autres secteurs ou produits de l'entreprise risquent d'être touchés si on prend la décision de pousser le projet?
– Quand faudra-t-il renoncer au projet si les perspectives s'avèrent mauvaises et comment le fera-t-on?	– Les résultats possibles ont-ils été estimés, et si oui, que permettent-ils d'anticiper?
– Quels sont les éléments qui manquent à l'analyse actuellement?	– Quelles sont nos forces et faiblesses actuelles en regard du projet?
	– Quels sont les éléments qui manquent à l'analyse actuellement?

grande entreprise à cet égard. En ce qui concerne la promotion comme récompense, il apparaît que les intrapreneurs accordent peu de valeur au pouvoir en lui-même et recherchent surtout une plus grande liberté. En effet, les systèmes traditionnels de récompense sont conçus pour des gens qui aiment l'argent, le pouvoir et les honneurs, alors que les intrapreneurs sont motivés par la liberté de créer, de gérer leur propre idée. Il convient donc au propriétaire dirigeant de trouver des moyens plus appropriés.

Quelles sont les solutions qui peuvent se présenter? Tout d'abord, rien n'empêche le propriétaire dirigeant de donner plus d'autonomie et de liberté décisionnelle à l'intrapreneur en qui il a confiance. Sur le plan financier, une possibilité extrêmement intéressante pour un intrapreneur est de se voir offrir une possibilité d'association ou de participation aux bénéfices que générera l'innovation ou le projet.

Chambeau et Mackenzie (1986), pour leur part, préconisent la mise en place d'un «chemin à double carrière», c'est-à-dire un cheminement parallèle à la normale de la structure, où de nouveaux postes émergeraient dans l'organigramme, du «taillé sur mesure» en quelque sorte! Cependant, on peut d'ores et déjà deviner qu'il s'agit là d'une décision qui peut être assez difficile à prendre pour un propriétaire dirigeant habitué à mener seul sa barque et à assumer de façon exclusive toutes les décisions importantes et les responsabilités qui en découlent.

Tous les chapitres qui précèdent ont voulu faire ressortir la nécessité de s'associer des gens compétents et efficaces pour réussir l'établissement des nouvelles bases et conditions que requiert l'expansion. Plus l'entreprise grossit, plus elle a besoin d'être encadrée et supportée par un système de gestion plus formel. Pour progresser, il faut cependant innover et le propriétaire dirigeant peut difficilement assumer seul cette fonction vitale dans l'entreprise. On dit souvent qu'il y a plus d'idées dans plusieurs têtes que dans une seule!

Plusieurs voies restent à explorer pour mieux exploiter le potentiel intrapreneurial dans les petites et moyennes entreprises. De par nature, elles ont souvent été perçues comme «l'affaire d'un seul homme». Mais l'intrapreneurship ne doit pas être le lot de quelques grandes entreprises et les années à venir risquent d'amener bon nombre de PME à s'y intéresser si elles veulent se ressourcer.

QUESTIONS

1. Expliquez en quoi le rôle de l'entrepreneur ne peut se situer exclusivement à la phase de création de l'entreprise en regard de son cycle complet de vie?

2. «Un bon entrepreneur ne peut être un bon gestionnaire et un bon gestionnaire peut difficilement être un entrepreneur.» Commentez cette affirmation.

3. Résumez en quelques mots les défis majeurs que le contexte actuel impose aux grandes entreprises.

4. Face aux défis que vous avez identifiés précédemment, êtes-vous en mesure d'énoncer quelques pistes de solution pour aborder de front les problèmes qu'ils permettent d'anticiper?

5. L'entrepreneurship et l'intrapreneurship constituent deux concepts nouveaux qui comportent des dimensions analogiques en même temps que des distinctions majeures. Quelles sont ces analogies et ces distinctions?

6. Quelle différence fondamentale pourriez-vous établir entre ce qui motive de façon générale les gestionnaires par rapport aux facteurs qui motivent ou encouragent l'entrepreneur?

7. Sur le plan des compétences, quelle nuance pourriez-vous effectuer entre celles que doit posséder l'entrepreneur et celles attribuées généralement à l'intrapreneur?

8. Pourriez-vous expliquer pourquoi l'intrapreneur décrit par Pinchot dans ses «dix commandements» semble prêt chaque jour à être renvoyé?

9. Quels critères pourrait-on utiliser pour tenter d'aider une entreprise à prédire qui sera intrapreneur et qui ne le sera pas?

10. Commentez l'énoncé suivant: «L'intrapreneur est généralement plutôt jeune et c'est normal puisqu'il est créatif et innovateur et que ces deux caractéristiques sont plus facilement repérables lors des stades initiaux dans la vie d'un individu».

11. Pourriez-vous énoncer une brève définition de l'intrapreneur?

12. Identifiez les facteurs majeurs qui ont tendance à freiner le processus d'innovation dans les entreprises de grande taille?

13. Quels sont les avantages dont dispose la PME lorsqu'il s'agit de détecter et de promouvoir les intrapreneurs dans l'organisation?

14. Si les «champions» sont si utiles et si productifs, pourquoi tant d'entreprises ne les supportent-elles pas plus qu'elles ne le font actuellement?

15. Quel changement majeur le propriétaire dirigeant d'une PME doit-il envisager s'il veut s'attaquer à la promotion des intrapreneurs dans son entreprise?

16. Quels critères d'évaluation pourriez-vous suggérer à la PME qui veut procéder à l'analyse de plusieurs projets soumis par des intrapreneurs du milieu?

17. Tenant compte de la situation et des ressources disponibles dans la PME, quels types de récompense le propriétaire dirigeant peut-il envisager pour stimuler l'intrapreneurship dans son entreprise?

EXERCICE

Il y a quatre mois, vous avez été engagé à titre de consultant par une jeune entreprise en pleine croissance, oeuvrant dans le secteur de la haute technologie. Malgré les grands succès connus par l'entreprise, les propriétaires étaient fort inquiets, puisqu'en l'espace de deux ans, ils avaient perdu quatre de leurs ingénieurs les plus créatifs. Deux d'entre eux ont d'ailleurs quitté leur emploi pour mettre sur pied leur propre entreprise. Leurs activités d'affaires s'effectuant dans le même environnement que l'entreprise qu'ils ont quittée, ils sont devenus de féroces compétiteurs pour l'entreprise que vous devez conseiller actuellement. Dans cette optique, on vous a demandé de vous intégrer dans l'entreprise et de proposer des solutions pour conserver les éléments les plus innovateurs chez le personnel et même stimuler la créativité et l'engagement pour l'ensemble des équipes de travail. Les propriétaires sont conscients que l'entreprise exerce ses activités dans un secteur turbulent et pour lequel l'innovation, l'initiative et la créativité sont cruciales.

Pendant ce stage que vous avez fait dans l'entreprise, vous avez pu observer la situation et recueillir beaucoup d'informations, tant auprès des dirigeants de l'entreprise que des employés. Voici quelques-uns des éléments les plus importants parmi ceux que vous avez pu recueillir:

- Il semble que deux des ingénieurs les plus créatifs qui ont quitté l'entreprise avaient régulièrement des affrontements et des conflits avec les propriétaires de l'entreprise. Ces derniers affirment que les individus en question voulaient s'immiscer dans les projets de croissance de l'entreprise. D'ailleurs, comme le disent les propriétaires de l'entreprise, ces personnes voulaient toujours aller «trop vite».

- Une autre personne qui a quitté l'entreprise vous a raconté qu'elle avait mis au point un nouveau procédé qu'elle aurait voulu voir développer et mettre sur le marché par l'entreprise. De vives discussions ont eu lieu avec les propriétaires qui n'étaient pas d'accord pour prendre le risque d'investir de fortes sommes dans un produit aussi révolutionnaire. Voulant cependant conserver l'intérêt de l'employé, une promotion lui a été offerte et on l'a nommé directeur du contrôle de la qualité. Il a d'abord accepté le poste, mais a quand même quitté l'entreprise quelques semaines plus tard.

- Les employés sont régulièrement invités à faire des suggestions ou à proposer de nouvelles idées pour améliorer la production dans leur secteur. Au début de ce processus, plusieurs personnes ont proposé des choses et se sont senties stimulées par ce genre de consultation.

Il semble pourtant que les employés aient arrêté de proposer quoi que ce soit depuis plus de deux ans.

• Les propriétaires de l'entreprise vous ont réaffirmé leur profonde conviction dans la nécessité d'avoir recours aux innovations des employés pour affronter une vive concurrence dans leur secteur. Cependant, ils se sentent démunis lorsqu'un projet leur est soumis et ne prennent pas toujours le temps de bien l'analyser. Concrètement, ils ne savent pas quels critères ils devraient considérer pour procéder à une bonne analyse des projets.

• Les propriétaires de l'entreprise continuent de croire que les promotions peuvent être un fort stimulant pour l'innovation dans l'entreprise. Selon eux, il s'agit d'une récompense intéressante qui peut compenser les efforts des individus les plus performants.

• Chacun des directeurs de division dans l'entreprise jouit d'une rémunération basée sur le chiffre d'affaires de leur division. Ils sont réticents face aux innovations trop risquées, préférant s'en tenir à ce qu'ils savent déjà bien faire et peuvent contrôler plus facilement.

CONSIGNES

À partir des éléments qui vous sont donnés et d'autres faits que vous auriez pu avoir recueilli, rédigez un bref rapport à l'intention des propriétaires de l'entreprise. Ce rapport devrait principalement inclure les éléments suivants:

1. une analyse de la situation actuelle des problèmes rencontrés et des causes qui semblent sous-jacentes;

2. des recommandations d'intervention aux dirigeants de l'entreprise pour atteindre leurs objectifs d'innovation;

3. la proposition d'un plan d'action.

BIBLIOGRAPHIE

Burgelman, R.A. et L. Sayles, *Les intrapreneurs: stratégie, structure et gestion de l'innovation dans l'entreprise*, Paris, McGraw Hill, 1987, p. 27.

Carrier, C., «Intrapreneurship et PME», *Gestion H.E.C.*, vol. 16, no. 4, novembre 1991, pp. 20-27.

Chambeau, F.A. et F. Mackenzie, «Intrapreneurship», *Personnel Journal*, vol. 65, no. 7, juillet 1986, pp. 40-45.

d'Amboise, G., *Pour des intrapreneurs entreprenants*, Colloque de la Fondation de l'Entrepreneurship, Montréal, janvier 1989, 44 p.

DesRoberts, G., «L'entrepreneuriat, pour relever le défi du changement», *Les Affaires*, vol. LXI, no. 4, 28 janvier 1989, pp. 40-41.

Drucker, P., *Les entrepreneurs*, Paris, L'Expansion-Hachette, 1985, p. 194-195.

Duncan, J., P.M. Ginter, A.C. Rucks et T.D. Jacobs, «Intrapreneurship and the Reinvention of the Corporation», *Business Horizons*, vol. 31, no. 3, mai-juin 1988, pp. 16-21.

Finch, P., «Intrapreneurism: New Hope for New Business», *Business Marketing*, vol. 70, no. 7, juillet 1985, pp. 32-39.

Fortin, P.A., *Devenez Entrepreneur*, Québec, Les Presses de l'Université Laval, 1986, p. 215.

Foster, R.N., *Innovation: The Attacher's Advantage*, New York, Summit Books, 1986.

Hallett, J.J., «Intrapreneurs — The New Stars», *Personnel Administrator*, vol. 30, no. 6, juin 1985, pp. 26-32.

Harris, P.R. et D.L. Harris, «Innovative Management Leadership», *Leadership & Organization Development Journal*, vol. 6, no. 3, 1985, p. 15.

Jay, A., *Management and Machiavelli: an inquiry into the politics of corporate life*, New York, Holt, Rinehart and Winston, 1967.

Kuratko, D.F. et R.V. Montagno, «The Entrepreneurial Spirit», *Training and Development Journal*, vol. 43, no. 10, octobre 1989, pp. 83-93.

Langlois, J.P., *L'esprit sauvage de l'intrapreneurship*, Publication du CDE, vol. 2, no. 3, septembre-octobre 1988.

Lavoie, D., «Créativité, innovation, invention, entrepreneurship, intrapreneurship — où est la différence?», *Revue Gestion*, vol. 13, no. 3, septembre 1988, p. 69.

Luchsinger, V., et D.R. Bagby, «Entrepreneurship and Intrapreneurship: Behaviors, Comparisons and Contrasts», *SAM Advanced Management Journal*, vol. 52, no. 3, été 1987, pp. 10-13.

Norburn, D., K. Manning et S. Birley, «Why Large Corporations Must Change», *Management Decision*, vol. 26, no. 4, 1988, pp. 44-47.

Peters, T. et R. Waterman, *Le prix de l'excellence*, Paris, InterÉditions, 1983.

Pinchot, G., *Intraprendre*, Paris, Les Éditions d'Organisation, 1986, p. 11.

Quinn, J.B., «Formulating Strategy One Step at a Time», *The Journal of Business Strategy*, vol. 1, no. 3, hiver 1981.

Rule, E.G. et D.W. Irwin, «Fostering Intrapreneurship: The New Competitive Edge», *The Journal of Business Strategy*, vol. 9, no. 3, mai-juin 1988, pp. 44-47.

Toulouse, J.-M., «Entrepreneurship et gestion d'entreprise», *Revue Gestion*, vol. 13, no. 3, septembre 1988, p. 13.

— «The New Corporate Elite», *Business Week*, no. 2877, 21 janvier 1985, pp. 62-81.

CHAPITRE 13

L'AVANTAGE COMPARATIF: L'INNOVATION DANS LA PME

Depuis quelques années, de nombreuses études empiriques ont été menées sur l'attitude innovatrice des PME, ainsi que sur les facteurs qui favorisent et ceux qui inhibent l'innovation. Les résultats ont montré qu'une attitude innovatrice renforce simultanément la compétitivité de l'entreprise et l'intensité de la concurrence, au sens macro-économique (Schmidt, 1990).

Plusieurs spécialistes ont également souligné la position privilégiée des PME en ce qui concerne l'aptitude à l'innovation et à la créativité. Leur petite taille et l'absence de structures trop lourdes leur permet de mieux s'adapter et de réagir rapidement. Comme le soulignent Adams et Brock (1986),

> «les petites entreprises sont des innovatrices bien plus efficientes que les géants de l'industrie; elles sont plus prolifiques en matière d'inventions; elles fournissent des efforts en recherche et développement autrement plus importants; elles conçoivent et développent des inventions à des coûts extrêmement compétitifs. Par ailleurs, les structures géantes semblent affectées de graves problèmes, apparemment endémiques, concernant leur capacité d'invention et d'innovation.»

Faut-il en conclure que l'innovation est un acquis pour la PME à la simple condition qu'elle consente à en faire une priorité? Il serait trop facile de faire une telle affirmation en se basant simplement sur les avantages structurels de la PME par rapport à la grande entreprise. L'innovation demeure un processus risqué tant pour la PME que pour les plus grandes. Il est donc important que ce processus soit abordé avec prudence.

Si de nombreuses recherches se sont attardées aux conditions entourant l'innovation dans les grandes entreprises, très peu se sont intéressées aux problèmes et aux embûches que rencontrent les PME dans leur processus d'innovation. Des statistiques rapportées par Chaussé et al. (1987) indiquent que 40% des projets d'innovation sont des échecs. C'est dire que le développement d'une innovation ne doit être laissé ni à la chance ni au hasard.

13.1 L'INNOVATION ET LES FORMES QU'ELLE PEUT PRENDRE

Burgelman et Sayles (1987) définissent l'innovation comme le développement d'un produit ou d'une technologie qui apporte une nouveauté radicale. Pour les fins du présent chapitre, la définition suivante servira de base aux réflexions: l'innovation est l'adoption d'un changement par une entreprise ou une organisation, lequel changement est d'abord envisagé dans le but d'augmenter la productivité globale, de répondre à de nouvelles exigences du marché ou de s'attaquer à de nouveaux marchés. Cette définition, beaucoup plus large que la première, traduit une tendance actuelle à considérer, à titre d'innovation, les nouveaux modèles managériaux ou processus de gestion utilisés dans les organisations. On peut d'ailleurs se servir ici de la typologie de l'innovation de Barreyre (1975) pour mieux illustrer les différentes formes que peut prendre l'innovation dans les entreprises. Selon ce dernier, on peut parler de quatre grandes catégories d'innovations:

L'innovation à dominante technologique

Dans cette catégorie se retrouvent tous les changements relatifs aux aspects techniques des produits et/ou services ainsi qu'aux processus et méthodes de production ou de prestation en vigueur dans l'entreprise. En voici d'ailleurs quelques exemples:

- **L'utilisation d'une nouvelle matière première:** les entreprises de fabrication de meubles et d'armoires de cuisine ont depuis longtemps dépassé l'utilisation principale du bois comme matière première.

346

- **L'adoption de nouveaux procédés de fabrication:** plusieurs entreprises se spécialisant dans la fabrication d'outillage ont fait l'acquisition de nouvelles machines à commande numérique de façon à augmenter leur productivité et leur part de marché.

- **Le développement de nouveaux conditionnements pour le produit:** plusieurs entreprises ont trouvé une façon d'augmenter la demande pour leur produit en lui donnant une présentation qui en facilite l'utilisation et/ou la manipulation. Ainsi, par exemple, certains fabricants de pâte dentifrice le présentent maintenant dans une pompe pression évitant le gaspillage.

- **L'utilisation de nouveaux ingrédients ou de nouvelles sources d'énergie permettant de réaliser le même produit à partir d'inputs différents:** on peut citer ici le cas de l'utilisation nouvelle de l'électricité géothermique ou encore de l'énergie nucléaire dans des situations où avait prévalu pendant longtemps le recours à des sources d'énergie plus traditionnelles.

L'innovation à dominante commerciale

Cette catégorie regroupe l'ensemble des changements qui visent une amélioration au coeur même des modes de commercialisation en vigueur dans l'entreprise. Le développement de nouveaux produits peut même être considéré comme partie prenante de ce type d'innovation s'il permet entre autre à l'entreprise de mieux satisfaire son marché ou de s'attaquer carrément à de nouveaux marchés. Voyons encore ici quelques exemples illustrant le concept:

- **Développement d'un nouveau mode de distribution pour un produit donné:** depuis quelques années, plusieurs entreprises ont adopté le mode de présentation de leur produit à domicile, visant ainsi une plus grande personnalisation de leur approche commerciale et l'exploitation du réseau personnel des agents impliqués dans la vente. *Tupperware* et *Stanley* sont deux entreprises pionnières dans ce type d'approche mais plusieurs autres entreprises ont emboîté le pas, plus particulièrement dans le secteur des cosmétiques, des vêtements, des bijoux et de certains appareils électroménagers.

- **Nouvelle présentation d'un produit connu de façon à en faciliter l'accès:** les films ont été longtemps conçus sur bobine cinématographique pour fin exclusive de présentation en salles de cinéma. Aujourd'hui, le public se voit présenter le même produit sur bandes vidéo ce qui vient ici faciliter l'utilisation du produit à une clientèle

347

plus large par le fait même qu'elle permet l'accès au produit à un moment et dans un contexte qui conviennent le mieux au client.

• **Nouvelle application d'un produit déjà existant en vue de mieux en publiciser un autre:** à ce titre, ne mentionnons que l'utilisation de nouveaux canaux pour rejoindre les clientèles cible. Par exemple, la publicité que l'on retrouve sur les autobus ou mieux encore l'utilisation du téléphone et de la télévision comme réseaux d'accès direct pour certains produits. L'utilisation de certains canaux du câble par plusieurs compagnies oeuvrant dans la vente immobilière illustre d'ailleurs très bien ce concept.

• **Développement d'un nouveau système commercial:** pour illustrer ce type d'application, il suffit d'observer les changements apportés par plusieurs grossistes en alimentation qui ont introduit de nouvelles méthodes de distribution, par exemple, petits comptoirs spécialisés (charcuteries, fromages, etc.) dans leurs grands centres, ainsi que la mise en marché de produits en vrac.

• **Élargissement du service ou du produit offert de façon à augmenter la clientèle:** plusieurs entreprises ont en effet compris la nécessité d'ajouter des avantages marginaux à leur produit pour réussir à s'attirer une clientèle plus grande. On voit ainsi plusieurs boutiques de cadeaux offrant gratuitement un service d'emballage, des hôtels et établissements de loisirs proposant un service de garderie et des marchands de meubles proposant à leur clientèle potentielle un service conseil en matière de décoration.

L'innovation à dominante organisationnelle

On peut inclure dans cette forme d'innovation, tout changement qui vient modifier les modes d'organisation de l'entreprise, ses procédures et ses modalités de développement. Ce type d'innovation affecte généralement de façon directe ou indirecte la structure interne même de l'entreprise. Il peut s'agir en l'occurrence d'innovations concernant la composition du personnel, les modifications dans les politiques et les procédures courantes ou encore un virage majeur qui s'effectue à travers la stratégie globale d'une entreprise. Le franchisage, l'instauration d'un département de recherche et développement dans une entreprise, de nouvelles structures prévoyant des modes de départementalisation plus adaptés aux objectifs de l'entreprise et l'instauration de comptoirs de service ou de guichets automatiques par certaines institutions ne sont que quelques-unes des applications concrètes possible du concept d'innovation à dominante organisationnelle.

L'innovation à dominante institutionnelle

On parle ici de l'instauration de nouveaux systèmes et de nouvelles normes en vigueur dans les entreprises. On aurait d'ailleurs pu intégrer ce type d'innovation à la catégorie précédente dans un contexte où on est surtout préoccupé par le secteur des PME. Dans cette catégorie d'innovation, on peut citer à titre d'exemple l'instauration de systèmes de participation du personnel aux bénéfices de l'entreprise et la participation d'un nombre de plus en plus grand d'entreprises en termes d'engagement social et économique dans leur milieu.

La typologie de Barreyre (1975) est une méthode de classification des différentes formes d'innovation parmi bien d'autres. Par exemple, celle proposée par Burch (1986) distingue six types d'innovation:

1) L'introduction d'un nouveau produit ou service qui améliore la qualité et diminue le prix du produit ou du service remplacé.

2) La mise en place d'une ressource ou d'un système qui différencie le produit ou le service existant (par exemple, le Système Sabre et American Airlines).

3) L'introduction d'un nouveau système qui améliore la productivité (par exemple, la robotique) et la prise de décision (par exemple, l'intelligence artificielle).

4) L'ouverture d'un nouveau marché, particulièrement tourné vers l'exportation dans un nouveau territoire.

5) La conquête de nouvelles sources d'approvisionnement de matières premières, de produits semi-finis ou de méthodes alternatives.

6) La création d'une nouvelle organisation.

L'auteur insiste sur le fait qu'une innovation n'a pas à bouleverser radicalement une situation. Elle peut être aussi simple que l'ajustement d'un produit ou d'un procédé.

Il n'y a pas une méthode à privilégier au détriment des autres. Même si l'on a longtemps considéré le changement technologique comme la voie par excellence de l'innovation, aujourd'hui, c'est sur un terrain beaucoup plus large qu'il faut rechercher de nouvelles façons de faire et de mieux servir le client. Chaque entreprise doit, par conséquent, prendre le temps d'analyser sa propre situation de façon à explorer toutes les voies possibles. L'innovation doit être anticipée, planifiée et gérée si l'on veut éviter que ne se perdent en fumée les ressources rares et limitées, typiques du secteur des petites et moyennes entreprises.

13.2 L'EXPLORATION DES SOURCES POSSIBLES D'INNOVATION

Cette section du chapitre s'inspire des sources d'innovation identifiées par Drucker (1985). Ce dernier présente en effet sept sources principales d'innovation classées d'ailleurs par ordre décroissant de fiabilité et de prévisibilitéet identifiées au tableau 1.

TABLEAU 1

Modèle abrégé des sources d'innovation

A) Sources se situant à l'intérieur même de l'entreprise.

    1. L'imprévu: réussite, échec ou évènement extérieur inattendu.

    2. La contradiction: écart entre la réalité observée, ce qu'elle «devrait être» et celle qu'on imagine.

    3. Les changements fondés sur les besoins structurels.

    4. Les changements bouleversant de façon imprévue la structure de l'industrie ou du marché.

B) Sources concernant des changements se produisant à l'extérieur de l'entreprise ou de l'industrie.

    5. Changements démographiques.

    6. Changements de perception, d'état d'esprit et de signification.

    7. Nouvelles connaissances, scientifiques ou non.

Contrairement à la croyance populaire, l'émergence soudaine d'idées géniales constitue très rarement la source d'une innovation rentable. L'entreprise doit plutôt rechercher continuellement les occasions d'innovation en procédant à une analyse systématique de toutes les possibilités. Cette analyse doit s'appuyer sur une recherche constante des indices de changement, à la fois dans l'environnement interne et externe de l'entreprise. Ainsi, pour être à même d'exploiter convenablement ces sources d'innovation, le propriétaire dirigeant de PME doit garder à l'esprit les deux principes suivants :

1) Privilégier l'information:

  - par une recherche dans le temps ou par l'intermédiaire d'un groupe;
  - par une allocation efficace;
  - par un design organisationnel adapté.

2) Faciliter la communication:

  - au sein de l'entreprise;
  - à l'extérieur de l'entreprise;
  - par une structure et une stratégie de communication appropriée à la PME.

L'imprévu

Selon Drucker (1985), *«aucun autre domaine n'est plus riche en perspectives d'innovation que celui de la réussite imprévue. Aucun autre espace ouvert à l'innovation ne paraît moins risqué et moins difficile à réaliser. Malgré cela, la réussite imprévue est un domaine presque totalement négligé, que les dirigeants ont même tendance à rejeter complètement.»* La direction d'une entreprise, de quelque taille qu'elle soit, a souvent beaucoup de difficultés à accepter une réussite imprévue. Dans bien des cas, elle a investi beaucoup dans un produit ou un secteur particulier qu'elle désire privilégier et promouvoir, et le succès se présente soudainement ailleurs pour un produit ou un service auquel elle n'accordait aucune attention particulière. Cette situation est difficile pour la direction d'une entreprise puisqu'elle doit admettre qu'elle s'est trompée. Dans ces circonstances, elle pourra ignorer sa réussite imprévue et risquer de perdre des bénéfices au profit de sa concurrence. La PME doit donc être à l'affût des réussites imprévues et prendre soin de bien les analyser.

Contrairement à la réussite imprévue, l'échec imprévu ne peut être refusé ou ignoré par l'entreprise. La PME dispose d'atouts majeurs par rapport à la grande entreprise quant aux possibilités d'exploitation de cette situation. En effet, la réaction d'une grande entreprise face à un échec imprévu est beaucoup plus lente et implique la conduite d'études et d'analyses pour expliquer la situation. La PME, en raison de la structure simple, est plus en mesure d'identifier son problème. Les recherches sur l'entrepreneur l'ont d'ailleurs souvent présenté comme un individu qui apprend de ses erreurs et, en ce sens, qui dispose d'une force particulière pour transformer les problèmes perçus en occasions d'affaires.

En ce qui concerne l'événement extérieur imprévu, Drucker avance que, *«tirer profit d'un événement extérieur imprévu semble mieux*

351

convenir à l'entreprise déjà existante et, de préférence, à l'entreprise d'une certaine taille. C'est peut-être le domaine le mieux adapté à la grande entreprise bien établie, où l'expérience compte le plus et où la faculté à mobiliser rapidement d'importantes ressources fait le plus de différence.»

La contradiction

Dans ce secteur, la contradiction entre les valeurs des consommateurs telles qu'elles sont perçues et telles qu'elles sont en réalité est probablement la plus importante pour le secteur des PME, les autres types définis par Drucker étant plus généralement réservés aux membres d'une industrie en particulier. Il s'agit ici pour l'entreprise de détecter les écarts entre la valeur qu'elle attache à certains produits ou services (actuels ou éventuels) et celle que ses clients y accordent. Une entreprise qui vend un produit ou un service défini objectivement et rationnellement, propose souvent en même temps un bénéfice au résultat plus irrationnel qui influence considérablement le consommateur visé.

À ce titre la PME doit se préoccuper d'accorder plus d'attention aux bénéfices ou résultats intangibles que pourrait valoriser sa clientèle et proposer un produit plus adapté à ses attentes, et par conséquent, plus personnalisé.

Les changements fondés sur les besoins structurels

Le besoin structurel est source même d'innovation. À ce titre, ce type d'innovation nécessite la perception d'un besoin et la mise sur pied d'un processus autonome pour tenter d'y répondre. Ce processus doit s'articuler autour d'objectifs clairement définis et d'une définition précise des caractéristiques de la solution envisagée.

Le succès du processus qui précède se base principalement sur quelques éléments majeurs. Tout d'abord, il ne suffit pas d'identifier un problème, mais il faut plutôt le comprendre et disposer des connaissances suffisantes pour agir. Enfin, la solution retenue ne peut se fixer simplement à partir des disponibilités et perceptions de l'entreprise, mais devrait essentiellement viser une adaptation étroite aux méthodes et exigences demandées par les utilisateurs eux-mêmes.

Les PME les plus performantes exploitent ce créneau important d'innovation. Centrées sur le client d'abord, elles sont à l'affût de ses besoins et ne cessent de scruter l'environnement et l'attitude de la clientèle pour détecter des zones possibles d'amélioration.

Les changements démographiques

Parmi l'ensemble des sources extérieures à l'entreprise, l'évolution de la population en termes de nombre, de structure d'âge, d'emploi, de statut éducatif et de revenu peut avoir une influence majeure et directe sur les produits ou services demandés. Fait particulièrement intéressant, l'évolution démographique permet à celui qui l'analyse de prévoir approximativement les délais dans les changements escomptés et, par conséquent, les délais dont dispose l'entreprise pour s'y ajuster.

13.3 LA DÉTECTION D'INDICES D'OCCASIONS D'INNOVATION

À partir du moment où l'on s'entend pour dire que l'innovation requiert une analyse systématique des possibilités, la PME qui désire se lancer dans un projet d'innovation a avantage à investir du temps et des ressources pour explorer les possibilités qui s'offrent à elle. Le tableau 2 constitue un outil d'analyse pour supporter le propriétaire dirigeant dans l'identification du potentiel novateur de son entreprise. Chacune des questions soulevées dans la grille d'analyse suivante constitue une piste d'exploration possible puisqu'une réponse positive permet d'identifier un indice d'innovation. Quelques-unes des questions les plus importantes sont reprises après le tableau 2 et explicitées plus en détail.

TABLEAU 2

Guide d'analyse pour identifier le potentiel d'innovation dans la PME

	Oui	Non
1. L'entreprise oeuvre dans un secteur où la technologie est importante.	___	___
2. Les changements sont rapides dans le secteur concerné et l'entreprise a de la difficulté à s'y adapter à temps.	___	___
3. L'entreprise s'approprie une faible part de marché potentiel pour son produit ou son service.	___	___
4. Ses concurrents offrent un produit comparable à des prix plus bas.	___	___

5. Le produit ou service manifeste des signes de désuétude.Le consommateur se dirige vers des solutions qui lui semblent plus adaptées à ses besoins.

     ___   ___

6. La concurrence est extrêmement forte dans le secteur d'activités concerné.

     ___   ___

7. L'entreprise entrevoit des possibilités d'augmenter sa productivité et de diminuer ses prix moyennant un certain investissement.

     ___   ___

8. Le cycle de vie du produit ou service est plutôt court et l'entreprise a de la difficulté à s'adapter au rythme des changements.

     ___   ___

9. Les réglementations à venir auront un impact à court ou moyen terme sur les activités de l'entreprise.

     ___   ___

10. L'entreprise entrevoit des possibilités d'améliorer son produit ou de lui ajouter quelque chose de plus pour le rendre plus attrayant.

     ___   ___

11. Des employés ou collaborateurs actuels seraient aptes à seconder la direction de l'entreprise dans un projet d'innovation.

     ___   ___

12. Les possibilités d'innovation et d'expansion sont grandes dans le secteur, mais l'entreprise n'a pas le temps de s'y arrêter.

     ___   ___

13. L'entreprise constate la possibilité de développer certains produits ou services complémentaires à ceux qu'elle fabrique ou vend actuellement.

     ___   ___

14. L'entreprise fait face à des réussites ou des échecs imprévus pour certains produits ou services.

     ___   ___

15. À l'intérieur de son marché, l'entreprise détecte des signes qui permettent de conclure que les

réactions et/ou perceptions des clients diffèrent de celles qui avaient été anticipées. ___ ___

16. Les réactions de la clientèle semblent tout à coup bizarres et irrationnelles. ___ ___

17. La fabrication ou la vente de certains produits présente régulièrement certains problèmes qui affectent le rendement global de l'entreprise. ___ ___

18. L'évolution démographique risque d'avoir un impact ou une influence sur les activités de l'entreprise. ___ ___

19. L'entreprise oeuvre dans un secteur où les connaissances nouvelles jouent un rôle important en termes de réussite. ___ ___

20. Le secteur d'activités dans lequel évolue l'entreprise connaît une croissance ou expansion plus rapide que celle prévue par l'entreprise. ___ ___

Commentaires

Plus le nombre de «oui» est élevé , plus le potentiel d'innovation risque d'être grand. Cet outil d'analyse ne couvre pas toutes les situations susceptibles d'indiquer le potentiel d'innovation d'une entreprise, mais devrait servir de base à une analyse plus systématique des indices observés.

L'entreprise oeuvre dans un secteur où la technologie est importante.

Plus la PME oeuvre dans un secteur où les développements technologiques sont importants, plus elle doit être à l'affût des changements et des améliorations possibles. Comme on l'a vu précédemment, une bonne utilisation des nouvelles technologies permet généralement aux entreprises d'augmenter leur productivité et, par conséquent, d'améliorer leur position sur le marché.

L'entreprise oeuvre dans un secteur très concurrentiel.

Plusieurs facteurs contribuent à situer l'importance de la concurrence à laquelle doit se confronter la PME. Le nombre d'entreprises offrant le même produit ou service est certes un critère important à ce titre. Cependant, certaines caractéristiques de ces entreprises sont encore plus déterminantes en matière de concurrence. Tout d'abord, la qualité et le niveau de performance des produits concurrentiels devraient être comparés. Même dans le cas où la PME constate que la qualité des produits d'une entreprise concurrente est comparable à celle de son produit, il est important de voir si le concurrent parvient à l'offrir à des prix plus bas. Le prix n'est pas le seul critère de sélection du consommateur pour privilégier un produit ou un service mais, à qualité égale, il devient un élément crucial de décision. La PME, qui se voit confrontée à des concurrents parvenant à une qualité égale à la sienne à des prix plus bas, se trouve nécessairement devant un impératif majeur, soit celui d'augmenter sa productivité pour ne pas se laisser dépasser.

Le produit ou le service offert manifeste des signes de désuétude.

Ce problème risque surtout de se présenter dans les PME qui se sont laissées aller à la complaisance. L'entreprise qui constate que plusieurs de ses produits ou services sont en phase de déclin a probablement cessé de se préoccuper de sa clientèle. Centrée sur son propre fonctionnement et le bon déroulement de ses opérations, elle est obligée de constater que les autres entreprises s'adressant au même marché proposent actuellement de meilleures solutions aux consommateurs.

Quelle est la durée du cycle de vie du produit ou du service offert par la PME?

Plus la durée du cycle de vie du produit ou du service est courte, plus l'innovation devient un impératif pour l'entreprise et lui permet de conserver la part de marché acquise. Le meilleur exemple à ce titre est celui des entreprises oeuvrant dans le secteur de l'informatique. En effet, l'équipement et les types de logiciels proposés évoluent à un rythme effréné et la clientèle est extrêmement exigeante quant à l'efficacité, à l'adaptabilité et à la rapidité des systèmes et processus offerts sur le marché. Dans un tel contexte, les entreprises concernées disposent généralement d'une période très courte pour maximiser le rendement sur l'investissement fait dans un produit ou un service. Par conséquent, la recherche et le développement doivent faire partie de leurs préoccupations quotidiennes.

Quelle est l'importance des réglementations dans le secteur d'activités concerné?

On connaît bien l'importance de l'environnement externe pour une entreprise et il est démontré que cette dernière n'a aucun pouvoir de contrôle sur cet élément. Elle doit cependant bien le connaître de façon à pouvoir s'y adapter. La PME oeuvrant dans un secteur contingent à de multiples réglementations doit être à l'affût des changements risquant d'y survenir. Elle peut être forcée de changer ses pratiques ou ses façons de faire afin de faire face aux nouvelles exigences.

Quelle est la part du marché potentiel rejointe par l'entreprise?

L'entreprise qui ne s'approprie qu'une part mineure du marché potentiel dans son secteur d'activités risque de découvrir plusieurs indices lui permettant d'anticiper la nécessité d'innover pour pouvoir prendre de l'expansion. Dans cette perspective, toutes les possibilités d'amélioration du produit doivent être considérées. À cette fin, l'entreprise doit analyser les possibilités de modifier son produit actuel ou de lui ajouter quelque chose de plus pour le rendre plus attrayant pour le client. L'augmentation de la part de marché pourrait également être rendue possible par des changements dans les modes de distribution utilisés traditionnellement ou de nouvelles pratiques en matière de commercialisation.

Johne et Snelson (1988), présentent un tableau des principaux facteurs qui sous-entendent l'efficacité dans le développement d'un produit.

13.4 LES IMPÉRATIFS POUR MIEUX GÉRER L'INNOVATION

Comme on l'a déjà souligné, l'innovation est rarement le fruit du hasard. Au contraire, elle doit être gérée rigoureusement par l'entreprise. Les quelques principes qui suivent devraient guider le propriétaire dirigeant de PME soucieux d'innover.

Systématiser l'innovation dans l'entreprise dans une recherche continuelle d'opportunités

Les crises qui surviennent dans la vie des entreprises ou des organisations ont souvent été à l'origine de changements importants et ont favorisé l'émergence de nouvelles attitudes et de nouvelles façons de faire. Ces crises viennent en effet remettre fondamentalement en ques-

357

TABLEAU 3

**Facteurs d'efficacité dans le développement d'un produit
(dans Johne et Snelson, 1988)**

COMPÉTENCES	Quelles connaissances spécialisées et techniques sont nécessaires à l'exécution des tâches reliées au développement du nouveau produit?
STRATÉGIE	Y-a-il besoin d'une nouvelle stratégie pour définir quelle sorte de nouveaux produits sont à réaliser et quelles sont les ressources nécessaires pour cela?
STRUCTURE	Quel type de structure formelle est utilisée pour implanter de nouvelles activités de développement?
CULTURE D'ENTREPRISE	Existe-t-il une croyance partagée dans le besoin de poursuivre le développement, dans le but de faire fructifier l'entreprise?
STYLE	Est-ce que le propriétaire dirigeant assure un support suffisant pour développer les fonctions ou pour déléguer si nécessaire?
PERSONNEL	Quel type de spécialistes fonctionnels sont capables de développer des fonctions adaptées à l'innovation?
SYSTÈMES DE CONTRÔLE	Quelles sortes de mécanismes de coordination et de contrôle sont requis pour l'innovation?

tion les traditions de l'entreprise et l'insécurité vécue force souvent les acteurs concernés à changer pour parvenir à survivre. La PME pourtant devrait éviter d'attendre que des crises ou des événements extérieurs la forcent à innover et à transformer ses pratiques. L'innovation devrait être instaurée comme faisant partie des préoccupations quotidiennes de l'entreprise. L'analyse des possibilités et des opportunités doit être intégrée dans la culture même d'une entreprise bien avant de l'y introduire dans ses pratiques managériales. Lorsqu'on parle d'une culture propice à l'innovation, on réfère par le fait même au concept de culture entrepreneuriale.

Choisir l'action et tolérer l'échec

Les analyses statistiques et les études sur les possibilités d'adoption des changements ont souvent entraîné le déclin ou la récession de certaines grandes entreprises. Les nouvelles théories encouragent plutôt l'entreprise à se rendre sur place, là où est le client, pour prendre le temps de l'observer et d'écouter ses besoins. La PME dispose généralement d'une structure et d'une position extrêmement favorables, dans la mesure où elle est beaucoup plus près du client que ne le sont les plus grandes entreprises. Dans les entreprises innovatrices et performantes, l'action précède la stratégie et non l'inverse. La priorité que l'on donne à l'action est d'ailleurs une des caractéristiques les plus importantes des meilleures entreprises.

Dans la perspective où l'action devient le moyen par lequel on teste les idées et les concepts, il est normal de s'attendre à ce que de nombreux échecs viennent jalonner l'expérimentation. Le nombre d'échecs potentiels augmente de façon proportionnelle au nombre d'essais ou de tentatives amorcés par l'entreprise. Pourtant, un plus grand nombre d'essais risque également de générer plus de réussites en termes de probabilité. Comme le soulignent Peters et Waterman (1983),

> «supposons que l'on lance une nouvelle initiative et que ses chances de succès soient de dix pour cent seulement. Si dix initiatives de cette sorte sont lancées, les lois de la probabilité nous enseignent que les chances pour que l'une d'elles réussisse s'élèvent alors à 65%. Pour 25 initiatives, les chances d'aboutir à une réussite augmentent alors à 90%. La probabilité de réussir est donc très élevée si l'on fait plusieurs tentatives.»

Un contexte qui favorise un nombre maximal d'expérimentations exige que l'on tolère l'échec et même qu'on l'encourage dans une certaine mesure. Comme le précise Peters (1988),

> «on doit tomber pour apprendre à skier. Plus et vite on tombe, mieux on apprend. Pour induire des améliorations constantes, il faut donc que tout le monde tombe beaucoup plus tôt, y compris la nouvelle recrue qui met au point une méthode originale de tri du courrier. Il est essentiel d'encourager, en les recherchant et en marquant son approbation, une multitude de petits échecs. Pour beaucoup, le moindre effort d'innovation est perçu comme un risque énorme.»

Bien sûr, un échec doit toujours être analysé et décortiqué de façon à permettre à l'entreprise d'apprendre et d'avancer.

Miser sur les zones d'excellence et rechercher la simplicité

Plusieurs études ont fait ressortir le fait que les entreprises les plus performantes ne dispersent pas leurs efforts en diversifiant inutilement leurs activités. Bien au contraire, elles ont compris qu'il valait mieux s'en tenir à ce qu'elles savaient déjà bien faire.

Thompson et Harding (1985) privilégient également la politique de spécialisation (ou niche géographique) pour la PME, même en phase de croissance.

Valoriser l'équipe comme soutien et moteur de l'innovation

Dans la PME où tout le monde est généralement à la fois plus près du client et de l'ensemble des opérations, le travail en équipe peut devenir un excellent moyen pour faciliter l'émergence d'un potentiel d'innovation. Entre autres, il permet à la direction de l'entreprise l'accès à des points de vue différents suivant les compétences, les fonctions, les intérêts, les perceptions et l'expertise des membres de l'équipe.

Dans la plupart des projets d'innovation instaurés dans la PME, le propriétaire dirigeant peut avoir à intervenir directement dans la coordination du travail de l'équipe. À ce titre, son attitude conditionnera dans une large proportion le niveau d'adhésion qu'il obtiendra des membres de l'équipe. Tout changement dans une organisation a généralement pour conséquence de remettre en cause certaines situations ou certains privilèges accordés à des individus.

L'innovation, si minime soit-elle, est presque toujours génératrice de changements d'ordre organisationnel à l'intérieur d'une entreprise. Et ces changements, même s'ils sont souhaitables, ont généralement pour effet d'engendrer de la résistance chez les employés. Le propriétaire dirigeant a avantage à prévoir les conséquences de l'innovation sur le plan humain dans l'entreprise. À titre d'exemple, l'innovation risque d'être contestée par les employés lorsque sa mise en oeuvre laisse prévoir une diminution dans la qualité des postes en vigueur ou pire encore, une réduction dans leur nombre actuel. Dans un tel contexte, des compensations doivent être envisagées et proposées aux employés. Enfin, les changements envisagés devraient l'être dans un processus par étapes, qui permettra de diminuer l'insécurité du personnel au fur et à mesure de l'intervention.

En effet, le préalable à l'innovation est l'acceptation à tous les niveaux de l'organisation de la nécessité du changement. L'engagement personnel du propriétaire dirigeant, son enthousiasme et sa capacité à forcer le changement sont des atouts primordiaux (Johne et Snelson, 1988).

En guise de conclusion de cette partie, nous tenons à préciser qu'il n'existe aucune recette magique pour bien gérer l'innovation. Par contre, il y a des facteurs favorables à une bonne gestion de l'innovation et d'autres qui la paralysent. À ce sujet, on peut se référer à McGinnis et Verney (1987) qui font le point sur les facteurs favorables à l'innovation, tant au niveau organisationnel qu'individuel et on peut mentionner également, qu'en fait d'incitation à l'innovation, certaines entreprises sont susceptibles de profiter d'un allégement de leur fardeau fiscal tel que l'exemple suivant le démontre.

> ### *L'entreprise québécoise active en R&D*
> ### *bénéficie d'un fardeau fiscal léger*
>
> *L'entreprise qui s'adonne à une activité de R&D au Québec se retrouve très avantagée par la nouvelle structure fiscale implantée au Québec depuis le 12 mai 1988. La même observation vaut pour le particulier qui investit son argent dans le cadre du nouveau REA I R&D.*
>
> *Une étude de Samson Bélair réalisée pour le compte du ministère québécois de l'Industrie, du Commerce et du Développement technologique établit clairement les différentes sources de déductions fiscales relatives à la R&D.*
>
> *Le rapport de Guy Lord et Pierre Gagné de Samson Bélair compare, par exemple, le coût net d'une dépense admissible pour une corporation québécoise ayant un revenu imposable inférieur à 200 000 $.*
>
> *Ainsi, pour chaque tranche de 100 $ dépensés en R&D, et après les crédits d'impôt applicables aux salaires et les déductions accélérées relatives aux dépenses, il en coûte en moyenne seulement 42,35 $ à une compagnie du Québec. En Ontario, la même entreprise doit débourser 48,19 $ pour un même investissement.*
>
> *Ces montants de 42,35 $ et 48,19 $ ne sont qu'indicatifs. Selon le type d'entreprise qu'on exploite et la nature de son revenu imposable, l'exemption peut s'avérer encore plus intéressante. Ainsi, pour une entreprise de fabrication, le coût net pourrait être de 32,17 $ pour chaque 100 $ dépensé.*
>
> *Ce n'est pas tout. On sait que le gouvernement a décidé d'encourager tout particulièrement la recherche effectuée en collaboration avec une université ou un organisme où l'on fait de la recherche de nature pré-compétitive. Dans un tel cas, l'investissement de 100 $ ne coûtera à l'entreprise québécoise que 30,96 $ en moyenne. Une telle mesure n'existe pas en Ontario.*
>
> *Pour une entreprise ayant un revenu imposable supérieur à 200 000 $, le coût net d'une dépense de 100 $ en R&D s'élèverait au Québec à 40,96 $ et à 29,25 $ dans le cas d'une recherche faite en milieu universitaire. Pour la même entreprise en Ontario, le coût net serait de 42,92 $.*
>
> *(Les Affaires, octobre 1988)*

13.5 LES CRITÈRES D'ANALYSE DES PROJETS D'INNOVATION

Une analyse détaillée des idées soumises est nécessaire pour réussir à cerner celles qui sont les plus susceptibles d'amener des résultats positifs et des retombées concrètes pour l'entreprise. Les critères qui suivent devraient être considérés avec attention avant de prendre une décision dans le choix des projets qui seront mis en oeuvre par l'entreprise:

- Existence d'un marché possible

- Intégration possible de l'idée à l'intérieur des compétences actuelles.

- Faisabilité du projet.

- Pertinence et nécessité d'une expérimentation.

- Planification du temps et des coûts nécessaires avant l'implantation.

- Détermination du profit anticipé par unité (marge entre matière première et coûts de production et prix de vente).

- Ampleur de la période de temps sur laquelle l'entreprise prévoit être capable d'amortir les coûts d'implantation.

- Nécessité de protéger l'innovation, que ce soit par l'obtention d'un brevet ou de tout autre moyen jugé pertinent.

- Ampleur des risques courus et degré de compétence anticipé.

- Existence d'indices sérieux permettant à l'entreprise de croire que l'idée pourra être mise en oeuvre au «bon moment».

13.6 INNOVER EN PERMANENCE

L'innovation devrait être appréhendée comme un processus continuel plutôt qu'occasionnel. Plusieurs entreprises innovent seulement lorsqu'elles sont confrontées à une crise ou lorsqu'elles ont atteint une période de prospérité qui leur permet de compter sur des capitaux de développement plus importants. Mais les PME les plus performantes sont celles qui essaient d'anticiper les changements et qui réussissent à développer une attitude proactive.

QUESTIONS

1. Quels principaux avantages l'innovation permet-elle d'anticiper pour les petites et moyennes entreprises?

2. On dit que la PME dispose d'une position privilégiée en ce qui concerne l'aptitude à l'innovation par rapport à celle manifestée par les plus grandes entreprises. Expliquez et justifiez cette affirmation.

3. Définissez en quelques mots le concept d'innovation tel qu'il est utilisé dans le présent chapitre.

4. Le mythe voulant rattacher l'innovation au seul domaine de la technologie semble maintenant largement dépassé. Pourriez-vous expliquer l'élargissement du concept en précisant les domaines dans lesquels l'innovation peut s'exercer?

5. Illustrez par trois exemples concrets comment peut se traduire l'innovation à dominante commerciale dans une entreprise?

6. Expliquez en quoi consiste essentiellement l'innovation à dominante organisationnelle.

7. Drucker identifie sept sources d'innovation possibles pour l'entreprise. Identifiez ces sources en ayant bien soin de préciser celles qui sont les plus près de la réalité des PME.

8. Parmi les sources d'innovation identifiées, laquelle apparaît à la fois comme la moins risquée et la moins difficile à réaliser. Expliquez pourquoi.

9. Quelle différence majeure pouvez-vous établir entre la réussite imprévue et le succès imprévu?

10. À titre de consultant, vous devez aider une entreprise à procéder à l'exploration de son potentiel d'innovation. Quels indices vous serviront de guide dans cette analyse?

11. Quel lien pourriez-vous établir entre la durée du cycle de vie du produit d'une entreprise et la nécessité d'innovation pour cette dernière?

12. Effectuez un lien pertinent entre les crises et l'innovation dans l'entreprise.

13. Pour mieux gérer l'innovation et favoriser son émergence, on parle de l'importance d'instaurer une culture entrepreneuriale. En quelques mots, expliquez en quoi consiste ce type de culture organisationnelle.

14. Expliquez l'importance de la tolérance à l'échec à travers le processus d'innovation.

15. La diversification apparaît-elle comme un modèle à privilégier pour la PME qui songe à l'expansion et à l'innovation?

Jeu de rôles

MICRO-LOG EST EN PERTE DE VITESSE

Jacques Morin est propriétaire et directeur général de Micro-Log Inc., une entreprise de consultation dans le secteur de l'informatique. Au cours des six dernières années, l'entreprise a connu un essor marqué puisque le nombre d'employés à plein temps est passé de quatre à une vingtaine. L'entreprise est dirigée par M. Morin et ses deux associés,

Robert Paré et Denise Langlois. Jacques Morin et Denise Langlois ont une formation en informatique de gestion. En plus d'assumer la direction générale de l'entreprise, Jacques Morin assume la direction du personnel tandis que Denise Langlois dirige le service-conseil et s'occupe de la commercialisation. Quant à Robert Paré, il est comptable agréé et s'occupe essentiellement de la fonction finance dans l'entreprise.

Même si l'entreprise n'est pas en danger, elle accuse un léger ralentissement depuis l'année dernière. Alors qu'elle était la seule entreprise du genre à être implantée dans la région, deux compétiteurs féroces sont venus s'installer dans le secteur depuis deux ans. Au départ, la clientèle de l'entreprise lui semblait fidèle mais depuis sept ou huit mois, Micro-Log a perdu plus d'une dizaine de clients importants au profit d'un de ses deux concurrents.

Depuis sa fondation, Micro-Log a essentiellement offert les services suivants:

- aide à l'entreprise dans le choix d'équipement et de logiciels;

- services conseil en matière d'implantation de systèmes;

- conseils sur l'utilisation de différents logiciels et adaptation de ces derniers aux besoins du client;

- développement de logiciels pour certains besoins particuliers dans certains secteurs.

Plusieurs clients ont souvent demandé à l'entreprise de collaborer à la formation de leur personnel. Micro-Log a d'ailleurs tenté l'expérience à quelques reprises, mais a cessé d'intervenir dans ce secteur, jugeant que l'investissement en ressources humaines et en temps était dans la plupart des cas trop onéreux par rapport aux revenus générés. Chaque cas étant particulier, la formation donnée exigeait généralement de longues heures de préparation et Micro-Log a finalement décidé d'inciter ses clients à faire appel aux entreprises de fabrication de matériel informatique pour les aider à former leur personnel.

La situation s'est encore aggravée au cours des dernières semaines et les problèmes s'accumulent. Tout d'abord, Denise Langlois a découvert que trois des experts-conseil de l'entreprise ont décidé de lancer leur propre entreprise et de commercialiser un logiciel comptable développé spécialement pour la gestion des cliniques médicales et dentaires. Deux de ces experts font partie du personnel le plus expérimenté et le mieux formé dans l'entreprise. D'autres problèmes se posent en même temps. Tout d'abord, la demande de conseil dans le choix d'équipement et de logiciels a pris une telle ampleur que l'entreprise a dû refuser plusieurs contrats, ne disposant que de quelques employés aptes à répondre à ce genre de besoins. Auparavant, le nombre de requêtes pour de tels services était restreint et ne constituait qu'une part marginale de l'ensemble des activités de l'entreprise mais l'implantation de l'informatique se développe à un rythme effréné. Par conséquent, le client qui achète un système informatique, sent le besoin d'avoir recours à un personnel spécialisé neutre pour l'aider à faire des choix judicieux en regard de ses besoins. Enfin, le climat se gâte au sein des employés. Ces derniers se plaignent de la désuétude de l'équipement dont ils disposent et de la trop grande quantité de temps qu'ils doivent consacrer en visites chez les clients puisqu'ils ne touchent des commissions que sur la réalisation de contrats dans les entreprises.

Les trois associés ont prévu une réunion spéciale pour discuter des problèmes rencontrés. Denise Langlois est particulièrement inquiète car elle constate depuis quelques temps des réactions nouvelles chez les clients qui semblent réticents à l'idée de devoir défrayer des honoraires exigés par l'entreprise. Ils ont l'impression que les fabricants sont peut-être susceptibles de leur offrir du support à moindre prix. Elle n'en a pas encore parlé à ses associés, déjà assez anxieux des derniers événements, mais elle devra le faire car la situation réclame qu'on s'y attaque sérieusement.

Instructions pour les observateurs

1. Observez la tournure que prend la discussion entre les trois associés.

   A) De quelle façon aborde-t-on l'analyse du problème?

   B) Dans quelle perspective situe-t-on les problèmes rencontrés?

2a. La discussion fait-elle ressortir des indices importants à l'effet que l'entreprise devrait effectuer des changements?

 b. Si oui, quels sont ces indices?

3. La discussion amène-t-elle les associés à se pencher sur les forces et les faiblesses de leur entreprise?

4. La discussion est-elle centrée sur une préoccupation du statu quo ou plutôt orientée vers une ouverture au changement et à l'innovation?

5. Y a-t-il des éléments importants qui ne semblent pas avoir été soulevés ou discutés? Quels sont-ils?

BIBLIOGRAPHIE

Adams, W. et J.W. Brock, *The Bigness Complex: Industry Labor and Government in the American Economy*, New York, Pantheon Books, 1986.

Barcelo, Y., «L'entreprise québécoise active en R&D bénéficie d'un fardeau fiscal léger», *Les Affaires*, vol. LX, no. 39, 1er octobre 1988, p. T5.

Barreyre, P.-Y., *Radiographie de l'innovation*, Paris, France Expansion-Klumer, Encyclopédie du Management, vol. 2, mai 1975, pp. 4.42-4.42.24.

Burgelman, R.A. et L. Sayles, *Les intrapreneurs*, Paris, McGraw-Hill, 1987.

Chaussé, R., et al., *La gestion de l'innovation dans la PME*, Montréal, Gaëtan Morin éditeur, 1987.

Drucker, P., *Innovation and Entrepreneurship: practice and principles*, New York, Harper & Row, 1985.

Drucker, P., *Les entrepreneurs*, Paris, l'Expansion-Hachette, 1985.

Hobbs, B. et R. Poupart, «L'organisation entrepreneuriale: Est-ce possible?», *Revue Gestion*, vol. 13, no. 3, septembre 1988, pp. 40-46.

Johne, F.A. et P.A. Snelson, «Success Factors in Product Innovation: A Selective Review of the Literature», *Journal of Product Innovation Management*, vol. 5, 1988, pp. 114-128.

McGinnis, M. A. et T. P. Verney, «Innovation Management and Intrapreneurship», *SMA Advanced Management Journal*, été 1987, pp. 19-23.

Peters, T. et R. Waterman, *Le Prix de l'Excellence*, Paris, Interéditions, 1983.

Peters, T., *Le Chaos Management: Manuel pour une prospérité de l'entreprise*, Paris, Interéditions, 1988.

Schmidt, K.H., «The Innovative Attitude of Small and Medium-Sized Entreprises», *Journal of Small Business Management*, vol. 28, no. 1, janvier 1990, pp. 68-69.

Thompson, R. W. et F. Harding, «Product Life and Plant Location» *Dun's Business Month*, novembre 1985, pp. 73-94.

CHAPITRE 14

LES «MUSTS» DE
LA CROISSANCE DYNAMIQUE

Comme il en a été question dans chacun des chapitres précédents, la gestion de la croissance réclame plusieurs modifications majeures à la fois dans le comportement et les attitudes du propriétaire dirigeant et dans la structure de son entreprise. Au fil des stades d'évolution que traverse l'entreprise, le propriétaire dirigeant doit s'éloigner de l'action, déléguer davantage et consacrer de plus en plus d'énergies à la gestion. Le changement fondamental d'attitudes et de pratiques ne pourra se réaliser qu'à la condition d'accepter et de favoriser la participation des employés dans la recherche de l'efficience et du succès de l'entreprise. En ce qui concerne les changements structurels et organisationnels, la formalisation des structures et une plus grande rationalisation des règles politiques et procédures sont nécessaires.

Dans ce volume, il a aussi été question des décisions importantes qui jalonnent le processus de la croissance d'une entreprise telles que l'adoption d'une nouvelle technologie, l'informatisation des opérations, le financement, et la valorisation des ressources humaines.

L'ensemble de toutes ces considérations a été intégré et abordé avec, comme fil conducteur, un objectif constant soit celui de réussir à gérer continuellement le processus de croissance plutôt que de le subir avec tous les déboires engendrés par cette dernière attitude. Le défi fondamental demeure toujours celui d'augmenter la productivité de l'entreprise et par le fait même sa compétitivité, et d'ajuster le rôle des acteurs et l'attribution des ressources.

Ce chapitre vient donc compléter l'ensemble du cycle en présentant les "musts" de la croissance dynamique qui se dégagent du traitement de tous les thèmes qui précèdent. Ce sont des conseils qui devraient guider toute entreprise dans son processus de croissance.

14.1 LES «MUSTS» DE LA CROISSANCE DYNAMIQUE

Structurer et rationnaliser tout en restant flexible

Nous avons déjà mentionné l'avantage majeur que constitue la grande flexibilité de la PME, avantage qui lui est conféré par sa petite taille et ses structures simples. Plusieurs grandes entreprises essaient d'ailleurs de profiter de cet avantage en subdivisant leurs macro-structures en plusieurs divisions beaucoup plus petites. La PME n'a donc pas intérêt à vouloir imiter à tout prix les entreprises de plus grande taille et doit poursuivre un processus d'organisation et de rationalisation, pensé en fonction de ses propres besoins et de ses capacités.

Développer une véritable obsession pour le client

Comme le souligne Peters (1988), un client bien servi est un actif dont la valeur augmente avec le temps contrairement à la valeur d'une usine ou des ressources physiques et matérielles qui commencent à se déprécier dès la mise sur pied de l'entreprise. Chaque effort valable dirigé vers le client renforce la possibilité d'une répétition de la demande et celle de bénéficier de la valeur inestimable d'une bonne publicité du type «bouche à oreille». Peters (1988) écrit d'ailleurs à ce sujet:

> «La valeur d'un client se calcule comme suit: premièrement, on évalue la valeur d'un client sur dix ans ou durant toute une vie, en fonction du volume et de la fréquence des transactions moyennes d'un bon client. Deuxièmement, en multipliant ce chiffre par deux, on inclut le facteur de bouche à oreille. Troisièmement, en multipliant ce nouveau résultat par le nombre moyen de clients servis chaque jour par la personne ou le service des ventes, de maintenance, de distribution ou de production, on obtient la valeur sur toute une vie du «porte feuille client» que gère chaque jour cette personne ou ce service. Les conclusions sont évidentes: en considérant les clients sous cet angle, c'est toute la politique de recrutement, de formation, de rémunération et d'investissements en supports de vente qui est bouleversée.»

368

Bien que le but ultime de toute entreprise soit le profit, c'est ultimement le volume de la clientèle qui conditionne ce dernier. Le client est devenu le nouveau maître de l'entreprise. Confronté aux multiples choix présentés par une vive concurrence, il n'est plus à la merci de l'entreprise.

La PME a l'avantage, dans bien des cas, de jouir d'une étroite proximité avec le client. Les structures étant moins lourdes, les contacts entre le client et l'entreprise sont souvent moins formels et il n'est pas rare que la clientèle doive transiger directement avec la direction même de la firme. Dans un contexte d'affaires dans lequel la personnalisation des contacts et des services est importante, le propriétaire dirigeant de PME et son personnel doivent exploiter cette occasion constituée par la proximité de ses clients.

Fabriquer la qualité au lieu de la contrôler

C'est le nouveau mot d'ordre des entreprises performantes. Le concept de qualité a beaucoup évolué au cours des dernières années. Pendant longtemps, l'entreprise a été préoccupée par le contrôle de la qualité, cet élément se limitant à la qualité d'un produit ou d'un service. On portait alors surtout attention à la qualité des produits finis ou semi-finis. Puis, le monde industriel a constaté que la rentabilité devenait de plus en plus difficile si l'on se contentait d'effectuer des contrôles une fois le travail presque complété.

La notion de prévention est alors apparue et l'entreprise a commencé à se préoccuper de la qualité dans les procédés, les méthodes et les processus. C'est ce qu'on appelle la «qualité totale». Comme le soulignent Stora et Montaigne (1986), «la qualité se fabrique, elle ne se contrôle pas.» Au cours des années 80, avec l'ouverture des marchés, la concurrence s'est faite de plus en plus menaçante sur le marché des affaires. La gestion totale de la qualité adoptée par le système japonais semble être l'élément déterminant de son potentiel de compétition. C'est ainsi que s'introduit l'approche globale de la qualité qui marque une évolution considérable par rapport au concept de l'assurance de la qualité.

Cette notion signifie que la qualité n'est plus exclusivement la responsabilité du service de production de l'entreprise, mais également des fonctions de support telles que la gestion, les ventes et le soutien administratif. Cette nouvelle conception de «qualité totale» sous-entend également qu'à l'intérieur de chaque fonction dans l'entreprise, tous les employés, du premier jusqu'au dernier, sont des agents de la qualité. Ils en sont responsables indépendamment de leur rôle ou de leur niveau hiérarchique. Ainsi, la qualité s'étend aux performances mêmes de l'entreprise.

À l'instar des plus grandes entreprises, la PME doit canaliser toutes ses ressources vers la recherche d'une qualité maximale. Plus vulnérable aux soubresauts du marché et aux variations dans la satisfaction globale de la clientèle, elle doit sensibiliser tous ses employés à cette quête de la qualité. Les plus grandes entreprises doivent mettre en place des systèmes complexes et instaurer des processus formels pour s'assurer de la collaboration de leurs employés pour mieux gérer la qualité. La PME, pour sa part, risque de pouvoir s'attaquer à cette problématique avec beaucoup plus de souplesse et d'efficacité. Comme son nombre d'employés est plus restreint, la recherche de la qualité totale peut être abordée de façon plus personnalisée ce qui maximise la probabilité d'une mobilisation globale du personnel. Il s'agit d'exploiter les liens plus étroits entre les différents services et de responsabiliser chacun vis-à-vis des autres dans ce grand projet qu'est la recherche de la qualité.

Maytag (1986) souligne lui aussi le fait que la qualité doit se retrouver à tous les niveaux; du choix du fournisseur à la formation continue et soutenue des employés. La petite taille des PME est, selon lui, un avantage certain dans cette politique.

Dénicher un créneau particulier et faire mieux que les autres

Les petites entreprises les plus performantes n'ont pas tendance à diversifier énormément leurs activités ainsi que leurs énergies en voulant poursuivre à la fois trop de marchés et de clients différents. Au contraire, elles tendent plutôt à exploiter un secteur très spécialisé à l'intérieur duquel elles recherchent l'ajout du petit «quelque chose de plus» qui leur attirera les faveurs du consommateur. L'objectif poursuivi est de se démarquer de la concurrence et de s'approprier une clientèle fidèle attirée par les caractéristiques particulières du produit ou du service offert.

Selon Maytag (1986), il y a deux décisions à prendre pour répondre à la clientèle: celle qui concerne la part d'activités qu'il faut atteindre pour assurer le succès de l'entreprise et celle concernant ce sur quoi il faut se concentrer pour faire «mieux« les choses.

Plusieurs PME décident de se spécialiser dans la sous-traitance pour les plus grandes entreprises. Ces dernières perdraient souvent beaucoup de temps à vouloir réaliser elles-mêmes toutes les composantes de leur produit ou service. Dans certains cas, les équipements disponibles ne permettent pas d'aborder certaines tâches plus spécifiques ou la spécialisation du personnel en place les empêche de s'attaquer à des

problématiques particulières de fabrication, de réparation, de maintenance ou de distribution.

D'autres entreprises adoptent une stratégie visant l'appropriation
de ce que Drucker (1985) appelle une niche écologique. Elle consiste à
poursuivre l'obtention d'un grand contrôle ou d'un quasi-monopole sur
un secteur bien déterminé. Dans le cas de la PME, il s'agit plus spécifiquement de rechercher ce quasi-monopole pour un produit ou un service donné (au lieu d'un secteur pour la grande entreprise) dans un
territoire prédéterminé. Selon Drucker,

> *«les stratèges en matière de niches écologiques empochent l'argent
> et n'ont que faire de la gloire. Ils se complaisent dans l'anonymat. Pour
> les meilleurs d'entre eux, le but est de tellement passer inaperçu, malgré
> le rôle capital de leur produit dans un processus donné, que personne ne
> risquera de venir empiéter sur leur terrain.»*

Enfin, certaines PME détectent des produits ou des services pour lesquels la demande est beaucoup trop restreinte pour réussir à intéresser
les entreprises de plus grande taille. Les plus grandes entreprises n'oeuvrant généralement que dans des secteurs de masse permettant l'économie d'échelle, la PME peut avoir avantage à se tourner vers les
créneaux de moindre importance, s'octroyant ainsi une plus grande
marge de manoeuvre, une certaine exclusivité et, par conséquent, une
concurrence moins forte.

Savoir profiter des bonnes idées des autres

Rien ne sert de réinventer la roue. L'innovation est rarement une
invention mais constitue plutôt une nouvelle façon d'aborder le client
pour un produit déjà connu, une nouvelle approche pour le fabriquer ou
le présenter, ou simplement le développement d'une version améliorée
ou simplifiée de ce qui existe déjà.

Les grandes entreprises disposent, la plupart du temps, d'un
ensemble de ressources matérielles et d'équipements susceptibles d'être
utilisés à des fins de développement, mais il y manque souvent «l'intelligence créatrice» pour exploiter le potentiel. De plus, certaines grandes
entreprises desservent tellement de marchés qu'elles ont tendance à
négliger ceux qui apportent le moins en termes de demande et, par conséquent, de profit. Il y a donc des occasions de relève intéressantes pour
des PME agressives, intéressées à ces marchés plus restreints.

Drucker (1985) définit l'imitation créative de la façon suivante:

> *«il s'agit d'attendre jusqu'à ce que quelqu'un crée la nouveauté,
> qui restera «approximative». On se met alors à l'ouvrage, et l'on obtient*

rapidement ce qui manquait à la nouveauté en question pour être véritablement utile, pour satisfaire le consommateur et réaliser quelque chose qu'il est prêt à payer. Devenue la norme, l'imitation créative peut ensuite dominer le marché.»

Ce type de stratégie peut être très efficace dans les secteurs de technologie de pointe. En effet, les grandes entreprises très actives dans ce secteur ont souvent la faiblesse d'être beaucoup plus centrées sur le produit et la technique que sur les particularités et les exigences du marché. Il peut donc se présenter des occasions intéressantes pour les PME alertes et en mesure de mieux connaître le client en raison de sa proximité.

Répondre à la demande

Une croissance imprévue ou mal planifiée peut apporter de mauvaises surprises à la PME peu préparée à y faire face. En effet, il est possible qu'une augmentation marquée de la demande la rende tout à coup incapable de suivre le rythme.

Il importe donc que la PME en croissance cerne bien l'ampleur de la demande pour son produit ou son service et surtout qu'elle planifie la disponibilité de toutes les ressources nécessaires de façon à pouvoir répondre sans rupture et au bon moment à la demande. La non disponibilité d'un bon produit peut être, à ce titre, tout aussi néfaste pour la PME que le maintien d'un produit médiocre. Le résultat est le même puisque le client est de toute façon insatisfait.

Ne pas se laisser prendre au piège du mythe de la «modernisation»

On ne modernise pas pour le seul fait de suivre le courant. Au cours des dernières années, le secteur des affaires a été marqué par une incitation à la modernisation, plus particulièrement en matière d'informatisation et d'utilisation de nouvelles technologies. On en est presque arrivé à croire que tout doit nécessairement être remplacé par des équipements plus perfectionnés et plus complexes.

En raison de ses ressources financières généralement limitées, la PME en croissance doit faire preuve d'une prudence au chapitre de la modernisation. Elle doit chercher à maximiser chacun de ses investissements. Comme l'on fait ressortir les chapitres sur l'informatisation et le virage technologique, l'adoption de nouveaux équipements ou de nouveaux procédés doit faire l'objet d'une analyse préalable rigoureuse en tenant compte de toutes les conséquences.

Les ressources humaines constituent également un élément crucial dans la décision de l'entreprise de se moderniser. Les employés sont les premiers utilisateurs d'un nouvel équipement ou de nouveaux procédés. Par conséquent, ils doivent être préparés à leur introduction dans l'entreprise. Ils auront probablement besoin d'une certaine formation pour utiliser efficacement le nouvel équipement.

Promouvoir les champions et créer des héros

De nombreux exemples ont démontré que la PME constitue un milieu favorable à la promotion de l'innovation. Les gens sentent plus facilement leur apport et, dans des conditions favorables, ils sont plus susceptibles de manifester un intérêt marqué pour participer au développement de leur entreprise.

À ce titre, la PME doit encourager les initiatives en ayant bien soin de tolérer l'échec et l'erreur qui peuvent être d'excellentes occasions d'apprentissage.

Partager la réussite et les profits

Le partage des responsabilités et des défis doit normalement aller de pair avec un certain partage des récompenses qui y sont rattachées, en l'occurrence les profits de l'entreprise.

Un numéro de la revue *Small Business* (1989) portant sur les cinquante petites entreprises canadiennes présentant le taux de croissance le plus élevé, fait ressortir l'importance de cette dimension. On rapporte, entre autres, que les entreprises se classant aux premiers rangs comptent énormément sur la collaboration de leurs employés et ont découvert que la façon la plus sûre de les motiver est d'ajuster directement la rémunération en relation avec la performance de l'entreprise.

Le partage des profits avec les employés peut prendre plusieurs formes. Certaines entreprises offrent des bonus et des primes spéciales, tandis que d'autres permettent aux employés d'acquérir des actions, ce qui augmente la responsabilité et le sentiment d'appartenance chez ces derniers.

Ne pas croître pour croître

La croissance d'une entreprise n'est pas une fin en soi. Certaines petites entreprises resteront toujours au même stade parce que c'est le souhait du propriétaire dirigeant.

Dans d'autres cas, la croissance est un phénomène qui vient surprendre l'entreprise parce qu'elle est engendrée par des événements extérieurs tels que la demande ou les occasions nouvelles. Enfin, la croissance peut aussi constituer un objectif longuement mûri et souhaité par la direction d'une petite entreprise.

Comme il a été souligné dans un des chapitres précédent, la croissance n'est pas toujours un processus désirable pour une entreprise. Le mythe de la croissance comme impératif de toute entreprise soucieuse d'excellence doit être dépassé. La croissance est une démarche qui doit, au contraire, être sérieusement soupesée et analysée car elle comporte fondamentalement plusieurs nouvelles exigences à la fois pour le propriétaire, les employés et l'entreprise elle-même.

CONCLUSION

Au tout début de cet ouvrage, une analogie entre la croissance d'un individu et celle d'une entreprise a fait ressortir les changements fondamentaux qui caractérisent le passage d'une étape de développement à une autre. En dépit de tous les éléments d'analyse à caractère plus technique à considérer, la transformation la plus délicate à effectuer demeure fondamentalement celle de l'attitude et, parallèlement, celle du rôle du propriétaire dirigeant de l'entreprise.

Grandir, progresser, cela veut dire apprendre à jouer des rôles différents, assumer de nouvelles responsabilités et consacrer ses énergies à de nouveaux défis. La croissance requiert du propriétaire dirigeant qu'il délaisse de plus en plus les tâches opérationnelles et techniques pour devenir un gestionnaire. Coordonner l'expansion d'une entreprise signifie nécessairement que l'on doive déléguer de plus en plus. Il s'agit probablement du cap le plus difficile à franchir dans bien des cas.

On a souvent reproché aux propriétaires dirigeants de PME de délaisser la planification et la gestion au profit des opérations quotidiennes. Il n'est pas nécessaire pour autant qu'ils adoptent les modèles de planification des grandes entreprises. Les années qui viennent nous mèneront probablement à la conclusion que le propriétaire dirigeant de PME doit plutôt tendre vers une vision plus claire et plus significative des buts que poursuit l'entreprise et des chemins qu'elle compte emprunter.

Les ingrédients d'une croissance réussie pour la PME sont loin de pouvoir se résumer en un modèle unique et rigide. Il appartient à chaque entreprise d'analyser sa propre situation et de prendre les chemins qui lui conviennent.

En effet, aucune entreprise ne peut modeler son approche sur les réussites des autres, mais il peut être utile de considérer les autres expériences pour en tirer des leçons.

Pour expliquer les secrets de la réussite des 50 entreprises canadiennes les plus performantes, Zeidenberg (1989) énonce plusieurs éléments. Tout d'abord, plus d'un tiers des entreprises concernées exportent leur produit ou leur service à l'extérieur du Canada. Elles exportent en moyenne 12% du volume de leurs ventes, soit plus de 8% que le niveau moyen d'exportation des autres PME canadiennes. Un autre aspect important est l'investissement financier de ces entreprises dans la recherche et le développement. En moyenne, les petites entreprises canadiennes consacrent 0,9% de leur chiffre d'affaires à ce secteur tandis que les entreprises performantes, identifiées dans cet article, y investissent le double. D'autre part, plusieurs des entreprises choisies pour leur croissance très élevée ont mentionné qu'une progression très rapide amène bien souvent des complications. Dans plusieurs cas, il semble que l'expansion accélérée met à jour un manque de compétences et d'habiletés des employés de l'entreprise. Aussi, près de 70% de ces entreprises se sont vues dans l'obligation de mettre sur pied des programmes d'entraînement et de formation pour leurs employés, tant à l'intérieur de l'entreprise qu'à l'extérieur. Enfin, la plupart des entreprises identifiées investissent beaucoup plus que la moyenne des entreprises de leur taille pour les activités de marketing.

Il n'est pas nécessaire que la PME en expansion adopte systématiquement tous les processus et toutes les démarches de croissance abordés dans le volume. Il est important pourtant que l'agressivité et le dynamisme nécessaires caractérisent ses pratiques quotidiennes si elle souhaite évoluer de l'adolescence à une plus grande maturité.

> *«Aussi longtemps que les entrepreneurs poursuivront sans relâche les opportunités, en négligeant pour un temps au moins les ressources qu'ils contrôlent, ils seront toujours les mieux placés pour créer la richesse».*
>
> *«Ainsi, l'entrepreneur devra combiner son esprit et son intelligence à sa volonté, afin de travailler avec une grande part de compétence managériale (...)». Fromson (1988)*

BIBLIOGRAPHIE

Archier, G. et H. Sérieyx, *L'entreprise du 3e type*, Paris, Seuil, 1984.

Drucker, P., *Les Entrepreneurs*, Paris, L'Expansion-Hachette, 1985.

Frohman, M. et P. Pascarella, «Creating the Purposeful Organization», *Industry Week*, juin 1986, pp. 44-50.

Fromson, B.D.,«Where the Next Fortunes Will be Made», *Fortune*, vol. 118, no. 13, décembre 1988, pp. 185-196.

Gumpert, D.E. «The Joys of Keeping the Company Small», *Harvard Business Review*, vol. 64, no. 4, juillet-août 1986, pp. 6-14.

Kelada, J., *La gestion intégrale de la qualité*, Dorval, Éditions Quafer, 1986.

Maytag, F., «The Joys of Keeping the Company Small», *Harvard Business Review*, juillet-août 1986, pp. 6-14.

Peters, T. et N. Austin, *La Passion de l'Excellence*, Paris, Interéditions, 1985.

Peters, T. et R. Waterman, *Le Prix de l'Excellence*, Paris, Interéditions, 1983.

Peters, T., *Le Chaos Management: Manuel pour une nouvelle prospérité de l'entreprise*, Paris, Interéditions, 1988.

Stora, T.G. et Montaigne, *La qualité totale dans l'entreprise*, Paris, Éditions d'Organisation, 1986.

Zeidenberg, J., «The Secrets of Their Success», *Small Business Review*, février 1989, pp. 14-15.

— «The top 50. Our Fastest-growing Companies and How They Did It», *Small Business Review*, février 1989.

Autres livres chez le même éditeur:

FILION, Louis Jacques, *Les entrepreneurs parlent.* 1990, 303 pages.

FILION, Louis Jacques, *Vision et relations: clefs du succès de l'entrepreneur.* 1991, 272 pages.